Joachim Weiß, Tobias Kiefer, Ariane Gerhart, Mathias Schmidt, Philipp Schneider

Herausgeber: Joachim Weiß

Mitarbeit: Joachim Molz, CCAkademie Saarland

Ausbildung im Dialogmarketing

Prüfungstraining

4. Auflage

Bestellnummer 23012

■ Bildungsverlag EINS
westermann

Haben Sie Anregungen oder Kritikpunkte zu diesem Produkt?
Dann senden Sie eine E-Mail an dialogmarketing@t-online.de
Autoren und Verlag freuen sich auf Ihre Rückmeldung

Bildnachweis
Fotolia Deutschland GmbH, Berlin: S. 244 (Daniel Fuhr)
Fotolia Deutschland GmbH, Berlin: S. 256 (Bilderzwerg)
Picture-Alliance GmbH, Frankfurt a. M.: S. 337
Statistisches Bundesamt (destatis), Wiesbaden, 2018: S. 11

service@bv-1.de
www.bildungsverlag1.de

Bildungsverlag EINS GmbH
Ettore-Bugatti-Straße 6-14, 51149 Köln

ISBN 978-3-427-**23012**-0

westermann GRUPPE

Vorwort/Bedienungsanleitung

Dialogmarketing boomt – bereits mehr als 500 000 Menschen arbeiten in Deutschland in dieser Branche, Tendenz steigend. Mit den beiden Ausbildungsberufen „Servicefachkraft für Dialogmarketing" und „Kaufmann/Kauffrau für Dialogmarketing" steht eine eigene, branchenspezifische Ausbildung zur Verfügung, die sich einer hohen Akzeptanz bei Unternehmen und Auszubildenden erfreut.

Als sinnvolle und abgestimmte Ergänzung zur dreibändigen Lehrbuchreihe „Ausbildung im Dialogmarketing" dient der Band „Prüfungstraining". Um die Prüfungsanforderungen noch besser zu treffen, wurden für die **4. Auflage** zahlreiche Aufgaben ausgetauscht bzw. überarbeitet. Insgesamt **mehr als 1 000** programmierte (gebundene) und offene (ungebundene) Fragen unterstützen in einem frischen Layout die optimale Vorbereitung auf die **Zwischen- und Abschlussprüfung** in den beiden Ausbildungsberufen.

Prüfungsgrundlage ist die Ausbildungsordnung und der darauf basierende AKA-Stoffkatalog, dementsprechend wurde auch die Gliederung im „Prüfungstraining" vorgenommen. Im Anhang des Buches findet sich dazu ein hilfreiches **Prüfungsraster**, aus dem hervorgeht, welche Themengebiete in welcher Frageform in den einzelnen Prüfungen vorkommen. Selbstverständlich schadet es aber auch nicht, mit offenen Fragen zu üben, wenn in der Prüfung programmiert gefragt wird, und umgekehrt. Bereits für die **Zwischenprüfung** relevante Fragen sind zusätzlich mit einem Z in der Randspalte gekennzeichnet. Stilistisch orientieren sich die Fragen an den typischen Prüfungsfragen. Aus Gründen der besseren Lesbarkeit wird nur die männliche Form verwendet; selbstverständlich sind gleichzeitig immer auch alle weiblichen Auszubildenden angesprochen.

Direkt im Anschluss an jedes Kapitel finden Sie die **Lösungen** zu den Fragen. Bei den Lösungen und Beispielen zu den offenen Fragen kann es im Einzelfall auch andere oder alternative Ansätze geben. Zusätzliche Informationen werden im Internet als BuchPlusWeb-Angebot unter https://verlage.westermanngruppe.de/bildungsverlag-eins/artikel/978-3-427-23012-0/Ausbildung-im-Dialogmarketing-Pruefungstraining zur Verfügung gestellt (bitte auf „Unterrichts-/Zusatzmaterial" klicken).

Grundlage der Prüfungsvorbereitung ist die sorgfältige Bearbeitung der Lehrbuchinhalte von „Ausbildung im Dialogmarketing". Erst im Anschluss daran sollten die Prüfungsfragen bearbeitet werden. Im Anhang der drei Lehrbücher findet sich jeweils die Zuordnung der Lernfelder zu den Themengebieten der Prüfung, dies ermöglicht eine einfache Zuordnung der einzelnen Inhalte.

Viel Erfolg bei den Prüfungen!

Saarbrücken, Frühjahr 2018   Joachim Weiß (Herausgeber)

Inhaltsverzeichnis

1 Dienstleistungsangebot

Z **1. AUFGABE**

Als kundenorientiertes Unternehmen achtet die Dialogfix GmbH stets auf den richtigen Marketingmix. Stellen Sie fest, was das Unternehmen damit anstrebt.

1. Marketingmix bedeutet, für jede Zielgruppe des Unternehmens eine individuelle Werbestrategie zu fahren.
2. Marketingmix bedeutet, die Preise je nach Kundensegment zu differenzieren.
3. Marketingmix bedeutet, eine Vielzahl unterschiedlicher Produkte anzubieten.
4. Marketingmix bedeutet, das Marketingbudget der jeweiligen Marktsituation anzupassen.
5. Marketingmix bedeutet, verschiedene Marketinginstrumente zu kombinieren.

Z **2. AUFGABE**

Welche zwei Instrumente gehören nicht in den „klassischen" Marketingmix?

1. Vertriebspolitik
2. Personalpolitik
3. Produktpolitik
4. Preispolitik
5. Prozesspolitik
6. Kommunikationspolitik

Z **3. AUFGABE**

Ordnen Sie zu, um welches Marketinginstrument es sich jeweils handelt. Tragen Sie jeweils die richtige Ziffer in die Kästchen ein.

Dialogfix beschäftigt eigene Spezialisten, die sich um die ständige Verbesserung betriebsinterner Abläufe kümmern.

Dialogfix erhöht die Anzahl der angebotenen Druckermodelle auf sieben.

Dialogfix ist auf der Fachmesse „nextSTEP" mit einem Infostand vertreten.

Dialogfix setzt auf eine konstante Mitarbeiterentwicklung und bietet zahlreiche Schulungsmöglichkeiten an.

Dialogfix betreibt ausschließlich Direktversand.

Dialogfix bietet im Sortiment von Unterhaltungselektronik günstige Einsteiger- und hochwertige Profimodelle an.

1. Produktpolitik
2. Preispolitik
3. Kommunikationspolitik
4. Vertriebspolitik
5. Personalpolitik
6. Prozesspolitik

4. AUFGABE ☐☐ Z

Welche zwei der nachfolgenden Aussagen beziehen sich auf die Kommunikationspolitik?

1. Dialogfix plant, in einer Niederlassung in Mannheim einen Lagerverkauf zu eröffnen.
2. Für Journalistenanfragen ist bei Dialogfix die Pressesprecherin zuständig.
3. Um die Kunden besser zu informieren, wird ihnen ein monatlicher E-Mail-Newsletter zugeschickt.
4. Die Mitarbeiter werden regelmäßig in Verkaufstechniken geschult.
5. Einmal pro Jahr überprüft eine unabhängige Beratungsfirma die Unternehmensprozesse der Dialogfix auf deren Wirtschaftlichkeit.
6. Dialogfix gewährt auf alle Produkte eine verlängerte Garantiezeit von 36 Monaten.

5. AUFGABE ☐ Z

Die Serviceabteilung der Dialogfix GmbH ist als Callcenter organisiert. Stellen Sie fest, welches Merkmal somit dort nicht zutrifft.

1. Hohe Serviceorientierung der Mitarbeiter
2. Wirtschaftliche Bearbeitung von Kundenkontakten
3. Überwiegend schriftliche Bearbeitung von Kundenkontakten
4. Spezielle technische Infrastruktur
5. Fokus auf individuelle Kundenkommunikation

6. AUFGABE ☐ Z

Als Inhouse-Callcenter nutzt die Dialogfix GmbH gelegentlich auch externe Dienstleister. Welches Argument spricht aus der Sicht der Dialogfix GmbH gegen die Nutzung eines externen Callcenters?

1. Die technische Infrastruktur muss beim externen Callcenter erst aufwendig an eigene Unternehmensbedürfnisse angepasst werden.
2. Die Mitarbeiter im externen Callcenter haben keinen persönlichen Bezug zum Unternehmen des Auftraggebers.
3. Gerade für die Bearbeitung einfacher Sachverhalte ist das externe Callcenter gut geeignet.
4. Startkosten fallen nicht an.
5. Auf schwankendes Anrufvolumen können externe Callcenter flexibel reagieren.

7. AUFGABE ☐ Z

Welchen Vorteil kann der externe Dienstleister der Dialogfix GmbH bieten?

1. Rasche Anpassung des Personaleinsatzes möglich
2. Vertiefte Produktkenntnisse
3. Hohe Identifikation der Mitarbeiter mit den Produkten
4. Bessere Bearbeitung von komplexen Sachverhalten
5. Geringer Schulungsbedarf für die Produkte

Z **8. AUFGABE**

Neben ihren Aktivitäten im Dialogmarketing nutzt die Dialogfix GmbH auch Elemente des Direktmarketings. Stellen Sie fest, welche Tätigkeit dem Direktmarketing zuzuordnen ist.

1. Inbound-Telefonie
2. Individuelle Beantwortung einer Fax-Anfrage
3. Chat mit Produktinteressenten
4. Mailing an alle Bestandskunden
5. Outbound-Aktion zur Kundenrückgewinnung

Z **9. AUFGABE**

Welche der folgenden Aussagen zu Direkt- und Dialogmarketing trifft ausschließlich auf Dialogmarketing zu?

1. Der Kunde soll zu einer messbaren Response veranlasst werden.
2. Die individuelle Kommunikation steht im Vordergrund.
3. Es soll eine wechselseitige Beziehung mit Kunden und Interessenten hergestellt werden.
4. Die Kommunikation zielt auf die Masse und erfolgt in gleicher, überwiegend schriftlicher Form.
5. Postwurfsendungen sind ein wichtiges Instrument.

Z **10. AUFGABE**

Ordnen Sie die folgenden Begriffe den einzelnen Marketingmaßnahmen zu.

☐ Outbound-Telefonie	1.	Dialogmarketing
☐ Internet-Werbebanner	2.	Direktmarketing
☐ Direct Response	3.	Klassische Werbung
☐ TV-Spot		
☐ Postwurfsendung		
☐ Plakatwerbung		
☐ Zeitungsanzeige		
☐ Katalog		

Z **11. AUFGABE**

Thomas arbeitet an der Infohotline der Dialogfix GmbH. Er beantwortet die Fragen der Kunden und leitet bei Bedarf an Kollegen weiter. Welche Begriffskombination beschreibt die Tätigkeiten von Thomas zutreffend?

1. First Level – Inbound – Externes Callcenter
2. First Level – Outbound – Internes Callcenter
3. Second Level – Outbound – Externes Callcenter
4. Backoffice – Inbound – Internes Callcenter
5. First Level – Inbound – Internes Callcenter

12. AUFGABE Z

Bei der Dialogfix GmbH fallen unterschiedliche Tätigkeiten an. Ordnen Sie zu, zu welchem Bereich diese Tätigkeiten jeweils gehören. Tragen Sie die richtige Ziffer in die Kästchen ein.

☐ Beantwortung sehr komplexer Fragen

☐ Versand der bestellten Produkte

☐ Anrufannahme

☐ Beantwortung von Standardfragen

☐ Rechnungserstellung

☐ Weitervermittlung von Anrufen

☐ Betreuung besonderer Kundengruppen

1. First Level

2. Second Level

3. Backoffice

13. AUFGABE ☐ ☐ Z

Um die komplexen Aufgaben bei der Dialogfix GmbH bewältigen zu können, verlangt das Unternehmen von neuen Mitarbeitern eine Vielzahl von Qualifikationen, die sich in sogenannte Hard Skills und Soft Skills unterscheiden lassen. Stellen Sie fest, welche zwei Formulierungen aus einer Stellenanzeige der Dialogfix GmbH sich auf Soft Skills beziehen.

1. EDV-Kenntnisse

2. Abgeschlossene Berufsausbildung

3. Produktkenntnisse Software

4. Teamfähigkeit

5. Englische Sprachkenntnisse

6. Frustrationstoleranz

14. AUFGABE Z

Kundenorientierung ist der Dialogfix GmbH sehr wichtig. Deshalb bietet sie umfangreiche Serviceleistungen an. Ordnen Sie zu, ob es sich im Folgenden um Pre-Sales-Service, Sales-Service oder After-Sales-Service handelt.

☐ Die Bestellhotline der Dialogfix GmbH ist für die Kunden rund um die Uhr erreichbar.

☐ Durch die regelmäßige Teilnahme an Kommunikationstrainings und Produktschulungen sind die Mitarbeiter der Dialogfix GmbH in der Lage, die Kunden im Verkaufsgespräch sehr gut zu beraten.

☐ Nach einer erfolgten Bestellung bekommt der Kunde automatisch eine E-Mail, in der die Dialogfix GmbH zum Kauf gratuliert und ihn auffordert, bei auftretenden Problemen mit dem Produkt sofort anzurufen.

☐ Alle Kontaktdaten und notwendigen Produktinformationen sind auf der Homepage der Dialogfix GmbH direkt ersichtlich.

☐ Der Mitarbeiter informiert während des Verkaufsgesprächs über laufende Rabattaktionen.

1. Pre-Sales-Service

2. Sales-Service

3. After-Sales-Service

Z **15. AUFGABE**

Die Dialogfix GmbH ist auch als externer Dienstleister tätig. Dabei bietet sie ihren Auftraggebern sämtliche Arbeiten rund um die Auftragsabwicklung an, wie z. B. die Lagerhaltung der Waren, den Versand und die Rechnungserstellung. Stellen Sie fest, welche Zusatzleistung der Dialogmarketingbranche hiermit angesprochen wird.

1. Fulfillment
2. Offshoring
3. Lettershop
4. Benchmarking
5. Direct Response

Z **16. AUFGABE**

Ein typisches Merkmal der Dialogmarketingbranche ist die Unterscheidung in Inbound und Outbound. Stellen Sie fest, welche Tätigkeit dem Outbound zuzuordnen ist.

1. Marktforschung
2. Help Desk
3. Reklamationsbearbeitung
4. Infohotline
5. Bestellannahme

Situation zu den Aufgaben 17 bis 25:
Carola Klein hat vor zwei Wochen ihre Ausbildung zur Servicefachkraft für Dialogmarketing bei der Dialogfix GmbH begonnen. Um sich einen ersten Branchenüberblick zu verschaffen, befragt sie ihren Ausbilder.

Z **17. AUFGABE**

Welche zwei Informationen des Ausbilders über die Entwicklung der Dialogmarketingbranche sind falsch?

1. Schon in den Anfängen der Dialogmarketingbranche waren Outbound-Tätigkeiten das am weitesten verbreitete Geschäftsmodell für Callcenter.
2. Äußerst wichtig für die Verbreitung von Callcentern war die Erfindung eines Anrufverteilsystems (ACD).
3. Firmen in den USA waren Pioniere für den Einsatz von Callcentern.
4. Durch den Einsatz von Computern konnten deutliche Kostensenkungen in Callcentern erreicht werden.
5. Einen wichtigen Schub für die Akzeptanz von Callcentern gab es durch das Telefonbanking.
6. Durch den Trend zum Offshoring werden immer mehr Callcenter-Dienstleistungen in die Heimatländer der jeweiligen Kunden (Anrufer) verlagert.

18. AUFGABE   Z

Um die wachsende Bedeutung des Dialogmarketings zu erklären, erläutert Carolas Ausbilder die Entwicklung der Beschäftigtenzahlen. Ermitteln Sie anhand der folgenden Tabelle, um wie viel Prozent die Anzahl der Callcenter-Mitarbeiter im Zeitraum von 2012 bis 2016 gestiegen ist. Runden Sie auf zwei Nachkommastellen.

Anzahl der Callcenter-Mitarbeiter (in Tsd.)					
2005	350	2009	435	2013	446
2006	400	2010	442	2014	449
2007	420	2011	444	2015	450
2008	440	2012	447	2016	451

19. AUFGABE   Z

Welche der folgenden Aussagen zur Standortwahl von Callcentern ist richtig?

1. Ohne Offshoring ist es auf dem aktuellen Markt für Callcenter nicht möglich, wettbewerbsfähig zu bleiben.
2. Nearshoring beschreibt die gezielte Suche nach geeigneter Infrastruktur für die Callcenter-Ansiedelung.
3. Eine wichtige Überlegung zur Errichtung eines neuen Callcenter-Standortes ist die dort verfügbare Anzahl qualifizierter Mitarbeiter.
4. Outsourcing ist grundsätzlich eine verlässliche Möglichkeit, um die Kundenzufriedenheit signifikant zu steigern.
5. Jede Region in Deutschland eignet sich gleichermaßen gut, um ein neues Callcenter zu errichten.

Situation zu den Aufgaben 20 bis 22:
Die Veränderungen in der Arbeitswelt lassen sich auch mittels der Verschiebungen innerhalb der volkswirtschaftlichen Sektoren belegen.

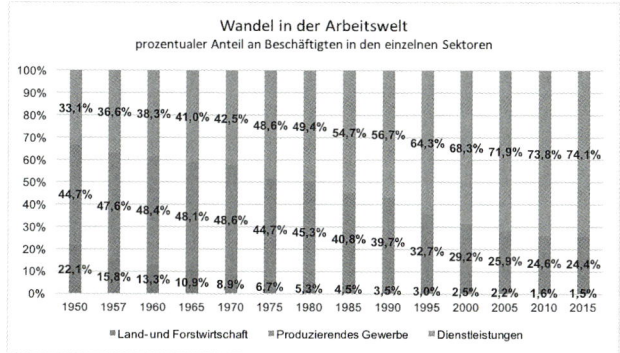

Z **20. AUFGABE**

Bestimmen Sie anhand der Abbildung, um wie viel Prozent*punkte* sich die Beschäftigung im tertiären Sektor von 1995 bis 2015 verändert hat.

Z **21. AUFGABE**

Bestimmen Sie anhand der Abbildung, um wie viel Prozent die Beschäftigung im primären Sektor von 1950 bis 2015 abgenommen hat. Runden Sie auf eine Nachkommastelle.

Z **22. AUFGABE**

Welche der folgenden Aussagen lässt sich anhand der Abbildung belegen?

1. Die Beschäftigung im tertiären Sektor hat sich im Zeitraum von 1980 bis 2010 verfünffacht.
2. Der primäre Sektor ist in Deutschland nahezu nicht mehr vorhanden und kann deswegen abgeschafft werden.
3. Von 1 000 Beschäftigten arbeiteten 2010 246 im sekundären Sektor.
4. Seit 1975 sind die im tertiären Sektor erzielten Gewinne höher als im sekundären Sektor.

Z **23. AUFGABE**

Das Callcenter der Dialogfix GmbH ist Teil der Dienstleistungsgesellschaft. Dieser Begriff geht auf das Sektorenmodell der Volkswirtschaft zurück. Ordnen Sie die aufgeführten Branchen den einzelnen Sektoren zu.

☐ Obstplantage

☐ Hersteller von Mobilfunkgeräten

☐ Anbieter von Mobilfunktarifen

☐ Versicherungsagentur

☐ Automobilhersteller

1. Primärsektor
2. Sekundärsektor
3. Tertiärsektor

Z **24. AUFGABE**

„In einem Dienstleistungsbetrieb wie dem Callcenter können auch Sachleistungen vertrieben werden. Das leuchtet ein. Aber wodurch unterscheiden sich denn Sach- und Dienstleistungen?", fragt Carola Klein. Ordnen Sie zu, ob die folgenden Beschreibungen auf Sach- oder Dienstleistungen zutreffen.

☐ Nicht lagerfähig

☐ Übertragbar

☐ Erstellung und Nutzung zeitlich getrennt

☐ Keine Vorführmöglichkeit

☐ Immateriell

1. Sachleistung
2. Dienstleistung

25. AUFGABE ☐ Z

Der Ausbilder möchte Carola in diesem Zusammenhang auch den Unterschied zwischen den originären und den produktbegleitenden Dienstleistungen der Dialogfix GmbH verdeutlichen. Stellen Sie fest, in welchem Beispiel der Ausbilder eine originäre Dienstleistung anspricht.

1. Bestellannahme für Hard- und Software
2. Marktforschung zum Thema „Umfang der Modellpalette"
3. Infohotline für eine Rückrufaktion
4. Bearbeitung von Reklamationen
5. Annahme von Anrufen (Overflow) für die Mercury AG ✓

26. AUFGABE Z

Carola interessiert sich besonders für die Unterschiede zwischen „klassischem Marketing" und Dialogmarketing. Zum Vergleich zieht sie die TV-Werbung der Dialogfix GmbH und die Tätigkeit im Callcenter heran. Wie lautet die richtige Zuordnung?

☐ Einseitige Kommunikation	**1.** TV-Werbung
☐ Individuelle und zielgenaue Ansprache möglich	**2.** Callcenter
☐ Hohe Streuverluste	
☐ Antwortmöglichkeit direkt gegeben	
☐ Flexibler und kurzfristiger Einsatz möglich	
☐ Schwierige Erfolgskontrolle	
☐ Ziel: Imageaufbau	

Situation zu den Aufgaben 27 bis 37:

Zum 15-jährigen Bestehen der Dialogfix GmbH ist ein Firmenfest geplant, zu dem neben den Mitarbeitern des Unternehmens auch externe Gäste eingeladen sind. Martin Schneider, Assistent der Geschäftsleitung, bittet Sie, ihn bei der Erstellung einer Präsentation zur Firmengeschichte zu unterstützen.

27. AUFGABE ☐ Z

Sie schlagen vor, sich zunächst um die organisatorische Vorbereitung der Präsentation zu kümmern. Welcher der folgenden Punkte gehört <u>nicht</u> zu dieser Aufgabe?

1. Tag und Uhrzeit der Präsentation vereinbaren
2. Zeitliche Abfolge festlegen und ggf. Pausen einplanen
3. Den genauen Teilnehmerkreis festlegen und Einladungen versenden
4. Ein Ergebnisprotokoll vor der Präsentation auf den Tischen verteilen
5. Eine Raumreservierung veranlassen

Z **28. AUFGABE**

Der aktuelle Entwurf der Präsentation soll verbessert werden, da er nur Textfolien beinhaltet. Welcher Gestaltungstipp ist bei der vorliegenden Themenstellung <u>falsch</u>?

1. Berücksichtigen Sie die „vier Verständlichmacher" Einfachheit, Gliederung, Prägnanz und Stimulanz, um die Textfolien sinnvoll aufzubereiten.
2. Verwenden Sie bildhaft aufbereitete Informationen, da das Gehirn diese schneller verarbeiten kann als Textinformationen. So steigt auch die Wahrscheinlichkeit, dass die Informationen besser im Gedächtnis bleiben.
3. Nutzen Sie eine Tabelle, um Preisvergleiche übersichtlich darzustellen.
4. Verwenden Sie ein Kreisdiagramm, um die Mitarbeiterentwicklung der Dialogfix GmbH darzustellen.
5. Größenvergleiche lassen sich gut in einem Säulendiagramm darstellen.

Z **29. AUFGABE**

In Vorbereitung auf die Präsentation sind einige organisatorische Maßnahmen zu berücksichtigen. Welche der folgenden aufgeführten Punkte gehört <u>nicht</u> dazu?

1. Der Text auf den Folien sollte bis zur dritten Zuschauerreihe lesbar sein. Für alle weiter weg sitzenden Zuschauer muss lediglich die Lautstärke des Mikrofons angepasst werden.
2. Vorab sollte die Präsentation über den Beamer abgespielt werden, um die Darstellung der verwendeten Farben, Texte und Diagramme zu prüfen.
3. Die ungefähre Anzahl der Zuschauer ist bei der Verwendung eines Beamers wichtig.
4. Nach Beendigung der Präsentation ist es sinnvoll, einige Minuten für Rückfragen und den Austausch der Zuschauer einzuplanen.
5. Die Präsentation sollte eine Dauer von 20 Minuten nicht überschreiten, da sonst die Gefahr besteht, dass die Zuschauer beginnen sich zu langweilen.

Z **30. AUFGABE**

Die Teilnehmer an der Präsentation können über verschiedene Sinneskanäle erreicht werden. Stellen Sie fest, welcher Lerntyp besonders gut mit einer PowerPoint-Präsentation angesprochen wird.

1. Auditiver Lerntyp
2. Visueller Lerntyp
3. Motorischer Lerntyp
4. Monologischer Lerntyp
5. Kommunikativer Lerntyp

31. AUFGABE

Martin Schneider bittet Sie, ihn bei der Erstellung einer zusätzlichen PowerPoint-Folie zu unterstützen. Die PowerPoint-Folie soll den Strukturwandel von der Industriegesellschaft hin zur Dienstleistungsgesellschaft darstellen. Finden Sie fünf Ursachen für diesen Strukturwandel.

32. AUFGABE

In der Präsentation möchte Martin Schneider den Trend zur Dienstleistungsgesellschaft mit Zahlen belegen. Ermitteln Sie dazu anhand der Tabelle folgende Daten:

- Wie hoch ist der prozentuale Anteil der Beschäftigten im Sekundärsektor?
- Um wie viel Prozentpunkte ist der Anteil der Erwerbstätigen im sekundären Sektor zwischen 1991 und 2007 gestiegen bzw. gesunken?
- Welchen prozentualen Rückgang hatte der primäre Sektor zu verzeichnen?
- Um wie viele Prozentpunkte hat sich der tertiäre Sektor in diesem Zeitraum verändert?

Bereich	Prozentualer Anteil der Beschäftigten im jeweiligen Bereich	
	1991	2007
Dienstleistungen	60	72
Industrie	29	20
Bau	7	6
Landwirtschaft (einschließlich Forstwirtschaft und Fischerei)	4	2

Eigene Darstellung. Zahlen gemäß den Informationen des Statistischen Bundesamts.

33. AUFGABE

In welche Bereiche lässt sich der tertiäre Sektor noch weiter unterteilen?

34. AUFGABE

Um den externen Besuchern die Geschäftsfelder des Unternehmens zu verdeutlichen, sollen jeweils drei Tätigkeiten aus dem Inbound und dem Outbound vorgestellt werden. Finden Sie geeignete Beispiele, die in der Präsentation aufgeführt werden können.

35. AUFGABE

Im Vorfeld der Präsentation wurde alternativ auch die Nutzung einer Pinnwand erwogen. Stellen Sie je vier Vor- und Nachteile der beiden Präsentationsmedien Pinnwand und Beamer dar.

36. AUFGABE

Um Sicherheit zu gewinnen, bittet Sie Martin Schneider, ihm bei einem abschließenden Probedurchlauf zuzuschauen und Feedback zur Präsentation zu geben. Nennen Sie fünf Regeln, die Sie bei diesem Feedback berücksichtigen müssen.

37. AUFGABE

Eine Präsentation endet nicht mit dem Schlusssatz! Ein bedeutender Bestandteil ist die sich anschließende Phase der Nachbereitung. Nennen und beschreiben Sie zwei sinnvolle Handlungsschritte, die hierbei zum Einsatz kommen sollten.

Situation zu den Aufgaben 38 bis 40:
Die Dialogfix GmbH will sich zukünftig stärker als modernes Unternehmen der Querschnittsbranche darstellen.

38. AUFGABE

Erläutern Sie den Begriff Querschnittsbranche.

39. AUFGABE

Nennen Sie drei Wirtschaftszweige sowie zugehörige Leistungen, welche die Dialogfix GmbH als Unternehmen der Querschnittsbranche anbieten kann.

40. AUFGABE

Um künftig auch für Kunden im Alter von 18 bis 30 Jahren attraktiver zu werden, plant die Dialogfix GmbH verstärkt Aktivitäten im Bereich Social Media. Erläutern Sie zwei konkrete Maßnahmen, die hier zu einer Steigerung der Verkaufsaktivitäten führen könnten.

Lösungen zu Kapitel **1**

1. 5	**11.** 5	**21.** 93,2 %
2. 2, 5	**12.** 2, 3, 1, 1, 3, 1, 2	**22.** 3
3. 6, 1, 3, 5, 4, 2	**13.** 4, 6	**23.** 1, 2, 3, 3, 2
4. 2, 3	**14.** 1, 2, 3, 1, 2	**24.** 2, 1, 1, 2, 2
5. 3	**15.** 1	**25.** 5
6. 2	**16.** 1	**26.** 1, 2, 1, 2, 2, 1, 1
7. 1	**17.** 1, 6	**27.** 4
8. 4	**18.** 0,89 %	**28.** 4
9. 2	**19.** 3	**29.** 1
10. 1, 3, 1, 3, 2, 3, 3, 2	**20.** 9,8 Prozentpunkte	**30.** 2

31.

→ Wegfall von industriellen Arbeitsplätzen durch Automatisierung in der Produktion und damit verbundene Produktivitätsfortschritte

→ Durch die Globalisierung wird die weltweite Arbeitsteilung gefördert, arbeitsintensive und somit teure Branchen werden in Länder mit niedrigem Lohnniveau verlagert.

→ Die Arbeits- und Lebenswelt wird immer komplexer, was den Bedarf an Beratungsleistungen erhöht.

→ Dienstleistungen können durch den technischen Fortschritt, z. B. in der Informationstechnologie, kostengünstig erbracht werden.

→ Die Bevölkerung ist einem gesellschaftlichen Wandel unterworfen. So begünstigen z. B. Freizeitorientierung und eine höhere Lebenserwartung das Entstehen neuer Dienstleistungen.

32.

→ Der prozentuale Anteil der Beschäftigten im Sekundärsektor liegt 2007 bei 26 % (Industrie 20 %, Bau 6 %).

→ Der Anteil der Erwerbstätigen im sekundären Sektor lag 1991 bei 36 % und 2007 bei 26 %. Der Anteil ist somit um 10 Prozentpunkte gesunken.

→ Der primäre Sektor ist um 50 % zurückgegangen (50 % von 4 = 2).

→ Der Anteil der Erwerbstätigen im tertiären Sektor lag 1991 bei 60 % und 2007 bei 72 %. Der Anteil ist somit um 12 Prozentpunkte gestiegen.

33.

Der tertiäre Sektor lässt sich unterteilen in den Bereich der klassischen Dienstleistungen (z. B. Handel, Verkehr, Tourismus) und in den Bereich der kommunikationsorientierten Dienstleistungen (z. B. Finanzdienstleistungen, Informationsverarbeitung, Beratung). Dieser Bereich wird auch als Informationssektor oder Wissenssektor bezeichnet.

34.

Inbound:
→ Bestellannahme, Technischer Support, Kundenservice
Outbound:
→ Kundenrückgewinnung, Mahn- und Inkassowesen, Telefonverkauf

35.

Pinnwand

Vorteile:
→ Flexibler und einfacher Einsatz ohne technischen Aufwand möglich
→ Elemente auf der Pinnwand können einfach umgruppiert werden
→ Einbindung der Teilnehmer möglich
→ Vielfältige Gestaltungsmöglichkeiten in Design und Text sorgen für Auflockerung.
→ Ergebnis kann langfristig sichtbar bleiben.

Nachteile:
→ Materialverbrauch an Papier und Schreibgeräten
→ Begrenzte Menge an darstellbaren Informationen
→ Gruppengröße bzw. Teilnehmerzahl sollte ca. 20 Personen nicht überschreiten.
→ Bei ungeübten Teilnehmern besteht die Gefahr der schlechten Lesbarkeit und Unübersichtlichkeit.
→ Erstellung von Unterlagen (Handout) für die Teilnehmer ist schwierig.

Beamer

Vorteile:
→ Großer Teilnehmerkreis kann angesprochen werden.
→ Gestaltungselemente können Interesse und Aufmerksamkeit wecken.
→ Leichtes Erstellen von Unterlagen (Handout) mittels Programm möglich.
→ Präsentation kann über das entsprechende Programm leicht verändert werden.
→ Große Informationsmengen können verarbeitet werden.

Nachteile:
→ Technische Abhängigkeit (Stromanschluss, Projektionsfläche, Gerät)
→ Sicht- und Lichtverhältnisse können die Präsentation beeinträchtigen.
→ Meist keine Einbindung der Teilnehmer möglich, Gefahr der Passivität
→ Vorkenntnisse bei Erstellung und Handhabung erforderlich
→ Geringe Aufmerksamkeitsdauer, Gefahr der Reizüberflutung

36.

→ Beschreiben, was sichtbar und hörbar ist
→ Konkrete, nachvollziehbare Einzelheiten benennen
→ Konstruktiv, nicht destruktiv sein
→ Zeitnah, nicht verspätet erfolgen
→ Unmittelbar, nicht über andere erfolgen
→ Nicht verallgemeinern und pauschalisieren
→ Nichtssagende Aussagen vermeiden
→ Interpretationen und Analysen vermeiden

37.

Feedback geben: Hierbei handelt es sich um eine wertungsfreie Rückmeldung der Zuhörer an den Vortragenden. Neben der fachlich-inhaltlichen Seite bezieht Feedback auch immer die emotionale Ebene mit ein. Ziel ist die subjektive Beschreibung ohne Wertung. Präsentation und Feedback reflektieren: Zum Abschluss der Nachbereitungsphase sollte die Reflexion stehen, um eigene Stärken und Schwächen zu analysieren und Anregungen für zukünftige Präsentationen zu gewinnen.

38.

Man spricht beim Dialogmarketing von einer „Querschnittsbranche", da Leistungen in verschiedenen anderen Branchen und Unternehmensteilen erbracht werden können sowohl als Teil eines Unternehmens als auch als eigenständiges Unternehmen.

39.

Wirtschaftszweige und mögliche Einsatzgebiete für die Dialogfix GmbH:
- → Handel: Bestellannahme eines Versandhauses
- → Freie Berufe: zentrale Terminvergabe
- → Öffentlicher Dienst: Beschwerdemanagement in der öffentlichen Verwaltung

40.

z. B.:
- → Sogenannte „Influencer" bzw. Markenbotschafter für ein neues Produkt gewinnen. Die Influencer bloggen über das Produkt in ihrem Social-Media-Kanal (z. B. YouTube oder Instagram) und machen es dadurch bekannt und begehrenswert.
- → Auf der Facebook-Seite des Unternehmens über aktuelle Rabattaktionen eines Produktes informieren

2 Arbeitsorganisation, Kooperation, Teamarbeit

Z **1.** AUFGABE

Im betrieblichen Entscheidungsprozess differenziert die Dialogfix GmbH u. a. nach strategischen und operativen Entscheidungen. Stellen Sie fest, in welchen <u>zwei</u> Fällen es sich um eine strategische Entscheidung handelt.

1. Für das kommende Geschäftsjahr wird das Gewinnziel um 10 % erhöht.
2. Die nächste Besprechung der Geschäftsleitung wird aus Termingründen um 2 Tage verschoben.
3. Um die Verkaufsziele im laufenden Monat noch zu erreichen, wird eine Erfolgsprämie ausgesetzt.
4. Für den Serverausfall am Freitag von 10 bis 12 Uhr gelten besondere Regelungen.
5. Mira Rolshagen übernimmt eine Schicht für den erkrankten Agent Moritz Hummel.
6. Die Produktpalette des Unternehmens soll zusätzlich um Smartphones und Tablet-PCs erweitert werden.

Z **2.** AUFGABE

Teamleiter Joel Weiß setzt bei der Dialogfix GmbH den kooperativen Führungsstil ein. Prüfen Sie, welche Verhaltensweise er dabei auf jeden Fall umsetzen muss.

1. Auf jegliche Führung vollständig verzichten
2. Die eigenen Entscheidungen kompromisslos durchsetzen
3. Diskussionen grundsätzlich unterbinden
4. Die Eigeninitiative der Mitarbeiter fördern
5. Den Mitarbeitern keinen Entscheidungsspielraum zugestehen

Z **3.** AUFGABE

Stellen Sie fest, in welchem Fall die Dialogfix GmbH auf die Führungstechnik „Management by Exception" zurückgreift.

1. Die Unternehmensführung legt für die einzelnen Teams klare Zielvorgaben fest, die in regelmäßigen Abständen überprüft werden.
2. Bis zu einer Höhe von 50,00 € können Agents kulanzhalber eine Kundengutschrift veranlassen, höhere Summen bedürfen der Zustimmung des Teamleiters.
3. Dem einzelnen Agent werden individuelle Verkaufsziele vorgegeben, wobei er in die Zielfestlegung mit eingebunden wird.
4. Führungsentscheidungen und Zielfestlegungen werden grundsätzlich durch Mehrheitsentscheidungen der Teammitglieder getroffen.
5. Sämtliche Entscheidungen im operativen Geschäft müssen vom Teamleiter genehmigt werden, lediglich in vereinzelten Ausnahmesituationen hat der Agent ein Mitspracherecht.

4. AUFGABE

 Z

Die Dialogfix GmbH setzt häufig die Technik der Moderation ein. Stellen Sie den Ablauf einer Moderation (Moderationszyklus) dar, indem Sie die richtige Reihenfolge der Schritte von links nach rechts in die Kästchen eintragen.

1. Thema bearbeiten
2. Abschluss
3. Maßnahmen planen
4. Themen sammeln
5. Einstieg
6. Themen wählen

5. AUFGABE

Z

Zur Unternehmenskultur gehört auch die regelmäßige Überprüfung und Anpassung des Corporate Designs. Worum muss sich ein Unternehmen hierbei kümmern?

1. Wahrnehmung des gesamten Unternehmens von Außenstehenden
2. Gestaltung der Produktpolitik
3. Handlungsanweisungen für die Mitarbeiter
4. Erscheinungsbild des Internetauftritts
5. Interne Unternehmenskommunikation

Situation zu den Aufgaben 6 bis 15:

Es ist geplant, eine gemeinsame Besprechung Ihres Teams mit drei weiteren Teams Ihres Unternehmens durchzuführen. Sie haben von Ihrem Teamleiter den Auftrag erhalten, sich um alle notwendigen Schritte zu kümmern, die für ein erfolgreiches Treffen notwendig sind.

6. AUFGABE

Als erste Aufgabe wurden Sie damit beauftragt, die Besprechung Ihres Teams zu organisieren. Bringen Sie die dazu notwendigen Schritte in die richtige Reihenfolge, indem Sie die Ziffern 1 bis 7 von links nach rechts in die Kästchen eintragen.

1. Ergebnisprotokoll anfertigen
2. Mit dem Teamleiter Inhalt und Ziele der Besprechung abklären
3. Einladungen inklusive Tagesordnung an die einzelnen Teammitglieder versenden
4. Tagesordnung in Absprache mit dem Teamleiter erstellen
5. Besprechungsraum einrichten und vorbereiten
6. Ergebnisprotokoll an die Teilnehmer übermitteln
7. Nach Auswertung der Teilnahmezusagen den Besprechungsraum reservieren

Z **7. AUFGABE**

Für die Planung der Besprechung empfiehlt Ihnen Ihr Teamleiter, auf das Eisenhower-Prinzip zurückzugreifen. Welchen Grundsatz müssen Sie demnach beachten?

1. Die zu erledigenden Aufgaben nach Wichtigkeit und Dringlichkeit gewichten
2. Alle Tätigkeiten inklusive dem geplanten Zeitbedarf notieren
3. Eine Einteilung in kurz-, mittel- und langfristige Aufgaben vornehmen
4. Sich zunächst auf die 20 % der wichtigsten Aufgaben konzentrieren
5. 40 % Pufferzeiten einplanen

Z **8. AUFGABE**

Von Ihrem Teamleiter bekommen Sie den Tipp, die weiteren Planungen mittels der ALPEN-Methode zu strukturieren. Bringen Sie die dazu notwendigen Schritte in die richtige Reihenfolge, indem Sie die Ziffern von links nach rechts in die Lösungskästchen eintragen.

1. Einplanen von Pufferzeiten
2. Zu erledigende Aufgaben notieren
3. Entscheidungen über durchzuführende Aufgaben treffen
4. Schätzen der Aufgabenlänge
5. Durchführen einer Nachkontrolle

Z **9. AUFGABE**

Sie sollen auch ein Brainstorming durchführen. Worauf müssen Sie dabei achten?

1. Keine Kritik an den geäußerten Ideen üben
2. Durchführungszeit mindestens zwei Stunden
3. Ideen nicht aufschreiben
4. Maximal sechs Teilnehmer
5. Die Ideen sofort strukturieren und weiterbearbeiten

Z **10. AUFGABE**

Alternativ erwägen Sie, statt des Brainstormings als Kreativitätstechnik die 635-Methode durchzuführen. Ermitteln Sie, mit wie vielen Ideen Sie bei konsequenter Durchführung rechnen können.

Z **11. AUFGABE**

Bei der Besprechung sollen auch die Ziele für das kommende Geschäftsjahr in Gruppenarbeit für alle sichtbar erarbeitet werden. Ihr Teamleiter beauftragt Sie, ein geeignetes Medium auszuwählen. Wofür werden Sie sich zweckmäßigerweise entscheiden?

1. Tafel
2. Overhead-Projektor
3. Notizblock
4. Beamer
5. Pinnwand

12. AUFGABE ☐ Z

In der Gruppenarbeit soll auch die Mindmap-Methode eingesetzt werden. Stellen Sie fest, welchen Vorteil Sie damit erreichen können.

1. Gehirngerechtes Arbeiten, da sowohl das analytisch-logische Denken als auch das bildliche Vorstellungsvermögen gefördert werden
2. Rasche Bearbeitungszeit in der Gruppenarbeit, da diese Methode schnelles Lesen und Erfassen von Texten ermöglicht
3. Konfliktfreies Miteinander in der Gruppe, da Stress bei der Bearbeitung minimiert wird
4. Umgehende Entscheidungsfindung, da Mindmaps stets Prioritäten beinhalten
5. Entspanntes Arbeiten, da die Gehirntätigkeit der Gruppenmitglieder auf ein Minimum reduziert wird

13. AUFGABE ☐ Z

Welchen Übermittlungsweg wählen Sie für das Ergebnisprotokoll der Sitzung, um es den Empfängern möglichst rasch und kostengünstig zukommen zu lassen?

1. Rundschreiben
2. Versand per Post
3. E-Mail
4. Telefax
5. Übergabe des Ausdrucks in einem persönlichen Gespräch

14. AUFGABE ☐ Z

Nach dem Ende der Besprechung bitten Sie Ihren Teamleiter um ein Feedback. Welchen Grundsatz muss er dabei beachten?

1. Das Feedback möglichst allgemein halten
2. Ich-Botschaften senden
3. Einen ausreichenden zeitlichen Abstand für das Feedback wählen
4. Auf konkrete Einzelheiten verzichten
5. Interpretationen und Vermutungen in den Mittelpunkt stellen

15. AUFGABE ☐☐ Z

Als ein Ergebnis der Besprechung sollen Änderungen in der Aufbauorganisation erfol-. gen. Prüfen Sie, welche zwei Maßnahmen dazu geeignet sind.

1. Die unbeliebte Abteilungsleiterin Isolde Spring-Mayer wird intern versetzt.
2. Die Dokumentenerfassung wird künftig extern erledigt.
3. Die Zuständigkeiten der Teamleiter werden neu festgelegt.
4. Die Abteilungen „Personal" und „Schulung/Ausbildung" verschmelzen.
5. Die Bearbeitung von Reklamationen wird neu geregelt.
6. Die Stabsstelle „Öffentlichkeitsarbeit" wird neu eingerichtet.

> *Situation zu den Aufgaben 16 bis 20:*
> Die Telefon-Arbeitsplätze der Dialogfix GmbH sind in mehreren Großraumbüros angeordnet. Aufgrund der guten Geschäftsentwicklung soll ein zusätzliches Großraumbüro angemietet und eingerichtet werden.

Z   **16. AUFGABE**

Von Ihrem Ausbilder erhalten Sie den Auftrag, die Auswirkungen von Umweltfaktoren am Arbeitsplatz zu untersuchen. Welche Aussage wird Ihr Ausbilder <u>korrigieren</u> müssen?

1. Lärmbelastungen im Callcenter lassen sich durch Parkettfußböden reduzieren.
2. Viele Grünpflanzen verbessern die Luftqualität.
3. Helle Farben vergrößern optisch kleine Räume.
4. Künstliches Licht ist für die Augen unangenehmer als natürliches.
5. Eine zu niedrige Luftfeuchtigkeit führt zu elektrostatischen Aufladungen.

Z   **17. AUFGABE**

Prüfen Sie, welchen Vorteil das Unternehmen durch die Raumform „Großraumbüro" erzielt.

1. Geringer Geräuschpegel
2. Ungestörte Arbeitsumgebung
3. Geringer Flächenverbrauch
4. Gute klimatische Bedingungen
5. Unbeobachtete Arbeitsatmosphäre

Z   **18. AUFGABE**

Um eine ergonomische Gestaltung der neuen Arbeitsplätze zu erreichen, müssen einige Bestimmungen beachtet werden. Worum müssen Sie sich dabei jedoch <u>nicht</u> kümmern?

1. Unfallverhütungsvorschriften der Berufsgenossenschaften
2. DIN-Normen für die Arbeitsplatzausstattung
3. Regelungen des Handelsgesetzbuchs (HGB)
4. Technische Regeln für Arbeitsstätten (ASR)
5. Anforderungen der Arbeitsstättenverordnung (ArbStättV)

Z   **19. AUFGABE**

Prüfen Sie, in welchem Fall die Dialogfix GmbH im neuen Großraumbüro die vorgeschriebenen „Maßnahmen zur Gestaltung von Bildschirmarbeitsplätzen" zutreffend umsetzt.

1. Der Abstand zum Bildschirm beträgt mindestens 30 cm.
2. Der Bildschirm ist dreh- und neigbar.
3. Tastatur und Bildschirm sind fest miteinander verbunden.
4. Das Sonnenlicht kann ungehindert auf den Bildschirm fallen.
5. Die Tastaturoberfläche verfügt über einen modernen „Spiegel-Look".

20. AUFGABE

In dem neuen Großraumbüro sollen 64 Mitarbeiter Platz finden. Da aufgrund von Teilzeit, Urlaub oder Krankheit nie alle Mitarbeiter gleichzeitig anwesend sind, werden nur für 50 % der Mitarbeiter physische Arbeitsplätze („Seats") eingerichtet. Welche Fläche muss das neue Großraumbüro mindestens aufweisen, wenn pro Seat mit 15 m² kalkuliert wird?

Situation zu den Aufgaben 21 bis 22
Die Unternehmensleitung der Dialogfix GmbH plant, in einigen Abteilungen verstärkt Vordrucke und Formulare einzusetzen.

---

21. AUFGABE

Welche Erwartung kann damit <u>nicht</u> realisiert werden?

1. Beschleunigung des innerbetrieblichen Informationsflusses
2. Standardisierung von Arbeitsschritten
3. Vermeidung von inhaltlichen Fehlern
4. Leichtes Erkennen fehlender Informationen
5. Kostenersparnis

22. AUFGABE

Prüfen Sie, in welcher Situation der Einsatz von Vordrucken <u>ungeeignet</u> ist.

1. Bestellung von Büromaterial
2. Urlaubsantrag
3. Beschwerdemanagement
4. Beurteilung von Auszubildenden
5. Betriebliches Vorschlagswesen

Situation zu den Aufgaben 23 bis 28:
Auf Ihrem Schreibtisch haben sich Unmengen von Unterlagen angehäuft.

---

23. AUFGABE

Um wieder Ordnung zu schaffen, sortieren Sie die Unterlagen zunächst nach ihrer Wertigkeit. Wo müssen Sie die aktuellen Produktbeschreibungen Ihres Unternehmens einordnen?

1. Unterlagen mit Tageswert
2. Unterlagen mit Gesetzeswert
3. Unterlagen mit Sammelwert
4. Unterlagen mit Prüfwert
5. Unterlagen mit Dauerwert

Z   **24. AUFGABE**   □□

Für die langfristige Sicherung der Unterlagen mit Dauerwert benötigen Sie zuverlässige Speichermedien, welche eine dauerhafte Archivierung ermöglichen. Prüfen Sie, welche <u>zwei</u> Medien dazu am besten geeignet sind.

1. USB-Stick
2. Cloud-Speicher
3. CD-ROM
4. Digitale Speicherkarte
5. Mikrofilm
6. Externe Festplatte

Z   **25. AUFGABE**   □

Welches versehentlich auf Ihrem Schreibtisch gelandete Schriftstück sollten Sie schleunigst zur Abteilungsablage zurückbringen?

1. Rechnung der Fa. Schmidtke Bürosysteme (bezahlt)
2. Organisationshandbuch (Einzelstück)
3. Stellenteil der FAZ (vom letzten Oktober)
4. Rückrufwunsch des Kunden Michael Hintz (unerledigt)
5. Geschäftsbericht der Dialogfix GmbH (ausgedruckte PDF-Datei)

Z   **26. AUFGABE**   □

Um Ihre persönliche Arbeitsorganisation zu verbessern, möchten Sie die Erkenntnisse des Pareto-Prinzips nutzen. Worauf müssen Sie demnach achten?

1. Alle anfallenden Aufgaben sind gleich wichtig und dringend.
2. Achten Sie stets darauf, einen Zeitpuffer von 20 % einzuplanen.
3. Nach 80 Minuten intensiver Arbeit sollten 20 Minuten Pause eingelegt werden.
4. In nur 20 % der verfügbaren Zeit können bereits 80 % der Ergebnisse erzielt werden.
5. In der Summe muss man stets 100 % Leistung liefern.

Z   **27. AUFGABE**   □

Damit Sie zukünftig einen besseren Überblick über Ihre Unterlagen haben, empfiehlt Ihnen eine Kollegin, das chronologische System anzuwenden. Stellen Sie fest, was die Kollegin damit gemeint hat.

1. Ordnung nach Zahlen
2. Ordnung nach Zeitangaben
3. Ordnung nach Farben
4. Ordnung nach Stichworten
5. Ordnung nach Buchstaben

28. AUFGABE

☐   z

Die Ablage erledigen Sie überwiegend mittels einer Ordnerregistratur. Geben Sie an, welche Eigenschaften diese Registraturform zutreffend charakterisieren.

1. übersichtlich, zeitsparende Handhabung, umständliche Suche
2. kostensparend, unübersichtlich, unflexible Handhabung
3. schneller Zugriff, übersichtlich, zeitaufwendige Handhabung
4. hohe Materialkosten, hoher Platzbedarf, kostensparend
5. sehr kurze Zugriffszeit, unübersichtlich, schlechte Raumausnutzung

---

Situation zu den Aufgaben 29 bis 38:

Die Dialogfix GmbH wird vom Pay-TV-Sender „Thema-TV" mit dem Projekt „Umstellung des Verschlüsselungssystems" beauftragt. Den 200 000 Abonnenten von Thema-TV soll eine neue Berechtigungskarte (Smartcard) mit der Bitte zugesandt werden, mit dieser Smartcard die alte Karte im Receiver zu ersetzen und die alte Karte in einem Freiumschlag zurückzusenden. Alle Kunden, deren alte Karte nach vier Wochen noch nicht vorliegt, sollen telefonisch kontaktiert werden. Gleichzeitig wird eine Hotline geschaltet, die Kundenanfragen im Zusammenhang mit dem Kartentausch beantworten kann. Nach einer Projektlaufzeit von drei Monaten sollen 95 % aller Smartcards ausgetauscht sein. Die Dialogfix GmbH stellt ein Team unter der Führung eines erfahrenen Projektleiters zusammen, der über ein Budget von 100 000,00 € verfügen kann.

---

29. AUFGABE

☐☐☐☐

Zur Durchführung des vorliegenden Projektes stellt die Dialogfix GmbH ein neues Team zusammen. Welche <u>vier</u> der nachfolgenden Merkmale können <u>nicht</u> zur Abgrenzung zwischen einem Team und einer Personengruppe dienen?

1. Gemeinsames, klar beschriebenes Ziel
2. Mehr als fünf Personen
3. Eigene Identität (Teamidentität)
4. Jedes Teammitglied leistet seinen Beitrag zur Zielerreichung
5. Zusammenstellung erfolgt nach Sympathie
6. Konflikte sind ausgeschlossen
7. Festgelegte Kommunikationsregeln
8. Zusammenarbeit auf maximal 3 Monate begrenzt

30. AUFGABE

Nach der Zusammenstellung des neuen Projektteams findet ein Teamentwicklungsprozess statt, der in vier Phasen aufgeteilt werden kann. Geben Sie an, welche Phase <u>nicht</u> dazugehört.

1. Norming
2. Performing
3. Storming
4. Forming
5. Controlling

31. AUFGABE

Geben Sie an, welche der nachstehenden Beschreibungen auf die Forming-Phase zutrifft.

1. Konflikte, Macht- und Positionskämpfe
2. Erstes Kennenlernen der Teammitglieder
3. Gemeinsame Arbeit an der Zielerreichung
4. Entwicklung des Gruppenzusammenhalts
5. Teammitglieder haben ihre Rollen gefunden

32. AUFGABE

Im neu gegründeten Team der Dialogfix GmbH sind Konflikte unvermeidlich. Welche Aussage zu Konflikten ist zutreffend?

1. Offene Konflikte sind besonders problematisch, weil man sie schwer erkennt.
2. Verdeckte Konflikte sind besonders problematisch, weil man sie schwer erkennt.
3. Offene Konflikte sind besonders problematisch, weil man sie leicht erkennt.
4. Verdeckte Konflikte sind besonders problematisch, weil man sie leicht erkennt.
5. Konflikte sind nur dann problematisch, wenn man sie erkennt.

33. AUFGABE

Sobald es im Projektteam der Dialogfix GmbH zu Konflikten kommt, versucht der Teamleiter einzugreifen. Bringen Sie die nachfolgenden Schritte zur Konfliktlösung durch Eintrag der Ziffern 1 bis 5 in eine sinnvolle Reihenfolge.

- Konfliktgespräch führen
- Bereitschaft zur Konfliktlösung prüfen
- Konflikt eingrenzen
- Nachbearbeitung des Konflikts
- Konflikt wahrnehmen

34. AUFGABE

Die Dialogfix GmbH muss zur Durchführung des vorliegenden Projektes auch Mitarbeiter einarbeiten. Welche der nachfolgenden Aussagen über die Wahl der passenden Einarbeitungsmethode ist zutreffend?

1. Die Wahl der Einarbeitungsmethode spielt keine große Rolle, weil alle Methoden sehr ähnlich sind.
2. Die Wahl der Einarbeitungsmethode hat keinen Einfluss auf die Motivation des neuen Mitarbeiters und sollte daher von fachlichen Aspekten bestimmt werden.
3. Die Wahl der Einarbeitungsmethode sollte von kurzfristigen Erfordernissen bestimmt werden, um möglichst schnell einen produktiven Mitarbeiter zu bekommen.
4. Die Wahl einer Einarbeitungsmethode sollte für das gesamte Unternehmen einheitlich erfolgen.
5. Die Wahl der Einarbeitungsmethode ist einerseits abhängig von den Kenntnissen und Fähigkeiten des einzuarbeitenden Mitarbeiters, andererseits von der Komplexität der neuen Aufgabe. ✓

35. AUFGABE

Die Einarbeitung neuer Mitarbeiter bei der Dialogfix GmbH erfolgt auch über das Patenmodell. Welche Aussage über dieses Modell ist <u>nicht</u> zutreffend?

1. Beim Patenmodell bekommt der neue Mitarbeiter einen Ansprechpartner im Unternehmen zugewiesen.
2. Der Pate kann auch Vorgesetzter des neuen Mitarbeiters sein, da auf diese Weise der bestehende Kontakt besonders gut genutzt werden kann. ✓
3. Der Pate muss sich in die Situation des neuen Mitarbeiters hineinversetzen können.
4. Idealerweise handelt es sich bei dem Paten um einen erfahrenen Mitarbeiter mit einer Stelle, die derjenigen des neuen Mitarbeiters entspricht.
5. Der Pate muss über ausreichend Erfahrung im Unternehmen verfügen.

36. AUFGABE   Z

Die Versandstelle der neuen Smartcards kommt 12 Tage mit dem aktuellen Vorrat an Smartcards aus, wenn täglich 2 240 Stück bestellt werden. Durch das Outbound-Projekt steigt der Versand auf 2 688 Stück pro Tag. Nach wie vielen Tagen ist der Vorrat aufgebraucht?

37. AUFGABE   Z

7 Agents des Teams der Dialogfix GmbH erledigen in 14 Arbeitstagen 4 704 Outbound-Telefonate, wenn 8 Stunden täglich gearbeitet wird. Wegen eines anderen Projektes muss das Personal reduziert werden, sodass nur noch 4 Agents täglich 5 Stunden telefonieren. Wie viele Gespräche werden jetzt bei sonst gleichbleibenden Bedingungen in 22 Werktagen absolviert?

38. AUFGABE

Da der Auftraggeber mit der Projektabwicklung durch die Dialogfix GmbH sehr zufrieden war, erteilt er auch einen Auftrag für eine Mailing-Aktion. Um diese Aktion durchführen zu können, muss die Dialogfix GmbH noch 500 000 Briefkuverts bestellen. Über den derzeitigen Lieferanten bezieht das Unternehmen je 1 000 Kuverts zum Einstandspreis von 50,00 €. Darüber hinaus liegt das Angebot eines Konkurrenzunternehmens vor: 500 000 Kuverts zum Listeneinkaufspreis von 10 000,00 €, 12 % Mengenrabatt und 2 % Skonto bei Zahlung innerhalb von 10 Tagen, es fallen zudem noch 120,00 € Bezugskosten an.

Für welchen Anbieter wird sich die Dialogfix GmbH entscheiden, wenn sie das Skonto in Anspruch nimmt? Geben Sie bei der Berechnung das Kalkulationsschema und einen Antwortsatz an.

Situation zu den Aufgaben 39 bis 44:

Die Dialogfix GmbH soll im Auftrag der Werkstattkette Autoteile Regun AG die Kundenzufriedenheit ermitteln und steigern. Hierzu erfolgt eine Telefonumfrage unter allen 150 000 Kunden, die im letzten Monat eine Werkstatt der Kette besucht haben. Zusätzlich werden in jeder Filiale Plakate mit einer Hotline aufgehängt, unter der sich Kunden mit Kritik oder Lob zu ihrer Filiale melden können. Kunden, die aufgrund einer Unzulänglichkeit der Werkstatt eine besonders schlechte Bewertung abgegeben haben, sollen ein Anschreiben sowie einen Gutschein als Entschuldigung bekommen. Ziel des Projektes ist es, ein Ranking der Filialen bezüglich der Kundenzufriedenheit zu erstellen, um darauf basierend entsprechende Maßnahmen einleiten zu können. Einmalig unzufriedene Kunden sollen über den Gutschein den Kontakt zu ihrer Filiale nicht verlieren und als Kunden erhalten bleiben. Die Dialogfix GmbH und die Autoteile Regun AG planen für das Projekt eine Laufzeit von 4 Wochen und ein Budget von 100 000,00 € ein.

---

39. AUFGABE

Zur Durchführung des vorliegenden Projektes wird in der Dialogfix GmbH ein neues Team zusammengestellt. Nennen Sie vier Eigenschaften, durch die sich ein Team von einer willkürlich gebildeten Personengruppe unterscheidet.

40. AUFGABE

Das neu zusammengestellte Team der Dialogfix GmbH unterliegt einer Teamentwicklung, die allgemein in vier Phasen aufgeteilt werden kann. Nennen Sie diese Phasen und erläutern Sie zu jeder Phase, was sich darin abspielt. Geben Sie auch für jede Phase in einem Satz an, wie der Teamleiter die Teamentwicklung positiv beeinflussen kann.

41. AUFGABE

Als Möglichkeit zur frühzeitigen Vermeidung von Konflikten durch den Teamleiter der Dialogfix GmbH kann auch die Transparenz von Entscheidungen genannt werden. Erläutern Sie diese Aussage.

42. AUFGABE

Die Dialogfix GmbH muss zur Bewältigung des vorliegenden Projektes neue Mitarbeiter einarbeiten. In einem konkreten Fall ist zu entscheiden, ob der neue Mitarbeiter vor dem Praxiseinsatz auf eine umfangreiche Schulung geschickt wird oder nach kurzer Einweisung direkt mit der Tätigkeit beginnen soll („Learning by Doing"). Nennen Sie zwei wichtige Aspekte, die Sie in der beschriebenen Situation bei der Wahl der Einarbeitungsmethode berücksichtigen müssen, und geben Sie an, wie diese Aspekte Ihre Wahl beeinflussen.

43. AUFGABE

Eine bei der Dialogfix GmbH angewandte Einarbeitungsmethode ist das Patenmodell. Erläutern Sie dieses Modell und nennen Sie Vor- bzw. Nachteile. Welche Eigenschaften muss aus Ihrer Sicht ein Pate besitzen, um seiner Aufgabe gerecht zu werden?

44. AUFGABE

Die Auszubildende Nina Schäfer soll für die Projektleiterin Christa Zell das nächste Teammeeting organisieren. Erstellen Sie eine Checkliste mit den zehn wichtigsten Punkten, die Nina dabei beachten muss, und ordnen Sie diese den Phasen Planung, Vorbereitung, Durchführung und Nachbereitung des Teammeetings zu.

> **Situation zu den Aufgaben 45 bis 50:**
> Die Dialogfix GmbH mietet im Nachbargebäude ein zusätzliches Großraumbüro an.

45. AUFGABE

Nennen Sie je drei Vor- und Nachteile, die mit dieser Raumform verbunden sind.

46. AUFGABE

Das Büro soll Platz für 25 Agents bieten, zudem soll noch eine Reserve von 20 % für weitere Mitarbeiter eingeplant werden. Die Fläche pro Arbeitsplatz beträgt 12,00 m². Ermitteln Sie den tatsächlichen Raumbedarf für das Großraumbüro der Dialogfix GmbH.

47. AUFGABE

Nennen Sie drei rechtliche Vorschriften, die von der Dialogfix GmbH bei der Einrichtung des Großraumbüros beachtet werden müssen, und geben Sie jeweils einen konkreten Inhalt dieser Vorschriften an.

48. AUFGABE

Nach Bezug des neuen Großraumbüros mehren sich die Klagen von Mitarbeitern über den hohen Lärmpegel. Schlagen Sie drei geeignete Maßnahmen zur Abhilfe vor.

49. AUFGABE

Um den Erfolg der Maßnahmen zu überprüfen, soll der Lärmpegel gemessen werden. Welche zwei Einheiten stehen zur Verfügung, um die Lautstärke zu messen?

50. AUFGABE

Nennen Sie neben dem Faktor „Lärm" drei weitere die Arbeitsleistung beeinflussende Umweltfaktoren, um die sich das Unternehmen bei der Büroeinrichtung kümmern muss.

Lösungen zu Kapitel 2

1. 1, 6	14. 2	27. 2
2. 4	15. 4, 6	28. 3
3. 2	16. 1	29. 2, 5, 6, 8
4. 5, 4, 6, 1, 3, 2	17. 3	30. 5
5. 4	18. 3	31. 2
6. 2, 4, 3, 7, 5, 1, 6	19. 2	32. 2
7. 1	20. 480 m²	33. 4, 3, 2, 5, 1
8. 2, 4, 1, 3, 5	21. 3	34. 5
9. 1	22. 3	35. 2
10. 108	23. 4	36. 10 Tage
11. 5	24. 2, 5	37. 2 640 Gespräche
12. 1	25. 2	
13. 3	26. 4	

38.
Derzeitiger Lieferant: 50,00 € : 1 000 St. = 0,05 €/St.
Konkurrenzangebot:

LEP	10 000,00 €
– Rabatt (12 %)	1 200,00 €
= ZEP	8 800,00 €
– Skonto (2 %)	176,00 €
= BEP	8 624,00 €
+ Bezugskosten	120,00 €
= ESP	8 744,00 € : 500 000 St. = 0,02 €/St.

Die Dialogfix GmbH wird sich für den günstigeren Konkurrenzanbieter entscheiden.

39.
Gemeinsames, klar beschriebenes Ziel; Teamidentität; jedes Teammitglied leistet seinen Beitrag zur Zielerreichung; festgelegte Kommunikationsregeln.

40.
Forming (erstes Kennenlernen der Teammitglieder): Teamleiter organisiert das Kennenlernen.
Storming (Konflikte, Macht- und Positionskämpfe): Teamleiter zeigt Ziele auf, klärt Konflikte und führt im Team allgemein akzeptierte Entscheidungen herbei.
Norming (Entwicklung des Gruppenzusammenhalts, Teammitglieder haben ihre Rollen gefunden): Teamleiter strukturiert und verteilt Aufgaben.
Performing (gemeinsame Arbeit an der Zielerreichung, Solidarität): Ohne besonderen Anlass kein Eingriff des Teamleiters erforderlich.

41.

Einige Arten von Konflikten können vermieden werden, wenn Entscheidungen der Führungskräfte von allen Teammitgliedern akzeptiert werden. Hierzu ist es notwendig, dass die Teammitglieder über die Hintergründe und Wege einer Entscheidung informiert werden (Transparenz).

42.

Die Wahl der Einarbeitungsmethode ist einerseits abhängig von den Kenntnissen und Fähigkeiten des einzuarbeitenden Mitarbeiters, andererseits von der Komplexität der neuen Aufgabe. Ist der Mitarbeiter selbstständig, flexibel und aufgeschlossen für neue Themen, kann „Learning by Doing" die richtige Methode sein, sofern die Tätigkeit, die er neu übernehmen soll, für diese Methode nicht zu komplex ist. Handelt es sich um ein langwierig zu erlernendes Themengebiet mit viel theoretischem Hintergrund, ist eine Schulung vorzuziehen. Das Gleiche gilt für den Fall, dass der Mitarbeiter unsicher ist oder zunächst ein fachliches Fundament benötigt.

43.

Beim Patenmodell bekommt der neue Mitarbeiter einen Ansprechpartner im Unternehmen zugewiesen, der ihn bei allen Fragen der Einarbeitung unterstützen soll. Der Pate muss sich in die Situation des neuen Mitarbeiters hineinversetzen können und über ausreichend Erfahrung im Unternehmen verfügen. Idealerweise handelt es sich bei dem Paten um einen erfahrenen Mitarbeiter mit einer Stelle, die der des neuen Mitarbeiters entspricht. Es sollte sich nicht um den direkten Vorgesetzten des neuen Mitarbeiters handeln, damit das notwendige Vertrauensverhältnis entstehen kann.

44.

Planung: Inhalte festlegen, Programm aufstellen, Teilnehmerkreis bestimmen, Termin und Ort bestimmen, Einladungen versenden
Vorbereitung: Raum, Ausstattung und Medien reservieren, Bewirtung organisieren
Durchführung: Teilnehmerbegrüßung, Platzvergabe, ggf. Teilnehmervorstellung, ggf. Programmausgabe, Protokollaufnahme
Nachbereitung: Protokollerstellung und -versendung (ggf. mit weiteren Unterlagen), Abrechnung erstellen

45.

Beispiele für Vorteile	Beispiele für Nachteile
Geringe Kosten pro Arbeitsplatz	Hoher Geräuschpegel
Vereinfachte Kommunikation	Schlechte klimatische Bedingungen
Gemeinsame Nutzung von Arbeitsmitteln	Ständige Öffentlichkeit

46.

$(25 + 20\ \%) \cdot 12\ m^2 = 360\ m^2$

47.

→ Arbeitsstättenverordnung (ArbStättV), z. B. Anforderungen an Sanitär- und Pausenräume

→ Arbeitsschutzgesetz, z. B. Gefährdungsbeurteilung des Arbeitsplatzes

→ „Maßnahmen zur Gestaltung von Bildschirmarbeitsplätzen", z. B. reflexions- und
blendungsfreier Bildschirm

48.

→ Trennwände zwischen den Arbeitsplätzen

→ Schallschluckende Bodenbeläge (z. B. Teppiche) und Wandverkleidungen

→ Räumliche Abtrennung von lauten Bürogeräten (z. B. Drucker)

49.

Sone und Dezibel

50.

z. B. Licht, Raumklima, Farbgestaltung

3 Betriebliche Prozessorganisation, qualitätssichernde Maßnahmen

Situation zu den Aufgaben 1 bis 6:
Die Ellisec Versicherungs AG erstellt aufgrund von Kundenanfragen schriftliche Angebote, die nach 2 Wochen telefonisch nachgefasst werden. Der täglich gleich ablaufende Vorgang von der telefonischen Kontaktierung der Angebotsempfänger über deren Beratung bis zur Erfassung der Kundenentscheidung wurde von der Versicherung an die Dialogfix GmbH ausgelagert.

1. AUFGABE

Aus welchem Grund handelt es sich bei dem vorliegenden Beispiel nicht um ein Projekt, sondern um einen Geschäftsprozess?

1. Die Angebotsverfolgung wurde ausgelagert, ein Projekt wird aber grundsätzlich nicht ausgelagert.
2. Die Angebotsverfolgung wird regelmäßig durchlaufen, ein Projekt wird aber u. a. durch seine Einmaligkeit charakterisiert.
3. Die Angebotsverfolgung hat einen ungewissen Ausgang, der von der Kundenentscheidung abhängt. Ein Projekt hat immer einen sicheren Ausgang.
4. Aus Sicht des Kunden ist der Anruf ein einmaliger Vorgang. Geschäftsprozesse werden u. a. durch ihre Einmaligkeit charakterisiert.
5. An der Angebotsverfolgung sind mehrere Mitarbeiter gleichzeitig beteiligt. In einem Projekt sind die Arbeitsschritte immer nacheinander abzuarbeiten.

2. AUFGABE

Zahlreiche Prozesse der Ellisec Versicherung sind miteinander verbunden, der Output eines Prozesses ist gleichzeitig der Input eines anderen Prozesses (sogenannte Prozesskette). Ein besonderes Augenmerk liegt daher auf dem Übergabepunkt zwischen zwei Prozessen (in der Abb. mit einem schwarzen Pfeil markiert). Worum handelt es sich bei diesem Übergabepunkt?

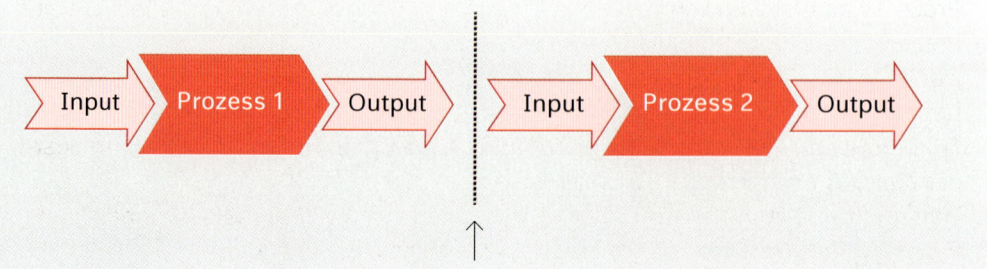

1. Schnittstelle
2. Kritischer Pfad
3. Break-even-Point
4. Benchmark
5. Meilenstein

3. AUFGABE

Die Ellisec Versicherungs AG hat sämtliche Prozesse gemäß folgendem Schema unterteilt:

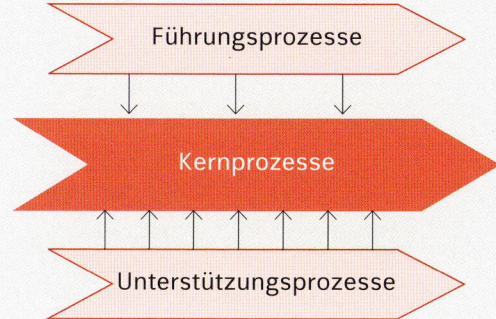

Prüfen Sie, welche <u>zwei</u> der nachstehenden Prozesse der Ellisec Versicherungs AG den Kernprozessen zugeordnet werden können.

1. Schadensabwicklung
2. Prozess der Personalauswahl
3. Prozess der jährlichen Budgetplanung
4. Entwicklung neuer Versicherungtarife
5. Einführung einer neuen Software zur Gehaltsabrechnung
6. Buchhaltung

4. AUFGABE

Im Zusammenhang mit der Auslagerung von Prozessen befasst sich die Ellisec Versicherungs AG auch intensiv mit Prozessschnittstellen und den damit verbundenen Herausforderungen. Welche der nachfolgenden Aussagen zu Prozessschnittstellen ist <u>nicht</u> korrekt?

1. Prozessschnittstellen kennzeichnen Übergabepunkte, an denen das Ergebnis eines Prozesses als Input eines anderen Prozesses dient.
2. Das Ergebnis des Vorprozesses muss sich nahtlos in den Folgeprozess einfügen lassen.
3. Bei Problemen mit Prozessschnittstellen ist zu ermitteln, ob der vorgelagerte oder der folgende Prozess Mängel aufweist.
4. Prozessschnittstellen müssen immer so gestaltet werden, dass es nur einen Prozessverantwortlichen für Vor- und Folgeprozess gibt.
5. Oft wechselt an einer Prozessschnittstelle der Prozessverantwortliche, sodass eine reibungslose Informationsübergabe erfolgen muss.

5. AUFGABE

Durch die Auslagerung des Prozesses „Angebotsversand" an die Dialogfix GmbH hat sich dessen Bearbeitungszeit um 48 Sekunden reduziert. Ermitteln Sie, wie viele Arbeitsstunden durch die Prozessoptimierung jährlich eingespart werden, wenn im Monatsdurchschnitt 2 400 Angebote versandt werden.

6. AUFGABE

Zur Optimierung ihrer Prozesse setzt die Ellisec Versicherungs AG auf Prozess-Benchmarking. Welche der nachfolgenden Aussagen hierzu ist korrekt?

1. Beim Prozess-Benchmarking wird die Leistung eines Prozesses mit der Leistung eines Prozesses mit gleicher Aufgabe in einem anderen Unternehmensteil oder Unternehmen verglichen.

2. Beim Prozess-Benchmarking wird bestimmt, dass es im Unternehmen einen Prozessverantwortlichen gibt, der sich um die Prozessoptimierung kümmert.

3. Beim Prozess-Benchmarking wird hauptsächlich versucht, Schnittstellen zu vermeiden, da diese unnötige Kosten verursachen.

4. Prozess-Benchmarking umfasst ausschließlich Kernprozesse, da diese für das Unternehmen am wichtigsten sind.

5. Prozess-Benchmarking ist eine regelmäßige Befragung der Kunden über deren Zufriedenheit mit einem Prozessablauf.

Situation zu den Aufgaben 7 bis 11:
Als Assistent des Teamleiters sind Sie bei der Dialogfix GmbH auch für das Prozessmanagement zuständig.

---

7. AUFGABE

Im Rahmen der Prozessoptimierung werden bei der Dialogfix GmbH betriebliche Prozesse in Kernprozesse (Hauptprozesse), Unterstützungsprozesse (Nebenprozesse) und Führungsprozesse (Managementprozesse) unterschieden. Ordnen Sie korrekt zu, indem Sie die Kennziffern der betrieblichen Prozesse neben den Aktivitäten eintragen.

Aktivitäten:

- Verkaufsgespräche am Telefon
- Beantwortung eines Kundenanliegens per E-Mail
- Lohn- und Gehaltsabrechnung
- Beurteilung der Mitarbeiter
- Controlling der Kennzahlen
- Objektbetreuung durch das Facility Management

Betriebliche Prozesse:

1. Kernprozesse (Hauptprozesse)
2. Unterstützungsprozesse (Nebenprozesse)
3. Führungsprozesse (Managementprozesse)

8. AUFGABE

Für die Identifikation und Beschreibung von Prozessen möchte die Dialogfix GmbH auch das Bottom-up-Verfahren verwenden. Prüfen Sie, womit dies erreicht werden kann.

1. Sich an den Prozessen von erfolgreichen Mitbewerbern orientieren
2. Im Wesentlichen die Ideen der Geschäftsführung umsetzen
3. Alle Prozesse durch eine externe Unternehmensberatung bewerten lassen
4. Die an der Umsetzung der Prozesse beteiligten Mitarbeiter einbinden
5. Prozesse stets nach „Bauchgefühl" gestalten

9. AUFGABE

Bei der Dialogfix GmbH achten Sie darauf, alle Prozesse effektiv zu gestalten. Prüfen Sie, in welchem Fall die Effektivität eines Prozesses steigt.

1. Ein veränderter Gesprächsleitfaden verkürzt die AHT um 15 Sekunden.
2. Der Prozess des Beschwerdemanagements kann rasch auf andere Produkte angepasst werden.
3. Beim telefonischen Nachfassen der Angebote erhöht sich die Erfolgsquote um 20 %.
4. Die Kosten pro Call können um 20 Cent gesenkt werden.
5. Die Durchlaufzeit eines Prozesses sinkt um 30 Sekunden.

10. AUFGABE

Verschiedene Anlässe führen dazu, dass im Unternehmen Prozesse angepasst werden müssen. In welchem Fall ist jedoch keine Prozessanpassung erforderlich?

1. Die Bestimmungen des Bundesdatenschutzgesetzes (BDSG) ändern sich.
2. Ein nur noch selten nachgefragtes Produkt wird aus dem Angebot gestrichen.
3. Tarifänderungen können zukünftig auch online erfolgen.
4. Für ein Software-Abonnement wird ein neuer Tarif eingeführt.
5. Die Angestellte Petra Britten kündigt zum Quartalsende.

11. AUFGABE

Der Dialogfix GmbH stehen verschieden Möglichkeiten zur Verfügung, ihre Prozesse zu überprüfen und anzupassen. Überprüfen Sie, welches Verfahren dazu nicht geeignet ist.

1. Transaktionsanalyse
2. Betriebliches Vorschlagswesen
3. Kontinuierlicher Verbesserungsprozess (KVP)
4. TQM (Total Quality Management)
5. Benchmarking

12. AUFGABE

Für den Getränkehersteller Maries-Premium-Fruchtsäfte AG hat die Dialogfix GmbH die wöchentliche Bestellaufnahme bei Gastronomiekunden übernommen. Hierzu ruft ein Agent den Gastronomiekunden an und prüft zunächst anhand einer Liste, ob der Gesprächspartner zur Abgabe der Bestellung berechtigt ist. Erst wenn ein bestellberechtigter Gesprächspartner gefunden ist, wird die Bestellung aufgenommen. Sollten nicht alle gewünschten Waren lieferbar sein, erfolgen ein Hinweis und ein Alternativvorschlag. Die Bestellung wird erst abgeschlossen, wenn alle bestellten Waren lieferbar sind. Ordnen Sie die fünf Ziffern der im Programmablaufplan gekennzeichneten Felder den aufgeführten Schritten zu.

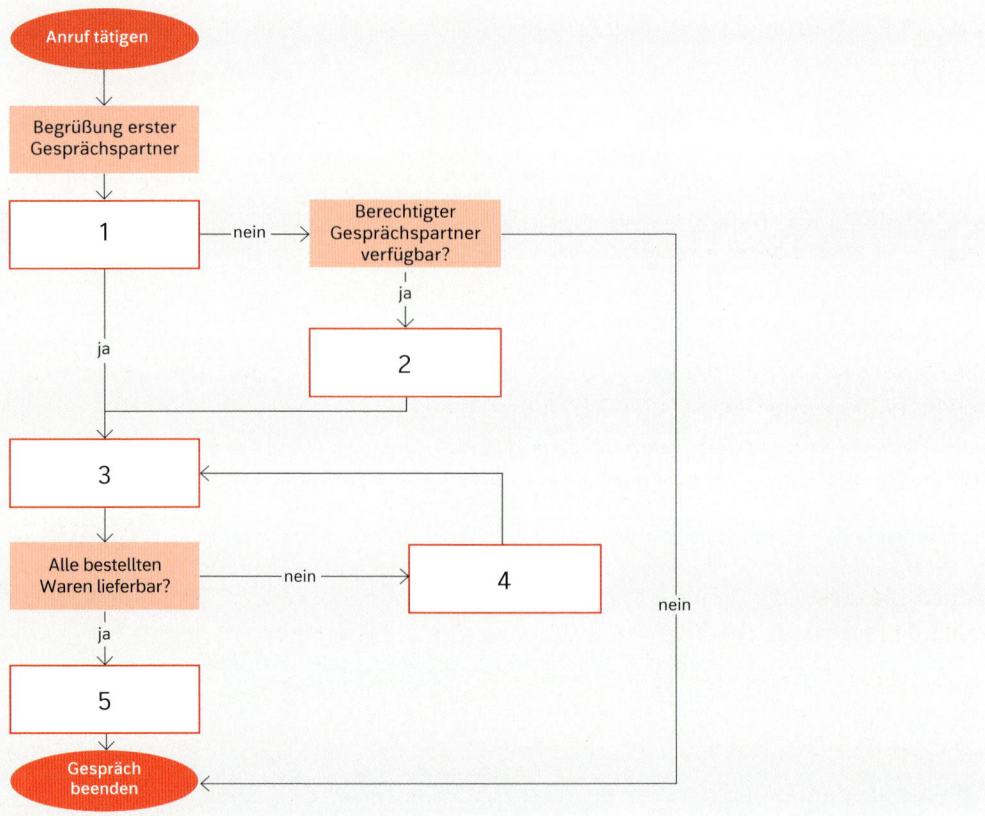

[ ] Abfrage der zu bestellenden Waren

[ ] Bestellung abschließen

[ ] Gesprächspartner zur Bestellung berechtigt?

[ ] Hinweis, dass Ware nicht lieferbar, und Vorschlag Alternative

[ ] Begrüßung neuer Gesprächspartner

13. AUFGABE

Erläutern Sie, warum es sich hier um einen Geschäftsprozess und nicht um ein Projekt handelt.

14. AUFGABE

Die Dialogfix GmbH behauptet, wegen ihrer an den Geschäftsprozessen ausgerichteten Organisation viele Vorteile durch stärkere Kunden-, Mitarbeiter- und Wertschöpfungsorientierung zu haben. Erläutern Sie diese Aussage.

15. AUFGABE

Die Ellisec Versicherungs AG prüft derzeit, ob weitere Prozesse (z. B. die telefonische Entgegennahme von Schadensfällen) an die Dialogfix GmbH ausgelagert werden können. Zur Untersuchung der Prozesse werden diese allgemein in drei Hauptgruppen unterteilt. Nennen und erläutern Sie diese mit jeweils einem zur Situation passenden Beispiel.

16. AUFGABE

Geben Sie zwei Gründe an, die die Ellisec Versicherungs AG dazu bewegen könnten, weitere Prozesse an die Dialogfix GmbH auszulagern (Outsourcing).

17. AUFGABE

Gelegentlich muss die Dialogfix GmbH Prozesse anpassen. Nennen Sie drei mögliche Einflussfaktoren, die eine Prozessanpassung notwendig machen.

18. AUFGABE

Im Zusammenhang mit der Auslagerung von Prozessen befasst sich die Ellisec Versicherungs AG auch intensiv mit den Prozessschnittstellen. Erläutern Sie diesen Begriff, nennen Sie ein Beispiel und erläutern Sie die mit Schnittstellen zusammenhängenden Herausforderungen.

19. AUFGABE

Zur Beurteilung ihrer Prozesse setzt die Ellisec Versicherungs AG auf Prozess-Benchmarking. Erläutern Sie diesen Begriff anhand eines Beispiels.

20. AUFGABE

Erläutern Sie neben dem Prozess-Benchmarking zwei weitere Verfahren, mit denen die Ellisec Versicherungs AG ihre Prozesse überprüfen und anpassen kann.

21. AUFGABE

Die Dialogfix GmbH übernimmt für die MyMusical Entertainment AG die Abwicklung der telefonischen Kartenbestellungen. Nach der Entgegennahme des Anrufs werden vom Besteller zunächst das gewünschte Musical und dann der gewünschte Termin erfragt. Sind noch freie Plätze vorhanden, wird die Reservierung vorgenommen und das Gespräch beendet. Sollten zum gewünschten Termin keine Plätze mehr verfügbar sein, wird der Besteller um die Angabe eines Alternativtermins gebeten. Ist dies nicht möglich, wird das Gespräch beendet. Anderenfalls erfolgt eine Prüfung des Alternativtermins. Erstellen Sie aus der Situationsbeschreibung einen Programmablaufplan (PAP).

22. AUFGABE

Von der FairBank AG hat die Dialogfix GmbH den Auftrag bekommen, die eingehenden Anträge für Konsumentenkredite zu bearbeiten. Nach dem Öffnen des Briefes werden die darin enthaltenen Unterlagen auf Vollständigkeit geprüft. Briefe mit unvollständigen Unterlagen werden zur Nachbearbeitung an ein Serviceteam weitergeleitet. Sind die Unterlagen vollständig, ist zu kontrollieren, ob alle Felder korrekt ausgefüllt sind und ob die Anträge unterschrieben sind. Trifft dies nicht zu, erfolgt ebenfalls die Weiterleitung zur Nachbearbeitung an ein Serviceteam. Vollständige und korrekte Anträge werden im System erfasst. Von dort erfolgt die automatische Weiterbearbeitung (Bonitätsprüfung, Auszahlung). Die Unterlagen werden von der Dialogfix GmbH zur Archivierung vorbereitet. Erstellen Sie aus der Situationsbeschreibung einen Programmablaufplan (PAP).

23. AUFGABE

Die Dialogfix GmbH übernimmt als Outsourcing-Partner die Auftragsbearbeitung für einen führenden Hersteller von Mobiltelefonen. Dabei ist die Dialogfix GmbH sowohl für die Bestellannahme als auch für den Versand der Mobiltelefone an den Endkunden sowie für die Rechnungserstellung verantwortlich. Stellen Sie diesen Prozess der Auftragsbearbeitung im Callcenter in einer einfachen Input-Output-Beziehung grafisch dar.

Situation zu den Aufgaben 24 bis 30:
Die Dialogfix GmbH ist seit einem halben Jahr als Outsourcing-Partner für einen Pay-TV-Anbieter tätig und bearbeitet sowohl allgemeine kaufmännische als auch technische Kundenanfragen. Trotz anfänglich guter Fortschritte hinsichtlich Qualität und Produktivität ist die Entwicklung der letzten Wochen nicht zufriedenstellend, vertraglich vereinbarte Kennzahlen können nicht erreicht werden. Der verantwortliche Key-Account-Manager des Auftraggebers, Peter Schümann, verliert zusehends das Vertrauen und fordert Sie als Projektleiter auf, sämtliche Maßnahmen darzulegen, die eine unverzügliche Verbesserung der Kennzahlen erwarten lassen.

24. AUFGABE

In einem ersten Schritt sollen Sie sich mit den rasch zu ermittelnden Kennzahlen der technischen Qualitätskontrolle beschäftigen. Nennen und erläutern Sie zwei dieser Kennzahlen, die üblicherweise mittels ACD-Anlage ausgewertet werden.

25. AUFGABE

Welche weiteren qualitätsrelevanten Faktoren der Gesprächsführung können im Rahmen von Qualitätsmessungen geprüft werden? Nennen Sie Herrn Schümann zehn geeignete Faktoren.

26. AUFGABE

Nachdem die klaren Ziele und Leistungsstandards definiert wurden, stellen Sie die Methoden vor, mit denen Sie die Qualität der Auftragsdurchführung messen und verbessern werden. Ihre erste Wahl sind dabei Mystery Calls. Erläutern Sie diese Methode der Qualitätssicherung und nennen Sie mindestens je zwei Vor- und Nachteile dieser Methode.

27. AUFGABE

Herrn Schümann reichen Mystery Calls nicht aus. Er bittet Sie, auch Side-by-Side-Coachings und Silent Monitorings durchzuführen. Erläutern Sie diese Methoden und nennen Sie anschließend mindestens je zwei Vor- und Nachteile der jeweiligen Methode.

28. AUFGABE

Erläutern Sie kurz die rechtlichen Rahmenbedingungen, die beim Einsatz von Silent Monitoring zu beachten sind.

29. AUFGABE

Neben Mängeln in der Gesprächsführung vermutet Herr Schümann auch Fehler bei der Erfassung der Kundendaten. Schlagen Sie ein geeignetes Verfahren vor, um hier ein präzises Ergebnis festzustellen.

30. AUFGABE

Die durchgeführten Qualitätsmessungen decken zum Teil deutliche Abweichungen der Fachkompetenz der Mitarbeiter von den definierten Standards auf. Herr Schümann beauftragt Sie folglich, ein Lernkonzept zur Qualitätsverbesserung zu erstellen. Nennen Sie fünf notwendige Bestandteile dieses Lernkonzepts.

Lösungen zu Kapitel **3**

1. 2

2. 1

3. 1, 4

4. 4

5. 384 Stunden

6. 1

7. 1, 1, 2, 3, 3, 2

8. 4

9. 3

10. 5

11. 1

12. 3, 5, 1, 4, 2

13.
Der vorliegende Geschäftsprozess wird mehrfach durchlaufen, ein Projekt wird hingegen u. a. durch seine Einmaligkeit charakterisiert.

14.
→ Markt- und Kundenorientierung: Prozessorientierung ermöglicht flexible Auftragsabwicklung mit hoher Reaktionsgeschwindigkeit bzgl. Kundenwünschen und Marktveränderungen.
→ Mitarbeiterorientierung: Prozessorientierung umfasst ganzheitliche Aufgabenbereiche und erhöht somit die Arbeitszufriedenheit und Motivation der Mitarbeiter.
→ Wertschöpfungsorientierung: Durch die Prozessorientierung kann eine Konzentration auf die wertschöpfenden Kernprozesse erfolgen.

15.
→ Kernprozesse (Hauptprozesse): eigentliche betriebliche Leistungserstellung, z. B. Prozess der Schadensabwicklung
→ Unterstützungsprozesse (Nebenprozesse): indirekte Beiträge zur Leistungserstellung, z. B. Prozess der Personalauswahl
→ Führungsprozesse (Managementprozesse): Planung, Lenkung und Kontrolle des Unternehmens, z. B. Prozess der jährlichen Budgetplanung

16.
→ Der Dienstleister kann die Prozesse günstiger erbringen.
→ Die Prozesse werden vom Dienstleister qualitativ hochwertiger ausgeführt.

17.
→ Veränderte Kundenwünsche
→ Technische Neuerungen
→ Veränderte rechtliche Rahmenbedingungen
→ Neue Mitbewerber auf dem Markt

18.
Prozessschnittstellen kennzeichnen Übergabepunkte, an denen das Ergebnis (Output) eines Prozesses als Input eines anderen Prozesses dient (z. B. wird das Ergebnis des

Prozesses Schadensaufnahme von dem Prozess Schadensabwicklung übernommen). In der Regel wechselt bei einer Prozessschnittstelle der Prozessverantwortliche, sodass eine reibungslose Informationsübergabe erfolgen muss. Das Ergebnis des Vorprozesses muss sich nahtlos in den Folgeprozess einfügen lassen. Bei Problemen mit Prozessschnittstellen ist zu ermitteln, ob der vorgelagerte oder der folgende Prozess Mängel aufweist.

19.
Die Leistung eines Prozesses kann mit der Leistung eines Prozesses mit gleicher Aufgabe in einem anderen Unternehmensteil oder Unternehmen verglichen werden. Wer die Prozesse optimal (i.d.R. schnell = kostengünstig, in guter Qualität = effektiv) durchführt, setzt die Benchmark, d.h. den Standard, an dem sich alle anderen orientieren sollten.

20.
→ Kontinuierlicher Verbesserungsprozess (KVP): stetige Prozessverbesserung durch kleine Schritte, die z.B. über den PDCA-Zyklus umgesetzt werden (Plan – Do – Check – Act)
→ Betriebliches Vorschlagswesen: Nutzung von Verbesserungsvorschlägen der Mitarbeiter

21.

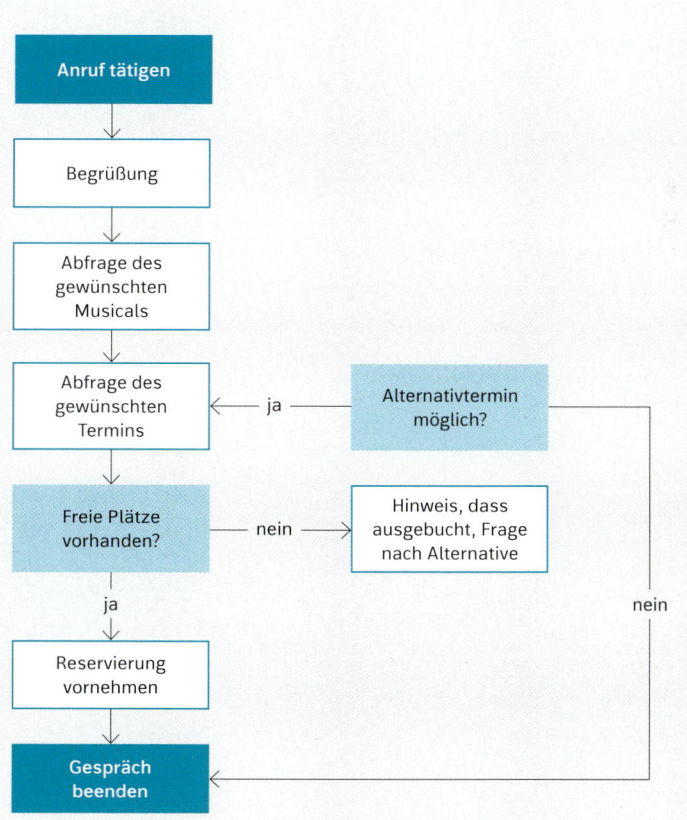

22.

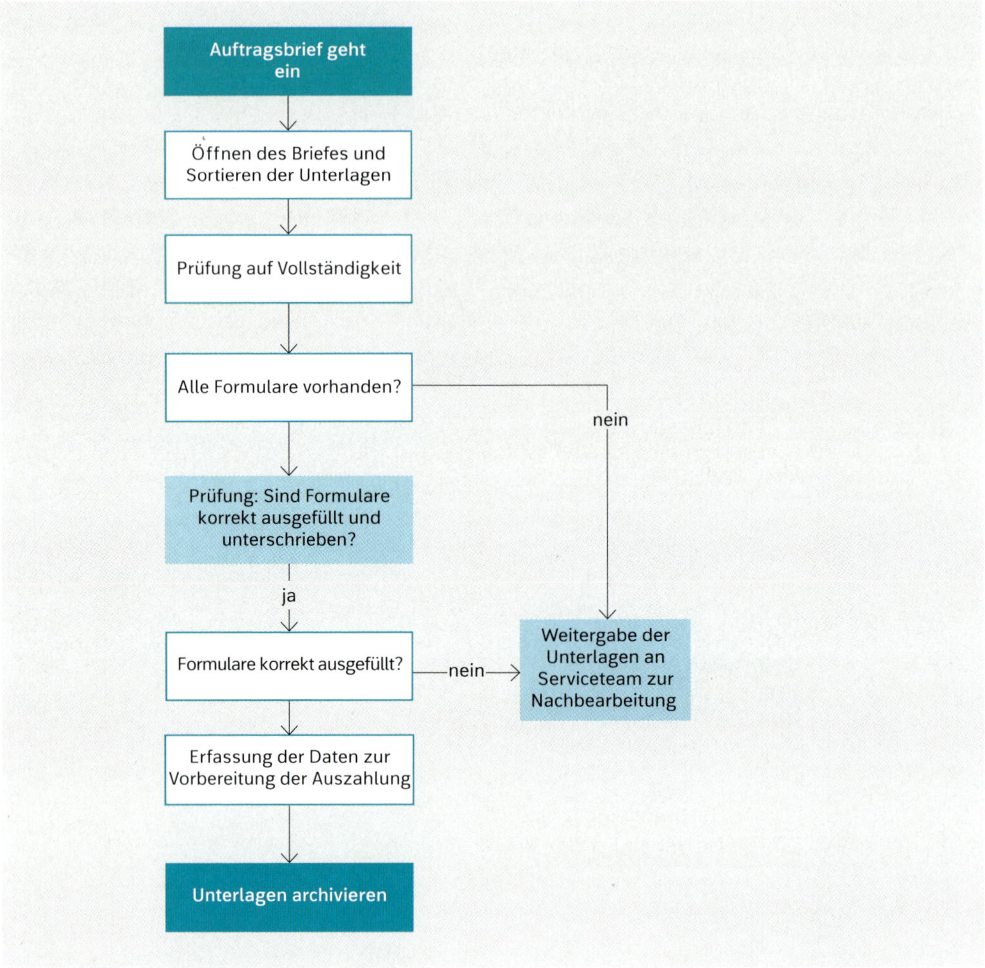

Auftragsbrief geht ein

↓

Öffnen des Briefes und Sortieren der Unterlagen

↓

Prüfung auf Vollständigkeit

↓

Alle Formulare vorhanden? ——————————┐
│ nein
↓ ↓

Prüfung: Sind Formulare korrekt ausgefüllt und unterschrieben?

ja
↓

Formulare korrekt ausgefüllt? —nein→ Weitergabe der Unterlagen an Serviceteam zur Nachbearbeitung

↓

Erfassung der Daten zur Vorbereitung der Auszahlung

↓

Unterlagen archivieren

Hinweis zu den Lösungen zu Aufgabe 21 und 22: Ein- und Ausgaben werden auch als Rechteck dargestellt.

23.

Input: Kunde bestellt

Leistung, Aktivitäten: Bestellannahme, Versand, Rechnungs- erstellung

Output: Kunde erhält Lieferung mit Rechnung

24.

Servicelevel: Der Servicelevel ist die Größe zur Messung der Erreichbarkeit eines Call-centers. Er drückt aus, wie viel Prozent der Anrufe innerhalb einer bestimmten Zeit entgegengenommen werden.

Average Handling Time (AHT): Die AHT bezeichnet die gesamte Zeitspanne, die ein Kundengespräch in Anspruch nimmt. Sie setzt sich aus Gesprächszeit und Nachbearbeitungszeit zusammen.

25.

Beispiele: Verbindlichkeit des Mitarbeiters gegenüber dem Kunden, Freundlichkeit, Fach-, Beratungs- und Lösungskompetenz des Mitarbeiters, Wertschätzung des Kunden, Gesprächsatmosphäre, Einfachheit der Aussagen gegenüber dem Kunden, Angebotsplatzierung/Kunden-Nutzen-Formulierung, Corporate Identity/Wording/Nutzung Sprachregelungen, aktive Gesprächsführung, Einwandbehandlung, Sprechgeschwindigkeit, Lautstärke, Verständnis für den Kunden aufbringen

26.

Bei **Mystery Calls** führen meist externe Unternehmen eine vorher vereinbarte Anzahl an Testanrufen in einem bestimmten Zeitraum durch. Da sich die Anrufer hier als Kunden ausgeben, wird die gestellte Situation vom Mitarbeiter nicht erkannt. Der Testanrufer wertet im Anschluss anhand vorgegebener Kriterien das Servicegespräch aus.

Vorteile:
→ Das gesamte Kundenerlebnis kann gemessen werden (von der Warteschleife bis zum Mitarbeiter).
→ Die Beurteilung erfolgt aus der Sicht des Kunden.
→ Keine Prüfungssituation für den Agenten

Nachteile:
→ Technisch aufwendig, da bei Bestandskunden auch entsprechend ein Datensatz in der Kundendatenbank vorhanden sein muss.
→ Die Urteile unterliegen dem subjektiven Eindruck des Anrufers.
→ Es besteht die Gefahr, dass der Mitarbeiter die künstliche Situation erkennt.

27.

Beim **Side-by-Side-Coaching** beobachtet der Teamleiter oder ein Coach den Mitarbeiter direkt am Arbeitsplatz. Über ein weiteres Headset hört er die Gespräche mit und wertet diese gemeinsam mit dem Mitarbeiter aus.

Vorteile:
→ Neben dem Gespräch kann auch die Bedienung der Computerprogramme beobachtet werden.
→ Das gesamte Verhalten des Mitarbeiters während des Gesprächs kann erfasst werden.

Nachteile:
→ Falsches Verhalten des Mitarbeiters kann auch durch die als Prüfung empfundene Situation ausgelöst worden sein.

→ Es besteht die Gefahr, dass der Mitarbeiter sein Verhalten nur für diese Beobachtungssituation ändert.

Beim **Silent Monitoring** sitzt der Qualitätsbeauftragte (Teamleiter, Coach oder Trainer) nicht am Arbeitsplatz des Agents, sondern hört räumlich entfernt unbemerkt Gespräche mit.

Vorteile:

→ Der Coach sitzt nicht unmittelbar beim Mitarbeiter, dieser fühlt sich weniger beobachtet, das Gespräch verläuft authentisch.

→ Möglichkeit der Gesprächsaufzeichnung

Nachteile:

→ Rechtliche Rahmenbedingungen sind komplex.

→ Gefahr des „gläsernen Mitarbeiters", permanente Überwachung

28.

Das Aufzeichnen von Gesprächen bedarf einer Einwilligung beider Gesprächspartner. Die Einwilligung der Mitarbeiter muss ausdrücklich schriftlich erfolgen. Von der eigentlich auch erforderlichen schriftlichen Einwilligung des Kunden kann abgesehen werden, wenn diese stattdessen durch schlüssiges Handeln (z. B. Tastendruck in der IVR) oder mündlich erfolgt.

29.

Screen Recording ist hier eine sinnvolle Ergänzung bzw. Erweiterung des Silent Monitoring. Dabei wird nicht nur das Gespräch mitgehört, sondern auch der Umgang des Mitarbeiters mit der EDV beobachtet. Zur späteren Überprüfung werden die Bildschirminhalte aufgezeichnet.

30.

Beispiele: Workshop zur Zieldefinition, Bedarfsanalyse, Erstellung von Schulungsunterlagen/Konzeptionierung, Schulung der Mitarbeiter, Zielerreichung überprüfen

4 Sprachliche und schriftliche Kommunikation

1. AUFGABE □□ Z

Von Ihrem Teamleiter erhalten Sie eine Einladung zu einem Seminar. Das Thema lautet „Nonverbale Kommunikation". Welche <u>zwei</u> Inhalte können Sie in diesem Seminar erwarten?

1. Argumentieren
2. Atemtechnik
3. Mimik
4. Sprechgeschwindigkeit
5. Lautstärke
6. Körperhaltung

2. AUFGABE □ Z

In einem Teammeeting empfiehlt Ihr Teamleiter, in der Kundenkorrespondenz verstärkt Textbausteine einzusetzen. Welchen Vorteil verspricht sich der Teamleiter davon?
1. Einheitliches Auftreten gegenüber dem Kunden
2. Individualität in der Korrespondenz
3. Umfassende Erhöhung der Kundenzufriedenheit
4. Vielfalt in den Formulierungen
5. Ausschluss inhaltlicher Fehler

3. AUFGABE □ Z

In den Textbausteinen wurde auf eine kundenorientierte Formulierung geachtet. Welcher Grundsatz ist demnach umgesetzt worden?

1. Auf Aktivformulierungen verzichten
2. Viele Substantivierungen verwenden
3. Einfache Wortwahl vermeiden
4. Viele Nebensätze einbauen
5. Möglichst viele Verben einsetzen

4. AUFGABE □ Z

Die Dialogfix GmbH hat für die Mitarbeiter ein Merkblatt zur Gestaltung von geschäftlichen E-Mails erstellt. Welche Regel wird darin <u>nicht</u> zu finden sein?

1. Rechtschreibregeln einhalten
2. Empfänger grundsätzlich duzen
3. Keine Smileys verwenden
4. E-Mails kurz und übersichtlich halten
5. Netiquette beachten

Z   **5.** AUFGABE

In der schriftlichen Korrespondenz muss die Dialogfix GmbH die Regelungen der DIN 5008 beachten. Welches Themengebiet wird in dieser Norm jedoch <u>nicht</u> angesprochen?

1. Aufbau eines Briefes
2. Frankierung eines Briefes ✔
3. Seitenabstände eines Briefes
4. Gestaltungshinweise für einen Brief
5. Struktur des Anschriftfeldes eines Briefes

Z   **6.** AUFGABE

Welche Schreibweise des Datumsformates ist laut DIN 5008 richtig?

1. 2. Mai 2018 ✔
2. Mai 02 2018
3. 02. Mai 2018
4. 02:05:18
5. 18-02-05

Z   **7.** AUFGABE

Sie erhalten den Auftrag, eine Präsentation zu den wesentlichen Inhalten der Transaktionsanalyse auszuarbeiten. Welches Themengebiet müssen Sie dazu <u>nicht</u> bearbeiten?

1. Egogramm
2. Sender und Empfänger
3. Ich-Zustände
4. Gekreuzte Transaktionen
5. Vier Seiten einer Nachricht ✔

Situation zu Aufgabe 8:
Während eines Coachings hat sich gezeigt, dass die Rhetorikkenntnisse der Auszubildenden verbessert werden müssen. Der Teamleiter veranlasst eine Schulung. Florian führt während der Schulung ein simuliertes Beratungsgespräch.

„Der Laserdrucker xp 5000 wird vom Fachportal ‚OfficeWorld 2.0' als für Selbstständige und Kleinbetriebe sehr geeigneter Laserdrucker beschrieben, da der Drucker im Vergleich die geringsten Druckkosten pro Seite hat."

„Das Onlinemagazin ‚Druckertest' schreibt, dass dieser Drucker aufgrund seiner Größe gerade für kleine Büros sehr unpraktisch ist."

„Beim Kauf eines Laserdruckers für Selbstständige und Kleinbetriebe ist auf weitere Aspekte zu achten, wie Druckgeschwindigkeit und Druckqualität. Lassen Sie uns diese Punkte noch klären, damit Sie sich für den Drucker entscheiden, der wirklich zu Ihren Bedürfnissen passt."

8. AUFGABE ☐ Z

Welchen Bauplan der Fünfsatz-Technik hat Florian angewendet?

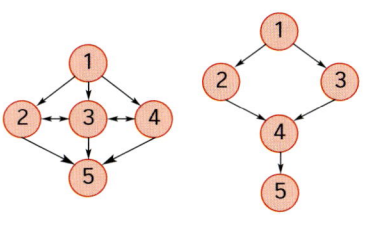
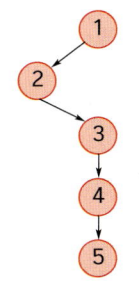
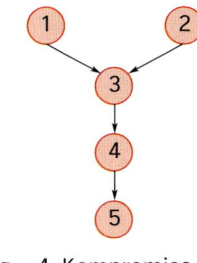
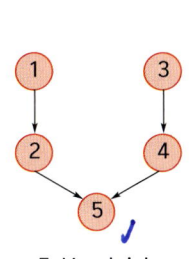

1. Aufsatzplan 2. Dialektischer Aufbau 3. Ausklammerung 4. Kompromiss 5. Vergleich ✓

Situation zu den Aufgaben 9 bis 14:

Lilo Wuttkow absolviert ein Praktikum bei der Dialogfix GmbH. Nachdem sie einige Zeit an der Hotline zugehört hat, fällt ihr auf, dass im Kundengespräch unterschiedliche Fragearten verwendet werden.

---

9. AUFGABE ☐ Z

Mit welchem Beispiel können Sie der Praktikantin die Frageart „offene Fragen" erläutern?

1. „Haben Sie unser Angebot schon erhalten?"
2. „Finden Sie nicht auch, dass das die optimale Lösung ist?"
3. „Sie denken dann noch mal darüber nach?"
4. „Was ist Ihnen wichtig?" ✓
5. „Sollen wir das neue Angebot nehmen oder lieber die alte Variante?"

10. AUFGABE ☐ Z

Lilo fragt Sie, welche Vorteile offene Fragen haben. Wie muss Ihre Antwort lauten?

1. Es ist eine kurze und knappe Antwort zu erwarten.
2. Mit der Frage wird bereits eine Entscheidungshilfe vorgegeben.
3. Der Kunde wird zu einer Entscheidung aufgefordert.
4. Der Kunde fühlt sich in seiner Antwortmöglichkeit nicht eingeengt. ✓
5. Der Kunde kann aus zwei Alternativen auswählen.

Z   **11.** AUProbe ☐

11. AUFGABE

Im Laufe des Praktikums soll Lilo testweise auch eigene Gespräche führen. In welcher Gesprächsphase raten Sie ihr zum Einsatz von offenen Fragen?

1. Auf offene Fragen sollte nach Möglichkeit ganz verzichtet werden.
2. Gleichmäßig über den Gesprächsverlauf verteilt
3. Zu Beginn der Bedarfsermittlung ✓
4. Gegen Ende der Bedarfsermittlung
5. Zum Gesprächsabschluss

Z   **12.** AUFGABE ☐☐

Lilo fürchtet sich bei den anstehenden Gesprächen insbesondere davor, an einen aufgebrachten Kunden zu geraten. Welche zwei angemessenen Verhaltensweisen schlagen Sie der Praktikantin für solche Situationen vor?

1. Aktives Zuhören anwenden ✓
2. Streng am Gesprächsleitfaden festhalten
3. Kundenanliegen herunterspielen
4. Gesprächsförderer einsetzen ✓
5. Gesprächspausen vermeiden
6. Auf das Kundenanliegen nicht weiter eingehen

Z   **13.** AUFGABE ☐

Im Laufe des Praktikums weisen Sie Lilo darauf hin, dass es unterschiedliche Kundentypen gibt, bei denen differenzierte Gesprächsstrategien ratsam sind. Welche Strategie müssen Sie der Praktikantin im Umgang mit dem „Besserwisser" empfehlen?

1. Den Kunden umgehend zurechtweisen und die Oberhand behalten
2. Den Kunden möglichst oft bestätigen ✓
3. Dem Kunden viele Suggestivfragen stellen
4. Dem Kunden den eigenen Standpunkt verdeutlichen
5. Den Kunden mit umfangreichem Faktenwissen überzeugen

Z   **14.** AUFGABE ☐

Sie möchten der Praktikantin die deutsche Buchstabiertafel erläutern. Wie muss demnach der Nachname des Kunden Florian Mahler buchstabiert werden?

1. Michael – Anne – Hans – Ludwig – Erna – Rainer
2. Michael – Anton – Heinrich – Ludwig – Eugen – Richard
3. Martha – Anne – Holger – Ludwig – Emil – Robert
4. Martha – Anton – Heinrich – Ludwig – Emil – Richard
5. Moritz – Anton – Hans – Ludwig – Emil – Robert

Situation zu den Aufgaben 15 bis 19:
Auszubildende werden bei der KommunikativAktiv KG schon bald nach Beginn ihrer Ausbildung an der Hotline eingesetzt. Im Vorfeld stehen noch Schulungen in Kommunikationspsychologie an.

15. AUFGABE   Z

Während der Schulung äußert Teilnehmer Florian folgenden Satz: „Es ist doch schon so spät!" Trainer Marco hört mit den Ohren des Empfängers daraus vier Botschaften. Ordnen Sie richtig zu!

☐ Sach-Ohr

☐ Selbstoffenbarungs-Ohr

☐ Beziehungs-Ohr

☐ Appell-Ohr

1. „Lasst uns für heute aufhören!"

2. „Ich kann mich nicht mehr konzentrieren."

3. „Du kannst bestimmt dafür sorgen, dass ich früher gehen kann."

4. „Es ist schon sehr spät."

16. AUFGABE   ☐☐   Z

In der Schulung werden auch Kundentelefonate simuliert. Florian vergisst den Datenabgleich zu Beginn des Telefonates. Ordnen Sie zu, welche beiden Pfeile den folgenden Dialog korrekt abbilden.

Trainer: „Der Datenabgleich ist wichtig und wird aus Sicherheitsgründen immer durchgeführt."

Florian: „Ey, es nervt mich total, dass du mir immer sagst, was ich tun soll."

Grafische Darstellung einer Transaktionsanalyse

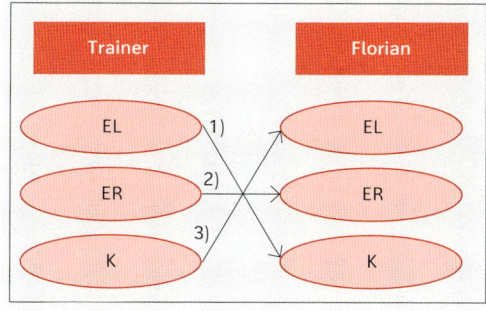 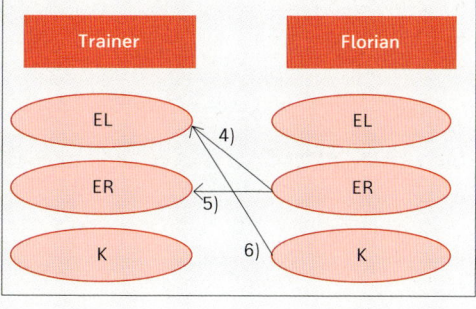

Z   **17. AUFGABE**

Im weiteren Verlauf der Schulung sollen die gerade am Telefon besonders wichtigen Effekte der menschlichen Motivation vermittelt werden. Welches Modell der Kommunikationspsychologie müssen Sie dabei in den Mittelpunkt dieser Schulungseinheit stellen?

1. Die Bedürfnispyramide nach Maslow
2. Die Transaktionsanalyse nach Berne
3. Die fünf Axiome der Kommunikation nach Watzlawick
4. Die vier Seiten einer Nachricht nach Schulz von Thun
5. Das Johari-Fenster nach Luft und Ingham

Z   **18. AUFGABE**

Fester Bestandteil der Schulung ist die Aussage „Man kann nicht <u>nicht</u> kommunizieren". Auf welchen Verfasser ist diese Behauptung zurückzuführen?

1. Paul Watzlawick
2. Harry Ingham
3. Joseph Luft
4. Abraham Maslow
5. Frederick Herzberg

Z   **19. AUFGABE**

Abschließend sollen die Erkenntnisse des Johari-Fensters thematisiert werden. In welcher Zeile findet sich eine korrekte Zuordnung?

1. Quadrant A: Mir unbekannt, anderen bekannt.
2. Quadrant B: Mir unbekannt, anderen unbekannt.
3. Quadrant C: Mir bekannt, anderen bekannt.
4. Quadrant D: Mir unbekannt, anderen unbekannt.
5. Quadrant E: Mir bekannt, anderen unbekannt.

Situation zu den Aufgaben 20 bis 24:
Die Auszubildende Carola Klein ist krank. Diese Runde hat es Carola so richtig erwischt. Neben einer Erkältung hat sie zum ersten Mal auch Probleme mit ihrer Stimme. Sie ist heiser und bekommt keinen Ton heraus. Ihr Ausbilder schickt sie nach Hause.

20. AUFGABE ☐ Z

Carola Klein überlegt, wodurch ihre Stimme am Arbeitsplatz belastet wird. Welche Aussage ist richtig?

1. Carola achtet darauf, während der Arbeit genügend Wasser zu trinken.
2. In der Pause plaudert Carola kurz mit ihrer Kollegin.
3. Vor drei Monaten hat Carola das Rauchen aufgegeben.
4. Im Büro trägt Carola meist einen Schal.
5. Bei schwierigen Kundengesprächen steht Carola unter Stress und bekommt das Gefühl, einen Kloß im Hals zu haben, was das Sprechen erschwert.

21. AUFGABE ☐ Z

Seit mehreren Tagen fällt Carola auf, dass ihre Stimme stark belastet und nicht mehr so kräftig ist. Von ihren Kolleginnen und Kollegen erhält Carola Tipps zur Stimmpflege. Welcher Ratschlag ist geeignet?

1. Leichte Kleidung verhindert das Überhitzen des Halses, deshalb sollte Carola auf der Arbeit nur noch T-Shirts tragen.
2. Um das Atemvolumen maximal zu nutzen, sollte Carola immer über den Mund ein- und ausatmen.
3. Carola soll möglichst viel Kaffee trinken. Er sorgt für eine optimale Durchblutung der Stimmbänder und hilft, die Stimme zu verbessern.
4. Zigarettenrauch tötet schädliche Keime auf den Stimmbändern und verbessert so die Leistungsfähigkeit der Stimme.
5. Durch eine entspannte und regelmäßige Atmung verhindert Carola ein zu schnelles Ermüden der Stimme.

22. AUFGABE ☐ Z

Während ihrer Arbeit an der Bestellhotline muss Carola zurzeit viele Beschwerdegespräche mit Kunden führen. Abends kann sie schlecht einschlafen und ihre Laune ist auch nicht besonders. Sie beginnt, sich über das Thema Stress genauer zu informieren. Welche Aussage ist hierzu richtig?

1. Negativ empfundener Stress wird als Eustress bezeichnet.
2. Positiv empfundener Stress wird als Disstress bezeichnet.
3. Ausgelöst wird jede Art von Stress von den sogenannten Stressoren.
4. Der Körper senkt unter Stress den Puls und den Blutdruck.
5. Der Körper wird stressresistent, wenn man sich nur oft genug Stress aussetzt.

> **_Situation zu den Aufgaben 23 bis 25:_**
> Seit einiger Zeit sind Sie im Rahmen Ihrer Ausbildung ganztägig in der Hotline eingesetzt.

23. AUFGABE

Mit der Zeit strengt es Sie ganz schön an, den ganzen Tag zu sprechen. Eine Kollegin rät Ihnen, Ihre Stimme besser zu schulen. Nennen Sie fünf Themen, die typischerweise bei Stimmtrainings behandelt werden.

24. AUFGABE

Sie fühlen sich in letzter Zeit aufgrund Ihrer Arbeit sehr angespannt. Nennen Sie fünf typische Stressoren, die im Callcenter belastend wirken.

25. AUFGABE

Nennen Sie fünf Maßnahmen, die dabei helfen können, den Stress am Arbeitsplatz zu minimieren.

26. AUFGABE

Während einer Kommunikationsschulung werden die vier Seiten einer Nachricht nach Schulz von Thun thematisiert. Vervollständigen Sie die folgende Abbildung, indem Sie die leeren Felder mit den fünf fehlenden Begriffen beschriften.

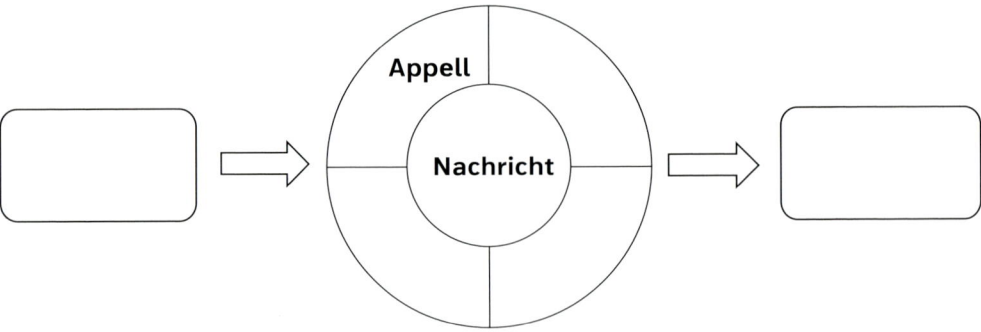

Lösungen zu Kapitel **4**

1.	3, 6	**13.**	2
2.	1	**14.**	4
3.	5	**15.**	4, 2, 3, 1
4.	2	**16.**	2, 6
5.	2	**17.**	1
6.	1	**18.**	1
7.	5	**19.**	4
8.	5	**20.**	5
9.	4	**21.**	5
10.	4	**22.**	3
11.	3		
12.	1, 4		

23.
→ Ökonomische und entspannte Atmung erlernen
→ Optimale Sprechstimmlage finden
→ Resonanz ausbauen
→ Artikulation verbessern
→ Entspannung üben

24.
→ Langes Sprechen führt zu Hals-, Rachen- und Stimmbeschwerden.
→ Belastung durch Schichtarbeit
→ Psychischer Druck durch anstrengende Telefonate, z. B. Beschwerdegespräche
→ Erfolgsdruck durch Prämiensysteme
→ Lautstärke im Großraumbüro

25.
→ Viel trinken, Hals warm halten, nicht rauchen
→ Für ausreichend Ruhephasen außerhalb der Arbeitszeit sorgen
→ Schulungen zum erfolgreichen Führen von Beschwerdegesprächen
→ Aufstellen von Schalldämmern
→ Methoden des Zeitmanagements anwenden

26.
v. l. n. r.: Sender, Sachinhalt, Selbstoffenbarung, Beziehung, Empfänger

5 Kundenbetreuung

Z **1. AUFGABE**

Zur Kompensation krankheitsbedingter Ausfälle erwägt die Dialogfix GmbH den kurzfristigen Einsatz von Zeitarbeitskräften, die ohne umfangreiche Schulungen mithilfe von Gesprächsleitfäden Kundengespräche führen sollen. Prüfen Sie, für welche <u>zwei</u> der folgenden Aufgaben der Einsatz eines Gesprächsleitfadens <u>nicht</u> ausreicht!

1. Bestellhotline für wenige Produkte
2. Rufnummernauskunft
3. Durchführung von Wahlumfragen
4. Termindisposition für eine Versicherung
5. Technische Hotline für eine komplexe Software
6. Beschwerdemanagement bei gewerblichen Großkunden

Z **2. AUFGABE**

Für eine Kundenrückgewinnungskampagne der Family & Friends GmbH erhält die Dialogfix GmbH 47 000 Adressen von ehemaligen Kunden, die eine Opt-in-Erklärung abgegeben haben. Das Ziel der Kampagne ist, diesen Altkunden ein einmaliges Vorteilsangebot zu unterbreiten und sie so als Kunden zurückzugewinnen. In den ersten 4 Wochen können 22 500 Zielpersonen erreicht werden. Mit dem Auftraggeber wurde eine Erfolgsquote von 24 % vereinbart.

Ermitteln Sie, bei wie vielen der erreichten Zielpersonen die Mitarbeiter der Dialogfix GmbH mindestens das Vorteilsangebot erfolgreich platzieren und erneut einen Vertrag abschließen müssen, um die Vorgabe einzuhalten.

Z **3. AUFGABE**

Ein Auftraggeber der KommunikativAktiv KG hat vorgegeben, dass in einer Kampagne 6 000 Nettokontakte erreicht werden müssen. Aktuell liegt folgende Telefonstatistik vor:

Datenbestand (Adressen)	10 000
Summe aller Anrufe (Bruttokontakte)	11 288
Zielperson beim ersten Anruf erreicht	1 752
Zielperson beim zweiten Anruf erreicht	3 874
Zielperson nicht erreicht (jeweils 2 Anrufe)	1 201
Fehlversuche (jeweils 1 Anruf)	587

Ermitteln Sie, wie viele Nettokontakte noch erforderlich sind, um die Vorgabe des Auftraggebers einzuhalten.

4. AUFGABE □ □ Z

In den Fachtrainings wurde wiederholt die Bedeutung einer ordnungsgemäßen Legitimation des Anrufers betont. Dazu müssen Sie mit geeigneten Fragen sicherstellen, dass der Anrufer berechtigt ist, Auskünfte zu persönlichen Daten zu erhalten. Welche zwei der folgenden Daten sind als Prüfdatum ungeeignet, um den Datenschutz zu gewährleisten?

1. Die Bankverbindung des Kunden (IBAN)
2. Die Adresse des Kunden
3. Vor- und Nachname des Kunden
4. Ein zwischen Kunde und Unternehmen vereinbartes Passwort
5. Kundennummer und letzter Rechnungsbetrag
6. Eine beliebige vom Kunden erdachte Frage inklusive Antwort

5. AUFGABE □ Z

Mit dem Buchclub 4.0 hat die Dialogfix GmbH einen Servicelevel von 90/10 vereinbart. Stellen Sie fest, was die Dialogfix GmbH somit erreichen muss.

1. Nur 10 % der Anrufer müssen erneut anrufen, um eine Problemlösung zu erhalten.
2. Bei einer Gesprächszeit von 90 Sekunden sind 10 Sekunden Nachbearbeitungszeit vorgesehen.
3. Ein Team von 10 Mitarbeitern betreut maximal 90 Kunden des Buchclubs.
4. Insgesamt werden 90 % der Gespräche angenommen.
5. Maximal 10 % der Anrufer müssen länger als 10 Sekunden auf einen Gesprächspartner warten.

6. AUFGABE □ Z

Die Kundendaten wurden vom Buchclub 4.0 teilweise unvollständig zur Dialogfix GmbH überspielt. Können die Mitarbeiter nun einen Kunden nicht im System finden, erfassen sie den Datensatz neu. Prüfen Sie, welcher Grundsatz der Datenerfassung dadurch verletzt wird.

1. Grundsatz der Richtigkeit
2. Grundsatz der Zeitstabilität
3. Grundsatz der Vollständigkeit
4. Grundsatz der Redundanzvermeidung
5. Grundsatz der Transparenz

Z **7. AUFGABE**

Für die Beratung der ehemaligen Kunden gibt der Projektleiter eine Average Handling Time (AHT) von 240 Sekunden als Zielgröße vor. Ermitteln Sie, wie viele Gespräche pro Stunde durchschnittlich bearbeitet werden können, wenn in jeder Arbeitsstunde eine 4-minütige Bildschirmpause gewährt wird.

Z **8. AUFGABE**

Zur Verbesserung der Average Handling Time möchte Ihr Coach mit Ihnen gemeinsam an Ihren Multitaskingfähigkeiten arbeiten. Welche der folgenden Aussagen beschreibt Multitasking in diesem Zusammenhang richtig?

1. Multitasking beschreibt die gleichzeitige Ausführung von mehreren Tätigkeiten durch den Kundenberater.
2. Von Multitasking spricht man, wenn sich der Kundenberater im Gespräch ausschließlich auf den Kunden konzentriert und anschließend die Kundendatenbank bedient.
3. Multitasking bedeutet, mehrere Aufgaben konzentriert nacheinander zu bearbeiten.
4. Multitasking ist die Fähigkeit, durch ein konsequentes Zeit- und Selbstmanagement den Workload gleichmäßig auf den Tag zu verteilen.
5. Multitasking blendet die Emotionsebene eines Gespräches aus und sorgt damit für kurze Gesprächszeiten.

Z **9. AUFGABE**

Im Laufe der Aktion erreicht die Dialogfix GmbH genau 12 150 ehemalige Kunden. Berechnen Sie die Ausschöpfungsquote (in Prozent).

Z **10. AUFGABE**

Von den erreichten Kunden können 3 645 zurückgewonnen werden, sie schließen einen neuen Vertrag mit der ANG ab. Ermitteln Sie die Erfolgsquote (in Prozent).

Z **11. AUFGABE**

Innerhalb der gesetzlichen Frist widerrufen 747 Kunden den Vertragsabschluss. Wie hoch ist demnach die Stornoquote (in Prozent)?

12. AUFGABE ☐ Z

Der Projektleiter ist verärgert über die hohe Stornoquote. Stellen Sie fest, welcher Nachteil der Dialogfix GmbH durch die hohe Stornoquote entsteht.

1. Absinken des Servicelevels
2. Zusätzliche Kosten durch Rückabwicklung des Vertrags
3. Konflikte mit dem Betriebsrat
4. Eingreifen des betrieblichen Datenschutzbeauftragten erforderlich
5. Verstoß gegen BGB-Bestimmungen

13. AUFGABE ☐ Z

Das Unternehmen möchte die ermittelte Stornoquote senken. Prüfen Sie, welche Maßnahme dazu geeignet ist.

1. Gewährung einer Prämie für den Mitarbeiter bei raschem Vertragsabschluss
2. Verkürzung der Gesprächszeit
3. Vorgabe einer hohen Erfolgsquote
4. Einsatz eines Dialers
5. Nachschulung in Gesprächsführung und Produktkenntnissen

> *Situation zu den Aufgaben 14 bis 18:*
> Carola Klein, Auszubildende bei der Dialogfix GmbH, ist derzeit an der Hotline eingesetzt.

14. AUFGABE ☐ Z

Ein wichtiger Bestandteil im Beratungsgespräch ist die Nutzenargumentation. Mit welcher Satzeinleitung kann Carola den Kundennutzen herausstellen?

1. „Da haben Sie recht …"
2. „Das glaube ich Ihnen …"
3. „Dadurch haben Sie …"
4. „Das kann ich nachvollziehen …"
5. „Das tut mir sehr leid …"

15. AUFGABE ☐ Z

Ein Kunde meldet sich bei Carola, weil er eine Frage zu seiner letzten Rechnung hat. Welche der folgenden Fragen sollte Carola zuerst stellen?

1. Wann haben Sie das letzte Mal eine Bestellung aufgegeben?
2. Welches Produkt haben Sie zuletzt gekauft?
3. Wie lauten Ihre Kundennummer und Ihr Passwort?
4. Wie hoch ist der Rechnungsbetrag?
5. Wie lautet Ihre Bankleitzahl?

Z   **16.** AFGABE ☐

Um den Kunden ein einheitliches Beratungserlebnis zu bieten, wird Carola in der Meldeformel geschult. Welche der folgenden Informationen ist <u>nicht</u> Bestandteil einer professionellen Meldeformel?

1. Anrufer begrüßen
2. Nennung des eigenen Namens
3. Information über den neuesten Verkaufsschlager
4. Nennung des Firmennamens
5. Offene Frage

Z   **17.** AFGABE ☐☐

Wichtig ist auch, im Kundengespräch nicht unsicher zu wirken. Welche <u>zwei</u> Formulierungen muss Carola daher <u>vermeiden</u>?

1. „Ich schlage folgende Vorgehensweise vor."
2. „Wären Sie so freundlich, mir Ihren Namen zu nennen?"
3. „Dürfte ich Sie vielleicht noch nach Ihrem Geburtsdatum fragen?"
4. „Die Lieferung erfolgt in drei Tagen."
5. „Leider ist eine Ratenzahlung aufgrund der negativen Bonitätsprüfung nicht
     möglich."
6. „Ich entschuldige mich für meinen verspäteten Anruf."

Z   **18.** AFGABE ☐

Um die Mitarbeiter bei einer professionellen Gesprächsführung zu unterstützen, setzt
die Dialogfix GmbH Gesprächsleitfäden ein. Für welche Thematik ist ein Gesprächsleitfaden am <u>wenigsten</u> geeignet?

1. Anruf beim Kunden zur Kundenzufriedenheitsbefragung
2. Kundenrückgewinnung in Verbindung mit Sonderpreis auf das „Produkt des
     Monats"
3. Datenabgleich zur Pflege der Stammdaten
4. Anruf beim Kunden zur Terminvereinbarung für den Besuch eines Außendienstmit-
     arbeiters
5. Mehrstufiger Kundenkontakt im Rahmen des Lead-Managements

Situation zu den Aufgaben 19 bis 25:
In einem Meeting werden die aktuellen Erfolgskennzahlen besprochen. Carola
Klein macht sich eifrig Notizen. Nach Abschluss der Veranstaltung geht Carola
ihre Aufzeichnungen aufmerksam durch.

19. AUFGABE ☐☐☐☐☐ Z

Ordnen sie in der folgenden Übersicht die fehlenden Begriffe von a) bis e) richtig zu. Tragen Sie die Lösung von links nach rechts in die Kästchen ein.

1. Nachbearbeitungszeit
2. Netto-Arbeitszeit
3. Schulungen
4. Anruf-Wartezeit
5. Produktivzeit

Brutto-Arbeitszeit							
a)				Urlaub	Krankheit	Pausen	b)
c)			d)	Rüstzeit			
Gesprächszeit	e)						

20. AUFGABE ☐ Z

Im Meeting lernt Carola, dass verschiedene Kennzahlen Auswirkungen auf andere Kennzahlen haben können. Welcher Zusammenhang ist richtig?

1. Je höher der aktuelle Servicelevel ist, desto mehr Lost Calls treten auf.
2. Eine sinkende Average Handling Time (AHT) führt zu einer erhöhten First Call Resolution (FCR).
3. Ein hoher Krankenstand hat keine Auswirkungen auf das Servicelevel.
4. Eine kurzfristig stark steigende AHT führt zu einem geringeren Servicelevel.
5. Keiner der beschriebenen Zusammenhänge ist richtig.

21. AUFGABE ☐☐ Z

Welche zwei Aussagen zu Inbound-Kennzahlen hat Carola richtig notiert?

1. Der optimale Servicelevel ist in allen Callcentern gleich.
2. Die Anzahl der während einer Schicht an der Hotline telefonierenden Agents hat keinen Einfluss auf den tatsächlichen Servicelevel.
3. Je höher ein geplanter Servicelevel ist (z.B. 90/10 statt 80/20), desto weniger Mitarbeiter müssen an der Hotline beschäftigt werden.
4. Je niedriger ein geplanter Servicelevel ist, um so schlechter ist die Erreichbarkeit des Unternehmens für den Anrufer.
5. Die Auslastung gibt den Anteil der Produktivzeit an der Nettoarbeitszeit an.
6. Ist die Zahl der Anrufe geringer als erwartet, so sinkt der Servicelevel.

Z **22. AUFGABE**

Welche der folgenden von Carola notierten Erfolgskennzahlen wird ausschließlich im Inbound eingesetzt?

1. Erfolgsquote
2. Servicelevel
3. Stornoquote
4. Ausschöpfungsquote
5. Messung des Anteils der Erfolge an den insgesamt geführten Gesprächen

Z **23. AUFGABE**

Welche der folgenden von Carola notierten Erfolgskennzahlen ist nur im Outbound sinnvoll?

1. Nettokontakte
2. Verkaufsquote
3. Lost-Call-Quote
4. Produktivität
5. Servicelevel

Situation zu den Aufgaben 24 bis 25:

Carola Klein ist mehrere Wochen in der Outbound-Abteilung der Dialogfix GmbH eingesetzt. Von ihrer Teamleiterin bekommt sie heute folgende E-Mail:

Hallo Carola,

wie Du weißt, haben wir im letzten Monat das Outbound-Projekt „WLAN-Drucker" bearbeitet. Wir haben 22 000 Kunden angerufen, davon aber nur 16 000 Kunden erreicht. 2 000 Kunden haben einen Drucker bestellt. Leider gingen danach aber noch 150 Vertragswiderrufe ein.

Bitte stelle bis morgen für die Geschäftsleitung folgende Erfolgskennziffern zusammen:

Ausschöpfungsquote, Erfolgsquote, Stornoquote und Festbestellquote.

Vielen Dank!

Tamara Grün (Teamleitung Outbound)

Z **24. AUFGABE**

Berechnen Sie die angeforderten Kennziffern. Runden Sie kaufmännisch auf zwei Nachkommastellen.

25. AUFGABE

Wie können Sie am Telefon für eine hohe Festbestellquote sorgen?

Situation zu den Aufgaben 26 bis 27:
Die Dialogfix GmbH möchte ihren Kundenstamm erweitern. Hierzu sollen von Adressbrokern Datensätze möglicher Interessenten gekauft werden.

26. AUFGABE

Welche Informationen über mögliche Interessenten sind relativ leicht zu erheben und welche Daten sind für die Dialogfix GmbH besonders interessant? Wovon hängt es ab, wie teuer ein Datensatz ist?

27. AUFGABE

Die Outbound-Aktion mit den neuen Datensätzen lief äußerst erfolgreich. Nennen und erläutern Sie die Grundsätze der Datenerfassung, auf die ein Callcenter-Agent bei der Erfassung von Neukundendaten in der Datenbank achten muss.

Situation zu den Aufgaben 28 bis 31:
Die Dialogfix GmbH arbeitet intern an neuen Hilfestellungen für die Mitarbeiter in der Kundenbetreuung.

28. AUFGABE

Nennen Sie je vier Vor- und Nachteile, die beim Einsatz eines Gesprächsleitfadens entstehen.

29. AUFGABE

In einer Schulung sollen die vier Schritte (Gesprächsphasen) in einem professionellen Beratungsgespräch eingeübt werden. Nennen und erläutern Sie diese vier Schritte.

30. AUFGABE

Den Agents soll in der Schulung auch der Einsatz verschiedener Fragearten zur Gesprächssteuerung und Informationsbeschaffung praxisnah vermittelt werden. Stellen Sie dazu drei unterschiedliche Fragearten vor, indem Sie neben einer kurzen Beschreibung auch jeweils einen Vor- und einen Nachteil nennen. Formulieren Sie zudem jeweils ein Beispiel.

31. AUFGABE

Um die Gesprächsführung zu optimieren, rät Ihnen eine Kollegin, bei der Bedarfsermittlung den Fragetrichter zu berücksichtigen. Erklären Sie, was damit gemeint ist.

Situation zu den Aufgaben 32 bis 35:

Sie sind in Ihrem Unternehmen als Teamleiter eingesetzt. Nun sollen Sie bei einem neuen Projekt mitarbeiten: Ihr Auftraggeber – der Mobilfunkprovider Cell-Phone AG – möchte seine 199 500 Vertragskunden über ein Mailing anschreiben, dem ein Prospekt verschiedener neuer Modelle beiliegt. Die Dialogfix GmbH wird natürlich auch die Bestellannahme übernehmen.

---

32. AUFGABE

Entwerfen Sie für die Bestellannahme einen Gesprächsleitfaden. Erarbeiten Sie für die einzelnen Gesprächsphasen beispielhaft sinnvolle Aussagen bzw. Formulierungen.

33. AUFGABE

Die CellPhone AG plant mit einer durchschnittlichen Response-Quote von 35 %. Was sagt die Response-Quote aus? Wie viele eingehende Gespräche muss die Personaleinsatzplanung der Dialogfix GmbH bei der Erstellung des Forecast insgesamt berücksichtigen?

34. AUFGABE

Durchgeführte Testanrufe ergaben eine durchschnittliche Gesprächszeit von 240 Sekunden. Die Nachbearbeitungszeit betrug durchschnittlich 60 Sekunden. Berechnen Sie die Average Handling Time (AHT).

35. AUFGABE

Ermitteln Sie die Produktivität des Agents (Gespräche/Stunde), wenn stündlich eine 5-minütige Bildschirmpause zu berücksichtigen ist.

Situation zu den Aufgaben 36 bis 40:

Im vergangenen Monat hat die Dialogfix GmbH die groß angelegte Outbound-Aktion „Welcome back!" durchgeführt. Kunden, die schon länger nichts mehr bei Dialogfix bestellt hatten, sollten mit äußerst attraktiven Angeboten zum erneuten Kauf bewegt werden. In der heutigen Abteilungsbesprechung wird das Reporting der aktuellen Erfolgskennzahlen präsentiert.

36. AUFGABE

Erik Schmidt, der mit der Auswertung der Reportings beauftragt wurde, berichtet: „Wir haben eine Ausschöpfungsquote von lediglich 60 %, das entspricht 4 500 erreichten Altkunden."

Berechnen Sie die Anzahl der Kontaktdaten.

37. AUFGABE

Im Meeting wird außerdem bekannt gegeben, dass 4 000 Aufträge generiert wurden und die Stornoquote bei 2 % liegt. Wie viele Stornos sind demnach bei Dialogfix eingegangen?

38. AUFGABE

Geben Sie einen möglichen Grund für die geringe Ausschöpfungsquote bei der Outbound-Aktion an.

39. AUFGABE

Weil viele Mitarbeiter durch die Welcome-back-Aktion gebunden waren, hat Dialogfix die Durchführung einer parallel laufenden Outbound-Aktion an ein externes Callcenter vergeben. Hier betrug die Stornoquote 35 %. Beurteilen Sie dieses Ergebnis und schildern Sie mögliche Gründe dafür.

40. AUFGABE

Welche Konsequenzen empfehlen Sie dem Projektverantwortlichen bei Dialogfix aufgrund der Ergebnisse des externen Callcenters? Geben Sie zwei mögliche Konsequenzen an.

Lösungen zu Kapitel **5**

1. 5, 6
2. 5 400 Zielpersonen
3. 374 Nettokontakte
4. 2, 3
5. 5
6. 4
7. 14 Gespräche
8. 1
9. 83,8 %
10. 30,0 %
11. 20,5 %
12. 2

13. 5
14. 3
15. 3
16. 3
17. 2, 3
18. 5
19. 2, 3, 5, 4, 1
20. 4
21. 4, 5
22. 2
23. 1

24.

Ausschöpfungsquote	=	16 000 · 100 : 22 000	=	72,73 %
Erfolgsquote	=	2 000 · 100 : 16 000	=	12,50 %
Stornoquote	=	150 · 100 : 2 000	=	7,50 %
Festbestellquote	=	(2 000 – 150) · 100 : 16 000	=	11,56 %

25.
→ Eine hohe Festbestellquote resultiert aus einer geringen Stornoquote.
→ Die Kunden sollten zum Kauf überzeugt, nicht überredet werden.
→ Der Agent darf am Telefon beim Kunden keine falschen Erwartungen bezüglich des Produktes wecken.
→ Bei der Adressauswahl ist darauf zu achten, vor allem Kunden mit guter Bonität bzw. einem guten internen Scoring-Wert (A-Kunden) anzurufen.

26.
Leicht zu erheben sind Name, Adresse und ggf. Geburtsdatum. Besonders interessant sind z. B. Daten über Bonität, Einkommen, Arbeitgeber und Kinder im Haushalt. Je interessanter eine Information über Personen ist, desto schwerer ist sie in der Regel zu erheben. Grundsätzlich gilt: Je aufwendiger ein Datensatz zu erheben ist, desto teurer wird er gehandelt.

27.
→ Richtigkeit: Wenn z. B. die Adresse falsch geschrieben ist, kann nicht zugestellt werden.
→ Vollständigkeit: Alle relevanten Daten müssen erfasst werden.
→ Redundanzvermeidung: Dubletten führen u. a. zu nicht gepflegten Datenbeständen und verärgerten Kunden, wenn z. B. Werbeaktionen doppelt eintreffen.
→ Zeitstabilität: Die Kundendaten sollten so erfasst werden, dass sie für einen längeren Zeitraum Gültigkeit haben.

28.

Vorteile	Nachteile
Die Gesprächsstruktur ist vorgegeben.	Durch eine vorgegebene Gesprächsstruktur ist es nur schwer möglich, auf individuelle Kundenanfragen einzugehen.
Der Mitarbeiter kann ohne großen Schulungsaufwand mithilfe des Leitfadens arbeiten.	Treten Gesprächssituationen ein, die im Leitfaden nicht berücksichtigt sind, werden Mitarbeiter unsicher.
Ein einheitliches Auftreten des Unternehmens wird sichergestellt.	Die individuellen Kommunikationsstärken des Mitarbeiters werden nicht abgefordert.
Der Mitarbeiter erhält Formulierungshilfen.	Ein starres Zitieren des Leitfadens kann dazu führen, dass die Gesprächsführung nicht authentisch wirkt.

29.

1. Begrüßung und Kontaktaufbau

Die Begrüßungsphase legt den Grundbaustein für ein erfolgreiches Gespräch. In der Meldeformel sind die Begrüßung, der Name der Firma/Abteilung, der Name des Mitarbeiters sowie eine offene Einstiegsfrage („Was kann ich für Sie tun?") zwingende Bestandteile. Auch die angemessene namentliche Nennung des Kunden sowie die Berücksichtigung des Datenschutzes vervollständigen den Kontaktaufbau.

2. Bedarfsermittlung

Die Bedarfsermittlung ist der Schlüssel zur richtigen Beratung. Zu Beginn werden vor allem offene Fragen eingesetzt, um genügend Informationen zu erhalten und eine positive Beziehung zum Kunden aufzubauen. Zum Ende sichern geschlossene Fragen ab, ob der Kunde richtig verstanden wurde. Diese Technik wird auch als „Fragetrichter" bezeichnet. Am Ende der Bedarfsermittlung wird das Ergebnis für den Kunden zusammengefasst.

3. Beratung und Lösung

Der Inhalt dieser Phase hängt entscheidend davon ab, welche Dienstleistung (z. B. technischer Support, kaufmännische Anfragen) erbracht wird. Gemeinsam mit dem Kunden wird eine Lösung erarbeitet. Es ist wichtig, nutzenorientiert zu kommunizieren und die Methoden der Einwandbehandlung zu beherrschen.

4. Abschlussphase

Zum Gesprächsabschluss werden die sechs Schritte der Abschlussphase eingesetzt: Zielvereinbarung, Zusammenfassung, Terminvereinbarung, Abschlussfrage, Verabschiedung, Beendigung des Gespräches.

30.

1. Offene Fragen

Offene Fragen beginnen immer mit einem Fragewort (z. B. Was, Wie, Wann) und ermöglichen dem Gesprächspartner ausführliche Antworten.

Beispiel: „Wie kann ich Ihnen helfen?"

Vorteil	Nachteil
Der Gesprächspartner kann viele Informationen platzieren.	Antworten können sehr ausschweifend sein und beanspruchen dadurch viel Zeit.

2. Geschlossene Fragen

Geschlossene Fragen beginnen mit einem Verb oder Hilfsverb und lassen nur kurze Antworten zu.

Beispiel: „Darf ich Ihnen das Angebot zusenden?"

Vorteil	Nachteil
Der Gesprächspartner wird zu einer Entscheidung aufgefordert.	Wichtige Informationen können unerwähnt bleiben.

3. Alternativfragen

Alternativfragen geben mehrere Antwortmöglichkeiten vor. Weitere Alternativen in der Beantwortung der Frage bestehen aber nicht.

Beispiel: „Möchten Sie eine 6 000er-oder-16 000er Bandbreite bestellen?"

Vorteil	Nachteil
Der unentschlossene Gesprächspartner erhält eine Entscheidungsvorlage.	Weitere Informationen können nicht abgefragt werden, da die Wahlmöglichkeiten vorgegeben werden.

31.

Zu Beginn der Bedarfsanalyse werden vor allem offene Fragen eingesetzt, zum Ende geschlossene Fragen. Offene Fragen stellen sicher, dass genügend Informationen fließen. Zum Ende des Gesprächs lässt sich mit geschlossenen Fragen absichern, ob man den Kunden richtig verstanden hat.

32.

Gesprächsphase	Aussagen/Formulierungen
Begrüßung und Vorstellung	„Herzlich willkommen bei der Kundenbetreuung der CellPhone AG, mein Name ist <Vorname und Name des Mitarbeiters>. Was kann ich für Sie tun?"
Legitimation/Datenabgleich	„Herr/Frau <Name des Kunden>, zum Abgleich Ihrer Daten benötige ich weitere Informationen. Nennen Sie mir bitte Ihre Kundennummer/Telefonnummer und Ihr Geburtsdatum."
Bedarfsanalyse	„Welches Handy haben Sie bisher genutzt?" „Auf welche Funktionen Ihres jetzigen Gerätes möchten Sie auch künftig nicht verzichten?" „Welche Funktionen vermissen Sie?"
Beratung und Lösung	„Ich empfehle Ihnen <Name des Produktes>." • Begründung und ausführliche Produktbeschreibung • Angebotsunterbreitung „Sind Sie mit unserem Angebot einverstanden?" • Ist der Kunde nicht einverstanden: „Ich kann Ihnen folgende Alternative(n) anbieten." „Bitte nennen Sie mir zur weiteren Bearbeitung Ihre vollständige Anschrift." • Versandmodalitäten erklären
Zusammenfassung	„Herr/Frau <Name des Kunden>, ich fasse Ihren Auftrag nun gern noch mal zusammen."
Abschluss und Verabschiedung	„Herr/Frau <Name des Kunden>, haben Sie noch weitere Fragen?" „Ich wünsche Ihnen viel Freude mit Ihrem neuen Handy." „Vielen Dank für Ihren Anruf. Ich wünsche Ihnen noch einen schönen Tag."

33.

Die Response-Quote gibt das Verhältnis zwischen Reaktion und ausgegebenen Exemplaren einer Werbemaßnahme wie z. B. Mailings wieder. Dies bedeutet im konkreten Fall:
35 % von 199 500 = 69 825 Gespräche

34.

AHT: 240 Sek. + 60 Sek. = 300 Sek.

35.

(Nettoarbeitszeit: 3 600 Sek. − 300 Sek. = 3 300 Sek.)
Produktivität: 3 300 Sek. : 300 Sek. = 11 Gespräche/Stunde

36.
4 500 · 100 : 60 = 7 500 Kontaktdaten

37.
4 500 · 2 : 100 = 80 Stornos

38.
Eine geringe Ausschöpfungsquote kann auf einen Adressbestand von schlechter Qualität hinweisen (alte, schlecht gepflegte Adressdaten). Es besteht auch die Möglichkeit, dass z. B. berufstätige Personen zur falschen Uhrzeit angerufen wurden und somit nicht erreicht werden konnten.

39.
→ Eine hohe Stornoquote spricht dafür, dass die Kunden zum Kauf gedrängt bzw. überredet wurden und daraufhin wieder storniert haben.
→ Möglicherweise wurden die Mitarbeiter nur unzureichend über das Produkt geschult und haben bei den Kunden falsche Vorstellungen geweckt, die dann enttäuscht wurden.

40.
→ Dialogfix beendet zum nächstmöglichen Zeitpunkt die Geschäftsbeziehung.
→ Dialogfix unterstützt das externe Callcenter bei der Schulung seiner Mitarbeiter. Dies muss aber in einem vernünftigen Kosten-Nutzen-Verhältnis stehen.

6 Kundenbindung

Situation zu den Aufgaben 1 bis 3:
Die Auszubildenden der Dialogfix GmbH bekommen den Auftrag, richtige Verhaltensweisen im Beschwerdemanagement in die Willkommensmappe für neue Mitarbeiter aufzunehmen.

1. AUFGABE ☐ Z

Zunächst sammeln Sie im Kreise Ihrer Kollegen einige Vorschläge dazu. Prüfen Sie, welcher Vorschlag zu einem optimalen Ergebnis im Sinne des Beschwerdemanagements führt.

1. Reklamation anzweifeln und eigenes Verhalten rechtfertigen
2. Routinemäßige Bearbeitung der Beschwerde
3. Beschwerdegrund herunterspielen
4. Beschwerden als Optimierung der Arbeitsprozesse ansehen
5. Den Kunden bei unterschiedlicher Auffassung erziehen

2. AUFGABE Z

Anschließend möchten Sie die gesammelten Handlungsschritte für ein professionelles Beschwerdemanagement strukturieren. Bringen Sie dazu die folgenden Handlungsschritte in die richtige Reihenfolge, indem Sie die Ziffern 1 bis 5 neben den Handlungsschritten eintragen.

☐ Erarbeitung einer Lösung für das Anliegen

☐ Gesprächszusammenfassung und Festlegung weiterer Schritte

☐ Durch positive Formulierungen in das Gespräch einsteigen

☐ Den Beschwerdegrund durch offene Fragen ermitteln und die emotionale Ebene klären

☐ Für die Beschwerde danken und freundliche Verabschiedung

3. AUFGABE ☐ Z

Im Beschwerdemanagement der Dialogfix GmbH spielt oft die Kulanz eine wichtige Rolle. Prüfen Sie, in welchem Fall es sich um eine Kulanzregelung handelt.

1. Bei Bestellungen ab 100,00 € entfallen die Versandkosten.
2. Treue Kunden erhalten im Dezember ein kleines Weihnachtsgeschenk.
3. Defekte Geräte werden innerhalb der Gewährleistungsfrist kostenlos umgetauscht.
4. Nach Ablauf der Garantie bietet das Unternehmen für zwei Jahre eine kostenlose Reparatur an.
5. Falsch gelieferte Sendungen können zum Umtausch zurückgeschickt werden.

Z   **4.** AUFGABE

Da sich die Zahlungsausfälle bei Privatkunden in der letzten Zeit häufen, trifft die Geschäftsführung der Dialogfix GmbH die Entscheidung, die Bonitätsprüfung zukünftig bei allen Bestellungen – unabhängig vom Bestellwert – durchzuführen. Prüfen Sie, welche <u>zwei</u> der folgenden Daten in diesem Fall <u>nicht</u> Gegenstand einer Bonitätsprüfung sein können.

1. Tätigkeit bzw. Beruf
2. Besitz von Immobilien
3. Rechtsform
4. Einträge im Handelsregister
5. Bisherige Kredite
6. Familienstand

Z   **5.** AUFGABE

Chantal Meyer ist bislang noch nicht Kundin bei der Dialogfix GmbH. Die durchgeführte Bonitätsprüfung fiel negativ aus. Welche Zahlungsmöglichkeit müssen Sie Frau Meyer anbieten, um ein Risiko für die Dialogfix GmbH auszuschließen?

1. Zahlung per Rechnung
2. Zahlung per Lastschriftverfahren
3. Zahlung per Scheck
4. Zahlung per Vorkasse
5. Finanzierung des Kaufpreises

6. AUFGABE

Die Kundin Saskia Mathis hat kein Girokonto. Welche Zahlungsmöglichkeit kann ihr die Dialogfix GmbH bei einer Bestellung dennoch anbieten?

1. Onlinebanking
2. Einzugsermächtigung
3. Lastschriftverfahren
4. Nachnahmezahlung
5. Dauerauftrag

Z   **7.** AUFGABE

Die Dialogfix GmbH bietet ihren Kunden unterschiedliche Zahlungsmöglichkeiten. Welchen Vorteil bietet eine Kreditkartenzahlung für das Unternehmen?

1. Die Zahlung ist garantiert.
2. Es fallen keine weiteren Kosten an.
3. Der Geldbetrag wird dem Konto des Unternehmens sofort nach Kaufabschluss gutgeschrieben.
4. Warenrücksendungen durch den Kunden nehmen ab.
5. Der Bestellvorgang kann auf jeden Fall beschleunigt werden.

8. AUFGABE ☐ Z

Da in letzter Zeit einige Kündigungen zu beobachten waren, sollen verschiedene Maßnahmen zur Kundenbindung eingeführt werden. Prüfen Sie, welches Instrument dazu <u>nicht</u> geeignet ist.

1. Cross-Selling
2. Einführung einer Kundenkarte
3. Rabattsysteme
4. Kundenclub einrichten
5. Scoring-Verfahren durchführen

9. AUFGABE Z

Bringen Sie die Phasen eines typischen Kundenlebenszyklus in die richtige Reihenfolge, indem Sie die Ziffern 1 bis 6 neben den jeweiligen Phasen eintragen.

☐ Angebotsphase

☐ After-Sales-Phase

☐ Kaufphase

☐ Optimierungsphase

☐ Akquisitionsphase

☐ Betreuungsphase

10. AUFGABE ☐ Z

Der Abteilungsleiter Customer Care, Bernd Schlicke, möchte die Geschäftsleitung von der Einführung eines Customer-Relationship-Management-Systems (CRM-System) überzeugen. Die dort erhobenen Daten sollen in einem Data-Warehouse ausgewertet werden. Welche Beschreibung trifft auf das Data-Warehouse zu?

1. Bei einem Data-Warehouse handelt es sich um eine mathematisch-statistische Methode, um typische Muster im Datensatz des Kunden zu erkennen.
2. Ein Data-Warehouse beschreibt das Angebot von Adressdaten, welche von einem professionellen Adresshändler-Unternehmen angeboten werden.
3. Das Data-Warehouse ist ein Synonym für maßgeschneiderte Angebote, die man dem Kunden online unterbreiten kann.
4. Mittels eines Data-Warehouse können Kunden Produktdaten zur Information online abrufen.
5. Bei einem Data-Warehouse handelt es sich um eine zentrale Datensammlung, deren Inhalt sich aus verschiedenen Datenquellen im Unternehmen zusammensetzt.

Z **11.** AUFGABE

☐

Mittels einer Kundenbefragung wurden für das CRM neue Daten gewonnen. Mithilfe der Daten soll ein genauer Kundenwert für jeden einzelnen Kunden ermittelt werden. Welche Daten spielen in diesem Zusammenhang <u>keine</u> Rolle?

1. Dauer der Geschäftsbeziehung

2. Bankleitzahl des Kunden

3. Postleitzahl des Kunden

4. Durch Serviceleistungen für den Kunden entstandener Aufwand

5. Zuverlässigkeit der Zahlung durch den Kunden

Situation zu den Aufgaben 12 bis 17:

Als Großunternehmen hat die Dialogfix GmbH täglich zahlreiche Sendungen an Kunden zu bearbeiten. Während Ihrer Ausbildung sind Sie auch in der Versandabteilung eingesetzt.

Z **12.** AUFGABE

☐

Am ersten Arbeitstag in der neuen Abteilung informieren Sie sich über die verschiedenen Möglichkeiten, die Sicherheit beim Versand von Briefen und Paketen zu erhöhen. Welche Aussage trifft auf die Versandart Einschreiben-Rückschein zu?

1. Der Empfänger muss sich ausweisen, bevor er die Sendung in Empfang nehmen darf.

2. Der Empfänger muss den Rechnungsbetrag mit einem Aufschlag bei Entgegennahme der Sendung zahlen.

3. Der Absender erhält ein vorbereitetes Dokument mit der Bestätigung durch Unterschrift eines Empfangsberechtigten, dass die Sendung abgeliefert wurde.

4. Die Serviceleistung Einschreiben-Rückschein ist kostenlos.

5. Keine der oben genannten Aussagen ist zutreffend.

Z **13.** AUFGABE

☐

Für den gelegentlich anfallenden Versand von Mahnschreiben möchte die Dialogfix GmbH dokumentieren, wann das Schreiben dem Empfänger zugestellt wurde. Welche Zusatzleistung beim Versand kann dies gewährleisten?

1. Versand als Einschreiben

2. Versand als Officepack

3. Versand als Büchersendung

4. Versand als Brief

5. Versand per Luftpost

14. AUFGABE   Z

Ermitteln Sie anhand der unten stehenden Tabellen den Gesamtpreis für nachfolgende Sendungen:

- 2 Briefe zu je 16 g; beide Briefe als „Einschreiben Einwurf"
- 1 Brief zu 75 g als „Einschreiben mit Rückschein"
- 2 Briefe zu je 185 g; beide Briefe als „Einschreiben, eigenhändig"

Art der Sendung	Gewicht	Porto
Standardbrief	bis 20 g	0,70 €*
Kompaktbrief	bis 50 g	0,85 €
Großbrief	bis 500 g	1,45 €*
Maxibrief	bis 1 000 g	2,60 €*

Einschreiben	+ 2,50 €**
Rückschein*	+ 2,15 €**
Eigenhändig*	+ 2,15 €**
Einschreiben Einwurf	+ 2,15 €**

* Rückschein und Eigenhändig sind nur mit Einschreiben kombinierbar.

** Alle Preise sind Endpreise und nach UStG umsatzsteuerfrei.

Die Preise für diese Zusatzleistungen verstehen sich immer zuzüglich zum Beförderungsentgelt für die Sendung.

15. AUFGABE   Z

Ein anderer von Dialogfix genutzter Paketdienst bietet folgende Versandoptionen:

Kalkulieren Sie die anfallenden Versandkosten, wenn 12 S-, 53 M- und 7 L-Pakete zu versenden sind und die Dialogfix GmbH als Großkunde 5 % Nachlass erhält.

Paketgröße	Preis
Small (S)	4,50 €
Medium (M)	5,80 €
Large (L)	8,30 €

16. AUFGABE   Z

Für den Versand an Privatkunden greift die Dialogfix GmbH auf die Deutsche Post DHL zurück, die u. a. die Versandmöglichkeiten „Paket" und „Päckchen" anbietet. Welchen Vorteil hat die Dialogfix GmbH beim Paketversand gegenüber dem Päckchenversand?

1. Niedrigere Versandkosten
2. Keine Gewichtsbegrenzung
3. Versand ohne Umweltbelastungen
4. Zustellung innerhalb von 12 Stunden
5. Versicherte Sendung

Z   **17.** AUFGABE   ☐☐

Manche Sendungen der Dialogfix GmbH erfordern eine besondere Sicherheit beim Versand. Bei welchen <u>zwei</u> Versandoptionen handelt es sich um Sendungen mit besonderer Sicherheit?

1. Warensendungen

2. Officepack

3. Nachnahme

4. Büchersendungen

5. Rückschein

6. Luftpost

> *Situation zu den Aufgaben 18 bis 23:*
> Derzeit ist die Auszubildende Carola Klein an der Bestellhotline der Dialogfix GmbH eingesetzt.

Z   **18.** AUFGABE   ☐

Anfang März erhalten Sie eine Beschwerde über den Social-Media-Kanal von Frau Fischer, in der sie zu hohe und falsche Abbuchungen in den letzten 3 Monaten schildert. Stellen sie anhand der Übersicht zu den Abbuchungen des vergangenen halben Jahres fest, welche Textpassage als kundenorientierte Antwort infrage kommt.

	Sep.	Okt.	Nov.	Dez.	Jan.	Feb.
Mtl. Grundgebühr	12,00 €	12,00 €	12,00 €	12,00 €	12,00 €	12,00 €
Mtl. Freiminuten in Min.	15	15	15	15	15	15
Verbindungsdauer in Min.	13	15	14	40	25	55
Zusätzliche Min.	0	0	0	25	10	40
Zusätzliche Gebühren (0,13 €/Min.)	0,00 €	0,00 €	0,00 €	3,25 €	1,30 €	5,20 €
Rechnungsgesamtbetrag	12,00 €	12,00 €	12,00 €	15,25 €	13,30 €	17,20 €

1. … informieren wir Sie darüber, dass die erfolgten Abbuchungen absolut korrekt waren und Ihre Beschwerde somit überflüssig ist.

2. … informieren wir Sie nach erneuter sorgfältiger Prüfung darüber, dass folgende Gründe für eine korrekte Abbuchung sprechen:

3. … informieren wir Sie nach erneuter sorgfältiger Prüfung darüber, dass wir uns geirrt haben und Ihnen die entstandene Differenz auf Ihr Konto gutschreiben.

4. … für Sie zur Info: Bei den Buchungen war alles total korrekt.

5. …. informieren wir Sie nach erneuter sorgfältiger Prüfung darüber, dass die Abbuchungen korrekt waren, und erwarten von Ihnen, beim nächsten Mal ebenfalls sorgfältiger zu prüfen.

19. AUFGABE ☐ Z

Carola soll darauf achten, sichere Formulierungen einzusetzen. Welche der folgenden Aussagen ist hierfür geeignet?

1. Dürfte ich Sie bitten, mir Ihre Kundennummer zu nennen?
2. Nennen Sie mir bitte Ihr Geburtsdatum.
3. Wäre es möglich, dass ich Rücksprache halte und mich gleich noch einmal bei Ihnen melde?
4. Könnten Sie vielleicht Ihren Nachnamen noch mal wiederholen?
5. Gerne würde ich Ihnen dazu einen Vorschlag machen.

20. AUFGABE ☐☐ Z

Ein Kunde reklamiert im Servicecenter eine unvollständige Lieferung. Welche zwei Maßnahmen gehören zu einer Erfolg versprechenden Bearbeitung der Reklamation?

1. Sich nicht zuständig zeigen und auf Kollegen verweisen
2. Auf Kundenargument eingehen
3. Mangelnde Kooperation beklagen
4. Kunden in die Warteschleife legen
5. Lösung anbieten
6. Bestellung komplett stornieren; Kunde soll neu bestellen

21. AUFGABE Z

Carola hat schon die unterschiedlichsten Beschwerdesachen erlebt. Sie versucht, diese in einer Liste zu ordnen. Welche Beschwerdebeispiele gehören nun zu welchem Oberbegriff?

☐ Mangelnde Fachkompetenz

☐ Komplizierte Bedienungsanleitung

☐ Unklare Zuständigkeiten im Betrieb

☐ Lieferzeiten

☐ Sachmangel

1. Produkt- bzw. dienstleistungsbezogen
2. Mitarbeiterbezogen
3. Abwicklungsbezogen

22. AUFGABE ☐ Z

Um den Kunden in einem Beschwerdegespräch nicht noch zusätzlich zu reizen, hat Carola mit positivem Formulieren sehr gute Erfahrungen gemacht. Bei welchem Satz hat sie die positive Formulierung vergessen?

1. „Wir werden sehen, was sich da machen lässt."
2. „Herr Müller ist ein kompetenter Ansprechpartner, ich verbinde Sie gerne."
3. „Dafür kann ich nichts."
4. „Da habe ich mich wohl missverständlich ausgedrückt."
5. „Lassen Sie uns gemeinsam eine Lösung finden."

Z   **23. AUFGABE**

Immer wieder muss Carola erleben, dass Kunden zu unfairen Gesprächsmethoden greifen. Einige Situationen hat sie sich notiert. Ordnen Sie zu:

☐   „So kompetent wie Sie klingen, ist es für Sie bestimmt kein Problem, meine Bestellung noch heute zu verschicken."

☐   „Wenn bis heute Abend mein Internetzugang nicht funktioniert, geht meine Firma den Bach runter!"

☐   „Bei jedem anderen Unternehmen bekomme ich in einem solchen Fall mindestens eine Gutschrift über 20,00 €!"

☐   „Wenn Sie bis morgen das Problem nicht gelöst haben, schalte ich meinen Anwalt ein!"

☐   „Ihre Firma ist der größte Saftladen! Das Allerletzte!"

1. Drohen
2. Übertreiben
3. Schmeicheln
4. Verallgemeinern
5. Aggressiv werden

Situation zu den Aufgaben 24 bis 27:
Die Geschäftsleitung der Dialogfix GmbH überlegt, langfristig die Versandabwicklung komplett auszulagern.

Z   24. AUFGABE   ☐☐

Welche zwei Beweggründe könnten die Dialogfix GmbH zu einem solchen Schritt veranlassen?

1. Konzentration auf die Kernprozesse des Unternehmens durch Auslagerung (Outsourcing) von Unternehmensteilen, die nicht primär der Leistungserstellung dienen (sogenannte Unterstützungsprozesse)
2. Gesetzliche Verpflichtung aufgrund einer Neufassung des UWG (Gesetz gegen den unlauteren Wettbewerb)
3. Mögliche Kostenersparnis, da die Versandabwicklung von Fremdfirmen oftmals preisgünstiger durchgeführt werden kann als vom eigenen Unternehmen
4. Garantierte Steigerung der Kundenzufriedenheit durch Einbindung weiterer Unternehmen in die Prozesskette
5. Unabhängig vom neuen Versanddienstleister wird die Versanddauer auf jeden Fall verkürzt

25. AUFGABE ☐ Z

Stellen Sie fest, welche Aussage den Begriff „Frachtführer" treffend beschreibt.

1. Ein Frachtführer ist ein Kaufmann, der gewerbsmäßig Güterversendung auf Rechnung des Versenders, aber in eigenem Namen übernimmt.
2. Ein Frachtführer übernimmt gewerbsmäßig die Lagerung und Aufbewahrung von Gütern für andere.
3. Ein Frachtführer ist, wer gewerbsmäßig die Beförderung von Gütern zu Lande, auf Binnengewässern und in der Luft übernimmt.
4. Ein Frachtführer ist ein selbstständiger Kaufmann, der gewerbsmäßig Ware auf fremde Rechnung verkauft.
5. Ein Frachtführer ist ein selbstständiger Kaufmann, der damit beauftragt ist, für andere Unternehmen Geschäfte zu vermitteln oder in deren Namen abzuschließen.

26. AUFGABE ☐ Z

Welche der folgenden Angaben ist <u>nicht</u> in einem Frachtbrief enthalten?

1. Anzahl der überquerten Ländergrenzen
2. Name und Adresse des Frachtführers
3. Namen des Absenders und Empfängers
4. Bezeichnung des Gutes nach Menge und Art
5. Höhe des Frachtentgeltes

27. AUFGABE ☐ Z

Auf welchen Träger der Güterbeförderung trifft folgende Beschreibung zu?
„Dieser besorgt gewerbsmäßig Güterversendungen auf Rechnung des Versenders, aber in eigenem Namen."

1. Spediteur
2. Lagerhalter
3. Frachtführer
4. Kommissionär
5. Handelsmakler

> **Situation zu den Aufgaben 28 bis 30:**
> Für ein Meeting mit der Geschäftsleitung soll Carola Klein eine PowerPoint-Folie mit den Vor- und Nachteilen einer telefonischen Kundenzufriedenheitsbefragung erstellen.

28. AUFGABE

Nennen Sie jeweils vier Vor- und Nachteile dieser Art der Kundenzufriedenheitsbefragung.

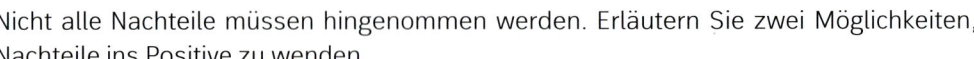

29. AUFGABE

Nicht alle Nachteile müssen hingenommen werden. Erläutern Sie zwei Möglichkeiten, Nachteile ins Positive zu wenden.

30. AUFGABE

Nennen Sie vier mögliche Aspekte, die Inhalt der Kundenzufriedenheitsbefragung sein können.

31. AUFGABE

Beschwerden eröffnen einem Unternehmen vielfältige Möglichkeiten zur Optimierung der Kundenbeziehung. Nennen Sie fünf Handlungsschritte eines typischen Beschwerdegespräches.

32. AUFGABE

Die Dialogfix GmbH entscheidet sich für den Einsatz eines Customer-Relationship-Management-Systems (CRM-System). Erläutern Sie, welche Aufgaben CRM im Dialogmarketing verfolgt.

33. AUFGABE

Im Zuge der Bonitätsprüfung bei der Dialogfix GmbH fällt häufig der Begriff Schufa. Erklären Sie, was darunter zu verstehen ist. Gehen Sie auch auf die sogenannte Schufa-Klausel ein.

Lösungen zu Kapitel **6**

1. 4		**15.** 398,53 €	
2. 3, 4, 1, 2, 5		**16.** 5	
3. 4		**17.** 3, 5	
4. 3, 4		**18.** 2	
5. 4		**19.** 2	
6. 4		**20.** 2, 5	
7. 1		**21.** 2, 1, 3, 3, 1	
8. 5		**22.** 3	
9. 2, 4, 3, 6, 1, 5		**23.** 3, 2, 4, 1, 5	
10. 5		**24.** 1, 3	
11. 2		**25.** 3	
12. 3		**26.** 1	
13. 1		**27.** 1	
14. 24,00 €			

28.
Vorteile:
Schnelle Durchführung, vergleichsweise kostengünstig, individuelle Ansprache der Zielpersonen, zeitlich flexibel, zusätzliche Erklärungen oder Rückfragen möglich
Nachteile:
Begrenzter Fragen- und Themenumfang, Teilnahmebereitschaft nicht immer gegeben, Befragung wird nicht ernst genommen, Tendenz zu einfachen und schnellen Antworten

29.
Beispiel „begrenzter Fragen- und Themenumfang": Der Fragebogen sollte auf die wirklich relevanten Themen beschränkt werden.
Beispiel „Teilnahmebereitschaft nicht immer gegeben": Kunden können zur Teilnahme an der Befragung motiviert werden, z. B. durch Gutschrift oder Teilnahme an einem Gewinnspiel.

30.
Beispiele:
→ Zufriedenheit mit der Qualität der angebotenen Produkte
→ Zufriedenheit mit der Fachkompetenz der Callcenter-Mitarbeiter
→ Zufriedenheit mit der Freundlichkeit der Callcenter-Mitarbeiter
→ Angabe, worüber sich die Kunden in der letzten Zeit beim Kontakt mit der Dialogfix GmbH geärgert haben

31.
a) Positiv in das Gespräch einsteigen
b) Durch offene Fragen den Grund für die Beschwerde ermitteln
c) Die emotionale Ebene klären
d) Für das Anliegen eine Lösung finden
e) Gesprächszusammenfassung und Festlegung weiterer Schritte

32.

CRM beschreibt die Auswertung und Integration von Kundendaten mit dem Ziel, Kunden durch maßgeschneiderte Aktionen/Kampagnen an das Unternehmen zu binden. Im Einzelnen verfolgt CRM folgende Aufgaben:

→ Bestandskundenpflege: Die Beziehung zu Bestandskunden soll durch CRM verbessert werden, indem das Handeln des Unternehmens auf den Kunden ausgerichtet wird. Den Kunden werden z. B. maßgeschneiderte Angebote unterbreitet.

→ Neukundengewinnung: Interessentenanfragen werden dokumentiert und gespeichert, nach Auswertung der Daten können den Interessenten gezielt Angebote unterbreitet werden.

→ Kundenrückgewinnung: Ehemalige Kunden werden mit maßgeschneiderten Angeboten angesprochen und davon überzeugt, die Geschäftsbeziehung erneut einzugehen.

→ Der individuelle Kundenwert kann durch Datensammlung und Auswertung ermittelt werden.

→ Softwaregestützt kann das Ergebnis der Datenauswertung dem Kundenberater angezeigt werden, z. B. in Form eines konkreten Angebots.

33.

Die Schufa (Schutzgemeinschaft für allgemeine Kreditsicherung) ist eine privatwirtschaftliche Auskunftei, die von den kreditgebenden Unternehmen getragen wird. Sie erteilt Auskünfte, um die Kreditwürdigkeit von Privatpersonen zu beurteilen. Vorrangiger Zweck ist somit der Schutz der Vertragspartner vor Zahlungsausfällen. Zudem kann die Schufa zur Identitätsüberprüfung oder Altersverifizierung genutzt werden.

Bevor ein Unternehmen Daten an die Schufa übermittelt oder von dort abfragt, muss der Kunde aus Datenschutzgründen sein ausdrückliches Einverständnis dazu erklären. Dies erfolgt durch die Unterzeichnung der sogenannten Schufa-Klausel.

7 Kundengewinnung

Situation zu den Aufgaben 1 bis 8:
Die Dialogfix GmbH bekommt einen neuen Auftrag von der Baumarktkette Baumeister. Die Kette möchte zur Eröffnung ihrer 100. Filiale eine qualitativ hochwertige Produktlinie von Werkzeugen besonders günstig anbieten. Die Werkzeuge
sollen sowohl in den Märkten als auch im Internet und per Telefon verkauft werden. Die Dialogfix GmbH erarbeitet nun gemeinsam mit Baumeister verschiedene
Maßnahmen zur Kundengewinnung.

1. AUFGABE

Der Vertriebsleiter von Baumeister diskutiert mit der Teamleiterin der Dialogfix GmbH
über die Marketingstrategie für die neue Produktlinie. Hierbei fallen die Begriffe „Push-
Strategie" und „Pull-Strategie". Ordnen Sie die nachstehenden Maßnahmen der jeweiligen Strategie zu, indem Sie die jeweils korrekte Ziffer in das Kästchen eintragen.

☐ Schaltung von TV-Werbespots für die Produktlinie

☐ Buchung von Plakatwänden für die Produktlinie

☐ Sonderprovisionen auf die Produktlinie für die Mitarbeiter Telefonverkauf

☐ Verpflichtung eines Stars als Werbeträger für die Aktion

☐ Interner Verkaufswettbewerb zwischen den Märkten mit Incentives für die Mitarbeiter

☐ Ausgewählte Werkzeuge können auf Verbrauchermessen ausprobiert werden

1. Push-Strategie
2. Pull-Strategie

2. AUFGABE   ☐

Der Verkaufsleiter von Baumeister hat bei einem Adresshändler 100 000 ungefilterte
Haushaltsadressen gekauft und möchte alle bezüglich der neuen Produktlinie anschreiben. Die Teamleiterin der Dialogfix GmbH warnt in diesem Zusammenhang vor Streuver-
lusten. Welche Aussage über Streuverluste ist korrekt?

1. Streuverluste spielen so lange keine Rolle, wie sich kein Kunde darüber beschwert.
2. Streuverluste entstehen, wenn Werbemaßnahmen an Empfänger gelangen, die
   nicht zur Zielgruppe gehören.
3. Streuverluste entstehen, wenn Werbemaßnahmen von Personen durchgeführt
   werden, die nicht zur Zielgruppe gehören.
4. Streuverluste sind erwünscht, da sie das Image des Unternehmens steigern.
5. Streuverluste reduzieren sich, wenn man möglichst viele Empfänger erreicht.

3. AUFGABE

Beim Telefonverkauf legt Baumeister großen Wert auf die Nutzung von Gelegenheiten zum Up-Selling und Cross-Selling. Ordnen Sie die nachstehenden Maßnahmen der jeweiligen Verkaufsmethode zu, indem Sie die jeweils korrekte Ziffer in das Kästchen eintragen.

- ☐ Kunde möchte einen Schraubenzieher für 1,00 € kaufen. Es wird das Top-Modell zu 4,00 € empfohlen.
- ☐ Kunde kauft eine Säge für 9,00 €. Es werden ihm passende Sägeblätter (12,00 €) angeboten.
- ☐ Kunde bestellt einen Staubsauger. Es werden zusätzlich Filtertüten angeboten.
- ☐ Kunde kauft Wandfarbe. Es werden auch Pinsel und Rolle angeboten.
- ☐ Kunde möchte einen Pinsel für 2,99 € kaufen. Es wird ein hochwertiger Pinsel für 9,99 € empfohlen.

1. Up-Selling
2. Cross-Selling

4. AUFGABE ☐

Da die Baumarktkette Baumeister auch ein Kundenkartensystem hat, liegen umfangreiche Informationen über das Kaufverhalten der Kunden vor. Die Teamleiterin der Dialogfix GmbH empfiehlt, im Marketing auch Erkenntnisse zu nutzen, die durch Data-Mining erlangt werden können. Welche Aussage über Data-Mining ist korrekt?

1. Durch Data-Mining werden Trends im Kaufverhalten erkennbar.
2. Durch Data-Mining kann man Adressen einfach filtern.
3. Data-Mining funktioniert mit wenigen Daten besser als mit vielen Daten.
4. Data-Mining erlaubt die gezielte Ansprache bestimmter Kunden.
5. Durch Data-Mining kann man das Kaufverhalten unmittelbar beeinflussen.

5. AUFGABE ☐

Der Verkaufsleiter von Baumeister hat einige Fragen zum Thema Verkaufspsychologie an die Teamleiterin der Dialogfix GmbH. Unter anderem soll sie den Unterschied zwischen Bedürfnis und Bedarf erläutern. Welche Aussage hierzu ist korrekt?

1. Ein Bedürfnis ist ein Bedarf, der mit Kaufkraft ausgestattet ist.
2. Die Bedürfnisse sind die Mehrzahl von Bedarf.
3. Bedarf ist ein grundlegendes Mangelgefühl des Menschen.
4. Bedarf ist ein Bedürfnis, das mit Kaufkraft ausgestattet ist.
5. Ein Bedürfnis entsteht durch Nutzen.

6. AUFGABE

☐

Bei den Maßnahmen zur Kundengewinnung müssen zahlreiche rechtliche Rahmenbedingungen beachtet werden. Welche Bestimmung gehört jedoch <u>nicht</u> dazu?

1. Fernabsatzrecht
2. DIN 5008
3. Preisangabenverordnung
4. Gesetz gegen den unlauteren Wettbewerb (UWG)
5. Bürgerliches Gesetzbuch (BGB)

7. AUFGABE

Bei der Planung des Telefonverkaufs für Baumeister wird auch die Anwendung von Techniken zur Einwandbehandlung diskutiert. Ordnen Sie die nachstehenden Beispielantworten des Verkäufers der jeweiligen Technik zur Einwandbehandlung zu, indem Sie die passenden Ziffern in die Kästchen eintragen.

☐ Referenztechnik

☐ Hypothesentechnik

☐ Isolierungstechnik

☐ Vorwegnahmetechnik

☐ Bumerangtechnik

1. „Angenommen, der Bohrhammer fällt einmal zu Boden, dann sollte das Gehäuse stabil sein."
2. „Natürlich ist unser Premium-Schrauber nicht der billigste. Dafür bietet er aber sehr gute Qualität."
3. „Gerade, wenn Sie in Innenräumen streichen, benötigen Sie hochwertige Farbe."
4. „Mal abgesehen von der Akku-Laufzeit ist diese Heckenschere sehr leise und scharf."
5. „Dieser Akku-Schrauber ist unser Bestseller. Wir haben viele zufriedene Kunden damit."

8. AUFGABE

Bei der Planung des Telefonverkaufs für Baumeister wird auch die Anwendung von Techniken zur Preisargumentation diskutiert. Ordnen Sie die nachstehenden Beispielantworten des Verkäufers der jeweiligen Technik zur Preisargumentation zu, indem Sie die passenden Ziffern in die Kästchen eintragen.

☐ Sandwichtechnik

☐ Verzögerungstechnik

☐ Zerkleinerungstechnik

☐ Differenztechnik

☐ Vergleichstechnik

1. „Unser Premium-Schrauber kostet nur 30,00 € mehr als das Standardmodell, bietet Ihnen aber viel mehr."
2. „Wenn Sie den Premium-Schrauber über fünf Jahre nutzen, kostet er Sie nur 3,00 € pro Monat."
3. „Alle diese Vorteile zu einem Preis von knapp 180,00 €."
4. „Der Premium-Schrauber mit 6 Stunden Akku-Laufzeit kostet nur 180,00 €. Ein Tragekoffer ist sogar schon inbegriffen."
5. „In anderen Baumärkten zahlen Sie für den Premium-Schrauber 15,00 € mehr."

9. AUFGABE

Die Kunden von Baumeister erhalten mit der Lieferung eine Rechnung, die bestimmte Pflichtangaben enthalten muss. Prüfen Sie, welche Angabe <u>nicht</u> dazugehört.

1. Name und Anschrift der Vertragspartner
2. Telefon- und Faxnummer
3. Ausstellungsdatum der Rechnung
4. Menge und Art der Lieferung
5. Lieferzeitpunkt

> **Situation zu den Aufgaben 10 bis 27:**
> Carola Klein ist Auszubildende bei der Dialogfix GmbH. Derzeit ist Carola an der Hotline eingesetzt.

10. AUFGABE

In der letzten Abteilungsbesprechung hat Carola erfahren, dass laut Abteilungsleitung die Kundenbeziehungen zu Bestandskunden ausgebaut und außerdem vermehrt Neukunden akquiriert werden sollen. Carola hat sich in der Besprechung einige Notizen gemacht. Welche Information hat sie <u>falsch</u> notiert?

1. Bei ausgewählten Bestandskunden bietet es sich an, eine Outbound-Verkaufsaktion durchzuführen, um die Kundenbindung zu stärken.
2. Das Up-Selling, also der Verkauf von höherwertigen Produkten, ist eine beliebte Maßnahme, um den Umsatz im Inbound zu erhöhen.
3. Beim Cross-Selling werden ausschließlich Neukunden, die noch nie bestellt haben, weitere bzw. ergänzende Produkte verkauft.
4. Ein wichtiger Vorteil des Cross-Sellings ist die höhere Kundenbindung.
5. Bestandskunden weitere Produkte anzubieten ist weitaus günstiger als neue Kunden zu gewinnen.

11. AUFGABE

Danach hat Carola verschiedene Informationen zur Neukundenakquise notiert. Welche Aussage stimmt?

1. Mögliche Marketingmaßnahmen bei der Pull-Strategie sind z. B. Outbound-Anrufe oder die Zusendung von Mailings.
2. Mögliche Marketingmaßnahmen bei der Pull-Strategie sind z. B. der Aufbau einer eigenen Internetpräsenz, Plakatwerbung oder Werbung in sozialen Netzwerken.
3. Eine Möglichkeit der Push-Strategie in Callcentern ist das Einrichten von Infohotlines zur Interessentenakquise.
4. Bei der Push-Strategie sollen mögliche Kunden durch eine ständige Präsenz in der Erlebniswelt vom Kauf überzeugt werden.
5. Im Outbound-Callcenter wird die Pull-Strategie umgesetzt.

12. AUFGABE ☐☐

Welche <u>zwei</u> der folgenden sechs Kombinationen sind korrekt?

1. Pull-Strategie – Verkaufsdruck – Outbound-Anrufe
2. Push-Strategie – ständige Präsenz in der Erlebniswelt – Zusendung von Mailings
3. Pull-Strategie – Interessentenakquise – Bestellhotlines mit gut ausgebildeten Mitarbeitern
4. Push-Strategie – direkte/aktive Kundenansprache – eigene Internetseite
5. Push-Strategie – Nachfragesog – Einträge in Internet-Suchmaschinen
6. Pull-Strategie – Produkt verkauft sich quasi von selbst – Homeshopping

13. AUFGABE ☐

Die Dialogfix GmbH achtet stets auf die Einhaltung der rechtlichen Bestimmungen. Prüfen Sie, in welchem Fall das Unternehmen Verbraucher zur Bewerbung eines Artikels anrufen darf.

1. Wenn die Verbraucher die AGB unterschrieben haben, in denen das Einverständnis vermerkt ist.
2. Sie dürfen immer angerufen werden.
3. Sie dürfen angerufen werden, wenn sie bei Dialogfix vorher bereits ein ähnliches Produkt gekauft haben.
4. Sie müssen bewusst und unmissverständlich in die konkrete Maßnahme eingewilligt haben.
5. Sie dürfen von Dialogfix unter keinen Umständen angerufen werden.

14. AUFGABE ☐☐

In einer Schulung zum Umgang und zur Auswertung von Daten wurden verschiedene Daten angesprochen, die der Verkäufer in der Kundendatenbank einsehen kann. Diese Daten lassen sich z. B. in Grunddaten, Aktionsdaten und Ergebnisdaten einteilen. Prüfen Sie, in welchen <u>zwei</u> Fällen es sich um Grunddaten handelt.

1. Umtausch/Retouren
2. Durchschnittsumsatz je Bestellung
3. Familienstand
4. Zahlungsart
5. Mahnungen
6. Geburtsdatum
7. Bonität

15. AUFGABE

Am Ende des Seminars findet ein Test zur Lernerfolgskontrolle statt. Ordnen Sie die Daten zu, indem Sie die passenden Ziffern in die Kästchen eintragen:

☐ Einkommen

☐ Gutschriften

☐ Geburtsdatum

☐ Telefonnummer

☐ Artikelpräferenz

1. Adressdaten
2. Soziodemografische Daten
3. Bonitätsdaten
4. Aktionsdaten
5. Ergebnisdaten

16. AUFGABE

☐

Während ihrer Arbeit an der Hotline hat Carola schon bei einigen Kolleginnen und Kollegen den gezielten Einsatz von Fragetechniken beobachten können. In welchem Fall handelt es sich um eine Alternativfrage?

1. Möchten Sie sich diese einmalige Chance wirklich entgehen lassen?
2. Haben Sie an unserem Gewinnspiel teilgenommen?
3. Welche Vorteile bietet Ihnen dieses Produkt?
4. Wie lautet Ihre Kundennummer?
5. Bevorzugen Sie das Produkt in Schwarz oder in Blau?

17. AUFGABE

„Die einzelnen Frageformen haben auch ihre Schwächen", erklärt Carolas Teamleiterin. Von welcher Frageform spricht sie jeweils?

☐ Der Mitarbeiter erhält bei dieser Frageform keinerlei Information vom Kunden.

☐ Die Antwortmöglichkeiten sind erheblich eingeschränkt, was zum Verlust wichtiger Informationen führen kann.

☐ Der Kunde fühlt sich manipuliert.

☐ Wenn ein Kunde eine Frage stellt, erwartet er eine Antwort.

☐ Der Mitarbeiter erhält auch irrelevante Informationen.

1. Offene Frage
2. Geschlossene Frage
3. Gegenfrage
4. Rhetorische Frage
5. Suggestivfrage

18. AUFGABE

Welche der folgenden Aussagen von Carolas Kollegen zu offenen und geschlossenen Fragen ist zutreffend?

1. Offene Fragen dienen z. B. dazu, erhaltene Informationen abzusichern.
2. Stellt der Mitarbeiter zu Beginn des Gespräches offene Fragen, kann er die Beziehungsebene zum Kunden besser aufbauen als mit geschlossenen Fragen.
3. Mit offenen Fragen lässt sich viel Zeit sparen.
4. Auf geschlossene Fragen gibt es viele Antwortmöglichkeiten.
5. Geschlossene Fragen beinhalten immer ein Fragewort.

19. AUFGABE

Im Beratungsgespräch möchte der Kunde detaillierte Informationen zu einem Produkt. Mit welcher Frageform kann Carola kurz Zeit gewinnen, um die richtige Information für den Kunden zu besorgen?

1. Alternativfrage
2. Geschlossene Frage
3. Gegenfrage
4. Intonationsfrage
5. Suggestivfrage

20. AUFGABE

Im Beratungsgespräch verwendet Carolas Team seit letzter Woche einen Gesprächsleitfaden für Mitarbeiter. Unter anderem ist darin beschrieben, welche Fragearten bei der Bedarfsanalyse zum Einsatz kommen. Welche Fragearten sind richtig aufgeführt?

1. Durchgängig Gegenfragen stellen
2. Zu Beginn geschlossene, zum Ende hin offene Fragen stellen
3. Mit offenen Fragen einsteigen, dann Alternativfragen und geschlossene Fragen stellen
4. Möglichst viele Suggestivfragen stellen
5. Durchgängig geschlossene Fragen stellen

21. AUFGABE

Carola fragt sich, wie die einzelnen Schritte der Einwandbehandlung am besten aufeinander aufbauen. Finden Sie die richtige Reihenfolge, indem Sie die Ziffern 1 bis 5 neben den Handlungsschritten eintragen.

☐ Inhaltliche Bestätigung des Einwands

☐ Absicherung

☐ Aktiv zuhören

☐ Argumentation

☐ Einwand analysieren

22. AUFGABE

Carola hat an der Hotline mit den unterschiedlichsten Kunden zu tun. Bestimmte Kundenaussagen helfen ihr dabei, die unterschiedlichen Wahrnehmungstypen zu identifizieren. Stellen Sie fest, in welchem Fall es Carola mit dem „visuellen Typ" zu tun hat.

1. „Von dieser Information bekomme ich direkt Bauchschmerzen."
2. „Ich sehe nicht ein, dass Sie mir hier keine weitere Rabattzahlung gewähren können."
3. „Die von Ihnen aufgezeigten Alternativen klingen doch alle ganz vernünftig."
4. „Vom Gefühl her entscheide ich mich für den Comfort-Tarif."
5. „Bei diesen versteckten Preissteigerungen klingen bei mir alle Alarmglocken."

23. AUFGABE

Für die einzelnen Kundentypen hat Carola von ihrer Teamleiterin jeweils verschiedene Tipps zum Umgang bekommen. Ordnen Sie zu:

- ☐ Da bei diesem Kundentyp nur wenig Gesprächspausen zu erwarten sind, unterbrechen Sie ihn gezielt.

- ☐ Immer Ruhe bewahren, da zu viel Hektik nicht unbedingt zu einem schnellen, zufriedenstellenden Ergebnis führt.

- ☐ Bleiben Sie ruhig und gelassen. Nehmen Sie das Gesagte nicht persönlich und führen Sie, wenn möglich, ein Beschwerdemanagement durch.

- ☐ Drängen Sie den Kunden nicht zu einer Entscheidung, sondern führen Sie eine gezielte Fragetechnik durch, um sein Anliegen genau herauszuarbeiten.

- ☐ Eine sehr gute Strategie besteht darin, den Kunden um Hilfe zu bitten, um ihn zu bestätigen.

- ☐ Da dieser Kunde schnell das Interesse verliert, ist es wichtig, einen verbindlichen Abschluss im Gespräch zu finden.

1. Der Besserwisser
2. Der Vielredner
3. Der Aggressive
4. Der Ungeduldige
5. Der Impulsive
6. Der Entscheidungsschwache

24. AUFGABE

Im Rahmen einer Outbound-Aktion bei Bestandskunden bereitet sich Carola auf ein Gespräch mit Herrn Maurer vor. Aus der Datenbank weiß sie, dass Herr Maurer Wert auf einfach zu bedienende Produkte legt, bei denen er die Bedienungsanleitung am besten nicht benötigt. Er wählt fast immer die teuersten Produkte aus dem jeweiligen Sortiment der Dialogfix GmbH aus, weil er sich gerne etwas gönnt. Herr Maurer schätzt eine persönliche und kompetente Beratung sehr, weswegen er bevorzugt mit ihm vertrauten Callcenter-Agents telefoniert.
Wie lauten die Kaufmotive von Herrn Maurer? Welche Punkte sollte Carola im Verkaufsgespräch ansprechen, um ihn in seinen Kaufmotiven zu bestärken?

25. AUFGABE

Direkt das nächste Gespräch in der Outbound-Aktion wird Carola mit Herrn Franzen führen. Herr Franzen ist als selbstständiger Unternehmer sehr auf Kosten bedacht. Ständig fragt er sich, wie das Produkt ihn in seinem beruflichen Erfolg unterstützen kann. Herr Franzen weiß dabei genau, was er will und was nicht.

Wie lauten die Kaufmotive von Herrn Franzen? Welche Punkte sollte Carola im Verkaufsgespräch ansprechen, um ihn in seinen Kaufmotiven zu bestärken?

26. AUFGABE

Carola und ihre Teamleiterin wurden als Vertreterinnen der Hotline zu einem Marketing-Meeting eingeladen. Es wird ein anstehendes Mailing besprochen, das an potenzielle Neukunden verschickt werden soll. Nun werden Vorschläge dazu gemacht, auf welchem Weg die möglichen Kunden ihr Einverständnis mit einem Anruf der Dialogfix GmbH erklären sollen.

- Vorschlag A: „Wir schreiben, dass der Kunde einwilligt, von uns angerufen zu werden. Falls er dies nicht möchte, soll er den entsprechenden Satz durchstreichen."
- Vorschlag B: „Ich finde, der Kunde soll ankreuzen, wenn er von uns angerufen werden möchte. Wenn nicht, lässt er das Feld leer."
- Vorschlag C: „Wir schreiben in die AGB, dass wir Interessenten für Marketingzwecke anrufen dürfen."

Bewerten Sie die einzelnen Vorschläge. Sind diese Vorgehensweisen rechtlich in Ordnung? Begründen Sie Ihre Aussagen.

27. AUFGABE

Carola hat erneut eine Reklamation wegen eines verkratzt gelieferten Druckers. Kunde: „Dann geben Sie mir doch einfach einen Preisnachlass von 20 % auf das Gerät." Carola: „Moment bitte, ich kläre ab, ob das möglich ist, und melde mich gleich noch einmal bei Ihnen."

Prüfen Sie, von welchem Recht der Käufer des verkratzten Druckers Gebrauch machen möchte. Kann er dieses Recht ohne Weiteres durchsetzen? Bitte begründen Sie Ihre Antwort.

Situation zu den Aufgaben 28 bis 33:

Der Elektrofachmarkt Merkur AG (70 Filialen im Bundesgebiet, überwiegend Verbraucher als Kunden) verzeichnet derzeit einen signifikanten Umsatzrückgang. Um gegen die wachsende Konkurrenz bestehen zu können, hat die Merkur AG einen eigenen Versandhandel mit Onlineshop eingerichtet. Die Dialogfix GmbH wird nun von der Merkur AG beauftragt, den Verkauf im Versandhandel sowohl im Inbound als auch Outbound zu betreuen.

28. AUFGABE

Im Zusammenhang mit dem Verkauf des neuen Notebooks sollen Gelegenheiten zum Up-Selling und zum Cross-Selling genutzt werden. Erläutern Sie die Bedeutung dieser beiden Begriffe an jeweils einem konkreten Beispiel aus der vorliegenden Situation.

29. AUFGABE

Die Merkur AG verfügt durch ein Kundenkartensystem über 200 000 Adressen mit Aufzeichnungen des jeweiligen Kaufverhaltens in Merkur-Märkten. Der Verkaufsleiter von Merkur schlägt vor, alle Kunden anzurufen und auf den neuen Versandhandel aufmerksam zu machen. Da das Budget nur für 50 000 Anrufe ausreicht, empfiehlt der Teamleiter der Dialogfix GmbH, eine ABC-Analyse durchzuführen. Erläutern Sie in diesem Zusammenhang das Pareto-Prinzip und suchen Sie Gründe dafür, warum dieses Prinzip gilt.

30. AUFGABE

Bei der Nutzung der Kundendaten für die telefonische Verkaufsaktion der Merkur AG müssen die Bestimmungen zur Telefonwerbung des UWG (Gesetz gegen den unlauteren Wettbewerb) eingehalten werden. Welche Konsequenz ergibt sich daraus in diesem Fall?

31. AUFGABE

Zur Aufnahme des Telefonverkaufs für die Merkur AG werden die Mitarbeiter speziell geschult. Hierbei spielt auch die Einwandbehandlung eine große Rolle. Neben anderen Techniken wird zwischen der Isolierungstechnik und der Hypothesentechnik unterschieden. Erläutern Sie diese beiden Arten der Einwandbehandlung und nennen Sie jeweils ein Beispiel.

32. AUFGABE

Nennen und beschreiben Sie für ein Verkaufsgespräch der Merkur AG drei geeignete Techniken der Preisargumentation.

33. AUFGABE

Nennen Sie drei mögliche Techniken, wie Sie als Agent der Merkur AG das Verkaufsgespräch zum Abschluss bringen können.

Lösungen zu Kapitel 7

1.	2, 2, 1, 2, 1, 2	**13.**	4
2.	2	**14.**	3, 6
3.	1, 2, 2, 2, 1	**15.**	3, 4, 2, 1, 5
4.	1	**16.**	5
5.	4	**17.**	4, 2, 5, 3, 1
6.	2	**18.**	2
7.	5, 1, 4, 2, 3	**19.**	3
8.	4, 3, 2, 1, 5	**20.**	3
9.	2	**21.**	3, 5, 1, 4, 2
10.	3	**22.**	2
11.	2	**23.**	2, 4, 3, 6, 1, 5
12.	3, 6		

24.

Die Kaufmotive lauten Bequemlichkeit, Luxus, Wertschätzung.
Carola sollte ihn davon überzeugen, dass mit dem Kauf keine weitere Arbeit verbunden ist und dass er sich etwas Besonderes leistet, womit er sich gut fühlen wird. Außerdem sollte sich Carola viel Zeit für das Gespräch nehmen.

25.

Die Kaufmotive lauten Sparsamkeit, Gewinnstreben, Selbstbestimmung.
Carola sollte den Kunden vom unschlagbar günstigen Angebot überzeugen und herausstreichen, welchen Einfluss dieses Produkt auf seinen finanziellen Erfolg haben wird. Dabei sollte sie nicht zu viel Druck ausüben.

26.

Anrufe bei Verbrauchern zu Werbe- oder Verkaufszwecken sind nur zulässig, sofern diese ausdrücklich eingewilligt haben (Opt-in). Die Einwilligung kann nur durch einen bewussten, aktiven Willensakt erteilt werden. Für die einzelnen Vorschläge bedeutet dies:
Vorschlag A: Wenn der Kunde den Satz nicht durchstreicht, liegt trotzdem keine Einwilligung vor.
Vorschlag B: Eine Einwilligung liegt vor.
Vorschlag C: Ohne weitere Willenserklärung liegt keine Einwilligung vor, da die Erklärung separat gegeben werden muss. Eine pauschale Einwilligung über die AGB genügt nicht.

27.

Vom Recht der Preisminderung. Zuerst muss allerdings entweder nachgebessert (Beseitigung des Mangels, Reparatur) oder nachgeliefert (Lieferung einer mangelfreien Sache) werden. Erst wenn die Nacherfüllung fehlschlägt, steht dem Käufer ein Recht auf Preisminderung zu.

28.
Beim **Up-Selling** wird dem an einem bestimmten Produkt interessierten Kunden empfohlen, ein höherwertiges Produkt zu kaufen. Anrufer, die einen bestimmten MP3-Player kaufen möchten, werden z. B. auf Geräte mit mehr Speicherplatz und zusätzlichen Funktionen hingewiesen, die einen höheren Preis haben.
Beim **Cross-Selling** werden dem Kunden zu dem von ihm gekauften Produkt kompatible Produkte angeboten. Zu dem bereits bestellten MP3-Player können z. B. Lautsprecher, Kopfhörer und Tasche angeboten werden.

29.
Das Pareto-Prinzip beschreibt ein statistisches Phänomen, das im konkreten Fall bedeutet, dass sehr wahrscheinlich mit einem kleinen Teil der Kundschaft (z. B. 20 %) ein großer Teil des Umsatzes (z. B. 80 %) zu erzielen sein wird. Im vorliegenden Fall kann das darin begründet sein, dass nur ein geringer Anteil an Stammkunden ihre gesamten Elektroartikel beim gleichen Markt kauft (Bequemlichkeit, Markentreue, persönliche Präferenzen) und somit hohe Umsätze einbringt, während die überwiegende Zahl der Kunden ihre Artikel in verschiedenen Märkten kauft und daher nur geringe Umsätze bei Merkur hat.

30.
Gemäß UWG dürfen Verbraucher nur dann telefonisch kontaktiert werden, wenn sie ausdrücklich und bewusst in die konkrete Werbemaßnahme oder den Telefonverkauf eingewilligt haben. Die Adressdaten müssen also auch dahin gehend gefiltert werden, ob eine solche Opt-in-Erklärung vorliegt.

31.
Bei der **Isolierungstechnik** wird ein Einwand ausgeklammert, damit man sich auf andere Argumentationen konzentrieren kann. Möchte ein Kunde z. B. einen bestimmten MP3-Player aus optischen Gründen nicht kaufen, so kann man die Optik zunächst ausklammern und die technische Überlegenheit des Gerätes darstellen.
Bei der **Hypothesentechnik** trifft der Verkäufer eine bestimmte Annahme, die den Kunden veranlasst, sich gedanklich in eine bestimmte Situation zu versetzen. So kann man z. B. zum Verkauf einer Diebstahlsicherung für den MP3-Player die Möglichkeit eines Diebstahls betonen.

32. z. B.
→ **Sandwichtechnik:** Der Preis wird zwischen zwei Nutzenargumenten genannt.
→ **Verzögerungstechnik:** Der Preis wird erst nach einer ganzen Reihe von Produktvorteilen genannt.
→ **Vergleichstechnik:** Der Preis wird mit anderen Ausgaben des Kunden oder zu Konkurrenzprodukten verglichen und dadurch relativiert.

33. z. B.
→ Zusammenfassung der Gesprächsergebnisse
→ Formalitäten des Abschlusses klären
→ Abschlussfrage stellen

8 Vertrieb und Marketing

Hinweis: Dieses Kapitel enthält die Themen
- Angebotserstellung und Verkauf (Aufgabe 1 bis 20),
- Vermarktung von Dienstleistungen (Aufgabe 21 bis 40).

Situation zu den Aufgaben 1 bis 9:
Um die Chancen sich rasch ändernder Märkte nutzen zu können, achtet die Dialogfix GmbH stets darauf, alle Marktgrößen im Blick zu haben.

1. AUFGABE

Ein Marktforschungsinstitut hat für die Dialogfix GmbH eine Marktanalyse erstellt. Welche Information kann daraus gewonnen werden?

1. Es wird ein Marktüberblick zu einem bestimmten Zeitpunkt gegeben.
2. Vorrangig sind Informationen verfügbar, die einen längeren Zeitraum betrachten.
3. Gut erkennbar sind Marktveränderungen.
4. Die zukünftige Marktentwicklung kann abgeleitet werden.
5. Da es sich hier um ein unsystematisches Verfahren handelt, ist ein Informationsgewinn kaum vorhanden.

2. AUFGABE

Für die Marktanalyse wurden sowohl Primärdaten als auch Sekundärdaten verarbeitet. Stellen Sie fest, in welchem Fall es sich um Primärdaten handelt.

1. Ergebnisse einer Internetrecherche
2. Auswertung von öffentlichen Statistiken
3. Befragung mittels Telefoninterview
4. Daten des internen Rechnungswesens
5. Untersuchung in einer Fachzeitschrift

3. AUFGABE

Aufgrund der vorliegenden Daten überlegt die Dialogfix GmbH, neben ihrer bisherigen Angebotspalette auch in den Vertrieb von Mobilfunkgeräten einzusteigen. Welche Anpassungsmöglichkeit der Angebotspalette würde die Dialogfix GmbH damit umsetzen?

1. Elimination
2. Diversifikation
3. Modulation
4. Innovation
5. Transformation

4. AUFGABE

Vorab soll jedoch das Marktpotenzial für Navigationsgeräte ermittelt werden. Welche Information erhält die Dialogfix GmbH über diese Marktgröße?

1. Die geografische Verteilung der Nachfrager nach Navigationsgeräten
2. Die tatsächlich abgesetzte Menge an Navigationsgeräten in einem bestimmten Zeitraum
3. Die mögliche Marktposition am Ende des nächsten Geschäftsjahres
4. Der maximal mögliche Absatz auf dem Markt der Navigationsgeräte
5. Der mögliche Marktanteil der Dialogfix GmbH auf dem Markt der Navigationsgeräte

5. AUFGABE

Die Dialogfix GmbH strebt für das kommende Geschäftsjahr einen Marktanteil von 8 % an. Ermitteln Sie, welchen Umsatz das Unternehmen dafür erwirtschaften muss, wenn auf dem relevanten Markt 12 Mio. Euro umgesetzt werden.

6. AUFGABE

Ein Marktforschungsinstitut ermittelt auf dem für die Dialogfix GmbH relevanten Markt (siehe Aufgabe 5) eine Marktsättigung von 60 %. Bestimmen Sie das Marktpotenzial in Mio. Euro.

7. AUFGABE

Aus einer Palette von 18 Modellen möchte die Dialogfix GmbH lediglich drei Geräte langfristig in den Verkauf aufnehmen. Um eine optimale Auswahl treffen zu können, soll der Produktlebenszyklus der jeweiligen Geräte untersucht werden. Bringen Sie die Phasen des Produktlebenszyklus in die richtige Reihenfolge und tragen Sie die Ziffern von links nach rechts in die Kästchen ein.

1. Einführungsphase
2. Rückgangsphase
3. Reifephase
4. Sättigungsphase
5. Wachstumsphase

8. AUFGABE

Bei der Entscheidung, welche drei Geräte endgültig ausgewählt werden sollen, wird wieder über den Produktlebenszyklus diskutiert. Welche Aussage ist in diesem Zusammenhang zutreffend?

1. Die Gewinnschwelle wird am Ende der Wachstumsphase erreicht.
2. Das Umsatzmaximum wird in der Sättigungsphase erreicht.
3. Die Einführungsphase ist durch Verluste gekennzeichnet.

4. In der Rückgangsphase ist der Umsatz negativ.

5. In der Sättigungsphase ist der Gewinn negativ.

9. AUFGABE

Um zusätzliche Marktchancen zu nutzen, sollen zu den Navigationsgeräten auch sogenannte Mehrwertdienste (Value Added Services) angeboten werden. Stellen Sie fest, welches Angebot sich dafür eignet.

1. Vierteljährlich kann das Kartenmaterial über ein kostenpflichtiges Internet-Update aktualisiert werden.

2. Ein zweites Navigationsgerät pro Haushalt („Zweitwagen-Navi") wird mit 20 % Rabatt angeboten.

3. Eine praktische Tragetasche für unterwegs ist für nur 9,95 € erhältlich.

4. Kunden können das Gerät bei Nichtgefallen innerhalb von 14 Tagen zurückgeben.

5. Neukunden erhalten ein kleines Begrüßungsgeschenk.

Situation zu den Aufgaben 10 bis 11:
Neben dem Eigengeschäft im Bereich Hard- und Software ist die Dialogfix GmbH auch auf dem Markt der externen Dienstleister tätig. Hier spielt die Preisgestaltung eine besonders wichtige Rolle.

---

10. AUFGABE

Die Dialogfix GmbH nutzt bei der Angebotserstellung die Preisdifferenzierungsstrategie und bietet bestimmte Leistungen zu unterschiedlichen Preisen an. Prüfen Sie, in welchem Fall es sich um eine mengenorientierte Preisdifferenzierung handelt.

1. Neukunden erhalten einen pauschalen Preisnachlass von 10 %.

2. Im August werden Angebote zu einem günstigen Sommer-Tarif erstellt.

3. Outbound-Calls werden günstiger angeboten als Inbound-Calls.

4. Ab einem Auftragsvolumen von 10 000 Calls sinkt der Preis pro Call.

5. Langjährige Stammkunden erhalten Sonderkonditionen.

11. AUFGABE

Die Dialogfix GmbH plant, ihre Dienstleistungen auch im französischen, belgischen und niederländischen Markt anzubieten. Für die einzelnen Märkte sollen unterschiedliche Preise gelten. Welche Form der Preisstrategie liegt vor?

1. Abschöpfungsstrategie

2. Marktdurchdringungsstrategie

3. Kundenorientierte Preisdifferenzierung

4. Räumliche Preisdifferenzierung

5. Angebotsbündelung

Situation zu den Aufgaben 12 bis 13:
Die Dialogfix GmbH plant, eine neue strategische Geschäftseinheit für den Vertrieb von Smartphone-Applikationen zu schaffen.

12. AUFGABE

Ein Marktforschungsinstitut erkundet die Marktposition der Dialogfix GmbH im Bereich Vertrieb von Smartphone-Applikationen. Welche der folgenden Aussagen über Marktpositionen trifft dabei zu?

1. Marktführer bedeutet, einen höheren Marktanteil zu haben als Herausforderer, Mitläufer und Nischenanbieter zusammen.
2. Als Nischenanbieter ist es wichtig, immer einen höheren Marktanteil zu erwirtschaften als die Mitläufer.
3. Mitläufer haben den geringsten Marktanteil von allen Marktpositionen.
4. Die Normstrategie des Herausforderers ist es, aufgrund übermäßig hoher Marketingkosten nie einen höheren Marktanteil zu erlangen als der Marktführer.
5. Auch Nischenanbieter können profitabel sein.

13. AUFGABE

Um die Applikationen kundengerecht zu gestalten, führt Dialogfix im Vorfeld eine telefonische Kundenbefragung mit einem strukturierten Fragebogen durch. Ordnen Sie den folgenden Fragen die jeweils passende Methode zu:

☐ Haben Sie schon einmal mittels einer Smartphone-Applikation eine Bestellung durchgeführt?

(o Ja, o Nein)

☐ Mir ist es sehr wichtig, über mein Smartphone mittels Applikationen die gleichen Einkaufsmöglichkeiten zu haben wie beim Onlineshopping.

(o stimme voll zu, o stimme teilweise zu, o stimme eher nicht zu, o stimme gar nicht zu)

☐ Jederzeit über die aktuellsten Angebote von Dialogfix informiert zu sein ist mir:

(o sehr wichtig, o weniger wichtig, o unwichtig)

☐ Smartphone-Applikationen nutze ich vor allem für:

(o Nachrichten, o Unterhaltung, o Einkaufen, o Soziale Netzwerke)

☐ Welche Möglichkeiten sollte eine Smartphone-Applikation von Dialogfix bieten?

1. Gewichtungs-Skala
2. Dichotome Frage
3. Offene Frage
4. Likert-Skala
5. Multiple-Choice-Frage

Situation zu den Aufgaben 14 bis 20:

Ein halbes Jahr ist seit der Markteinführung der Smartphone-Applikationen vergangen. Um mögliche Strategieänderungen vornehmen zu können, sollen auf einer Marketingsitzung die aktuellen Ergebnisse vorgestellt werden. Zu Ihren Aufgaben gehört es auch, im Vorfeld wichtige Informationen zu Marktpositionen aus folgender Tabelle auszuwerten.

	Umsatz letztes Quartal (in €)			
	Dialogfix	**Mitbewerber A**	**Mitbewerber B**	**Mitbewerber C**
Routenplaner-App	340 000,00	160 000,00	330 000,00	100 000,00
Reise-App	360 000,00	230 000,00	800 000,00	220 000,00
Fitness-App	300 000,00	800 000,00	1 000 000,00	50 000,00
Nachrichten-App	750 000,00	900 000,00	420 000,00	550 000,00

14. AUFGABE

Welche der folgenden Aussagen zu Marktpositionen können Sie der Tabelle entnehmen?

1. Bei der Nachrichten-App nimmt Mitbewerber B die Rolle des Herausforderers ein.
2. Bei der Reise-App ist Mitbewerber A ein Nischenanbieter.
3. Bei der Routenplaner-App ist Dialogfix Marktführer.
4. Bei der Fitness-App nimmt Dialogfix die Rolle des Herausforderers ein.
5. Bei der Reise-App ist Mitbewerber B in der Mitläufer-Position.

15. AUFGABE

Welche der folgenden Aussagen zu Marktanteilen können Sie der Tabelle entnehmen?

1. Mitbewerber A hat im Bereich Reise einen höheren Marktanteil als bei Routenplanern.
2. Mitbewerber B hat im Bereich Nachrichten einen höheren Marktanteil als bei Fitness.
3. Mitbewerber B hat im Bereich Reise einen höheren Marktanteil als Dialogfix.
4. Mitbewerber C hat im Bereich Reise einen höheren Marktanteil als bei Nachrichten.
5. Dialogfix hat bei allen Apps den geringsten Marktanteil.

16. AUFGABE

Ermitteln Sie anhand der Ihnen vorliegenden Daten den Marktanteil der Dialogfix GmbH bei der Fitness-App.

17. AUFGABE

Ordnen Sie die Begriffe der Produktportfolio-Matrix richtig zu, indem Sie die passende Zahl zum Begriff notieren.

☐ Cash Cows (Milchkühe)

☐ Stars (Sterne)

☐ relativer Marktanteil

☐ Marktwachstum

☐ Question Marks (Nachwuchsfeld)

☐ Poor Dogs (Problemfeld)

18. AUFGABE

Folgende Informationen liegen Ihnen zu den Absatzzahlen vor. Errechnen Sie das noch fehlende Marktwachstum der Reise-App vom 3. zum 4. Quartal des aktuellen Jahres in %. Runden Sie kaufmännisch ohne Nachkommastelle.

	Anzahl der genutzten Applikationen je 100 Smartphone-Nutzer				
	Quartale				Marktwachstum
App	Q1	Q2	Q3	Q4	
Routenplaner	45	50	67	75	12
Reise	10	25	32	35	
Fitness	20	20	26	25	−4
Nachrichten	80	80	88	88	0

19. AUFGABE

Welche Aussage zu den Begriffen der aktuellen Produktportfolio-Matrix ist richtig?

1. Der relative Marktanteil wird auf der y-Achse gemessen.
2. Bei dem Produkt Routenplaner-App handelt es sich um eine Cash Cow.
3. Bei dem Produkt Fitness-App handelt es sich um einen Stern.
4. Bei dem Produkt Nachrichten-App handelt es sich um einen Armen Hund.
5. Bei dem Produkt Reise-App handelt es sich um ein Fragezeichen.

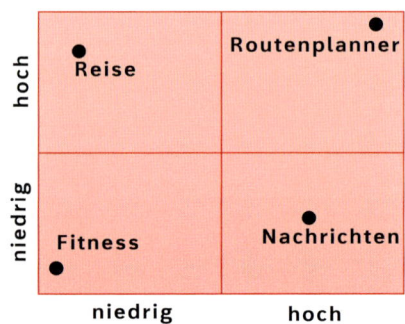

20. AUFGABE

Welche Strategie kann man aus der aktuellen Produktportfolio-Matrix ableiten?

1. Die mit dem Produkt „Fitness-App" erzielten Überschüsse können darauf verwendet werden, das Produkt „Reise-App" zu einer Cash Cow weiterzuentwickeln.
2. Es gibt in der SGE „Applikationen" kein gewinnbringendes Produkt, das zur Finanzierung eines Produktes im Nachwuchsfeld geeignet ist.
3. Das Produkt „Routenplaner-App" befindet sich im Nachwuchsfeld.
4. Das Produkt „Nachrichten-App" sollte wegen seiner schlechten Marktchancen sofort aus dem Sortiment genommen werden.
5. Die „Fitness-App" sollte aufgrund eines sehr geringen relativen Marktanteils und des negativen Marktwachstums aus dem Sortiment genommen werden.

Situation zu den Aufgaben 21 bis 23:
Die Dialogfix GmbH erhält eine Anfrage, als externer Dienstleister das Callcenter der Telko GmbH temporär zu unterstützen. Ihr Vorgesetzter ist mit der Erstellung des Vertrages beauftragt worden, Sie sollen ihn dabei unterstützen.

21. AUFGABE

Während des Meetings fasst Ihr Vorgesetzter die dem Vertrag vorangegangenen Verhandlungen noch einmal zusammen. Bringen Sie die einzelnen Verhandlungsschritte in die richtige Reihenfolge und tragen Sie Ihre Antworten von links nach rechts in die Kästchen ein.

1. Aufmerksamkeit schaffen
2. Kontakte knüpfen
3. Auf Vorschläge reagieren
4. Verhandlungen abschließen
5. Vorschläge machen

22. AUFGABE

Die Dialogfix GmbH hat sich mit der Telko GmbH auf einen Preis geeinigt. Vertraglich wird festgehalten, dass die Telko GmbH für jeden von der Dialogfix GmbH angenommenen und abschließend bearbeiteten Call pauschal 4,20 € zahlt, eine weitere Vergütung ist nicht vorgesehen. Welche Art von Vertrag wurde hier abgeschlossen?

1. Arbeitsvertrag
2. Arbeitnehmerüberlassungsvertrag
3. Dienstvertrag
4. Werkvertrag
5. Vollkostenvertrag

23. AUFGABE

Bei den Vertragsverhandlungen streben die Dialogfix GmbH und die Telko GmbH unterschiedliche Ziele an. Ordnen Sie zu, ob es sich bei den folgenden Zielen um Minimalziele, Kernziele oder Idealziele handelt.

☐ Über die ganze Vertragslaufzeit soll ein Servicelevel von 80/20 eingehalten werden

☐ Eine First Call Resolution von 90 % ist wünschenswert

☐ Unabdingbar ist eine freundliche Begrüßung der Kunden am Telefon

☐ Mindestens eine monatliche Telefonkonferenz zwischen Dialogfix GmbH und Telko GmbH über den Fortschritt des Projektes

☐ Einarbeitung in die Thematik durch den besten Trainer der Telko GmbH

1. Minimalziel
2. Kernziel
3. Idealziel

24. AUFGABE

☐

Die Dialogfix GmbH muss im Verkauf eine Vielzahl rechtlicher Vorschriften beachten. Welche Handlung ist nach dem Gesetz gegen den unlauteren Wettbewerb (UWG) zulässig?

1. In einer Werbeanzeige wird der Mitbewerber MicroCall AG als „unseriös" bezeichnet.
2. Von dem in einem Homeshopping-Kanal beworbenen Laptop „Portablix" stehen 3 Exemplare für den Verkauf zur Verfügung.
3. Die Leistungsmerkmale des Laptops „Portablix" werden mit denen eines Konkurrenzanbieters verglichen.
4. Der in China produzierte Laptop „Portablix" wird mit dem Slogan „Die mobile Power aus Deutschland" beworben.
5. In einer Werbeanzeige wird mit einem hervorragenden Testurteil eines schon seit 5 Jahren nicht mehr hergestellten Produktes geworben.

Situation zu den Aufgaben 25 bis 29:
Die Dialogfix GmbH nimmt an der jährlich stattfindenden „Dialogkomm-Messe" teil. Ihre Aufgabe ist es, bei den Vorbereitungen mitzuhelfen.

25. AUFGABE

Welche Information, die Sie zur Messe und zum Auftritt der Dialogfix GmbH auf der Messe notiert haben, ist <u>fehlerhaft</u>?

1. Bei der Dialogkomm-Messe handelt es sich um eine zeitlich unbegrenzte, regelmäßig wiederkehrende Marketing-Veranstaltung, die sich an Fachbesucher wendet.
2. Die zu berücksichtigenden Kostenfaktoren betreffen die Standgebühren, die Personalkosten für die Standbesetzung sowie die Reise- und Transportkosten.
3. Die Dialogfix GmbH möchte auf der Messe über das eigene Angebot informieren.
4. Die Dialogkomm-Messe bietet Gelegenheit, Markttrends und Mitbewerber zu analysieren.
5. Idealerweise kommt es auch zur Anbahnung von Verkaufsabschlüssen.

26. AUFGABE

Für den Messebesuch sind Gesamtkosten von 4 200,00 € eingeplant. Die Geschäfts-leitung hat die Vorgabe erteilt, dass die Kontaktadresse eines potenziellen Kunden maximal 35,00 € kosten darf. Ermitteln Sie, wie viele Kontaktdaten auf der Messe mindestens gesammelt werden müssen, um diese Vorgabe einzuhalten.

27. AUFGABE

Der Messeauftritt der Dialogfix GmbH verlief sehr erfolgreich. Ihre Aufgabe ist es nun, bei der Nachbereitung zu helfen. Welche Tätigkeit fällt <u>nicht</u> darunter?

1. Die Daten der erhaltenen Visitenkarten in die Datenbank einpflegen
2. Überprüfen, ob alle für die Messe benötigten Gegenstände und Materialien (Beamer, Plakate, Laptops etc.) vollständig zurückgebracht wurden
3. Budgethöhe für die Messe festlegen
4. Die gesetzten Ziele für die Messe überprüfen
5. Von Interessenten angefordertes Infomaterial versenden

28. AUFGABE

Stellen Sie fest, anhand welcher Fragestellung die Dialogfix GmbH den wirtschaftlichen Erfolg des Messeauftritts überprüfen kann.

1. Welcher Anteil des Messebudgets wurde ausgeschöpft?
2. Wie viele Unternehmensbroschüren wurden verteilt?
3. Wie hoch war die Besucherfrequenz am Messestand?
4. Wie viel zusätzlicher Umsatz konnte erzielt werden?
5. Mit welchen Entscheidungsträgern wurde gesprochen?

29. AUFGABE

Neben dem jährlichen Messeauftritt überlegt die Geschäftsführung, auch an einem Callcenter-Kongress teilzunehmen. Geschäftsführer Kruse ist davon noch nicht überzeugt. Mit welchem Argument können Sie ihm die Besonderheit eines Kongresses im Vergleich zu einer Messe verdeutlichen?

1. Die Teilnehmerzahl ist begrenzt.
2. Es können Verkaufsabschlüsse angebahnt werden.
3. Geschäftskontakte können gepflegt werden.
4. Aktuelle Trends lassen sich erkennen.
5. Auch die breite Öffentlichkeit hat Zugang.

Situation zu den Aufgaben 30 bis 31:
Die Dialogfix GmbH steht in Verhandlungen mit einem neuen externen Auftraggeber aus dem Bereich der Energieversorgung. Es geht um die Übernahme des Inbound-Telefonservice.

30. AUFGABE

Der Auftraggeber macht die Vorgabe, dass eine hohe Gesprächsqualität gewährleistet werden muss. Mit welchem Argument kann diese Vorgabe am besten erfüllt werden?

1. „Wir sind der Preisführer im Dialogmarketing."
2. „Wir setzen kontinuierlich Monitorings ein."
3. „Wir arbeiten mit einem internationalen Team."
4. „Wir zahlen weit überdurchschnittliche Gehälter."
5. „Wir pflegen einen demokratischen Führungsstil."

31. AUFGABE

Der potenzielle neue Auftraggeber strebt zudem an, den After-Sales-Service auszubauen. Welchen geeigneten Vorschlag unterbreiten Sie ihm?

1. Die Kunden können über eine kostenfreie Rufnummer anrufen.
2. Die Kunden erhalten vorab einen umfangreichen Produktkatalog.
3. Es werden regelmäßige Kundenzufriedenheitsbefragungen durchgeführt.
4. Cross-Selling wird konsequent angewendet.
5. Stornos werden entschieden abgewehrt.

32. AUFGABE

Die Dialogfix GmbH ist auch im Bereich Öffentlichkeitsarbeit (PR) aktiv. Welche Aussage hierüber ist <u>falsch</u>?

1. Die Öffentlichkeitsarbeit dient letztlich auch der Verkaufsförderung.
2. Die externe PR dient der Dialogfix GmbH dazu, bei Mitarbeitern das Unternehmen positiv darzustellen.
3. Eine PR-Maßnahme der Dialogfix GmbH ist der regelmäßig verschickte Online-Newsletter.
4. Die Dialogfix GmbH sponsert außerdem als PR-Maßnahme das jährlich stattfindende Musikfestival für Schüler und Studenten.
5. Die Dialogfix GmbH verfolgt mit ihren PR-Maßnahmen eine Informations-, Image- und Kommunikationsstrategie.

33. AUFGABE

Um auch in Zukunft neue externe Auftraggeber zu gewinnen, sollen geeignete Marketing-Maßnahmen entwickelt werden. Welche der folgenden Maßnahmen ist hierzu am ehesten geeignet?

1. Interview im regionalen Radiosender
2. Großformatige Werbeanzeigen in Fachzeitschriften schalten
3. Public Relations im Bereich Mitarbeitergesundheit
4. Infozettel am Point of Purchase bereitstellen
5. Eintrag der Kontaktdaten im Branchen-Telefonbuch

34. AUFGABE

In der Geschäftsleitung eines Stammkunden der Dialogfix GmbH wird festgelegt, dass zukünftig Salespromotion (Verkaufsförderung) eine größere Rolle spielen soll. Entscheiden Sie, mit welchen <u>zwei</u> Maßnahmen dieses Ziel umgesetzt werden kann.

1. Es werden Anzeigen in einer überregionalen Tageszeitung geschaltet.
2. Den Kunden wird eine Verlängerung der gesetzlichen Gewährleistungspflichten angeboten.
3. Einführung einer Kundenkarte, die Vergünstigungen beim Einkauf gewährt.
4. Neben Verkaufsschulungen werden die Mitarbeiter auch mittels Prämien und Incentives motiviert.
5. Jährliche Einladung zum „Tag der offenen Tür"
6. Produkte mit einem abnehmenden Umsatz werden aus dem Programm genommen.
7. Die Präsenz in sozialen Netzwerken wie z. B. Facebook oder Instagram wird weiter ausgebaut.

Situation zu den Aufgaben 35 bis 37:
Zusammen mit anderen örtlichen Callcentern startet die Dialogfix GmbH eine Werbekampagne, mit der auf die Aktion „Job-Chance Callcenter" hingewiesen wird.

35. AUFGABE

Stellen Sie fest, um welche Art von Werbung es sich hier handelt.

1. Massenwerbung
2. Einzelwerbung
3. Einzelumwerbung
4. Persönliche Werbung
5. Gemeinschaftswerbung

36. AUFGABE

Für die Werbekampagne müssen noch geeignete Werbeträger und Werbemittel ausgesucht werden. In welcher Zeile findet sich eine richtige Zuordnung?

	Werbeträger	Werbemittel
1.	Fernsehen	Radio
2.	Prospekt	Flyer
3.	Homepage	Internet
4.	Fachzeitschrift	Anzeige
5.	Radiospot	Radio

37. AUFGABE

Bei der Gestaltung der Werbekampagne soll der Grundsatz der Werbeklarheit berücksichtigt werden. Prüfen Sie, womit diese Zielsetzung erreicht werden kann.

1. Die Werbung ist für die Zielgruppe verständlich.
2. Die Kosten der Werbung sind transparent.
3. Die Vorgaben des UWG (Gesetz gegen den unlauteren Wettbewerb) werden eingehalten.
4. Die Werbeaussage ist inhaltlich richtig.
5. Die Werbung erzielt eine messbare Wirksamkeit.

38. AUFGABE

In der aktuellen Budgetrunde wird der Werbe-Etat festgelegt. Der Abteilungsleiter sagt, dass aus Einsparungsgründen der Etat 3 % vom Gewinn betragen wird. Bestimmen Sie mittels der vorliegenden Kennzahlen der Dialogfix GmbH den Werbe-Etat:

- Mitarbeiter: 168
- Umsatz: 8 500 000,00 € pro Jahr
- Umsatzrendite: 12 %

39. AUFGABE

Die Marketingabteilung der Dialogfix GmbH beschließt, den neu einzuführenden Drucker in einer zeitlich befristeten Aktion günstig zu bewerben. Dazu sollen Zeitschriftenbeilagen in zwei Computerfachzeitschriften mit hohem Marktanteil erscheinen. Welche der folgenden Kombinationen trifft auf diese Werbestrategie zu?

1. Erhaltungswerbung – Einzelwerbung – Massenwerbung
2. Expansionswerbung – Einzelwerbung – Massenwerbung
3. Einführungswerbung – Einzelwerbung – Massenwerbung
4. Einführungswerbung – Einzelwerbung – Einzelumwerbung
5. Expansionswerbung – Gruppenwerbung – Massenwerbung

40. AUFGABE

An welches der folgenden Prinzipien hält sich Erika Wurz, um die Werbebotschaft der kommenden Kampagne klar und einfach zu formulieren?

1. Pareto-Prinzip
2. KISS-Prinzip
3. Die 5 M's der Werbung
4. AIDA-Prinzip
5. USP (Unique Selling Proposition)

Lösungen zu Kapitel **8**

1. 1
2. 3
3. 2
4. 4
5. 960 000,00 €
6. 20 Mio. Euro
7. 1, 5, 3, 4, 2
8. 3
9. 1
10. 4
11. 4
12. 5
13. 2, 4, 1, 5, 3
14. 3
15. 3
16. 13,95 %
17. 5, 4, 2, 1, 3, 6
18. 9 %
19. 5
20. 5

21. 2, 1, 5, 3, 4
22. 4
23. 2, 3, 1, 1, 3
24. 3
25. 1
26. 120 Kontaktdaten
27. 3
28. 4
29. 1
30. 2
31. 3
32. 2
33. 2
34. 3, 4
35. 5
36. 4
37. 1
38. 30 600,00 €
39. 3
40. 2

9 Informations- und Kommunikationssysteme

1. AUFGABE   □   Z

Auf den Arbeitsplatzrechnern der KommunikativAktiv KG ist ein aktuelles Betriebssystem installiert. Welche Aufgabe wird von diesem System übernommen?

1. Verwalten der angeschlossenen Hardware
2. Echtzeitmanagement der ein- und ausgehenden Anrufe
3. Bereitstellen von aktuellen Informationen im Intranet
4. Hilfe bei der Erstellung der Personaleinsatzplanung
5. Hilfe bei der Informationsrecherche im Internet

2. AUFGABE   □   Z

Um Kosten zu sparen, führt die Dialogfix GmbH regelmäßig Telefonkonferenzen durch. Welche der nachfolgenden Beschreibungen trifft dabei auf eine Dial-in-Konferenz zu?

1. Ein Anbieter ruft alle Teilnehmer zu einem vereinbarten Termin an und schaltet die Teilnehmer zusammen.
2. Alle Teilnehmer wählen sich gemeinsam zu einem bestimmten Termin auf einer Konferenzplattform eines Anbieters ein.
3. Die Teilnehmer rufen sich in festgelegter Reihenfolge nacheinander an und erläutern den Inhalt des Gesprächs mit dem Vorgänger.
4. Es handelt sich um eine normale Konferenz, bei der die Teilnehmer anwesend sind. Allerdings wird ein Teilnehmer angerufen und per Telefon zugeschaltet.
5. Es handelt sich um eine normale Konferenz, bei der alle Teilnehmer zuvor ihr Mobiltelefon abgeben müssen, um Unterbrechungen zu vermeiden.

3. AUFGABE   □   Z

Die Arbeitsplatzrechner der Dialogfix GmbH sind über ein leistungsfähiges Netzwerk miteinander verbunden. Welche Aussage über Netzwerke ist korrekt?

1. Ein Regelwerk zur Kommunikation zwischen Computern nennt man Protokoll.
2. Peer-to-Peer-Netzwerke bestehen aus einem Server und mehreren Clients.
3. Peer-to-Peer-Netzwerke bestehen aus einem Client und mehreren Servern.
4. Das Intranet ist ein öffentliches Netzwerk, das für jeden zugänglich ist.
5. Local Area Networks (LAN) decken meist eine Region aus mehreren Städten ab.

Z **4.** AUFGABE

Bei einer Outbound-Kampagne der Dialogfix GmbH sollen sich die Agents auf die Situation ihres jeweiligen Gesprächspartners einstimmen. Dazu werden zuerst die Informationen zum Kunden auf dem Bildschirm angezeigt. Sind die Agents vorbereitet, stellen sie über einen Anwahl-Button die Verbindung zum Kunden her. Welche Outbound-Technologie kommt in diesem Beispiel zum Einsatz?

1. IVR (Interactive Voice Response)
2. Predictive Dialer
3. Preview Dialer
4. CTI (Computer Telephony Integration)
5. Progressive Dialer

Z **5.** AUFGABE

Welche der folgenden Nutzungen von Web-Technologie findet nicht im Intranet der KommunikativAktiv KG statt?

1. Die Mitarbeiter können ihren Urlaubswunsch online eintragen und abrufen.
2. Potenzielle Kunden schauen sich die angebotenen Leistungen auf der Webseite von KommunikativAktiv an.
3. Die Mitarbeiter legen Dokumente auf einem Server der KommunikativAktiv ab, damit sie anderen Mitarbeitern zur Verfügung stehen.
4. Der externe Projektauftraggeber erhält mithilfe eines Passwortes die Möglichkeit, sich online über den Projektfortschritt und die erzielten Ergebnisse zu informieren.
5. Die Checkliste zur Einarbeitung neuer Mitarbeiter wird den Teamleitern über ein Web-Interface bereitgestellt.

Z **6.** AUFGABE

Die Dialogfix GmbH verwaltet alle ein- und ausgehenden Nachrichten über ein einheitliches, zentrales System. Welches Konzept wird dabei genutzt?

1. Automatic Call Distribution (ACD)
2. Computer Telephony Integration (CTI)
3. Optical Character Recognition (OCR)
4. Virtual Private Network (VPN)
5. Unified Messaging System (UMS)

7. AUFGABE

Die Dialogfix GmbH nutzt die im Kundengespräch gewonnenen Daten in einem Customer Relationship Management System (CRM-System). Die Auswertung der Daten erfolgt mithilfe des Data-Minings. Mit welcher Definition wird dieses Verfahren zutreffend beschrieben?

1. Unter Data-Mining versteht man eine mathematisch-statistische Methode, um typische Muster im Datensatz der Kunden zu erkennen.
2. Unter Data-Mining versteht man individuell auf den Kunden abgestimmte Angebote.
3. Data-Mining erlaubt es dem Agent, Daten über den Kunden während des Gesprächs abzurufen.
4. Unter Data-Mining versteht man eine zentrale Datensammlung, deren Inhalt sich aus verschiedenen Datenquellen zusammensetzt.
5. Data-Mining filtert aus den Daten die Daten heraus, die von der Dialogfix GmbH weiterverkauft werden können.

Situation zu den Aufgaben 8 bis 10:

Die Dialogfix GmbH nutzt zur Verteilung der Anrufe eine moderne ACD-Anlage. Die Tabelle zeigt einen Ausschnitt aus dem Echtzeitmanagement der Anlage am 03.01. um 15:16 Uhr.

03.01.		15:16 h
Agent	**Status**	**Dauer**
13785	OTHER	02:45
13787	AVAILABLE	01:31
22115	ACD OUT	10:25
22120	ACW (After Call Work)	00:20
22134	AVAILABLE	00:50
22144	ACD OUT	03:50
22388	ACD IN	01:20
22566	RING	00:00
45987	ACW (After Call Work)	02:30

Z   **8. AUFGABE**

Stellen Sie fest, welche Aussage gemäß dem Echtzeitmanagement zutreffend ist.

1. Drei Agents sind mit der Nachbearbeitung eines Anrufs beschäftigt.
2. Der Outbound-Call des Agents 22388 dauert bereits 1:20.
3. Die Agents 22115 und 22144 führen ein Outbound-Gespräch.
4. Zwei Agents befinden sich zurzeit in der Pause.
5. Agent 22566 signalisiert ein Problem mit einem Kunden.

Z   **9. AUFGABE**

Welche Bedeutung hat der Status des Agents 13785?

1. Der Agent geht seit 02:45 nicht an sein Telefon.
2. Agent 13785 bereitet sein letztes Inbound-Gespräch nach.
3. Der Agent führt ein Gespräch, dessen Anrufgrund außerhalb der Reihe liegt, z. B. firmeninterner Anruf.
4. Das Telefon des Agents läutet.
5. Der Agent ist seit 02:45 in der Pause.

Z   **10. AUFGABE**

Das Routing der ACD-Anlage erfolgt nach dem „Longest-Idle-Prinzip". Wie werden die Anrufe demnach verteilt?

1. Der Agent mit der größten Fachkompetenz erhält den Call.
2. Der Anruf mit der längsten Wartezeit wird als nächster an einen Agent durchgestellt.
3. Der Agent, dessen Gespräch am längsten zurückliegt, erhält den Call.
4. Die Anrufe werden nach Wichtigkeit eingeteilt und dann geroutet.
5. Die Reihenfolge des Routings ergibt sich aus der Ursprungsrufnummer des Anrufers.

Z   **11. AUFGABE**

Die Daten des Anrufers erscheinen bei Zuteilung des Calls auf einen Agent auf dessen Bildschirm. Dazu ist das ACD-Telefonanlagensystem über einen separaten Server mit dem lokalen Computer-Netzwerk verbunden. Stellen Sie fest, welche Technologie diese Verbindung ermöglicht.

1. IVR (Interactive Voice Response)
2. VPN (Virtual Private Network)
3. CTI (Computer Telephony Integration)
4. OCR (Optical Character Recognition)
5. VoIP (Voice over Internet Protocol)

12. AUFGABE ☐ Z

Die Personaleinsatzplanung (PEP) stellt eine besondere Herausforderung für jedes Service-Center dar. Zur Optimierung des Personaleinsatzes werden bei der Dialogfix GmbH nicht ausgelastete Agents der Beschwerdehotline durch die ACD-Anlage automatisch auf eine parallel laufende Outbound-Kampagne umgeschaltet. Welches Verfahren nutzt die Dialogfix GmbH hier?

1. Skill Based Routing
2. Phishing
3. Multitasking
4. Call Blending
5. Cross-Selling

13. AUFGABE ☐ Z

Neben der ACD-Anlage nutzt die Dialogfix GmbH auch Unified Messaging. Stellen Sie fest, welcher Vorteil damit verbunden ist.

1. Unified Messaging vernetzt die Daten zu einem gemeinsamen Kundenstamm, der es erlaubt, alle Kunden auf einmal über Produktneuheiten zu informieren.
2. Unified Messaging ermöglicht, dass Kunden über eine Voice-over-IP-Verbindung mit den Agents in Echtzeit kommunizieren.
3. Unified Messaging führt zu einer Vereinheitlichung der Kommunikationsmedien in einem Unternehmen und vermeidet somit Medienbrüche.
4. Unified Messaging steigert die First Call Resolution Rate, da Kunden sofort von einem Agent zufriedenstellend beraten werden können.
5. Unified Messaging vereinfacht den Kontakt mit Callcentern, da eine Kommunikation ausschließlich über den vom Callcenter jeweils festgelegten Weg (Telefon, VoIP oder E-Mail) erfolgt.

14. AUFGABE ☐ Z

Welchen Vorteil hat die Dialogfix GmbH von der Umstellung auf Skill Based Routing?

1. Die Anwahl der Kundennummer erfolgt automatisch, wodurch Zeit gespart wird.
2. Durch bessere Auswahl steigt die Ausschöpfungsquote.
3. Der Anrufer wird automatisch mit einem Mitarbeiter verbunden, der für sein Anliegen zuständig ist.
4. Die Gesprächskosten werden reduziert.
5. Junk-Calls werden vollständig vermieden.

Situation zu den Aufgaben 15 bis 16:

Beim wöchentlichen Meeting trifft Ihr Teamleiter folgende Aussagen: „Die Umstellung auf Skill Based Routing in der Beschwerdehotline verlief ohne Schwierigkeiten. Im Vergleich zur letzten Woche ist jedoch festzuhalten, dass die Zahl der
Abandoned Calls (Aufleger) stark zugenommen hat, und zwar um 50 % auf 150
pro Stunde. Und das, obwohl die Average Abandon Time (durchschnittliche Auf-
legezeit) ebenfalls um 10 % auf eine Minute und 50 Sekunden gestiegen ist. Um
den Servicelevel von 80/20 zu gewährleisten, darf die Nachbearbeitungszeit künftig nur noch anderthalb Minuten dauern."

Z

15. AUFGABE

Welche Schlussfolgerung gibt die Aussagen des Teamleiters richtig wieder?

1. Für die letzte Woche gibt es nichts zu beklagen.
2. Die Anzahl der Anrufe, die innerhalb von 20 Sekunden angenommen wurden, ist
   um 50 % gestiegen.
3. Es rufen 150 Kunden pro Stunde an. Dies sind über 50 % mehr als letzte Woche.
4. Als Vorgabe für die Nachbearbeitungszeit hat der Teamleiter 90 Sekunden veran-
   schlagt.
5. Ziel ist es, dass 20 % der Anrufer in 80 Sekunden angenommen werden und nicht
   länger als 2 Minuten warten müssen.

Z

16. AUFGABE

Ermitteln Sie anhand der Angaben des Teamleiters in Sekunden, wie lange die Anrufer
durchschnittlich letzte Woche in der Warteschleife verweilten, bevor sie aufgelegt haben. Tragen Sie den Wert in das Lösungskästchen ein.

Z

17. AUFGABE

Bei der KommunikativAktiv KG wird in einem Projekt ein Dialer eingesetzt. Dieser bietet
Vorteile gegenüber der herkömmlichen Telefonie. Stellen Sie fest, welche zwei Vorteile
zutreffend sind.

1. Spart Telefongebühren
2. Führt zu einer längeren Pausenzeit
3. Unterstützt die Agents bei der Nachbearbeitung
4. Erhöht die Produktivität
5. Beschleunigt den Wählvorgang
6. Steigert die Kundenzufriedenheit durch gelegentliches Droppen

18. AUFGABE ☐ Z

Die Kunden eines Finanzdienstleisters sollen bei einem Anruf auswählen können, ob sie eine Beschwerde, Nachfragen zu einem Produkt oder Fragen zu einem bestehenden Vertrag haben. Die Weiterleitung erfolgt an den entsprechend geschulten Agent. Welche Technologie kommt bei der Auswahl des Anliegens zum Einsatz?

1. IVR (Interactive Voice Response)
2. VPN (Virtual Private Network)
3. CTI (Computer Telephony Integration)
4. OCR (Optical Character Recognition)
5. VoIP (Voice over Internet Protocol)

19. AUFGABE ☐ Z

Welches der angeführten Kosten- und Nutzenargumente trifft auf ein gut funktionierendes IVR-System nicht zu?

1. Kürzere Callzeiten, da Anrufgrund vorher eingegrenzt werden kann und gezieltes Routing erfolgt
2. Höhere Kundenzufriedenheit, da direkt richtiger Ansprechpartner
3. Ermöglicht es, bei Routineauskünften (z. B. Kontostandsabfrage/Versandstatus) ganz auf Agents zu verzichten
4. Es ist kein Aufwand für das Sprachdialogdesign erforderlich, das spart Geld.
5. Agents können sich auf Problemfälle konzentrieren und sind nicht von Routineanfragen genervt, dadurch höhere Qualität.

Situation zu den Aufgaben 20 bis 21:
Die Dialogfix GmbH setzt zur Effizienzsteigerung der Prozessabläufe OCR-Technologie ein.

20. AUFGABE ☐ Z

Welche der nachstehenden Formulierungen beschreibt den Nutzen von OCR-Technologie zutreffend?

1. OCR dient der Datensicherheit, da eingescannte Dokumente verschlüsselt werden.
2. OCR dient der Datensicherung, da die Dokumente optisch in einer zentralen Datenbank gehalten werden.
3. OCR dient der automatisierten Antwort auf Preisausschreiben.
4. OCR erleichtert die Verarbeitung von Daten, da OCR die Daten digital zur Verfügung stellt.
5. OCR dient der wirtschaftlich effizienteren Verwaltung von Dokumenten, lohnt sich jedoch nur bei einem kleinen Dokumentenaufkommen.

Z **21.** AUFGABE

☐☐☐☐☐☐

Die Dialogfix GmbH setzt das OCR-Programm u. a. zur digitalen Erfassung von Geschäftsdokumenten ein. Bringen Sie die für diesen Arbeitsprozess notwendigen Schritte in die richtige Reihenfolge und tragen Sie die Lösung von links nach rechts in die Kästchen ein.

1. Software versucht Buchstaben zu erkennen.
2. Dokumente werden eingescannt.
3. Speichern und Archivierung
4. Abgleich der Ergebnisse mit Wörterbuch
5. Manuelle Nachbearbeitung
6. Zusammenführen der Buchstaben zu Wörtern

Z **22.** AUFGABE

Folgende Aufgaben sollen mit der richtigen Software ausgeführt werden. Ordnen Sie allen Aufgaben die jeweilige Software zu.

☐ Verfassen der Ausschreibung und des Lastenheftes

☐ Aufstellung und Berechnung von Projektkosten mit grafischer Darstellung der Anteile an den Gesamtkosten

☐ Visualisierung der Projektziele im Kick-off-Meeting mit dem Auftraggeber

☐ Zeitversetzte Kommunikation und Austausch von Dokumenten

☐ Durchführen einer Web-Recherche als Informationsgrundlage zur Beschaffung einer neuen ACD-Anlage

1. Tabellenkalkulationssoftware
2. Präsentationssoftware
3. Browser
4. Textverarbeitungssoftware
5. E-Mail-Programm

Z **23.** AUFGABE

☐

Sie suchen im Internet nach einer Firma, die in Hamburg auf die technische Ausstattung von Callcentern spezialisiert ist. Welche Suchbegriffskombination verspricht den größten Erfolg?

1. Spezialist, Callcenter
2. +Callcenter +Hamburg +Technik +Ausstattung
3. „in Hamburg auf die technische Ausstattung von Callcentern spezialisiert"
4. +Anbieter –Hamburg +„Callcenter Technik"
5. Headset Hamburg

24. AUFGABE   ☐ Z

Stellen Sie fest, bei welcher Software es sich um Anwendungssoftware handelt.

1. Windows 10
2. Linux
3. Microsoft Office 2016
4. Mac OS
5. Android

25. AUFGABE   ☐ Z

Welche der nachfolgenden Funktionen gehört <u>nicht</u> zu den Aufgaben eines Betriebssystems?

1. Bereitstellung einer grafischen Benutzeroberfläche
2. Verwaltung von Arbeitsspeicher und Prozessor
3. Verwaltung umfangreicher betrieblicher Daten in zusammenhängenden Tabellen
4. Verwaltung externer Laufwerke
5. Bereitstellung eines Dateisystems

26. AUFGABE   Z

Ordnen Sie den nachstehenden Arten der Datenübertragung das dabei jeweils verwendete Protokoll zu, indem Sie die richtige Ziffer in das Kästchen eintragen.

☐ Versenden von E-Mails

☐ Down- bzw. Upload von Dateien

☐ Abruf einer Internetseite im Browser

☐ Abrufen der E-Mails vom Server

☐ Abgleich eines Mailkontos mit dem Mailserver

1. IMAP
2. POP3
3. http
4. SMTP
5. FTP

27. AUFGABE   ☐ Z

Die Dialogfix GmbH verwendet Voicemail, um Anrufe außerhalb der Servicezeiten später bearbeiten zu können. Welcher Aspekt ist **kein** Bestandteil von Voicemail?

1. Nachrichten werden dauerhaft gespeichert.
2. Nachrichten liegen in einem einfach lesbaren Dateiformat vor (z. B. MP3).
3. Datum, Zeit und Telefonnummer des Anrufers werden aufgezeichnet.
4. Fremdsprachige Nachrichten werden automatisch übersetzt.
5. Erhaltene Nachrichten können einfach per E-Mail weitergeleitet werden.

Z **28.** AUFGABE

Die Dialogfix GmbH erhält den Auftrag, die Hotline für Kunden von www.rezept-flott.xy zu betreuen. Die Kunden können sich dort täglich ein neues individuelles Rezept empfehlen lassen. Prüfen Sie, welche der angegebenen Rufnummern für eine Vanity-Nummer am besten geeignet ist.

1	2 abc	3 def
4 ghi	5 jkl	6 mno
7 pqrs	8 tuv	9 wxyz
*	0	#

1. 0700 782872

2. 0700 778335

3. 0700 739378

4. 0700 735284

5. 0700 826489

Z **29.** AUFGABE

Die Dialogfix GmbH möchte auch eine für Anrufer kostenfreie Hotline einrichten. Welche der nachstehenden Nummern ist für dieses Vorhaben geeignet?

1. 0700 1234567

2. 0800 1234567

3. 0900 1234567

4. 0180 1234567

5. 0137 1234567

Z **30.** AUFGABE

Die Dialogfix GmbH soll im Auftrag eines Kunden die Reaktion auf Beiträge in den sozialen Netzwerken übernehmen. Ein Mitarbeiter hat dazu eine Liste erstellt, wo er den Kunden im Web überall gefunden hat. Überprüfen Sie, welchen Eintrag Sie von der Liste streichen müssen, da es sich nicht um ein soziales Netzwerk handelt.

1. twitter.com

2. facebook.com

3. bing.com

4. linkedin.com

5. plus.google.com

Situation zu den Aufgaben 31 bis 34:
Die IT der Dialogfix GmbH ist zahlreichen Bedrohungen ausgesetzt. Das Thema Sicherheit spielt daher im Arbeitsalltag eine entscheidende Rolle.

31. AUFGABE Z

Ordnen Sie den nachstehenden Bedrohungsarten die passende Maßnahme zu, indem Sie jeweils die richtige Ziffer in das Kästchen eintragen.

☐ Computerviren

☐ Stromausfall

☐ Sabotage durch Einbruch

☐ Unbefugter Zugriff über das Internet

☐ Unsachgemäße Handhabung durch Benutzer

1. Schulungen mit dem Schwerpunkt Datensicherheit
2. Firewall
3. Unterbrechungsfreie Stromversorgung (USV)
4. Software zur Vermeidung des Befalls mit Schadprogrammen
5. Verwahrung wichtiger Hardware in sicher verschlossenen Räumen

32. AUFGABE ☐ Z

Ein Datenverlust wäre für die Dialogfix GmbH eine große Gefahr. Mit welcher Maßnahme sind die Datenbanksysteme der Dialogfix GmbH künftig besser geschützt?

1. Einrichtung einer weiteren Firewall
2. Auswertung der Zugriffsprotokolle
3. Vorgabe zum regelmäßigen Ändern der Passwörter
4. Regelmäßige Calls zur Adressqualifizierung bei den Kunden
5. Anschaffung einer USV (unterbrechungsfreie Stromversorgung) für den Datenbank-server

33. AUFGABE ☐ Z

Sie erhalten eine E-Mail, in der Ihnen eine Stelle als Finanzmanager in einer unbekannten Firma angeboten wird. Sie sollen 3 000,00 € monatlich mit 10 Wochenstunden verdienen können. Im Anhang der E-Mail befindet sich ein Dokument mit dem Dateinamen „Stellenbeschreibung". Wie verhalten Sie sich korrekt?

1. Weiterleitung der E-Mail an einen Bekannten, der eine solche Stelle sucht.
2. Öffnen der Datei „Stellenbeschreibung" auf Ihrem PC.
3. Speicherung der Datei „Stellenbeschreibung" auf einem USB-Stick und Öffnen der Datei vom Stick.
4. Sofortiges Löschen der E-Mail mit Anhang.
5. Antwort per E-Mail, dass Sie an einer solchen Stelle nicht interessiert sind.

Z   **34.** AUFGABE

Sie erhalten eine E-Mail, in der behauptet wird, dass in 15 Minuten das weltweite Internet zusammenbrechen wird, Sie sollen diese Mail sofort weiterleiten! Es passiert natürlich nichts. Wie nennt man diese Art von E-Mails mit dem Ziel, Panik zu verbreiten?

1. Virus-Mail
2. Wurm-Mail
3. Adware-Mail
4. Spyware-Mail
5. Hoax-Mail

> *Situation zu den Aufgaben 35 bis 37:*
> Die Sicherheit der Kundendaten hat für die Dialogfix GmbH einen hohen Stellenwert. Um diesem Ziel gerecht zu werden, ergreift das Unternehmen verschiedene Maßnahmen.

Z   **35.** AUFGABE

Zur Anmeldung am IT-System der Dialogfix GmbH müssen Sie monatlich ein neues Passwort verwenden. Wie gehen Sie korrekt vor, wenn Sie zur Änderung des Passwortes aufgefordert werden?

1. Zunächst vergeben Sie ein neues Passwort, dann melden Sie sich wieder an und stellen wieder das alte Passwort ein.
2. Sie überlegen sich jeden Monat einen neuen Satz mit mindestens 8 Wörtern und bilden aus den Anfangsbuchstaben unter Verwendung von Groß- und Kleinschreibung sowie evtl. Ziffern und Sonderzeichen ein neues Passwort.
3. Sie verwenden jeden Monat einen neuen Vornamen eines Ihrer Arbeitskollegen.
4. Sie verwenden jeden Monat einen neuen Nachnamen eines Ihrer Lieblingsstars. Hierbei achten Sie darauf, dass nicht mehr als 8 Buchstaben verwendet werden, da lange Passwörter unkomfortabel sind.
5. Sie verwenden jeden Monat ein neues Geburtsdatum aus Ihrem Bekanntenkreis.

Z   **36.** AUFGABE

Welche der nachstehenden Internetadressen kann durch SSL-Technologie die sichere Übertragung z. B. von Kontodaten gewährleisten?

1. www.sichereeingabe.dialogfix.de
2. ftp://security.dialogfix.de
3. https://daten.dialogfix.de
4. http://secure.daten.dialogfix.de
5. sttp://sicher.dialogfix.se

37. AUFGABE ☐ Z

Alle Daten der Kundendatenbank der Dialogfix GmbH werden einmal täglich auf einem sicheren Server im Internet gespeichert. Welche Funktion erfüllt diese tägliche Maßnahme?

1. Bei Ausfall der lokalen Datenbank kann der Server im Internet sofort den Betrieb übernehmen.
2. Die Geschwindigkeit steigt, da ein Server eingesetzt wird.
3. Durch die geringere Größe der Datenbank werden Kosten gespart.
4. Bei Datenzerstörung ist der Datenbestand des Vortages verfügbar und kann zurückgespielt werden.
5. Alle Datenbestände sind ständig aktuell.

38. AUFGABE ☐ Z

Die Dialogfix GmbH verarbeitet viele personenbezogene Daten und hat daher einen Datenschutzbeauftragten ernannt. Prüfen Sie, für welche Aufgabe er jedoch nicht zuständig ist.

1. Dokumentation der Zugriffsberechtigungen für personenbezogene Daten
2. Überwachung der Anwendung aller Programme, die dazu dienen, personenbezogene Daten zu verarbeiten
3. Kontrolle der Einhaltung des Bundesdatenschutzgesetzes
4. Vertrautmachen der Mitarbeiter mit geltenden Vorschriften für den Datenschutz
5. Durchführung der täglichen Datensicherungsmaßnahmen

39. AUFGABE ☐ Z

Die Dialogfix GmbH fordert von allen Mitarbeitern, die mit sensiblen Kundendaten arbeiten, eine Unterschrift der Erklärung zum Datenschutz. Welches Ziel wird mit der Abgabe einer solchen Erklärung verfolgt?

1. Erleichterung des Zugriffs auf personenbezogene Daten
2. Regelung des Datenaustausches zwischen Kunden
3. Schutz des Unternehmens gegen unberechtigte Zugriffe aus dem Internet
4. Gewährleistung der Korrektheit aller gespeicherten Daten
5. Schutz der Persönlichkeitsrechte von Kunden und Mitarbeitern vor Gefahren, die durch die Datenverarbeitung entstehen

40. AUFGABE ☐ Z

Die Dialogfix GmbH muss einen neuen Datenschutzbeauftragten ernennen. Prüfen Sie, welche der nachstehenden Personen die Aufgabe des Datenschutzbeauftragten übernehmen darf.

1. Mitarbeiter der Versandabteilung ohne IT-Kenntnisse
2. Kaufmännischer Geschäftsführer
3. Leiter der IT-Abteilung
4. Mitglied des Betriebsrats, tätig im Rechenzentrum
5. Personalleiter, Dipl.-Informatiker

Z   **41. AUFGABE** ☐

Welche der nachstehenden Daten der Dialogfix GmbH fallen unter den besonderen Schutz des Bundesdatenschutzgesetzes (BDSG)?

1. Die Eintrittsdaten der Mitarbeiter
2. Die Umsätze einzelner Vertriebsregionen der Dialogfix GmbH
3. Der Jahresgewinn der Dialogfix GmbH
4. Die Summe der Personalaufwendungen der Dialogfix GmbH
5. Die Stellenbeschreibungen einzelner Mitarbeiter

Z   **42. AUFGABE** ☐

Bei welcher Maßnahme handelt es sich um eine Zugriffskontrolle nach dem Bundesdatenschutzgesetz (BDSG)?

1. Die Daten sind so gespeichert, dass sie gegen zufällige Zerstörung und Verlust gesichert sind.
2. Die Tür zur EDV-Anlage ist mit einem Sicherheitsschloss gesichert.
3. Die IT-Verantwortlichen verfügen über Kennkarten, mit denen sich die Tür öffnen lässt.
4. Die Agents können nicht in der Kundendatenbank recherchieren, sondern sehen nur den Datensatz des Anrufers.
5. Es wird erfasst, welcher Agent die Kundendaten des Anrufers verändert hat.

Z   **43. AUFGABE**

Die KommunikativAktiv KG schützt die von ihr verarbeiteten personenbezogenen Daten mit zahlreichen technischen und organisatorischen Maßnahmen. Ordnen Sie den einzelnen Maßnahmen die zutreffende Bezeichnung zu.

☐ Die Agents können nur auf die personenbezogenen Daten derjenigen Person zugreifen, deren Anliegen sie gerade bearbeiten.

☐ Bei einer Änderung der Bestelldaten wird festgehalten, wann welcher Agent diese Änderung vorgenommen hat.

☐ Das Callcenter wird in der Nacht von einem Sicherheitsdienst überwacht. Während der Arbeitszeit brauchen die Agents eine Schlüsselkarte, um ins Gebäude zu gelangen.

☐ Um am Computer zu arbeiten, müssen sich die Agents mit Benutzernamen und Passwort ins System einloggen.

☐ Alle personenbezogenen Daten werden regelmäßig gesichert. Darüber hinaus wird die Antivirensoftware permanent aktualisiert.

1. Zutrittskontrolle
2. Zugangskontrolle
3. Zugriffskontrolle
4. Eingabekontrolle
5. Verfügbarkeitskontrolle

44. AUFGABE ☐ Z

Die Dialogfix GmbH beabsichtigt, als Datenschutzbeauftragte die Leiterin der IT-Abteilung einzusetzen. Welche Aussage ist in diesem Fall richtig?

1. Diese Personalentscheidung wirft keine weiteren rechtlichen Fragen auf.
2. Für die Datenschutzbeauftragte würde der gleiche Kündigungsschutz wie für die anderen Mitarbeiter der IT-Abteilung gelten.
3. Beim nächsten Meeting stellt der Chef die IT-Abteilungsleiterin als Datenschutzbeauftragte vor. Damit ist der Datenschutzbeauftragte korrekt bestellt.
4. Um die erforderliche Zuverlässigkeit zu gewährleisten, darf kein Interessenkonflikt bei der Wahrnehmung der Funktionen bestehen. Deshalb ist die IT-Abteilungsleiterin als Datenschutzbeauftragte ungeeignet.
5. Die Dialogfix GmbH muss als Unternehmen immer eine externe Person als Datenschutzbeauftragten benennen. Der Vorschlag ist daher ungeeignet.

45. AUFGABE ☐ Z

Das BDSG konkretisiert die Begriffe Datenerhebung, Datenverarbeitung und Datennutzung. Bei welchem der folgenden Fälle handelt es sich um eine Nutzung von Daten?

1. Nach Gesprächsende werden die Kundendaten in der Datenbank gespeichert.
2. Während eines Verkaufsgesprächs fragt der Agent die relevanten persönlichen Daten ab.
3. Eine Reklamation führt dazu, dass ein Agent die Adresse des Kunden ändert.
4. Eine Computersoftware ermittelt für den Gesprächspartner die geeignete Cross-Selling-Möglichkeit.
5. Die Dialogfix GmbH greift auf den Datenbestand ihres Auftraggebers zu.

46. AUFGABE ☐ Z

Vor welcher der folgenden Bedrohungen für den Datenbestand kann man sich durch eine Antivirensoftware schützen?

1. Unsachgemäße Handhabung durch Benutzer
2. Wasserschaden
3. Würmer
4. Hitzeschaden
5. Direkter Zugriff durch Hacker auf den Computer

47. AUFGABE ☐☐ Z

Bei welchen <u>zwei</u> der folgenden Begriffe aus der Computersprache handelt es sich <u>nicht</u> um Malware?

1. Virus
2. Freeware
3. Spyware
4. Update
5. Trojanisches Pferd
6. Adware

Z   **48.** AUFGABE

Die IT der Dialogfix GmbH hat den Mitarbeitern zur Auflage gemacht, nur geeignete Passwörter zu verwenden. Stellen Sie fest, welches der folgenden Passwörter den besten Schutz bietet.

1. Lumpie123
2. 23@808143
3. Tobi@log
4. 2Meier!It
5. Be1!GaFL*5z

Z   **49.** AUFGABE

Im innerbetrieblichen Unterricht steht das Thema „Datensicherung" im Mittelpunkt. In dieser Schulung wird auch über die Bedeutung eines Backups berichtet. Die Auszubildende Melanie Meinel aus dem 1. Ausbildungsjahr kann damit nichts anfangen und bittet Sie um eine Erklärung. Welche Aussage trifft zu?

1. „Die Datenträger müssen in einem feuersicheren Raum untergebracht sein."
2. „Von allen Daten werden regelmäßig Sicherheitskopien angefertigt."
3. „Alle Datenträger werden mit einem Schreibschutz gegen versehentliches Löschen geschützt."
4. „Aus Sicherheitsgründen müssen die Passwörter aller Mitarbeiter im Kundenservice regelmäßig geändert werden."
5. „Ein Zugriff auf die Daten ist nur gemeinsam mit dem Systemadministrator und einem Vertreter des Betriebsrats möglich."

Z   **50.** AUFGABE

Welche Problematik lässt es erforderlich erscheinen, dass Unternehmen ihre Mitarbeiter vor Spam schützen?

1. Durch Spam werden Daten der Mitarbeiter ausgespäht.
2. Spam legt die ACD lahm. Die Mitarbeiter können nicht weiterarbeiten.
3. Die Mitarbeiter werden durch Spam-Meldungen erschreckt.
4. Die Mitarbeiter verlieren kostbare Arbeitszeit mit dem Prüfen der E-Mails auf Relevanz.
5. Durch Spam werden die E-Mails der Mitarbeiter an falsche Adressaten versendet.

Z   **51.** AUFGABE

Die Auszubildende Julia Lauer hat ihr Girokonto bei der AuszubildendenBank. Sie erhält folgende E-Mail. Welches Verhalten ist angebracht?

Sehr geehrte Frau Lauer,

wir haben neue AGB. Es ist unbedingt notwendik, dass Sie zum Weiterführung der Geschäftsbeziehung Einverständnis mit neues AGB erklären. Bitte loggen Sie sich mit ihre Zugangsdaten auf unserer Webseite www.auszubildendenbank.ru ein. Um die Einverständnis zu erklären halte Sie bitte eine TAN-Nummer bereit. Bedankt.

1. Julia sollte unverzüglich das Einverständnis auf der Webseite erklären, damit sie über ihre Auszubildendenvergütung weiter verfügen kann.
2. Julia sollte die angegebene Webseite besuchen. Wenn sie das gewohnte Erscheinungsbild aufweist, kann nichts passieren.
3. Julia sollte von der angegebenen Webseite die Finger lassen, da es sich um eine sogenannte Spam-Mail handelt.
4. Julia sollte von der angegebenen Webseite die Finger lassen, da es sich mit hoher Wahrscheinlichkeit um einen Phishing-Versuch handelt.
5. Wegen der schlecht verfassten E-Mail sollte sich Julia umgehend mit dem Qualitätsmanagement ihrer Bank in Verbindung setzen, damit solche E-Mails die Bank nicht mehr verlassen.

52. AUFGABE   ☐   Z
Die Dialogfix GmbH führt im Auftrag eine Kundenzufriedenheitsumfrage durch. Während der Gespräche sind Kundendaten zu bestimmten Produkten aufzunehmen. Fehler bei der Dateneingabe sollen schon im Vorfeld softwaretechnisch vermieden werden. Welche der folgenden Maßnahmen trägt dazu bei?

1. Deklarierung von Pflichtfeldern in der Eingabemaske
2. Erstellung eines Gesprächsleitfadens
3. Regelmäßige Sicherung der Datenbank
4. Installation der Datenbank auf einem besonders geschützten Server
5. Einsatz einer USV (unterbrechungsfreie Stromversorgung) an den Arbeitsplätzen

53. AUFGABE   ☐   Z
Welcher Bestandteil eines Antivirenprogramms sorgt dafür, dass gefundene potenzielle Viren keinen Schaden mehr anrichten können?

1. Wächter
2. Updater
3. Zeitplaner
4. Task-Manager
5. Quarantäne

Z   **54.** AUFGABE

Mit welcher der aufgeführten Aufgaben ist eine Firewall <u>nicht</u> betraut?

1. Paketfilterung
2. Programmzugriffskontrolle
3. Meldung von Angriffen
4. Identifikation von Viren
5. Abschirmen des Netzwerks nach außen

Z   **55.** AUFGABE

Ein IT-Verantwortlicher stellt den neuen Auszubildenden die Maßnahmen zum physika-lischen Datenschutz vor. Prüfen Sie, welchen Punkt er dabei <u>nicht</u> nennen wird.

1. Mithilfe einer Alarmanlage sind die Räumlichkeiten geschützt.
2. Eine brandsichere Tür mit Sicherheitsschloss verwehrt Flammen und Fremden den Zugang.
3. Die USV schützt die EDV-Anlage vor einem Ausfall des Stroms.
4. Moderne Klimatechnik verhindert ein Überhitzen der einzelnen Komponenten.
5. Die Antivirensoftware ist auf dem neuesten Stand.

Z   **56.** AUFGABE

Bei welcher Art der Datensicherung ist die Rücksicherung des Datenbestandes mithilfe einer einzigen Sicherung möglich?

1. Komplett-Back-up
2. Inkrementelles Back-up
3. Differenzielles Back-up
4. Partielles Back-up
5. Changement Back-up

Z   **57.** AUFGABE

Die Dialogfix GmbH setzt zur Verwaltung der Kundendaten ein Datenbanksystem ein. Welcher der nachstehenden Punkte ist <u>kein</u> Vorteil eines Datenbanksystems?

1. Es können Schnittstellen mit anderen Softwaresystemen bereitgestellt werden.
2. Der Zugriff kann gleichzeitig von mehreren Arbeitsplätzen erfolgen.
3. Durch zentrale Datenhaltung wird die Sicherung einfacher.
4. Der verschlüsselte Datenaustausch mit dem Kunden ist möglich.
5. Es wird ein umfangreiches Reporting ermöglicht.

58. AUFGABE   ☐   Z

Stellen Sie fest, wobei es sich um Bewegungsdaten handelt.

1. Rechnungsbetrag
2. Kundennummer
3. Geburtsdatum
4. Name
5. Steuernummer

59. AUFGABE   ☐   Z

Welche Tätigkeit ist der Datenpflege zuzuordnen?

1. Suchen nach bestimmten Daten
2. Exportieren von Daten
3. Ausdruck von Daten
4. Aktualisierung von Daten
5. Restore (Wiederherstellen) von Daten

60. AUFGABE   ☐   Z

Bei der Eingabe von Daten gilt der Grundsatz der Redundanzvermeidung. Prüfen Sie, welche Begriffserklärung diesen Grundsatz treffend umschreibt.

1. Das empfohlene Produkt muss zum Kunden passen.
2. Die eingegebenen Daten müssen vollständig sein.
3. Es dürfen keine Daten erfasst werden, die sich in Kürze ändern werden.
4. Die Daten müssen richtig eingegeben werden.
5. Ein Datensatz darf nicht durch Versehen doppelt angelegt werden.

Situation zu den Aufgaben 61 bis 64:
Die Dialogfix GmbH setzt zur Speicherung ihrer Kundendaten ein relationales Datenbanksystem ein.

61. AUFGABE   ☐

Ein wichtiges Ziel ist dabei die Speicherung konsistenter Daten. Welche der nachstehenden Beschreibungen für den Begriff Datenkonsistenz ist zutreffend?

1. Grundsätzlich richtige Daten (z. B. die korrekte Telefonnummer eines Kunden)
2. Daten, die sich gegenseitig nicht widersprechen
3. Daten, die für Marketingzwecke verwendet werden können
4. Daten über die Zahlungsfähigkeit des Kunden
5. Langfristig gespeicherte Daten

62. AUFGABE

Prüfen Sie, welche der nachfolgenden Auflistungen die korrekte Reihenfolge der Bestandteile einer relationalen Datenbank vom kleinsten Element bis zum größten Element wiedergibt.

1. Datenfeld, Tabelle, Datensatz, Datenbank
2. Datenbank, Datensatz, Tabelle, Datenfeld
3. Datenfeld, Datensatz, Tabelle, Datenbank
4. Datenfeld, Datenbank, Datensatz, Tabelle
5. Tabelle, Datenfeld, Datenbank, Datensatz

63. AUFGABE

Bei der Speicherung von Daten in relationalen Datenbanken spielt der Primärschlüssel eine wichtige Rolle. Welche Beschreibung des Begriffs ist zutreffend?

1. Der Primärschlüssel ist ein zwingend benötigtes Feld, um Daten in einer Tabelle zu finden.
2. Der Primärschlüssel ist eine vom Verwalter der Datenbank gewählte Spalte, deren Feldinhalte einen Datensatz in einer Tabelle eindeutig identifizieren.
3. Der Primärschlüssel ist eine vom Verwalter der Datenbank gewählte Tabelle, die eine Datenbank eindeutig identifiziert.
4. Der Primärschlüssel ist ein beliebiges Feld in einer Tabelle, das der schnellen Suche von Daten dient.
5. Der Primärschlüssel dient der Verschlüsselung von geheimen Inhalten (z. B. Kontodaten) in einer Datenbank.

64. AUFGABE

Primärschlüssel dienen der eindeutigen Identifizierung eines Datensatzes und sollten möglichst kurz sein. Welches Feld in der Tabelle Kunden eignet sich am besten als Primärschlüssel?

1. Kundenname
2. Geburtsdatum
3. Fünfstellige Kundennummer
4. IBAN des Kunden
5. 14-stellige Sozialversicherungsnummer
6. Postleitzahl des Wohnortes

Situation zu den Aufgaben 65 bis 69:

Die Dialogfix GmbH speichert ihre Kunden- und Bestelldaten in einer relationalen Datenbank, aus der nachstehend ein Ausschnitt dargestellt wird.

Kundengruppen

KundenGruppe **1**	Bezeichnung	...
G1	Privatkunde	
G2	Geschäftskunde	
...	...	

Kunden 2

KundenNr	Nachname	Vorname **3**	GebDatum	KundenGruppe **4**	...
K1	Marx	Elisabeth	25.07.1973	G2	
K2	Calsing	Marie	26.09.1987	G1	
K3	Linsler	Elaine	28.02.1991	G1	
...	...	...	...	...	

Bestellungen

BestellNr	KundenNr	BestDatum	...
B1	K3	25.02	
B2	K1	27.02	**5**
B3	K2	27.02	
...	...	...	

65. AUFGABE

Ordnen Sie die nachstehenden Begriffe den Ziffern aus der obigen Darstellung zu.

☐ Datensatz

☐ Tabellenbezeichnung

☐ Eintrag in einem Primärschlüsselfeld

☐ Datenfeldbezeichnung

☐ Eintrag in einem Fremdschlüsselfeld

66. AUFGABE

Die Daten in der Datenbank der Dialogfix GmbH durchlaufen zahlreiche Plausibilitätsprüfungen. Welches der nachstehenden Prüfkriterien kann in der Datenbank nicht angewandt werden?

1. Gültiges Geburtsdatum in der Kundentabelle
2. Gültige Kundennummer in der Tabelle der Bestellungen
3. Gültige Kundengruppe in der Kundentabelle
4. Gültiger Nachname in der Kundentabelle
5. Gültiges Bestelldatum in der Tabelle der Bestellungen

67. AUFGABE

Welche der nachfolgenden Aussagen trifft auf die dargestellte Datenbank zu?

1. Die Bezeichnung der Kundengruppe ist numerisch.
2. Die Kundennummer wurde nach einem alphabetischen Schema zusammengesetzt.
3. Die Bestellnummer wurde nach einem alphanumerischen Schema zusammengesetzt.
4. Die verwendeten Datenfeldbezeichnungen wurden nach einem alphanumerischen Schema zusammengesetzt.
5. Bei den Nachnamen handelt es sich um Rechendaten.

68. AUFGABE

Bei welchen Tabellen aus obigem Beispiel handelt es sich um Stammdatentabellen?

1. Alle Tabellen sind Stammdatentabellen
2. Kundengruppen und Bestellungen
3. Kundengruppen und Kunden
4. Kunden und Bestellungen
5. Es gibt in dieser Datenbank keine Stammdatentabellen

69. AUFGABE

Prüfen Sie, welche Aussage zur Kundin Marie Calsing zutreffend ist.

1. Privatkunde, Bestelldatum 25.02.
2. Geschäftskunde, Geburtsdatum 26.09.1987
3. Privatkunde, Bestellnummer B3
4. Geschäftskunde, Kundennummer K2
5. Privatkunde, Kundengruppe 4

Lösungen zu Kapitel 9

1.	1	36.	3
2.	2	37.	4
3.	1	38.	5
4.	3	39.	5
5.	2	40.	4
6.	5	41.	1
7.	1	42.	4
8.	3	43.	3, 4, 1, 2, 5
9.	3	44.	4
10.	3	45.	4
11.	3	46.	3
12.	4	47.	2, 4
13.	3	48.	5
14.	3	49.	1
15.	4	50.	4
16.	100 Sekunden	51.	4
17.	4, 5	52.	1
18.	1	53.	5
19.	4	54.	4
20.	4	55.	5
21.	2, 1, 6, 4, 5, 3	56.	1
22.	4, 1, 2, 5, 3	57.	4
23.	2	58.	1
24.	3	59.	4
25.	3	60.	5
26.	4, 5, 3, 2, 1	61.	2
27.	4	62.	3
28.	3	63.	2
29.	2	64.	3
30.	3	65.	5, 2, 1, 3, 4
31.	4, 3, 5, 2, 1	66.	4
32.	5	67.	3
33.	4	68.	3
34.	5	69.	3
35.	2		

10 Projektvorbereitung

Hinweis:

Häufig ist es sinnvoll, Projekte in ihrer Gesamtheit zu betrachten. Daher finden sich in diesem Kapitel auch einige Aufgaben zu den Themen Projektdurchführung und Projektcontrolling.

Situation zu den Aufgaben 1 bis 14:

Die MobilTelco GmbH stellt seit einigen Wochen zunehmende Forderungsausfälle fest. Der Versand von Mahnungen erwies sich bislang als weitgehend ergebnislos. Die Dialogfix GmbH erhält daher die Anfrage, 50 000 säumige Kunden telefonisch nachzufassen und auf fällige Zahlungen und die daraus resultierenden Folgen hinzuweisen.

1. AUFGABE ☐☐

Ein Projekt unterscheidet sich von anderen Aufgaben der Dialogfix GmbH. Stellen Sie fest, mit welchen zwei Aussagen die Besonderheiten eines Projekts richtig charakterisiert werden können.

1. Ein Projekt ist zeitlich, finanziell und personell begrenzt.
2. Projekte können ohne Abgrenzung im Tagesgeschäft bearbeitet werden.
3. An einem Projekt ist maximal eine Organisationseinheit beteiligt.
4. Projekte sind durch häufig wiederkehrende Rahmenbedingungen gekennzeichnet.
5. Ein Projekt ist einmalig in der Gesamtheit seiner Bedingungen.
6. Die für Projekte erforderlichen Ressourcen sind gut vorhersehbar, deshalb ist die Gefahr einer Überschreitung von vorgesehenen Begrenzungen gering.

2. AUFGABE

Für das Projekt der MobilTelco GmbH sollen die folgenden Arbeitsschritte in die richtige Reihenfolge gebracht werden. Tragen Sie dazu die Ziffern 1 bis 5 in die Kästchen neben den Schritten ein.

☐ Durchführung der Nachfassaktion

☐ Klärung der Anforderungen und Definition der Ziele mit dem Auftraggeber

☐ Mitarbeiterschulung

☐ Interne Projektplanung

☐ Reporting (Abschlussbericht) und Projektreview erstellen

3. AUFGABE

Welche Projektherkunft liegt in diesem Projekt vor?

1. Es handelt sich um ein Inhouse-Projekt.
2. Es handelt sich um ein internes Projekt.
3. Es handelt sich um ein Fremdprojekt (Outsourcing).
4. Es handelt sich um ein Eigenprojekt.
5. Es handelt sich um ein Mischprojekt (Mixed).

4. AUFGABE

Im Rahmen einer Machbarkeitsstudie prüft die Dialogfix GmbH zunächst, ob es möglich ist, dieses Projekt umzusetzen. Dazu wurde eine Checkliste mit Fragen erarbeitet, die es im Vorfeld zu beantworten gilt. Für die Präsentation vor der Geschäftsführung bittet Sie der Projektleiter, diese Fragen in vorgegebene Bereiche zu kategorisieren. Ordnen Sie die folgenden fünf Bereiche entsprechend zu, indem Sie die Kennziffern neben den möglichen Fragen eintragen.

☐ Genügen die Fachkenntnisse für alle Projektanforderungen?

☐ Wird das notwendige Projektbudget vorhanden sein?

☐ Ist das geplante Projektziel termingerecht erreichbar?

☐ Rechtfertigt der erwartete Nutzen die entstehenden Kosten?

☐ Welche Software wird benötigt?

1. Mitarbeiter
2. Ausstattung
3. Finanzen
4. Zeit
5. Wirtschaftlichkeit

5. AUFGABE

Die Geschäftsleitung spricht sich für die Durchführung des Projektes aus, obgleich der Auftrag sehr knapp kalkuliert ist und nur geringe Margen erwarten lässt. Um die Wirtschaftlichkeit sicherzustellen, dürfen die Gespräche die kalkulierte Average Handling Time (AHT) keineswegs überschreiten. Aus diesem Grund werden Sie beauftragt, einen Gesprächsleitfaden zu erstellen. In einem Brainstorming wurden bereits die wichtigsten Gesprächsinhalte zusammengefasst und gegliedert. Bringen Sie die folgenden Gesprächsphasen in die richtige Reihenfolge, indem Sie die Kennziffern 1 bis 6 neben den Gesprächsphasen eintragen.

☐ Begrüßung und Einstieg

☐ Legitimation des Gesprächspartners

☐ Verabschiedung

☐ Zusammenfassung

☐ Gesprächsbereitschaft herstellen und offenen Betrag als Gesprächsgrund nennen

☐ Erneute Abbuchung vom Konto des Kunden anbieten

6. AUFGABE

Um den Projektablauf übersichtlich in Entwicklungsphasen zu gliedern, sollen Meilensteine festgelegt werden. Aus dem Projektteam werden unterschiedliche Vorschläge präsentiert. Bestimmen Sie aus diesen Vorschlägen den Anlass, der als Meilenstein geeignet ist.

1. Projektdurchführung
2. Kick-off-Meeting
3. Projektvorbereitung
4. Projektplanung
5. Zielvereinbarungsgespräch

7. AUFGABE

Die zu erreichenden Ziele stellen die zentrale Arbeitsgrundlage in jedem Projekt dar. Dabei lassen sich Projektziele nach ihren Funktionen unterteilen. Stellen Sie fest, welche Funktion Projektziele nicht haben.

1. Präzisierungsfunktion
2. Orientierungsfunktion
3. Motivationsfunktion
4. Kontrollfunktion
5. Automatisierungsfunktion

8. AUFGABE

Einzelne Projektziele stehen häufig in Konkurrenz zueinander. Für mögliche Zielkonflikte hat sich auch der Begriff „magisches Dreieck der Projektziele" eingebürgert. Stellen Sie fest, welche Zielgrößen dabei angesprochen werden.

1. Kosten – Führung – Kennzahlen
2. Leistung – Zeit – Output
3. Input – Mitarbeiter – Controlling
4. Leistung – Kosten – Zeit
5. Personal – Produkte – Preis

9. AUFGABE

Für das Projekt sind 350 000,00 € als Budget veranschlagt worden. Der Projektleiter möchte jeweils dann eine Meldung bekommen, wenn 30 %, 70 % und 90 % des Budgets aufgebraucht sind. Welche Antwortkombination ist richtig?

1. 115 000,00 €, 245 000,00 € und 315 000,00 €
2. 105 000,00 €, 245 000,00 € und 315 000,00 €
3. 105 000,00 €, 235 000,00 € und 315 000,00 €
4. 120 000,00 €, 245 000,00 € und 335 000,00 €
5. 115 000,00 €, 245 000,00 € und 335 000,00 €

10. AUFGABE

Zur Spezifizierung der einzelnen Aufgaben sollen Arbeitspakete erstellt werden. Stellen Sie fest, mit welcher Definition Arbeitspakete zutreffend beschrieben werden.

1. Ein Arbeitspaket bezeichnet eine geschlossene Aufgabenstellung in einem Projekt, die fristgerecht zu bearbeiten ist.
2. Arbeitspakete sind bedeutsame Ereignisse und legen kritische Schritte fest.
3. Ein Arbeitspaket ist das Endergebnis einer Projektphase, die den Start einer anderen Phase auslöst.
4. Arbeitspakete bezeichnen den Werteverzehr einer Projektphase, welcher das Eigenkapital mindert.
5. Bei Arbeitspaketen handelt es sich um eine möglichst chronologische Aufzählung einzelner Projektstrukturpläne.

11. AUFGABE

Der verantwortliche Projektleiter Lutz Michel erkrankt kurzfristig. Sie übernehmen vertretungsweise die Projektleitung. Ihre erste Aufgabe ist die Erstellung von Projektteilplänen. Worum müssen Sie sich dabei jedoch zunächst <u>nicht</u> kümmern?

1. Kostenplanung
2. Projektstrukturplanung
3. Terminplanung
4. Einsatzmittelplanung
5. Pausenplanung

12. AUFGABE

Sie werden ebenfalls beauftragt, am Projektstrukturplan (PSP) mitzuwirken. Welche Aufgabe müssen Sie dazu erfüllen?

1. Meilensteine chronologisch ordnen
2. Alle Arbeitspakete vollständig und hierarchisch anordnen
3. Organigramm der Projektorganisation erstellen
4. Projektziele auf Machbarkeit prüfen
5. Sämtliche Schnittstellen katalogisieren und testen

13. AUFGABE

Nachdem der verantwortliche Projektleiter Lutz Michel längerfristig ausfällt, überträgt Ihnen die Geschäftsführung weitere Kompetenzen im Hinblick auf die Leitung des Projekts. Welche Tätigkeit zählt dabei <u>nicht</u> zu Ihrem Verantwortungsbereich?

1. Vorschlagsrecht für die Zusammensetzung des Projektteams
2. Projektgebundenes Weisungsrecht
3. Ermittlung der Risiken und Einsteuerung vorbeugender Maßnahmen
4. Strategische Neuausrichtung des Projektmanagements im Unternehmen
5. Teilnahme an projektrelevanten Verhandlungen

14. AUFGABE

Nachdem am Ende des Projektes „MobilTelco" das Projektreporting fertiggestellt wurde, erstellen Sie ein Projektreview. Stellen Sie fest, welche der folgenden Aussagen ein Projektreview zutreffend beschreibt.

1. Projektreviews zeigen die vollständige, hierarchische Anordnung aller Teilaufgaben eines Projekts.
2. Ein Projektreview beschränkt sich auf die Schwächen und Fehler im Projektverlauf, um diese für zukünftige Projekte von vornherein auszuschließen.
3. Ein Projektreview sollte aus Gründen der Datensparsamkeit nur der Geschäftsleitung in schriftlicher Form zur Verfügung gestellt werden.
4. Ein Projektreview dient der Nachbetrachtung eines abgeschlossenen Projekts, um aus den gewonnenen Erfahrungen für zukünftige Projekte zu lernen.
5. Projektreviews gliedern das Projekt in einzelne Arbeitspakete.

> **Situation zu den Aufgaben 15 bis 22:**
> Die Dialogfix GmbH erhält eine Anfrage des Versicherungsunternehmens Versicom AG. Es soll bei 15 000 Kunden, die nicht auf ein Mailing zur Umstellung der Hausratversicherungstarife reagiert haben, telefonisch nachgefasst werden. Sie nehmen an den internen Vorgesprächen der Dialogfix GmbH teil.

15. AUFGABE

Thema ist zunächst die Wirtschaftlichkeitsprüfung des Projektes. Dazu Erika Wurz, Leiterin der Meetings: „Durchschnittlich werden für das Projekt 110 000,00 € gebunden sein. Wir erwarten dabei einen Projektgewinn von 22 000,00 €." Stellen Sie fest, wie hoch die Rentabilität (in Prozent) für dieses Projekt ist.

16. AUFGABE

Für die Projektlaufzeit von 6 Wochen sollen 20 Mitarbeiter der Dialogfix GmbH von ihrer eigentlichen Arbeit freigestellt werden. Das Projektbudget darf dabei 100 000,00 € nicht überschreiten. Um welche Art von Projekt handelt es sich?

1. Teilzeit-Projekt – B-Projekt – Projektgröße: mittel – Dienstleistungsprojekt
2. Vollzeit-Projekt – A-Projekt – Projektgröße: mittel – Inhouseprojekt
3. Vollzeit-Projekt – C-Projekt – Projektgröße: groß – Dienstleistungsprojekt
4. Vollzeit-Projekt – B-Projekt – Projektgröße: mittel – Dienstleistungsprojekt
5. Teilzeit-Projekt – A-Projekt – Projektgröße: klein – Dienstleistungsprojekt

17. AUFGABE

Im Rahmen der Machbarkeitsprüfung muss die Dialogfix GmbH verschiedene Fragen klären. Geben Sie an, welcher Punkt <u>nicht</u> dazugehört.

1. Ist die notwendige Anzahl von Mitarbeitern vorhanden?
2. Wie viel voll ausgestattete Arbeitsplätze sind erforderlich?
3. Wird das notwendige Projektbudget vorhanden sein?
4. Ist das geplante Projektziel realistisch erreichbar?
5. Steht für das Kick-off-Meeting der Besprechungssaal zur Verfügung?

18. AUFGABE

Für den Projektauftrag muss das Projektziel mit den einzelnen Teilzielen definiert werden. Welche Zielzuordnung ist <u>falsch</u>?

1. Leistungs- und Qualitätsziel: Die Mitarbeiter können alle Fragen zu den Tarifen der Hausratversicherung kompetent beantworten.
2. Terminziel: Bis zum Ende des Projektes sind alle Kunden kontaktiert worden.
3. Kostenziel: Das Projektbudget darf nicht überschritten werden.
4. Wirtschaftliches Ziel: Die Mitarbeiter der Dialogfix GmbH geben sich am Telefon als Mitarbeiter der Versicom AG aus.
5. Leistungs- und Qualitätsziel: Die Stornoquote muss unter 5 % liegen.

19. AUFGABE

Für das Projekt wurde der nachstehende Projektauftrag erstellt. Prüfen Sie, welcher Punkt <u>nicht</u> dazugehört.

1. Name des Projekts: Versicom AG 01
2. Projektanlass: Telefonische Nachfassaktion Umstellung Hausratversicherung
3. Projektleiter: Wolfgang Schmidt
4. Zielgruppe: 15 000 Kunden der Versicom AG
5. Projektreview: 20. Oktober
6. Projektierte Dauer: 6 Wochen
7. Projektteam: 20 Mitarbeiter
8. Projektbudget: 100 000,00 €

20. AUFGABE

Welche <u>zwei</u> der folgenden Aufgaben haben für die Dialogfix GmbH in der Projektvorbereitungsphase <u>keine</u> Relevanz?

1. Die Ziele und Zielinhalte ermitteln
2. Die Ziele auf Machbarkeit überprüfen
3. Die erforderlichen Ressourcen bereitstellen
4. Die Erreichung aller Meilensteine überprüfen
5. Die Projektorganisation festlegen
6. Das Projektreporting erstellen

21. AUFGABE

In der ersten Projektbesprechung erfahren Sie vom Projektleiter, welche wichtigen Funktionen Ziele übernehmen. Welcher Aussage dürfen Sie jedoch <u>nicht</u> zustimmen?

1. Präzisierungsfunktion
2. Kostenvermeidungsfunktion
3. Orientierungsfunktion
4. Motivationsfunktion
5. Kontrollfunktion

22. AUFGABE

Im Auftrag des Projektleiters sollen Sie für die nächste Sitzung eine PowerPoint-Folie mit der Unterscheidung der Teilziele in quantitative und qualitative Ziele erstellen. Ordnen Sie zu:

- [ ] Einhaltung der Höhe des Projektbudgets
- [ ] Qualifizierung der Mitarbeiter zum Thema Hausratversicherung
- [ ] Auftreten der Mitarbeiter der Dialogfix GmbH als Mitarbeiter der Versicom AG
- [ ] Stornoquote kleiner als 5 %
- [ ] Beachtung des von der Versicom AG vorgegebenen Gesprächsleitfadens
- [ ] Kontaktieren aller Kunden bis zum geplanten Ende des Projekts

1. Quantitatives Ziel
2. Qualitatives Ziel

Situation zu den Aufgaben 23 bis 32:

Die Dialogfix GmbH wird vom Pay-TV-Sender „Thema-TV" mit dem Projekt „Umstellung des Verschlüsselungssystems" beauftragt. Den 200000 Abonnenten soll eine neue Berechtigungskarte (Smartcard) mit der Bitte zugesandt werden, mit dieser Smartcard die alte Karte im Receiver zu ersetzen und die alte Karte in einem Freiumschlag zurückzusenden. Alle Kunden, deren alte Karte nach 4 Wochen noch nicht vorliegt, sollen telefonisch kontaktiert werden. Gleichzeitig wird eine Hotline geschaltet, die Kundenanfragen im Zusammenhang mit dem Kartentausch beantworten kann. Nach einer Projektlaufzeit von 3 Monaten sollen 95 % aller Smartcards ausgetauscht sein. Die Dialogfix GmbH stellt ein Team unter der Führung eines erfahrenen Projektleiters zusammen, der über ein Budget von 100000,00 € verfügen kann.

23. AUFGABE

Welches der nachstehenden Merkmale aus der beschriebenen Situation ist <u>kein</u> zwingendes Projektmerkmal?

1. Es gibt eine Zielvorgabe.
2. Es liegt Einmaligkeit vor.
3. Es gibt eine zeitliche und finanzielle Begrenzung.
4. Es gibt einen externen Auftraggeber.
5. Es gibt eine projektspezifische Organisation.

24. AUFGABE

Welche der nachstehenden Feststellungen zum vorgegebenen Projektziel ist ein Bestandteil der SMART-Regel?

1. Das Ziel muss hochgesteckt sein, damit man sich ausreichend anstrengt.
2. Zu einfache Ziele führen zur Demotivation des Projektteams.
3. Terminvorgaben für Ziele sollten unterlassen werden, um unnötigen Druck zu vermeiden.
4. Es genügt, wenn die genaue Umschreibung des Ziels am Projektende erfolgt.
5. Zielvorgaben müssen messbar sein, um eine Erfolgskontrolle durchführen zu können.

25. AUFGABE

Die Dialogfix GmbH bildet nun für das Projekt Arbeitspakete. Welche der nachstehenden Aussagen zu Arbeitspaketen ist <u>falsch</u>?

1. Arbeitspakete dienen der Übersichtlichkeit eines Projektes.
2. Arbeitspakete sind unabhängig von Verantwortlichkeiten zu bilden.
3. Arbeitspakete sind oft voneinander abhängig.
4. Arbeitspakete können völlig unabhängig voneinander sein.
5. Arbeitspakete können meist in Phasen zusammengefasst werden.

26. AUFGABE

Für das vorliegende Projekt setzt die Dialogfix GmbH Meilensteine. Welche <u>zwei</u> Aussage zu Meilensteinen sind zutreffend?

1. Meilensteine haben keinen Einfluss auf die Projektplanung.
2. Es sollten möglichst viele Meilensteine gesetzt werden, um den Projektfortschritt genau überwachen zu können.
3. Meilensteine sind nur bei externen Projekten von Bedeutung.
4. Meilensteine dürfen nur am Beginn einer Projektphase stehen.
5. Meilensteine markieren stets einen Zeitpunkt innerhalb des Projektes und haben keine Dauer.
6. Zu viele Meilensteine innerhalb eines Projektes sind nicht sinnvoll, weil dann die Übersichtlichkeit nicht mehr gewährleistet ist.

27. AUFGABE

Die Dialogfix GmbH stellt die Arbeitspakete zum vorliegenden Projekt in einem Projektstrukturplan dar. Welche Aussage zum Projektstrukturplan trifft zu?

1. Ein Projektstrukturplan ist die vollständige, hierarchische Anordnung aller Arbeitspakete eines Projektes.
2. Durch den Projektstrukturplan werden Vorgänger und Nachfolger eines Arbeitspaketes ersichtlich.
3. Gleichzeitig ablaufende Arbeitspakete werden im Projektstrukturplan durch parallele Linien gekennzeichnet.
4. Mit einem Projektstrukturplan können die Auswirkungen zeitlicher Verschiebungen getestet werden.
5. Der Projektstrukturplan dient vorrangig der Risikoanalyse.

28. AUFGABE

Bei der Dialogfix GmbH sind sowohl ein Projektmanager als auch ein Projektleiter mit dem beschriebenen Vorhaben betraut. Welche Aussage über diese beiden Projektbeteiligten ist korrekt?

1. Der Projektleiter steht in der Hierarchie über dem Projektmanager und hat die Aufgabe, mehrere Projekte zu koordinieren.
2. Der Projektmanager steht in der Hierarchie über dem Projektleiter und hat die Aufgabe, mehrere Projekte zu koordinieren.
3. Projektleiter und Projektmanager sind grundsätzlich auf gleicher Hierarchieebene angesiedelt.
4. Jedes Projekt benötigt zwingend einen Projektmanager und einen Projektleiter.
5. Der Projektmanager bestimmt das Team, mit dem der Projektleiter arbeiten muss.

29. AUFGABE

Der Projektleiter der Dialogfix GmbH übernimmt im vorliegenden Projekt Aufgaben aus den Bereichen Planung, Steuerung und Kontrolle. Stellen Sie fest, welche <u>zwei</u> Tätigkeiten in den Bereich Planung gehören.

1. Verantwortung für Projektablauf und Zielerreichung
2. Einleitung von Korrekturmaßnahmen
3. Zielabstimmung mit dem Auftraggeber
4. Führung des Teams
5. Zusammenstellung des Teams
6. Überprüfung der Teilzielerreichung
7. Durchführung von Soll-Ist-Vergleichen

30. AUFGABE

Die Dialogfix GmbH greift im Zusammenhang mit dem vorliegenden Projekt auch auf die Unterstützung externer Spezialisten zurück. Welche der nachstehenden Aussagen ist in diesem Zusammenhang <u>nicht</u> richtig?

1. Externe Spezialisten bieten intern nicht vorhandene Kompetenzen.
2. Externe Spezialisten sind generell kostengünstiger als interne Mitarbeiter.
3. Die Urteilsfähigkeit externer Spezialisten ist nicht durch Betriebsblindheit behindert.
4. Externe Spezialisten sind neutral gegenüber betriebsinternen Zusammenhängen.
5. Kosten für die Einstellung und langfristige Beschäftigung interner Spezialisten werden vermieden.

31. AUFGABE

Im Zusammenhang mit dem vorliegenden Projekt veranstaltet die Dialogfix GmbH ein Kick-off-Meeting. Welchem Zweck dienen Kick-off-Meetings?

1. Kick-off-Meetings dienen der Aushandlung von Vertragsdetails zwischen Auftraggeber und Auftragnehmer.
2. Kick-off-Meetings werden zur Auswahl der Teammitglieder veranstaltet.
3. In Kick-off-Meetings wird das Projektbudget ermittelt.
4. Kick-off-Meetings dienen der allgemeinen Information und Motivation und sollen ein gemeinsames Verständnis für das Projekt unter allen Beteiligten schaffen.
5. In Kick-off-Meetings werden erste Probleme im Projektverlauf besprochen und mögliche Gegenmaßnahmen beraten.

32. AUFGABE

Zu welchem Zeitpunkt müssen Sie das Kick-off-Meeting durchführen?

1. Der Termin für das Kick-off-Meeting kann frei gewählt werden
2. Vor den Verhandlungen mit dem Auftraggeber
3. Vor Beginn der Projektdurchführung
4. Am Ende der Projektdurchführung
5. Zeitgleich mit dem Projektcontrolling

Situation zu den Aufgaben 33 bis 41:
Die Dialogfix GmbH soll im Auftrag der Werkstattkette Autoteile Regun AG eine Befragung zur Kundenzufriedenheit durchführen. Befragt werden alle 150 000 Kunden, die im letzten Monat eine Werkstatt der Kette besucht haben. Kunden, die aufgrund einer Unzulänglichkeit der Werkstatt eine besonders schlechte Bewertung abgegeben haben, sollen ein Anschreiben sowie einen Gutschein als Entschuldigung

bekommen. Ziel des Projektes ist es, ein Ranking der Filialen bezüglich der Kundenzufriedenheit zu erstellen, um darauf basierend entsprechende Maßnahmen einleiten zu können. Einmalig unzufriede Kunden sollen über den Gutschein den Kontakt zu ihrer Filiale nicht verlieren und als Kunden erhalten bleiben. Die Dialogfix GmbH und die Autoteile Regun AG planen für das Projekt eine Laufzeit von 4 Wochen und ein Budget von 100 000,00 € ein.

33. AUFGABE

Aus welchem Grund wird das beschriebene Vorhaben – neben anderen Kriterien – von der Dialogfix GmbH als Projekt betrachtet?

1. Es handelt sich um ein Projekt, weil mehrere Mitarbeiter beteiligt sind.
2. Es handelt sich um ein Projekt, weil es sich um ein einmaliges Vorhaben handelt.
3. Es handelt sich um ein Projekt, weil es einen externen Auftraggeber gibt.
4. Es handelt sich um ein Projekt, weil zusätzliche Mitarbeiter eingestellt werden müssen.
5. Es handelt sich um ein Projekt, weil es sich um ein Vorhaben aus dem Bereich Outbound handelt.

34. AUFGABE

Welche der nachstehenden Auflistungen nennt lediglich die zwingend notwendigen Beteiligten an einem Projekt?

1. Auftraggeber, Lenkungsausschuss, Projektleiter
2. Auftraggeber, Fachausschuss, Projektleiter
3. Auftraggeber, Projektleiter, Projektteam
4. Projektleiter, Projektteam, Projektcontroller
5. Projektleiter, Projektteam, Projektmanager

35. AUFGABE

Die Autoteile Regun AG und die Dialogfix GmbH erstellen einen Projektauftrag, der gemeinsam unterzeichnet wird. Welches der folgenden Stichworte ist in der Regel nicht Bestandteil eines Projektauftrages?

1. Zielformulierung
2. Rahmenbedingungen
3. Projektbeschreibung/Anlass
4. Namen von Auftraggeber und Auftragnehmer
5. Namensliste der Teammitglieder

36. AUFGABE

Den im Projektauftrag festgelegten Projektzielen können bestimmte Funktionen zuge-ordnet werden, die die Arbeit des Projektleiters der Dialogfix GmbH im Projektverlauf unterstützen. Ordnen Sie die Beschreibungen den jeweiligen Funktionsbegriffen zu und tragen Sie Ihre Antworten in die Kästchen ein.

☐ Präzisierungsfunk-
tion

☐ Orientierungsfunk-
tion

☐ Motivationsfunktion

☐ Kontrollfunktion

1. Die Identifikation mit den Projektzielen sowie die Erreichung von Teilzielen steigern die Arbeitszufrieden-heit der Mitarbeiter.

2. Ziele können als Grundlage eines Plan-Ist-Vergleiches herangezogen werden.

3. Das angestrebte Projektergebnis wird durch Ziele konkret dargestellt.

4. Die Projektbeteiligten können sich bei allen Maßnah-men von den Zielen leiten lassen.

37. AUFGABE

Welche <u>zwei</u> der nachstehenden Aufgaben fallen in die Vorbereitungsphase des Projektes?

1. Erstellung der Projektabrechnung für die Autoteile Regun AG
2. Prüfung der Zahl der Nettokontakte
3. Planung der erforderlichen Ressourcen
4. Durchführung von Korrekturen bei Zielabweichungen
5. Klärung der Rahmenbedingungen des Projektes
6. Verfassen eines Projektstatusberichts

38. AUFGABE

Zur Strukturierung des Projektes werden von der Dialogfix GmbH Meilensteine festge-legt. In welchem Fall ist ein Meilenstein korrekt beschrieben?

1. Der Meilenstein belegt den Projektfortschritt.
2. Der Meilenstein gibt immer die bereits entstandenen Kosten an.
3. Der Meilenstein zeigt die AHT auf.
4. Der Meilenstein dokumentiert die Fehlerquote eines Teams.
5. Der Meilenstein bewertet die Gesprächsqualität.

39. AUFGABE

In der Planung des vorliegenden Projektes durch die Dialogfix GmbH spielen Schnitt-stellen eine wichtige Rolle. Welche Aussage zu Schnittstellen im Projekt ist richtig?

1. Schnittstellen sind besonders wichtige Zwischenergebnisse im Projektplan.
2. Schnittstellen sind Gemeinsamkeiten unterschiedlicher Projekte.
3. Schnittstellen sind unerwartete Ereignisse im Projektverlauf.
4. Schnittstellen sind Übergabepunkte zwischen Arbeitspaketen.
5. Schnittstellen geben an, ob das Projektbudget überschritten wurde.

40. AUFGABE

☐

Die Planung des Aufwands zum vorliegenden Projekt nimmt die Dialogfix GmbH nach dem Bottom-up-Verfahren vor. Welche Aussage beschreibt dieses Verfahren korrekt?

1. Der geschätzte Aufwand der einzelnen Arbeitspakete wird zum erwarteten Gesamtaufwand zusammengefasst.
2. Ein für das gesamte Projekt bestimmter Aufwand wird auf die einzelnen Arbeitspakete verteilt.
3. Es werden die Gesamtaufwendungen vergleichbarer abgeschlossener Projekte herangezogen und auf die Arbeitspakete verteilt.
4. Es erfolgt keine Verteilung der Aufwendungen auf die Arbeitspakete.
5. Die Verteilung der Gesamtaufwendungen erfolgt über ein Umlageverfahren.

41. AUFGABE

☐

Für das Projekt mit der Autoteile Regun AG hat die Dialogfix GmbH ein Projekthandbuch angelegt. Stellen Sie fest, welche Unterlagen darin <u>nicht</u> aufzunehmen sind.

1. Projektauftrag
2. Projektplan
3. Projektdokumentation
4. Projektberichte
5. Projektanfragen

Situation zu den Aufgaben 42 bis 50:

Die Dialogfix GmbH wird vom Pay-TV-Sender „Thema-TV" mit dem Projekt „Umstellung des Verschlüsselungssystems" beauftragt. Den 200 000 Abonnenten soll eine neue Berechtigungskarte mit der Bitte zugesandt werden, mit dieser Smartcard die alte Karte im Receiver zu ersetzen und die alte Karte in einem Freiumschlag zurückzusenden. Alle Kunden, deren alte Karte nach 3 Wochen noch nicht vorliegt, sollen telefonisch kontaktiert werden. Gleichzeitig wird eine Hotline geschaltet, die Kundenanfragen im Zusammenhang mit dem Kartentausch beantworten kann. Nach einer Projektlaufzeit von 3 Monaten sollen 95 % aller Smartcards ausgetauscht sein. Die Dialogfix GmbH stellt ein Team unter der Führung eines erfahrenen Projektleiters zusammen, der über ein Budget von 100 000,00 € verfügen kann.

42. AUFGABE

🖊

Welche vier typischen Projektmerkmale finden sich im dargestellten Beispiel?

43. AUFGABE

🖊

Nennen und erläutern Sie drei allgemeine Entscheidungskriterien, die von der Dialogfix GmbH vor der Durchführung des dargestellten Projektes zu prüfen sind.

44. AUFGABE

Nennen Sie fünf notwendige Inhalte, die die Dialogfix GmbH in den Projektauftrag aufnehmen sollte.

45. AUFGABE

Die Benennung der Projektziele hat für die Dialogfix GmbH eine herausragende Bedeutung. Nennen und erläutern Sie vier Funktionen von Projektzielen.

46. AUFGABE

Durch die Definition der Projektziele im vorliegenden Beispiel entsteht ein mehrdimensionales Zielsystem. Erläutern Sie, was man darunter versteht, und geben Sie an, wo die Problematik eines solchen Systems liegt. Welche Rolle spielt hierbei das „magische Dreieck"?

47. AUFGABE

Die Dialogfix GmbH und ihr Auftraggeber vereinbaren Meilensteine für das Projekt. Welche Bedeutung haben Meilensteine bei der Projektplanung?

48. AUFGABE

Für das Projekt erstellt die Dialogfix GmbH einen Projektstrukturplan. Erläutern Sie zwei Möglichkeiten, einen Projektstrukturplan anzuordnen.

49. AUFGABE

Neben dem Projektstrukturplan erstellt die Dialogfix GmbH einen Balkenplan (Gantt-Chart) für das vorliegende Projekt. Erläutern Sie, durch welche Informationen sich der Aussagegehalt eines Balkenplans von dem eines Projektstrukturplans unterscheidet.

50. AUFGABE

Zur Projektplanung liegen folgende Detailinformationen vor:

> Das Kick-off-Meeting ist für Montag, den 12.01. geplant. Die Vorbereitung des Kick-off-Meetings wird 3 Arbeitstage beanspruchen und soll am 05.01. starten (= Projektstart). Nach dem 1-tägigen Kick-off-Meeting muss das Kundenanschreiben formuliert und mit Thema-TV abgestimmt werden (Dauer: 1 Tag). Gleichzeitig sollen die Kundendaten in die IT von Dialogfix eingespielt werden (Dauer: 2 Tage) und parallel dazu die notwendigen Materialien (z. B. die neue Smartcard) zur automatisierten Brieferstellung beschafft werden (Dauer: 3 Tage). Für die anschließende Produktion und den Versand der Briefe werden 5 Tage veranschlagt. Nach Absprache mit Thema-TV sollen 20 Arbeitstage nach dem Versand der letzten Briefe (Wartezeit) die Kunden angerufen werden, die sich noch nicht gemeldet haben. Hierzu ist sind ein Gesprächsleitfaden zu erstellen (Dauer: 1 Tag) und eine Mitarbeiterschulung durchzuführen, die 2 Tage beanspruchen wird.

Der Trainer für die Schulung ist erst ab dem 09.02. verfügbar. Nachdem das Personal geschult ist, rechnet man damit, dass zunächst etwa 80 000 Calls durchzuführen sind, um die fehlenden Smartcards anzufordern. Hierfür werden 20 Tage angesetzt. Anschließend soll ein zweiter Durchgang stattfinden, in dem die immer noch nicht zurückgesandten Smartcards angefordert werden (Dauer: 5 Tage). Am Ende des Projekts soll in einem 1-tägigen Meeting mit Thema-TV das Projekt abgeschlossen werden.

Erstellen Sie eine Liste von Vorgängen (Arbeitspaketen) und übertragen Sie diese in ein Balkendiagramm. Berücksichtigen Sie dabei die Dauer der Vorgänge, Abhängigkeiten und feste Termine. Bilden Sie sinnvolle Meilensteine und Phasen zur Strukturierung des Projektes.

Hinweis: An Wochenenden wird nicht gearbeitet.

Situation zu den Aufgaben 51 bis 59:
Die Dialogfix GmbH soll im Auftrag der Werkstattkette Autoteile Regun AG eine Befragung zur Kundenzufriedenheit durchführen. Befragt werden alle 150 000 Kunden, die im letzten Monat eine Werkstatt der Kette besucht haben. Kunden, die aufgrund einer Unzulänglichkeit der Werkstatt eine besonders schlechte Bewertung abgegeben haben, sollen ein Anschreiben sowie einen Gutschein als Entschuldigung bekommen. Ziel des Projektes ist es, ein Ranking der Filialen bezüglich der Kundenzufriedenheit zu erstellen, um darauf basierend entsprechende Maßnahmen einleiten zu können. Einmalig unzufriedene Kunden sollen über den Gutschein den Kontakt zu ihrer Filiale nicht verlieren und als Kunden erhalten bleiben. Die Dialogfix GmbH und die Autoteile Regun AG planen für das Projekt eine Laufzeit von 8 Wochen und ein Budget von 100 000,00 € ein.

51. AUFGABE

Bei der Dialogfix GmbH befassen sich ein Projektmanager und ein Projektleiter mit dem geplanten Vorhaben. Worin liegt der Unterschied zwischen diesen beiden Rollen im Projekt?

52. AUFGABE

Für bestimmte Aspekte des vorliegenden Projektes beansprucht die Dialogfix GmbH die Unterstützung externer Spezialisten. Aus welchen Gründen greift man in Projekten auf externe Spezialisten zurück?

53. AUFGABE

Zur Planung des Projektaufwandes stehen der Dialogfix GmbH unterschiedliche Planungsmethoden zur Verfügung. Unterscheiden Sie die bei der Planung des Projektaufwandes angewandten Methoden „Bottom-up-Verfahren" und „Top-down-Verfahren".

54. AUFGABE

Die Dialogfix GmbH verzichtet bei dem vorliegenden Projekt auf die Einrichtung eines Lenkungsausschusses. Aus welchem Grund wird in anderen Situationen ein Lenkungsausschuss eingerichtet?

55. AUFGABE

Das vorliegende Projekt kann in der Dialogfix GmbH organisatorisch wie eine eigene Abteilung behandelt werden. Nennen Sie zwei wichtige Vorteile und zwei bedeutende Nachteile dieser Methode.

56. AUFGABE

Eine alternative Organisationsform für das Projekt der Dialogfix GmbH ist die Matrixorganisation. Erläutern Sie zwei wichtige Vorteile und zwei bedeutende Nachteile, die sich aus der Matrixorganisation Linie / Projekt ergeben.

57. AUFGABE

Die Dialogfix GmbH plant für das vorliegende Projekt die Durchführung eines Kick-off-Meetings. Aus welchem Grund werden in Projekten i. d. R. Kick-off-Meetings durchgeführt?

58. AUFGABE

Welcher Zeitpunkt sollte für die Durchführung eines Kick-off-Meetings gewählt werden?

Situation zu den Aufgaben 59 bis 66:

Als Projektmanager der Dialogfix GmbH gehört es auch zu Ihren Aufgaben, die Formulierung von Projektzielen zu überprüfen. Hierzu haben Sie bereits eine Liste aller geplanten Projekte mit deren Zielen erstellen lassen.

Überprüfen Sie anhand der SMART-Regel die folgenden Ziele und notieren Sie gegebenenfalls, welcher Bestandteil der Regel nicht beachtet wurde. Gehen Sie hierbei davon aus, dass alle unternehmensinternen Vorgänge vom Auftragnehmer beeinflusst werden können und es keine versteckten Fälle hinsichtlich der Realisierbarkeit gibt.

59. AUFGABE

Die Telekommunikationskosten unseres Unternehmens sind bis zum 31.12. des Folgejahres um 20 % gegenüber dem Vorjahr zu reduzieren. Hierzu steht ein Budget von 5 000,00 € zur Verfügung.

60. AUFGABE

Fertigstellung einer schöneren Unternehmenswebsite bis nach den Ferien.

61. AUFGABE

Die Fehlzeiten unserer Mitarbeiter sollen bis zum Jahresende minimiert werden. Projektbudget: 50 000,00 €.

62. AUFGABE

Der durchschnittliche monatliche Energieverbrauch unseres Unternehmens ist bis zum 31.03. des Folgejahres um 15 % gegenüber dem Vorjahr zu reduzieren.

63. AUFGABE

Unser Unternehmen wird bis Ende nächsten Jahres Weltmarktführer im Bereich Outbound-Telefonie. Projektbudget: 100 000,00 €.

64. AUFGABE

Der Umzug der EDV-Abteilung in das Nebengebäude ist bis zum 31.12. vollständig abzuschließen. Hierfür stehen 1 000,00 € zur Verfügung.

65. AUFGABE

Im Herbst wollen wir eine bessere ACD-Anlage installiert haben.

66. AUFGABE

Die Problemlösungskompetenz unserer Mitarbeiter soll bis zum Ende des nächsten Jahres deutlich über derjenigen der Mitarbeiter unserer Wettbewerber liegen. Das Budget hierzu beträgt 100 000,00 €.

Situation zu den Aufgaben 67 bis 68:

Zum 01.09. wurde der Customer-Service der Müller AG, ein Großhändler für Tab-let-PCs, aus dem Unternehmen ausgegliedert und verlagert. Für eine langfristige Zusammenarbeit sucht die Müller AG jetzt einen weiteren Partner für die Betreu-ung der Kundenhotline. Daher bittet die Müller AG die Dialogfix GmbH um ein konkretes Angebot. Folgende Daten liegen vor:

- Für die Qualifizierung der Kundenberater werden 15 Trainingstage veran-schlagt. Ein Trainingstag besteht aus 6 Stunden. Der Verrechnungssatz für eine Trainingsstunde ist intern durch das Controlling festgelegt und beträgt 19,50 €.
- Die Erreichbarkeit muss 24 Stunden an 365 Tagen p. a. sichergestellt sein, wobei ein Servicelevel von 80/20 angestrebt wird. Da die Müller AG mit der Anbindung eines weiteren Partners das Callvolumen aufteilen wird, kann die Dialogfix GmbH von durchschnittlich 5000 Calls/Tag ausgehen.
- Die derzeitige Average Handling Time (AHT) beträgt 4 Minuten. Aufgrund ihrer Erfahrungen im Bereich Telekommunikation berücksichtigt die Dialogfix GmbH einen Effizienzvorteil von 10 % und nimmt diese verkürzte AHT als Kalkula-tionsgrundlage.
- Der Preis pro Produktivminute (beinhaltet Gesprächs- und Nachbearbeitungs-zeit) ist von Unternehmensseite auf 0,54 € festgelegt. Die Aus-lastung (Produktivzeit) wird mit 75 % angesetzt.

67. AUFGABE

Berechnen Sie den Mitarbeiterbedarf auf Basis einer Vollzeitkraft (FTE) unter Berücksich-tigung einer Abwesenheitsquote (Urlaub, Krankheit etc.) von 15 %. Runden Sie sinnvoll.

68. AUFGABE

Kalkulieren Sie den Angebotspreis für den Kundenservice auf Jahresbasis. Weisen Sie den einmaligen Qualifikationsaufwand separat aus.

Situation zu den Aufgaben 69 bis 70:

In einem Outbound-Projekt der Dialogfix GmbH, das am 17.08. gestartet wird, sollen 19 800 Kunden angerufen werden. Es liegen folgende Erfahrungswerte von ähnlichen Projekten vor: 20 % der Kunden werden beim ersten Anruf erreicht. Von den verbleibenden Kunden werden 25 % beim zweiten Anruf erreicht und 40 % vom Rest wiederum beim dritten Anruf.

69. AUFGABE

Ermitteln Sie, wie viele Kunden bei dieser Telefonaktion voraussichtlich insgesamt erreicht werden.

70. AUFGABE

Markieren Sie im Kalender, an welchem Tag die Aktion durch die Dialogfix GmbH beendet werden kann, wenn bei einer AHT von 10 Minuten täglich 6 Agents eingesetzt werden. Die tägliche Produktivzeit der Agents beträgt durchschnittlich 4,5 Stunden (Telefonieren, Nachbearbeiten). An Wochenenden wird nicht gearbeitet. Feiertage werden aus Vereinfachungsgründen nicht berücksichtigt. Geben Sie auch Ihren Rechenweg an.

Juli		August		September		Oktober		November		Dezember	
1	Mi	1	Sa	1	Di	1	Do	1	So	1	Di
2	Do	2	So	2	Mi	2	Fr	2	Mo	2	Mi
3	Fr	3	Mo	3	Do	3	Sa	3	Di	3	Do
4	Sa	4	Di	4	Fr	4	So	4	Mi	4	Fr
5	So	5	Mi	5	Sa	5	Mo	5	Do	5	Sa
6	Mo	6	Do	6	So	6	Di	6	Fr	6	So
7	Di	7	Fr	7	Mo	7	Mi	7	Sa	7	Mo
8	Mi	8	Sa	8	Di	8	Do	8	So	8	Di
9	Do	9	So	9	Mi	9	Fr	9	Mo	9	Mi
10	Fr	10	Mo	10	Do	10	Sa	10	Di	10	Do
11	Sa	11	Di	11	Fr	11	So	11	Mi	11	Fr
12	So	12	Mi	12	Sa	12	Mo	12	Do	12	Sa
13	Mo	13	Do	13	So	13	Di	13	Fr	13	So
14	Di	14	Fr	14	Mo	14	Mi	14	Sa	14	Mo
15	Mi	15	Sa	15	Di	15	Do	15	So	15	Di
16	Do	16	So	16	Mi	16	Fr	16	Mo	16	Mi
17	Fr	17	Mo	17	Do	17	Sa	17	Di	17	Do
18	Sa	18	Di	18	Fr	18	So	18	Mi	18	Fr
19	So	19	Mi	19	Sa	19	Mo	19	Do	19	Sa
20	Mo	20	Do	20	So	20	Di	20	Fr	20	So
21	Di	21	Fr	21	Mo	21	Mi	21	Sa	21	Mo
22	Mi	22	Sa	22	Di	22	Do	22	So	22	Di
23	Do	23	So	23	Mi	23	Fr	23	Mo	23	Mi
24	Fr	24	Mo	24	Do	24	Sa	24	Di	24	Do
25	Sa	25	Di	25	Fr	25	So	25	Mi	25	Fr
26	So	26	Mi	26	Sa	26	Mo	26	Do	26	Sa
27	Mo	27	Do	27	So	27	Di	27	Fr	27	So
28	Di	28	Fr	28	Mo	28	Mi	28	Sa	28	Mo
29	Mi	29	Sa	29	Di	29	Do	29	So	29	Di
30	Do	30	So	30	Mi	30	Fr	30	Mo	30	Mi
31	Fr	31	Mo			31	Sa			31	Do

Situation zu den Aufgaben 71 bis 76:

Die „Auto Service Union" ist ein Versandhandelsunternehmen, spezialisiert auf Tuningteile und den Bedarf von freien Kfz-Werkstätten. Das Unternehmen beabsichtigt, einen Teil der A- und B-Kunden zu kontaktieren, um ihnen den neuen Katalog anzukündigen. Eine Woche vor Zustellung des Kataloges sollen die Kunden angerufen werden mit dem Ziel, die Bestellquote des Kataloges zu erhöhen und eine langfristige Kundenbindung zu sichern. Zur fristgerechten Abwicklung dieser Aktion fehlen der Auto Service Union die Kapazitäten im eigenen Haus, sodass sie sich auf einen bestehenden Dienstleistungsvertrag mit der Dialogfix GmbH beruft und Sie beauftragt, das Projekt durchzuführen.

Folgende Projektdaten werden Ihnen zur Verfügung gestellt:

Datensätze: 32 409

Nettokontakte: mindestens 22 000

Zeitraum: 21. bis 25.09.20..

Uhrzeit: 9 bis 20 Uhr täglich

Aufgabe: Katalogankündigung

Abrechnung: je Nettokontakt 2,85 €

Auswertung: einmalig am Ende der Aktion, einschließlich Rückübermittlung der Daten an die „Auto Service Union"

71. AUFGABE

Belegen Sie anhand von drei konkreten Merkmalen, dass es sich bei dem Vorhaben der „Auto Service Union" um ein Projekt handelt.

72. AUFGABE

Welche Arbeitsschritte sind von der Dialogfix GmbH im Rahmen der Projektvorbereitung durchzuführen? Nennen Sie fünf Aktivitäten. Bestimmen Sie dazu jeweils einen Verantwortlichen aus dem Unternehmen.

73. AUFGABE

Welche betrieblichen Handlungen erwarten Sie während der Vorbereitung und Durchführung des Projektes? Nennen Sie mindestens fünf Aktivitäten.

74. AUFGABE

Während der Projektsteuerung nehmen Sie regelmäßige Soll-Ist-Vergleiche vor. Beschreiben Sie dieses Verfahren und nennen Sie zwei mögliche Abweichungen von der Projektplanung, die sich während der Durchführung der Telefonate für die „Auto Service Union" ergeben können.

75. AUFGABE

Für den Abschlussbericht sollen Sie für die „Auto Service Union" verschiedene Statistiken und Kennzahlen erstellen. Nennen und erläutern Sie vier allgemeine Funktionen, die Kennzahlen in Projekten bieten.

76. AUFGABE

Nach Abschluss des Projektes liegt Ihnen folgender Projektreport vor:

Gesamtstatistik			
Kunde	Auto Service Union		
Adressen übergeben	32 409		
Aktion	Katalogankündigungen		
Datum	21.–25.09.20..		**Erfolg:** erfolgte Kundenansprache
		in %	Bemerkung
Adressen übergeben	32 409		**gelieferte Adressen**
Keine Telefonnummern	0		
Nicht kontaktierte AD	0		
Ausfalladressen	0	0,00 %	Ausfalladressquote
Bruttoadressmenge	32 409	100,00 %	**mögliche zu bearbeitende Adressen ohne Ausfall**
Dreimal nicht erreicht (n. e.)	2 638		Quote nicht erreichter Adressaten
Ausfall (falsche Tel.-Nr.)	1 135		Ausfallquote für falsche Telefonnummern
Gesprächsabbruch	1 107		Gespräche, die von Kunden beendet wurden
Mögliche abrechenbare Ergebnisse (Erfolge)	27 529		Abrechnungsbasis

Vor Übermittlung an den Auftraggeber müssen die Quote nicht erreichter Adressaten, die Ausfallquote für falsche Telefonnummern und der Anteil der vom Kunden beendeten Gespräche ermittelt werden. Außerdem ist die Erfolgsquote als Basis für die abrechenbaren Ergebnisse zu ermitteln (Hinweis: Als Erfolg wurde in diesem Projekt bereits der Nettokontakt definiert!).
Vervollständigen Sie die fehlenden Kennzahlen.

> ### Situation zu den Aufgaben 77 bis 85:
> Die Dialogfix GmbH möchte ein neues Navigationsgerät vermarkten. Dazu sollen in einer Kampagne 20 000 Bestandskunden angesprochen werden, die bisher noch kein vergleichbares Produkt erworben haben. Ihre Aufgabe ist es, gemeinsam mit dem zuständigen Projektleiter an der Vorbereitung dieser Kampagne mitzuwirken.

77. AUFGABE
Aufgrund einer Vorgabe der Geschäftsführung sollen bei der Dialogfix GmbH nur noch Projekte durchgeführt werden, die eine Rentabilität von mindestens 10 % erwarten lassen. Vorab liegen folgende Schätzdaten vor:

- Adressen: 20000
- Ausschöpfungsquote (Nettokontakte): 90 %
- Kosten pro Nettokontakt: 5,20 €
- Erfolgsquote (Verkäufe): 5 %
- Gewinn pro Verkauf: 15,00 €

Überprüfen Sie nachvollziehbar, ob das geplante Projekt den Rentabilitätsvorgaben entspricht. Gehen Sie davon aus, dass der gesamte Kapitaleinsatz für dieses Projekt in den Kosten pro Nettokontakt einkalkuliert ist.

78. AUFGABE

Das Projekt soll in 15 Arbeitstagen abgeschlossen werden. Nach der Auswertung von Testanrufen kann davon ausgegangen werden, dass ein Mitarbeiter pro Stunde 10 Nettokontakte erreicht. Ermitteln Sie, welche MAK (Vollzeitmitarbeiter, 8 Stunden/Tag) die Dialogfix GmbH pro Tag einplanen muss.

79. AUFGABE

Im Zuge der Projektvorbereitung soll auch eine Risikoprüfung stattfinden. Ermitteln Sie drei mögliche Risiken, die in diesem Projekt eintreten könnten. Geben Sie zudem jeweils eine mögliche Folge an, falls das Risiko tatsächlich eintritt.

80. AUFGABE

Da die Dialogfix GmbH im vorgesehenen Zeitraum der Projektdurchführung nicht über das benötigte Personal verfügt, entscheidet sich die Geschäftsführung, das Projekt an einen externen Dienstleister abzugeben. Geben Sie fünf Inhalte an, die im Projektauftrag geregelt werden müssen.

81. AUFGABE

Welchen Preis pro Nettokontakt darf die Dialogfix GmbH mit dem externen Dienstleister maximal vereinbaren, damit das vorgegebene Rentabilitätsziel noch erreicht wird?

82. AUFGABE

Projekte können u. a. nach ihrer Herkunft unterschieden werden. Um welche Projektart handelt es sich im vorliegenden Fall?

83. AUFGABE

Welche drei sogenannten „Muss-Beteiligten" gibt es in diesem Projekt?

84. AUFGABE

Das Projekt soll nach der Matrixorganisation laufen. Stellen Sie zeichnerisch die Grundstruktur dieser Organisationsform dar und geben Sie jeweils zwei Vor- und Nachteile an.

85. AUFGABE

Sie erhalten den Auftrag, für das Projekt ein Kick-off-Meeting vorzubereiten. Nennen Sie drei Aufgaben, die dieses Kick-off-Meeting erfüllt.

Situation zu den Aufgaben 86 bis 90:
Ein Reiseveranstalter mit eigenem Callcenter vertreibt Pauschalreisen über einen Webshop. Die Buchung der Reisen erfolgt online oder über die Bestellhotline im internen Callcenter. Um das Angebot bekannter zu machen, wurde eine Projektgruppe eingerichtet, die die Produkte des Reiseveranstalters bundesweit auf Reise- und Tourismus-Messen dem Fachpublikum und interessierten Konsumenten vorstellen soll. Die Projektgruppe setzt sich aus Mitarbeitern des Callcenters und fünf Reiseexperten aus dem Vertrieb zusammen.

---

86. AUFGABE

Interessierte sollen die Möglichkeit erhalten, beim Besuch des Messestandes eine individuelle Beratung anzufordern. Es wird eine zeitnahe Kontaktaufnahme mit den Messekunden angestrebt. Das Arbeitspaket „Planung After-Sales-Call Messekunden" soll dafür die Grundlagen schaffen. Beschreiben Sie, was man unter einem Arbeitspaket versteht. Führen Sie beispielhaft drei Elemente auf, die hier für jedes Arbeitspaket festgelegt werden müssen.

87. AUFGABE

Führen Sie drei im Arbeitspaket „Planung After-Sales-Call Messekunden" enthaltene Tätigkeiten konkret auf.

88. AUFGABE

Da es sich um ein strategisch bedeutsames und ressourcenaufwendiges Projekt handelt, wird nichts dem Zufall überlassen und auf eine besonders sorgfältige Planung Wert gelegt. Es wird ein umfassender Projektplan erstellt. Beschreiben Sie die Vorgehensweise zur Erstellung des Projektplans und benennen Sie die Einzelpläne.

89. AUFGABE

Für den Messestand wurde von einer Werbeagentur ein Flyer im Format DIN A4 entworfen, vierfarbig und dreifach gefalzt. Sie rechnen mit einem Bedarf von 15 000 Stück. Es kommen zwei Firmen infrage, beide haben ein Angebot abgegeben.

- Firma 1: pro Flyer (schwarz-weiß) 0,02 €; Zuschlag für 4-farbige Gestaltung 120,00 €; Dreifachfalz und Verpackung zu je 100 Stück pauschal 25,00 €; Versand 15,50 €.
- Firma 2: je Farbe 60,00 €; Auftragspauschale für Falzen, Verpacken und Versand 45,00 €; 11,50 € pro angefangene Tausend gedruckte Stück.

Treffen Sie begründet und unter Anwendung einer betriebswirtschaftlichen Methode nachvollziehbar eine Entscheidung, von welcher Firma Sie den Flyer drucken lassen.

90. AUFGABE

Während der Durchführung des Projekts sind Sie für das Controlling verantwortlich. Sie bekommen die Zahl der ausgegebenen Flyer mitgeteilt: Welt der Familie Saarbrücken 2000 Stück, Messe Mannheim 3500 Stück, Tourismusmesse Leipzig 3000 Stück. Für das laufende Jahr sind noch zehn weitere Messeauftritte geplant. Erläutern Sie an diesem Beispiel die Aufgabe des Projektcontrollings und beschreiben Sie, wie Sie mit der Situation umgehen.

Situation zu den Aufgaben 91 bis 94:

Bei der alljährlichen Weihnachtsfeier der Dialogfix GmbH soll eine Tombola durchgeführt werden. Deren Kosten sollen über den Losverkauf gedeckt werden, der Erlös aus der Tombola geht zugunsten der hiesigen Kindertagesstätte. Ein Los soll 5,00 € kosten, man rechnet mit 150 verkauften Losen. Die allgemeinen Kosten für die Durchführung betragen 200,00 €, Kosten für die Gewinne kommen noch hinzu. Für die Gewinne wurden in einem Brainstorming zwei Alternativen entwickelt:

- Alternative A: jeweils Headsets im Wert von 70,00 € (1. Preis), 45,00 € (2. Preis) und 30,00 € (3. Preis).
- Alternative B: ein Tablet-PC im Wert von 280,00 € (1. Preis) sowie je ein Headset im Wert von 45,00 € (2. und 3. Preis). Hier kann aufgrund von Erfahrungswerten damit gerechnet werden, dass 30 % mehr Lose verkauft werden.

91. AUFGABE

Erläutern Sie an diesem Beispiel, warum die Kostenvergleichsrechnung nicht sinnvoll ist, um sich für eine der Alternativen zu entscheiden.

92. AUFGABE

Führen Sie für das oben beschriebene Vorhaben „Tombola" eine Gewinnvergleichsrechnung durch und beurteilen Sie das Ergebnis.

93. AUFGABE

Erläutern Sie den Begriff Rentabilität (Return on Investment) und entscheiden Sie sich mithilfe der Rentabilitätsrechnung der Tombola für eine der beiden Alternativen.

94. AUFGABE

Natürlich steht die Wirtschaftlichkeit der Tombola nicht im Vordergrund des Unternehmensinteresses. Vielmehr verspricht sich die Unternehmensleitung einen mit der Tombola verbundenen Nutzen. Zeigen Sie drei Nutzenaspekte mit Bezug zu diesem Beispiel auf.

Situation zu den Aufgaben 95 bis 99:

Die Unternehmensleitung beauftragt Sie, als Projektleiter am 02.05. das Projekt „Außenstelle München" zu realisieren: Um einen Fuß auf den dortigen regionalen Markt zu bekommen, soll ein Callcenter mit 20 Seats eingerichtet werden. Erste Aufträge sind bereits ab dem 22.06. fest eingeplant. Alle Arbeiten müssen folglich bis zum Vortag abgeschlossen sein. Die folgende Vorgangsliste und ein Kalenderauszug liegen Ihnen vor. Hinweis: An Wochenenden wird nicht gearbeitet.

Arbeits-platz	Bezeichnung	Vor-gänger	Nach-folger	Dauer in Arbeits-tagen
1	Immobilie suchen	–	2	10
2	Immobilie anmieten	1	5, 6	2
3	Stellen ausschreiben	–	4	5
4	Mitarbeiter auswählen	3	8	6
5	Büros renovieren und einrichten	2	7	10
6	Telekommunikations-Infrastruktur herstellen	2	7	2
7	EDV und Einzelarbeits-plätze installieren	5, 6	8	3
8	Mitarbeiter schulen	4, 7	–	5

Mai		Juni	
1	So	1	Mi
2	Mo	2	Do
3	Di	3	Fr
4	Mi	4	Sa
5	Do	5	So
6	Fr	6	Mo
7	Sa	7	Di
8	So	8	Mi
9	Mo	9	Do
10	Di	10	Fr
11	Mi	11	Sa
12	Do	12	So
13	Fr	13	Mo
14	Sa	14	Di
15	So	15	Mi
16	Mo	16	Do
17	Di	17	Fr
18	Mi	18	Sa
19	Do	19	So
20	Fr	20	Mo
21	Sa	21	Di
22	So	22	Mi
23	Mo	23	Do
24	Di	24	Fr
25	Mi	25	Sa
26	Do	26	So
27	Fr	27	Mo
28	Sa	28	Di
29	So	29	Mi
30	Mo	30	Do
31	Di		

95. AUFGABE

Erläutern Sie, welche Aussagen sich mithilfe der Vorgangsliste mit Zeitdauerangaben für das Projekt „Außenstelle München" und mithilfe der Vorwärts-Rechnung bezüglich des Projektverlaufs treffen lassen.

96. AUFGABE

Erstellen Sie ein Balkendiagramm auf Basis der Vorgangsliste. Das Balkendiagramm soll nur die Arbeitstage enthalten, keine Kalenderdaten. Visualisieren Sie die Abhängigkeiten mit Pfeilen.

97. AUFGABE

Bestimmen Sie mittels Rückwärts-Rechnung nachvollziehbar, wann spätestens begonnen werden muss, die offenen Stellen auszuschreiben, um das Terminziel nicht zu verfehlen.

98. AUFGABE

Für die Arbeitspakete 3 und 4 ist Frau Daub zuständig. Für die korrekte Umsetzung von Arbeitspaket 8 ist Herr Müller verantwortlich. Erläutern Sie an diesem Beispiel die Schnittstellenproblematik und die Aufgabe des Projektleiters dabei.

99. AUFGABE

Während der Arbeiten an der Inneneinrichtung der Büros informiert Sie Herr Wasgau, der Zuständige für dieses Arbeitspaket, dass der Lieferant angedeutet hat, die Büro-stühle könnten nicht zum vereinbarten Lieferzeitpunkt bereitstehen. Wie gehen Sie richtig mit diesem Risiko um?

Situation zu den Aufgaben 100 bis 105:

Die Dialogfix GmbH erhält von ihrer zuständigen Industrie- und Handelskammer den Auftrag, eine Weiterbildungsumfrage durchzuführen. Alle Absolventen, die in den vergangenen 5 Jahren erfolgreich eine Aufstiegsfortbildungsprüfung ab-gelegt und einer späteren Befragung zugestimmt haben, sollen nach einem stan-dardisierten Fragenkatalog befragt werden. Hierbei soll herausgefunden werden, wie sich eine erfolgreich abgelegte IHK-Weiterbildungsprüfung auf die berufliche Entwicklung auswirkt. Es liegen folgende Informationen zum Projektauftrag vor:

- Es sollen 10 000 Absolventen kontaktiert werden.
- Es darf nur persönlich mit den Absolventen gesprochen werden.
- Dafür ist ein Zeitfenster zwischen 9 und 17 Uhr vorgesehen. Die Anrufe dürfen ausschließlich von Montag bis Freitag erfolgen.
- Für eine repräsentative Aussage müssen mindestens 2 000 Befragungen durchgeführt werden.
- Als Nettokontakte werden Gespräche bezeichnet, in denen der Absolvent den Fragenkatalog beantwortet oder angibt, kein Interesse mehr zu haben.
- Die Weiterbildungsumfrage soll innerhalb von 4 Wochen abgeschlossen sein.

---

100. AUFGABE

Die Dialogfix GmbH kalkuliert mit einer AHT (Average Handling Time) von 520 Sekunden und erwartet, dass 45 % der Absolventen tatsächlich kontaktiert werden können. Ermit-teln Sie auf dieser Grundlage den Mitarbeiterstundenbedarf der Dialogfix GmbH.

101. AUFGABE

Wie viele Mitarbeiter benötigt die Dialogfix GmbH zur Durchführung des Projekts, wenn die tatsächliche tägliche Arbeitszeit eines Mitarbeiters 6,5 Stunden beträgt?

102. AUFGABE

Das Projektcontrolling ermittelt nach 1 Woche, dass bisher lediglich 290 Absolventen-befragungen durchgeführt wurden. Wie viele Befragungen hätten nach den Vorgaben der IHK abgearbeitet werden sollen?

103. AUFGABE

Ermitteln Sie die relative Abweichung (in Prozent) zu den vom Auftraggeber vorgegebe-nen Absolventenbefragungen.

104. AUFGABE

Durch einen überarbeiteten Gesprächseinstieg konnte die Anzahl der erfolgreichen Be-fragungen in den letzten 3 Wochen deutlich gesteigert werden. Geben Sie an, welche Kennzahl aus dem Projektcontrolling dadurch positiv beeinflusst wird.

105. AUFGABE

Ihnen liegt die abgebildete Gesamtstatistik zum Projekt mit der IHK vor.

Dialogfix GmbH			
Kunde	Industrie- und Handelskammer		
Projekt	Weiterbildungsumfrage		
Aktionszeitraum	01.02.–28.02.20..		
Adressen übergeben	**10 000**		
Keine Telefonnummer	189		
Dubletten	112		
Bruttoadressmenge	**9 699**	**100 %**	
Falsche Telefonnummer	677		
Absolvent dreimal nicht erreicht	1 870		
Gesprächsabbruch durch Absolvent	1 079		
Erreichte Nettokontakte	**6 073**	**62,61 %**	Abrechnungsbasis
Davon erfolgreiche Umfragen	3 308		
Kein Interesse	2 765		

Ermitteln Sie die Erfolgsquote des Projekts auf Grundlage der Ihnen vorliegenden Pro-jektstatistik.

Lösungen zu Kapitel 10

1. 1, 5
2. 4, 1, 3, 2, 5
3. 3
4. 1, 3, 4, 5, 2
5. 1, 2, 6, 5, 3, 4
6. 2
7. 5
8. 4
9. 2
10. 1
11. 5
12. 2
13. 4
14. 4

15. 20,0 %
16. 4
17. 5
18. 4
19. 5
20. 4, 6
21. 2
22. 1, 2, 2, 1, 2, 1
23. 4
24. 5
25. 2
26. 5, 6
27. 1
28. 2

29. 3, 5
30. 2
31. 4
32. 3
33. 2
34. 3
35. 5
36. 3, 4, 1, 2
37. 3, 5
38. 1
39. 4
40. 1
41. 5

42.
Einmaligkeit, Zielvorgabe, zeitliche und finanzielle Begrenzung, projekt-spezifische Organisation.

43.
Zu prüfen sind Machbarkeit (Realisierbarkeit des Projektes wird überprüft), Wirtschaft-lichkeit (Kosten und Nutzen des Projektes werden gegenübergestellt) und Projektrisiken (negative Folgen möglicher Ereignisse müssen betrachtet werden).

44.
Auftraggeber, Auftragnehmer/Projektleiter, Beschreibung/Anlass, Ziele, Vorgaben für Zeit und Kosten (Budget), Rahmenbedingungen, Risiken.

45.
→ Präzisierungsfunktion (das angestrebte Projektergebnis wird durch Ziele konkret dargestellt)
→ Orientierungsfunktion (die Projektbeteiligten können sich bei allen Maßnahmen an den Zielen orientieren und erhalten somit einen Leitweg)
→ Motivationsfunktion (die Identifikation mit Projektzielen sowie die Erreichung von [Teil-]Zielen steigern die Mitarbeitermotivation)
→ Kontrollfunktion (die Ziele dienen als Grundlage eines Plan-Ist-Vergleiches)

46.
Es werden Ziele mehrerer Dimensionen festgelegt (z.B. Zeitziele, Kostenziele, Quali-tätsziele). Die Problematik liegt darin, dass Maßnahmen zur Erreichung des Zieles in der einen Dimension (z.B. Qualität) die Ziele in einer anderen Dimension (z.B. Kosten)

negativ beeinflussen können. Es muss also ein Ziel priorisiert werden. Das „magische Dreieck" stellt drei Zieldimensionen (z. B. Zeit, Kosten, Qualität) dar und verdeutlicht deren Abhängigkeiten grafisch.

47.

Meilensteine sind Punkte im Projekt, an denen ein bedeutendes Zwischenergebnis erwartet wird. Sie werden i. d. R. an das Ende einer Projektphase gestellt und dienen der Strukturierung des Projektes.

48.

Objektorientiert: Die Dinge, mit denen sich die Arbeitspakete befassen, bestimmen die Reihenfolge der Anordnung.
Funktionsorientiert: Die Tätigkeiten innerhalb eines Arbeitspaketes bestimmen die Reihenfolge der Anordnung.

49.

Der Balkenplan berücksichtigt die zeitliche Komponente (d. h. Dauer von Arbeitspaketen und Phasen) und zeigt Abhängigkeiten zwischen den Arbeitspaketen auf.

50.

	Name	Meilenstein	Dauer	Start		Ende		Vorgänger
1	⊟**Projektstart**	☐	6 Tage	**05.01.**	**08:00**	**12.01.**	**17:00**	
2	Vorbereitung Kick-off	☐	3 Tage	05.01.	08:00	07.01.	17:00	
3	Kick-off-Meeting	☐	1 Tag	12.01.	08:00	12.01	17:00	2
4	⊟**Vorbereitung Versand**	☐	3 Tage	**13.01.**	**08:00**	**15.01.**	**17:00**	
5	Kundenanschreiben formulieren	☐	1 Tag	13.01.	08:00	13.01.	17:00	3
6	Kundendaten einspielen	☐	2 Tage	13.01.	08:00	14.01.	17:00	3
7	Materialien beschaffen	☐	3 Tage	13.01.	08:00	15.01.	17:00	3
8	Versand vorbereitet	☑	0 Tage	15.01.	17:00	15.01.	17:00	5; 6; 7
9	⊟**Produktion, Versand und Wartezeit**	☐	25 Tage	**16.01.**	**08:00**	**19.02.**	**17:00**	
10	Produktion und Versand	☐	5 Tage	16.01.	08:00	22.01.	17:00	8
11	Versand erfolgt	☑	0 Tage	22.01.	17:00	22.01.	17:00	10
12	Wartezeit für Rückmeldungen	☐	20 Tage	23.01.	08:00	19.02.	17:00	10
13	⊟**Gesprächsleitfaden, Schulung**	☐	21 Tage	**13.01.**	**08:00**	**10.02.**	**17:00**	
14	Gesprächsleitfaden erstellen	☐	1 Tag	13.01.	08:00	13.01.	17:00	3
15	Mitarbeiterschulung durchführen	☐	2 Tage	09.02.	08:00	10.02.	17:00	3
16	Gesprächsleitfaden und Schulung erfolgt	☑	0 Tage	10.02.	17:00	10.02.	17:00	14; 15
17	⊟**Calldurchgänge**	☐	25 Tage	**20.02.**	**08:00**	**26.03.**	**17:00**	
18	Call-Durchgang 1	☐	20 Tage	20.02.	08:00	19.03.	17:00	12; 16
19	Call-Durchgang 2	☐	5 Tage	20.03.	08:00	26.03.	17:00	18
20	Alle Calls durchgeführt	☑	0 Tage	26.03.	17:00	26.03.	17:00	19
21	⊟**Abschluss**	☐	1 Tag	**27.03.**	**08:00**	**27.03.**	**17:00**	
22	Abschlussmeeting	☐	1 Tag	27.03.	08:00	27.03.	17:00	20

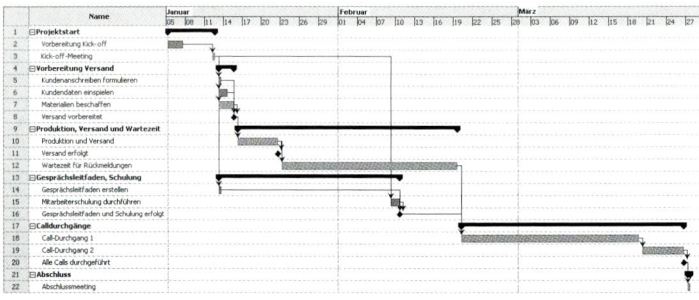

51.

Der Projektmanager steht in der Hierarchie über dem Projektleiter und hat die Aufgabe, mehrere Projekte zu koordinieren. Der Projektleiter betreut nur ein bestimmtes Projekt.

52.

Nutzung intern nicht vorhandener Kompetenzen, Vermeidung von „Betriebsblindheit", Neutralität gegenüber betriebsinternen Zusammenhängen, keine Kosten für die Einstellung und langfristige Beschäftigung interner Spezialisten.

53.

Bottom-up-Verfahren: Es wird zunächst der Aufwand auf Ebene der Arbeitspakete ermittelt. Die Zusammenfassung aller Arbeitspakete führt dann zum erwarteten Aufwand des gesamten Projektes.
Top-down-Verfahren: Ein für das gesamte Projekt bestimmter Aufwand wird auf die einzelnen Arbeitspakete verteilt.

54.

Der Lenkungsausschuss hat als Gremium von Entscheidungsträgern übergeordneter Ebene besonders bedeutende und strategische Entscheidungen hinsichtlich des Projektes oder der Koordination mehrerer Projekte zu fällen.

55.

Vorteile: schnelle Entscheidungen, Identifikation mit dem Projekt sehr hoch.
Nachteile: Gefahr der Verselbstständigung, hoher Organisationsaufwand.

56.

Vorteile: Förderung einer ganzheitlichen Betrachtung von Problemen, gute Qualität der Lösungen aufgrund der Mitarbeit kompetenter Teammitglieder aus der Linie.
Nachteile: aufwendige Kompetenzabgrenzung, umfangreiche Abstimmungen notwendig.

57.

Kick-off-Meetings dienen dazu, ein gemeinsames Verständnis für das Projekt unter allen Beteiligten zu schaffen. Hierzu werden Informationen über das Projekt in einer gemeinsamen Besprechung ausgetauscht. Mit dem Kick-off-Meeting wird der Grundstein für die weitere Zusammenarbeit im Projekt gelegt.

58.

Um die gewünschten Ziele zu erreichen, sollte das Kick-off-Meeting vor Beginn der Projektdurchführung stattfinden.

59.

Das Ziel ist spezifisch (konkret), messbar, aktiv beeinflussbar, realistisch und terminiert: in Ordnung.

60.

Das Ziel ist nicht konkret definiert („besser") und schwer messbar. Die Angabe „nach den Ferien" ist ungenau.

61.

Das Ziel ist nicht konkret definiert („minimiert"). Somit ist auch nicht klar, ob das Ziel realistisch ist.

62.

Das Ziel ist konkret, messbar, aktiv beeinflussbar, erscheint realistisch und terminiert: in Ordnung.

63.

Das Ziel ist konkret, messbar, aktiv beeinflussbar und terminiert, aber erscheint angesichts des Budgets völlig unrealistisch.

64.

Das Ziel ist konkret, messbar, aktiv beeinflussbar, realistisch und terminiert: in Ordnung.

65.

Das Ziel ist nicht konkret („besser") und schwer messbar. Die Angabe „Herbst" ist ungenau.

66.

Das Ziel ist schwer messbar, da man Problemlösungskompetenz nicht direkt messen kann. Der Begriff „deutlich über" ist nicht spezifisch.

67.

AHT 240 Sek. – 10 % Effizienzvorteil = 216 Sek.
Auslastung = 60 Min. · 75 % = 45 Min. = 2 700 Sek.
2 700 Sek. : 216 Sek. = 12,5 Calls / Mitarbeiterstunde
5 000 Calls : 12,5 Calls / Mitarbeiterstunde = 400 Mitarbeiterstunden
400 Mitarbeiterstunden : 8 Stunden = 50 FTE
50 FTE : 85 % = 58,82 FTE ≈ 59 FTE
Ergebnis: 59 Vollzeitkräfte sind durchschnittlich bereitzustellen.

68.

Angebot auf Jahresbasis:
216 Sek. = 3,6 Min.
3,6 Min./Call · 0,54 €/Min. = 1,944 €/Call (Hinweis: Hier nicht runden, nur bei Endergebnissen!)
1,944 €/Call · 5 000 Calls · 365 Tage = 3 547 800,00 €/Jahr
Der Angebotspreis für die anteilige Übernahme des Kundenservice der Müller AG beträgt 3 547 800,00 €/Jahr.

Qualifikationsaufwand:

59 FTE · 6 Std./Tag · 15 Trainingstage · 19,50 €/Std. = 103 545,00 €

Der einmalige Qualifikationsaufwand beträgt 103 545,00 €.

69.

Ermittlung des Anteils an Kunden, die endgültig nicht erreicht werden:

80 % im ersten Durchlauf · 75 % im zweiten Durchlauf · 60 % im dritten Durchlauf = 36 %.

Also werden 100 % – 36 % = 64 % der Kunden erreicht.

19 800 Gesamtkunden · 64 % = 12 672 Kunden werden insgesamt erreicht.

70.

12 672 Gespräche · 10 Minuten = 126 720 Minuten

6 Agents · 4,5 Stunden · 60 Minuten = 1 620 Minuten tägliche Gesprächszeit

126 720 : 1 620 = 78,2 Tage

78,2 Tage = 15 Wochen, 3 Tage und wenige Stunden

Beginnt das Projekt am 17.08., kann es am 03.12. abgeschlossen werden.

71.

→ Einmaligkeit der Bedingungen, erstmalige telefonische Katalogankündigung

→ festgelegtes Ziel, mindestens 10 000 Nettokontakte

→ begrenzter Zeitraum, vom 21. bis 25.09.

→ begrenztes Budget, 2,85 € je Nettokontakt

72.

Aktivität	Verantwortlich
Projektauftrag unterzeichnen und Auftragsbestätigung abwarten	Vertrieb
Programmierung einer Datenbank	IT
Implementierung der Datensätze in die Datenbank	IT
Auswahl des passenden Dialers: – Preview-Dialer – Power-Dialer – Predictive-Dialer	IT
Programmierung der Telefonanlage	IT
Projektleitung bestimmen	Geschäftsleitung
Bedarf an Kundenberatern ermitteln	Personalplanung und Projektleitung
Agents fachlich und kommunikativ auf das System und die Anwendung schulen	Trainer und Projektleitung
Kommunikationsmatrix erstellen	Projektleitung

73.

Projektstrukturplan erstellen, Meilensteine festlegen, Hilfestellung bei fachlichen oder technischen Problemen, Überwachung des Fortschritts des Projektes (Soll-Ist-Abgleich), ggf. Anpassungen bei Abweichungen vornehmen, Routinebesprechungen durchführen, Überwachung der Gesprächsqualität.

74.

Der Soll-Ist-Vergleich vergleicht geplante Ergebnisse (Soll-Werte) mit den tatsächlichen Werten (Ist-Werte). Mögliche Abweichungen sind z. B.
→ Erreichbarkeit anders als geplant,
→ Gesprächsdauer (AHT) anders als geplant.

75.

→ Kommunikationsfunktion: Die Kennzahlen regen zur Diskussion und zur Auseinandersetzung an.
→ Vergleichsfunktion: Das Erreichen gesetzter Ziele und vorgegebener Werte kann überprüft werden.
→ Marketingfunktion: Erfolge und Ergebnisse können belegt werden und schaffen Empfehlungen für zukünftige Aufträge und Projekte.
→ Entscheidungsfunktion: Anhand von Kennzahlen können Alternativen abgewogen und unternehmerische Entscheidungen getroffen werden.

76.

Quote nicht erreichter Adressaten	8,14 %
Ausfallquote für falsche Telefonnummern	3,50 %
Vom Kunden beendete Gespräche	3,42 %
Erfolgsquote	84,94 %

77.

20 000 · 90 %	= 18 000 Nettokontakte
18 000 · 5,20 €	= 93 600,00 € Gesamtkosten (Kapitaleinsatz)
18 000 · 5 %	= 900 Verkäufe
900 · 15,00 €	= 13 500,00 € Projektgewinn
13 500,00 € · 100 : 93 600,00 €	= 14,42 % Rentabilität

Die Rentabilitätsvorgabe wird somit eingehalten.

78.

18 000 Nettokontakte : 10 Nettokontakte pro Stunde = 1 800 Stunden
1 800 Stunden : 8 Stunden/Tag = 225 Tage
225 Tage : 15 Tage = 15 Agents (MAK)

79.

→ Die geschätzten Nettokontakte werden nicht erreicht (z. B. schlechte Adressqualität), Folge: z. B. geringeres Potenzial für Verkäufe.

→ Die geplanten Verkäufe werden nicht erzielt (z. B. uninteressantes Produkt), Folge: z. B. Projektgewinn fällt geringer aus als erwartet.

→ Weniger Nettokontakte pro Stunde (z. B. längere Gesprächszeit), Folge: z. B. steigende Kosten, da mehr (länger) Mitarbeiter eingesetzt werden müssen.

80.

→ Projektziele

→ benötigte Qualifikation der Mitarbeiter

→ Projektauswertung

→ Projektzeitraum

→ Abrechnungsmodalitäten

81.

13 500,00 € · 100 : (X · 18 000 Nettokontakte) = 10,00 % Rentabilität

X = 7,50 € ➜ Es dürfen maximal 7,50 € pro Nettokontakt vereinbart werden.

82.

Es handelt sich um ein externes Projekt (Dienstleistungsprojekt), da der Auftraggeber nicht dem ausführenden Unternehmen angehört.

83.

Projektauftraggeber, Projektleiter, Projektteam

84.

Neben der (funktionsorientierten) Linienorganisation gibt es ein projekt-orientiertes Leitungssystem, sodass eine zweidimensionale Matrix entsteht.

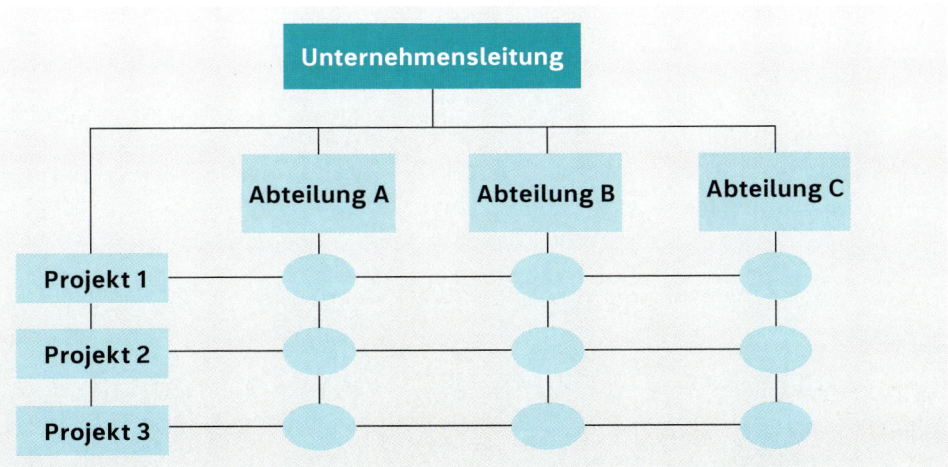

Vorteile: z. B. flexibler Mitarbeitereinsatz, geringer organisatorischer Aufwand
Nachteile: z. B. hoher Abstimmungsbedarf, Identifikationsprobleme bei wechselnden Projekten

85.
→ Überblick über Projektauftrag und Projektziele
→ Erläuterung projektspezifischer Regelungen
→ Motivation der Projektbeteiligten

86.
Ein Arbeitspaket ist eine in sich geschlossene Aufgabenstellung innerhalb eines Projekts, die bis zu einem bestimmten Termin mit festgelegtem Ergebnis zu bearbeiten ist. Ein Arbeitspaket enthält daher die Beschreibung der Aufgabe, Start- und Endtermin sowie den Namen des jeweils Verantwortlichen.

87
Erstellen eines Gesprächsleitfadens, Kalkulation der AHT, Bereitstellung der notwendigen Inbound-Kapazitäten im Anschluss an eine Messe.

88.
Gliederung des Projekts in Arbeitspakete (Projektstrukturplan). Arbeitspakete in eine sachliche Reihenfolge bringen und Abhängigkeiten beachten (Projektablaufplan). Dauer der Arbeitspakete bestimmen sowie Anfangs- und Endtermine festlegen (Zeit- und Terminplan). Für die Bearbeitung erforderliche Ressourcen ermitteln, deren Verfügbarkeit überprüfen und reservieren (Ressourcen- und Kapazitätsplan). Kostenplan erstellen.

89.
Kosten bei Firma 1: $15\,000 \cdot 0,02 + 120,00 + 25,00 + 15,50 = 460,50\;€$
Kosten bei Firma 2: $4 \cdot 60,00 + 45,00 + 15 \cdot 11,50 = 457,50\;€$
Aus dem Kostenvergleich folgt die Auswahl von Firma 2.

90.
Ziel des Projektcontrollings ist die Sicherung des Erreichens der Projektziele durch: Soll-Ist-Vergleich, Feststellung der Abweichungen, Bewerten der Konsequenzen und Vorschlag von Korrekturmaßnahmen. Durch Addition der verbrauchten Flyer lässt sich feststellen, dass die noch vorhandenen Flyer nicht für die übrigen Messen reichen werden. Entweder muss ein Nachdruck in Auftrag gegeben werden oder eine Lösung ausgearbeitet werden, wie die Flyer sparsam, aber effektiv an Interessenten verteilt werden können.

91.
Die Alternativen A und B unterscheiden sich nicht nur in den Kosten, sondern auch in den Erlösen. Alternative B führt zu einem höheren Erlös, da 30 % mehr Lose verkauft werden. Eine Entscheidung nur auf Basis der Kosten ist daher nicht aussagekräftig.

92.

Alternative A

Kosten: 200,00 + 70,00 + 45,00 + 30,00 = 345,00 €,

Erlös: 150 · 5,00 € = 750,00 € → Gewinn: 750,00 – 345,00 = 405,00 €

Alternative B

Kosten: 200,00 + 2 · 45,00 + 280,00 = 570,00 €, Erlös: 150 (1 + 0,3) · 5,00 = 975,00 €

→ Gewinn: 975,00 – 570,00 = 405,00 €

Die Gewinnvergleichsrechnung liefert kein eindeutiges Ergebnis.

93.

Die Rentabilität ist ein Maß für die Wirtschaftlichkeit eines Projekts. Sie setzt den erwarteten Gewinn in Beziehung zum eingesetzten Kapital.

Alternative A: 405,00 · 100 : 345,00 = 117 %

Alternative B: 405,00 · 100 : 570,00 = 71 % → Demnach ist Alternative A auszuwählen.

94.

→ Die Spende an die Kita lässt sich medienwirksam umsetzen, sodass der Bekanntheitsgrad des Callcenters höher wird.

→ Ein soziales Engagement wird von den Kunden und der Öffentlichkeit honoriert und sorgt für ein besseres Image.

→ Die Mitarbeiter können spielen und haben Spaß. Sie haben das Gefühl, zu einem guten Zweck beizutragen. Dies steigert die Zufriedenheit.

95. Es lassen sich auf der Grundlage des Starttermins (02.05.) die frühestmöglichen Anfangs- und Endtermine aller Arbeitspakete erkennen.

96.

AP	1	2	3	4	5	6	7	8	9	10	11	12	13	14	15	16	17	18	19	20	21	22	23	24	25	26	27	28	29	30	31	32	33	34	35	36	37	38	WT
1																																							
2																																							
3																																							
4																																							
5																																							
6																																							
7																																							
8																																							

97.

Spätester letzter Arbeitstag des Projekts: 21.06.

Davon sind abzuziehen 5 Arbeitstage Schulung, 6 Arbeitstage Auswahl und 5 Arbeitstage Ausschreibung, also insgesamt 16 Arbeitstage → 31. Mai

98.

Frau Daub braucht vorab die Information, wie viele Mitarbeiter eingestellt werden sollen und welches allgemeine Anforderungsprofil diese haben sollen. Herr Müller benötigt diese Informationen ebenfalls, um sich auf die Schulung vorzubereiten. Darüber hinaus benötigt er konkrete Informationen zu Qualifikationen/Kenntnisstand der neuen Mitarbeiter. Diese kann ihm nur Frau Daub liefern, da sie diese Informationen erhoben hat. Ich als Projektleiter muss dafür sorgen, dass das Projektteam mit den notwendigen Informationen versorgt wird und der Informationsfluss untereinander gewährleistet ist.

99.
Zunächst ist das Risiko einzuschätzen hinsichtlich der Wahrscheinlichkeit, dazu muss beim Lieferanten nochmals nachgefragt werden. Dann müssen die Auswirkungen beurteilt werden. Ohne Stühle kann nicht gearbeitet werden. Gegebenenfalls sind präventive Maßnahmen zu ergreifen. Der Projektleiter muss sich mit einer vorläufigen Notlösung (z. B. Klappstühle) befassen.

100.
10 000 · 45 % = 4 500 Nettokontakte
4 500 · 520 Sekunden : 3 600 Sekunden = 650 Stunden

101.
650 Stunden : 6,5 Stunden : 20 Tage = 5

102.
4 500 Nettokontakte : 4 Wochen = 1 125 pro Woche

103.
1 125 − 290 = 835
835 · 100 : 1 125 = 74,22 %

104.
Ausschöpfungsquote

105.
3 308 · 100 : 6 073 = 54,47 %

11 Projektdurchführung

Situation zu den Aufgaben 1 bis 16:
Die Dialogfix GmbH wird vom Pay-TV-Sender „Thema-TV" mit dem Projekt „Umstellung des Verschlüsselungssystems" beauftragt. Den 200 000 Abonnenten soll eine neue Berechtigungskarte (Smartcard) mit der Bitte zugesandt werden, mit dieser Smartcard die alte Karte im Receiver zu ersetzen und die alte Karte in einem Freiumschlag zurückzusenden. Alle Kunden, deren alte Karte nach 4 Wochen noch nicht vorliegt, sollen telefonisch kontaktiert werden. Gleichzeitig wird eine Hotline geschaltet, die Kundenanfragen im Zusammenhang mit dem Kartentausch beantworten kann. Nach einer Projektlaufzeit von 3 Monaten sollen 95 % aller Smartcards ausgetauscht sein. Die Dialogfix GmbH stellt ein Team unter der Führung eines erfahrenen Projektleiters zusammen, der über ein Budget von 100 000,00 € verfügen kann.

1. AUFGABE

Der Dialogfix GmbH stehen zur Projektbearbeitung unterschiedliche Ressourcen zur Verfügung. Ordnen Sie die Ressourcenarten den jeweiligen Beschreibungen zu und tragen Sie Ihre Antworten in die Kästchen ein.

☐ Backoffice-Personal

☐ ACD-Anlage

☐ Ausreichende Barmittel (Liquidität)

☐ Büroräume

☐ Agents

☐ Projektbudget

1. Technische Ausstattung
2. Humanressourcen
3. Kapital

2. AUFGABE ☐

Bei der Planung von Ressourcen im vorliegenden Projekt spielen qualitative Faktoren eine wichtige Rolle. In welchem der nachstehenden Fälle wurden qualitative Faktoren in Bezug auf Personalressourcen berücksichtigt?

1. Die Anzahl der eingesetzten Agents wird an das Anrufvolumen angepasst.
2. Die Ausbildung des zur Verfügung stehenden Personals entspricht den Anforderungen der zugewiesenen Profile.
3. Durch flexible Arbeitszeit wird die Erreichbarkeit optimiert.
4. Bei einem unerwartet hohen Anrufaufkommen werden durch längere Arbeitszeiten schlechte Servicelevel vermieden.
5. Mit Leiharbeitnehmern und Aushilfen können kurzfristige Spitzen abgefangen werden.

3. AUFGABE

Bei der Planung von Ressourcen im vorliegenden Projekt spielen auch quantitative Faktoren eine wichtige Rolle. In welchem der nachstehenden Fälle wurden quantitative Faktoren hinsichtlich der Personalressourcen berücksichtigt?

1. Die Anzahl der eingesetzten Agents wird an das Anrufvolumen angepasst.
2. Die Ausbildung des zur Verfügung stehenden Personals entspricht den Anforderungen der zugewiesenen Profile.
3. Agents dürfen über Kulanzleistungen bis 50,00 € selbst entscheiden.
4. Durch regelmäßiges Coaching erhöht sich das Niveau der Problemlösungen.
5. Qualitätssicherungsmaßnahmen können die Kundenzufriedenheit steigern.

4. AUFGABE

Von dem verfügbaren Projektbudget stehen 75 % zur Durchführung der Kundenanfragen zur Verfügung. Ermitteln Sie, wie viele Kundenanfragen die Dialogfix GmbH im Rahmen des Projektbudgets durchführen kann, wenn die Kosten pro Kontakt mit 2,50 € kalkuliert wurden.

5. AUFGABE

Im Verlauf des vorliegenden Projektes benötigt die Dialogfix GmbH ein umfangreiches Echtzeitmanagement. Welche der nachstehenden Definitionen des Begriffs Echtzeitmanagement ist zutreffend?

1. Echtzeitmanagement umfasst die Überwachung der Uhrzeitanzeigen im Callcenter. Durch geeignete Maßnahmen ist die korrekte Zeitanzeige zu gewährleisten.
2. Echtzeitmanagement umfasst die langfristige Vorausplanung bestimmter Vorhaben. Durch geeignete Planungsmethoden sind alle Eventualitäten zu berücksichtigen.
3. Echtzeitmanagement umfasst die nachträgliche Korrektur von Projektplänen mit Echtdaten. Durch Anpassungen sind die Pläne mit den Echtdaten anzugleichen.
4. Echtzeitmanagement umfasst die Disposition im Tagesgeschäft: Durch geeignete Maßnahmen ist auf nicht langfristig planbare Ereignisse zu reagieren.
5. Echtzeitmanagement umfasst die Kontrolle von erfassten Arbeitszeitdaten auf Korrektheit.

6. AUFGABE

Aufgrund der Ergebnisse des Echtzeitmanagements möchte der Projektleiter ein Meeting der Projektbeteiligten organisieren. Bringen Sie die dazu notwendigen Schritte in die richtige Reihenfolge, indem Sie die Ziffern von links nach rechts in die Lösungskästchen eintragen.

1. Meeting-Raum reservieren
2. Protokoll anfertigen
3. Meeting-Raum einrichten
4. Meeting durchführen
5. Teilnehmer festlegen
6. Einladungs-E-Mail versenden

7. AUFGABE

Bei der Durchführung des Projektes spielt für die Dialogfix GmbH auch die Auslastung der Mitarbeiter eine wichtige Rolle. Welche der nachstehenden Definitionen des Begriffs Auslastung ist richtig?

1. Auslastung ist allgemein das Verhältnis der Nutzung zur Kapazität einer Ressource.
2. Auslastung ist allgemein das Verhältnis der Kapazität zu den Kosten einer Ressource.
3. Auslastung ist allgemein das Verhältnis der Kosten zum Nutzen einer Ressource.
4. Auslastung ist allgemein das Verhältnis der Kosten zur Kapazität einer Ressource.
5. Auslastung ist allgemein das Verhältnis des Nutzens zu den Kosten einer Ressource.

8. AUFGABE

Beim Einsatz der Personalressourcen möchte die Dialogfix GmbH Kapazitätsengpässe bzw. Überbesetzungen vermeiden und dazu Möglichkeiten der Arbeitszeitflexibilisierung nutzen. Geben Sie an, wobei es sich nicht um ein solches Instrument handelt.

1. Variable Arbeitszeit
2. Überstunden
3. Verkürzung der Arbeitszeit
4. Jahresarbeitszeitsystem
5. Kernarbeitszeiten

9. AUFGABE

Für die Durchführung des Projekts „Thema TV" wurde ein Projektstrukturplan aufgestellt. Prüfen Sie, welche Aufgabe der Projektstrukturplan in diesem Projekt erfüllt.

1. Die einzelnen Projektziele werden definiert.
2. Die Meilensteine des Projekts werden grafisch dargestellt.
3. Es werden die Kostenstellen für das abschließende Projektcontrolling ermittelt.
4. Die Gesamtheit aller Projektteilpläne wird aufgelistet.
5. Alle Arbeitspakete und Teilaufgaben werden hierarchisch angeordnet.

10. AUFGABE

Welche zwei nachstehenden Situationen rechtfertigen eine Änderung der Projektplanung?

1. Einige Mitarbeiter der Dialogfix GmbH sind erkrankt.
2. Thema-TV wünscht die Abholung der Smartcards beim Kunden durch einen Dienstleister.
3. Bereits in den ersten Tagen des Projektes weicht die AHT von den Planwerten ab.
4. Qualitätsprüfungen ergeben, dass sich einige Agents nicht an den Gesprächsleitfaden halten.
5. Die von Thema-TV bereitgestellten Kontaktdaten sind veraltet, sodass eine aufwendige Aktualisierung notwendig ist.
6. Wegen eines Software-Updates stehen die Arbeitsplatz-PCs für eine Stunde nicht zur Verfügung.

11. AUFGABE

Abweichungen im Projekt der Dialogfix GmbH erfordern Steuerungsmaßnahmen. Diese können grundsätzlich unterschieden werden in terminbezogene, kostenbezogene und ergebnisbezogene Steuerungsmaßnahmen. Ordnen Sie die nachfolgenden Situationen den entsprechenden Begriffen zu.

- [ ] Durch eine Optimierung des Anschreibens wird die Kundenresonanz verbessert.
- [ ] Die Zeit zwischen Briefversand und Anruf wird auf 3 Wochen reduziert, um das Projekt schneller abschließen zu können.
- [ ] Die Senkung der Average Handling Time (AHT) ermöglicht die Reduzierung des Personaleinsatzes.
- [ ] Eine Überarbeitung des Gesprächsleitfadens soll die Kundenbedürfnisse besser berücksichtigen.
- [ ] Der Samstag wird als zusätzlicher Anruftag eingeplant, um die Anrufe rascher abarbeiten zu können.

1. Terminbezogen
2. Kostenbezogen
3. Ergebnisbezogen

12. AUFGABE

Im Zusammenhang mit dem Projekt „Thema-TV" sind Sie verantwortlich für Projektstatusberichte. Zu welchem Zeitpunkt werden diese Berichte erstellt?

1. Projektstatusberichte werden immer vor Beginn des Projektes erstellt.
2. Projektstatusberichte können nur nach dem Projektende erstellt werden.
3. Projektstatusberichte werden in regelmäßigen Abständen (von z. B. 1 Woche) während der Projektlaufzeit erstellt.
4. Projektstatusberichte werden generell täglich erstellt.
5. Projektstatusberichte werden nur genau in der Mitte eines Projektes erstellt.

13. AUFGABE

Welche <u>vier</u> Inhalte müssen Sie in den Projektstatusbericht für das Projekt „Thema-TV" aufnehmen?

1. Darstellung der aufgetretenen Abweichungen
2. Nachkalkulation für das Projekt
3. Fertiggestellte und noch zu bearbeitende Arbeitspakete
4. Belege und Quittungen für die Projektabrechnung
5. Adresslisten der Projektmitarbeiter
6. „Lessons learned" für zukünftige Projekte
7. Probleme und unvorhergesehene Entwicklungen
8. Bisher geleistete Projektstunden

14. AUFGABE

Ein für den Projektstatusbericht durchgeführter Soll-Ist-Vergleich liefert folgendes Ergebnis:

Arbeitspakete	Soll-Dauer (Tage)	Ist-Dauer (Tage)
Arbeitspaket 1	6	6
Arbeitspaket 2	7	10
Arbeitspaket 3	1,5	1,5
Arbeitspaket 4	4	2
Arbeitspaket 5	6	8

Ermitteln Sie die Abweichung im Projektfortschritt in Tagen unter der Annahme, dass alle Arbeitspakete unmittelbar aufeinanderfolgen (seriell).

15. AUFGABE

Für den Projektstatusbericht sollen Sie den Soll-Ist-Vergleich der Termine visualisieren. Welche Form müssen Sie wählen, um die Visualisierung möglichst anschaulich zu gestalten?

1. Punktdiagramm
2. Blasendiagramm
3. Kreisdiagramm
4. Balkendiagramm
5. Strichdiagramm

16. AUFGABE

Zum Stichtag haben Sie einen leistungsmäßigen Fertigstellungsgrad des Projekts von 40 % ermittelt. Wie viele Smartcards wurden demnach bereits ausgetauscht?

Situation zu den Aufgaben 17 bis 21:

Für ein Outbound-Projekt zur Kundenrückgewinnung hat die Dialogfix GmbH eine Average Handling Time (AHT) von 4 Minuten eingeplant, für die Projektlaufzeit wurden 40 Arbeitstage veranschlagt.

17. AUFGABE

Ein Soll-Ist-Vergleich nach der 1. Woche der Projektdurchführung ergibt, dass die AHT tatsächlich bei 5 Minuten liegt. Ermitteln Sie, um wie viele Tage sich die Projektlaufzeit bei gleichbleibenden Rahmenbedingungen verlängern wird.

18. AUFGABE ☐

Prüfen Sie, um welche Art von Abweichung es sich bei der verlängerten AHT handelt.

1. Systembedingte Abweichung
2. Unvermeidbare Abweichung
3. Relative Abweichung
4. Quantitative Abweichung
5. Qualitative Abweichung

19. AUFGABE ☐☐

In einem Teammeeting werden mögliche Ursachen für die verlängerte AHT diskutiert. Stellen Sie fest, auf welche zwei Punkte dabei nicht eingegangen werden muss.

1. Der Gesprächsleitfaden ist ungünstig formuliert.
2. Die Kunden haben mehr Fragen als erwartet.
3. Die Erreichbarkeit der Kunden ist niedriger als kalkuliert.
4. Der Servicelevel liegt unter den Erwartungen.
5. Die Projektmitarbeiter sind fachlich nicht ausreichend geschult.
6. Die notwendigen Eintragungen in der Datenbank sind umfangreicher als vermutet.

20. AUFGABE ☐

Der zuständige Projektleiter möchte die ursprünglich vorgesehene Projektlaufzeit dennoch einhalten. Da kein zusätzliches Projektbudget verfügbar ist, soll dies kostenneutral erfolgen. Prüfen Sie, welche Maßnahme vor diesem Hintergrund geeignet ist.

1. Zusätzliche Projektmitarbeiter einstellen
2. Umfang des Gesprächsleitfadens kürzen
3. Erfolgsprämien für eingehaltene AHT einführen
4. Umfangreiche Produktschulungen durchführen
5. Nachbearbeitungszeit verlängern

21. AUFGABE ☐☐☐☐☐☐

Die Dialogfix GmbH betreibt eine systematische Projektsteuerung. Bringen Sie die dazu notwendigen Schritte in die richtige Reihenfolge, indem Sie die Ziffern der Schritte von links nach rechts in die Kästchen eintragen.

1. Korrekturmaßnahmen entwickeln und umsetzen
2. Ist-Werte ermitteln
3. Abweichungsanalyse durchführen
4. Erfolg der Korrekturmaßnahmen überprüfen
5. Soll-Ist-Vergleich durchführen
6. Arbeitspakete starten

Situation zu den Aufgaben 22 bis 32:

Die Dialogfix GmbH soll im Auftrag der Werkstattkette Autoteile Regun AG die Kundenzufriedenheit ermitteln und steigern. Hierzu erfolgt eine Telefonumfrage unter allen 150 000 Kunden, die im letzten Monat eine Werkstatt der Kette besucht haben. Zusätzlich werden in jeder Filiale Plakate mit einer Hotline aufgehängt, unter der sich Kunden mit Kritik oder Lob zu ihrer Filiale melden können. Kunden, die aufgrund einer Unzulänglichkeit der Werkstatt eine besonders schlechte Bewertung abgegeben haben, sollen ein Anschreiben sowie einen Gutschein als Entschuldigung bekommen. Ziel des Projektes ist es, ein Ranking der Filialen bezüglich der Kundenzufriedenheit zu erstellen, um darauf basierend entsprechende Maßnahmen einleiten zu können. Die Dialogfix GmbH und die Autoteile Regun AG planen für das Projekt eine Laufzeit von 4 Wochen und ein Budget von 100 000,00 € ein.

22. AUFGABE
Während der Projektdurchführung kann die Dialogfix GmbH mit unvorhergesehenen Ereignissen konfrontiert werden. Nennen Sie drei Beispiele dafür.

23. AUFGABE
Nennen Sie fünf Möglichkeiten der Dialogfix GmbH, um bei Planabweichungen hinsichtlich der Ressourcen im vorliegenden Projekt gegenzusteuern.

24. AUFGABE
Die Dialogfix GmbH erbringt im vorliegenden Projekt Dienstleistungen, für die generell besondere Herausforderungen bei der Ressourcenplanung gelten. Erläutern Sie, warum gerade Dienstleistungen hohe Planungsherausforderungen beinhalten.

25. AUFGABE
Bei der Ressourcenplanung im vorliegenden Projekt trifft die Dialogfix GmbH darüber hinaus auf Herausforderungen, die für die Callcenterbranche typisch sind. Nennen Sie fünf konkrete branchentypische Herausforderungen.

26. AUFGABE
Die Dialogfix GmbH steuert die Projektdurchführung auch mittels Echtzeitmanagement. Erläutern Sie diesen Begriff und schildern Sie hierzu ein Beispiel.

27. AUFGABE
Bei der Gestaltung der Projektdurchführung durch die Dialogfix GmbH spielt die Auslastung eine wichtige Rolle. Erläutern Sie den Begriff Auslastung anhand eines Beispiels.

28. AUFGABE

Erläutern Sie die Begriffe Überbesetzung und Unterbesetzung sowie deren jeweilige Konsequenzen für das Projekt der Dialogfix GmbH.

29. AUFGABE

Beschreiben Sie zwei mögliche Situationen im vorliegenden Projekt, in denen eine Änderung der Projektplanung durch die Dialogfix GmbH vorgenommen werden müsste.

30. AUFGABE

Abweichungen im Projekt der Dialogfix GmbH erfordern Steuerungsmaßnahmen. Diese können grundsätzlich unterschieden werden in terminbezogene, kostenbezogene und ergebnisbezogene Steuerungsmaßnahmen. Beschreiben Sie hierzu jeweils ein Beispiel.

31. AUFGABE

Im Projekt „Autoteile Regun" werden Sie mit der Erstellung der Projektstatusberichte beauftragt. Nennen Sie fünf wichtige Bestandteile eines solchen Berichtes.

32. AUFGABE

Aus welchen Gründen spielt auch im vorliegenden Projekt der Dialogfix GmbH der Kontakt zum Auftraggeber eine große Rolle? Nennen Sie drei Aspekte.

Situation zu den Aufgaben 33 bis 35:

Die Dialogfix GmbH unterstützt in einem Outbound-Projekt über einen Zeitraum von 2 Wochen den Energieversorger Flatenergie AG beim Vertrieb von Stromlieferverträgen. Die Abrechnung des Projektes zwischen Dialogfix und Flatenergie erfolgt auf Provisionsbasis (siehe Tabelle). Die Mitarbeiter von Dialogfix beziehen ausschließlich ein Festgehalt.

Provisionen Kunde Flatenergie	
Abschluss Stromliefervertrag 1 Jahr	10,00 €
Abschluss Ökostromliefervertrag 1 Jahr	15,00 €
Abschluss Stromliefervertrag 2 Jahre	18,00 €
Abschluss Ökostromliefervertrag 2 Jahre	26,00 €

Aufgrund des nicht zufriedenstellenden Projektverlaufes beschließt die Dialogfix GmbH, am Samstag der ersten Projektwoche ein Team-Event mit integrierter Verkaufsschulung durchzuführen. Hierfür entstehen der Dialogfix GmbH Kosten in Höhe von 3 500,00 €.

33. AUFGABE

Berechnen Sie die Abschlussquote in der ersten Projektwoche.

Monat	Netto-kontakte	Verträge				GESAMT	Abschluss-quote
		Strom 1J	Ökostrom 1J	Strom 2J	Ökostrom 2J		
Woche 1	3088	181	257	168	134		

34. AUFGABE

Berechnen Sie zur Erfolgsprüfung der Verkaufsschulung folgende Kennzahlen für die zweite Woche:

a) Abschlussquote,
b) prozentuale Steigerung der Calls und der Abschlüsse in den einzelnen Vertragsarten.

Monat	Netto-kontakte	Verträge				GESAMT	Abschluss-quote
		Strom 1J	Ökostrom 1J	Strom 2J	Ökostrom 2J		
Woche 2	3489	211	343	237	198		

35. AUFGABE

Weisen Sie rechnerisch nach, dass die Investition in die Verkaufsschulung lohnend war.

Situation zu den Aufgaben 36 bis 40:

Für ein Outbound-Projekt der Dialogfix GmbH, bei dem es um die Rückgewinnung von ehemaligen Abonnenten eines Virenschutzprogrammes geht, wurden u. a. folgende Projektziele festgelegt:

• Datenbestand: 4000 Adressen
• Projektlaufzeit: 20 Arbeitstage
• Ausschöpfungsquote (Nettokontakte): 80 %

Nach 5 Arbeitstagen im Projekt ergibt ein erster Soll-Ist-Vergleich, dass bislang 520 Nettokontakte erzielt wurden.

36. AUFGABE

Ermitteln Sie den zeitlichen Fertigstellungsgrad des Projekts.

37. AUFGABE

Mit welcher tatsächlichen Ausschöpfungsquote ist auf Basis der bisherigen Zahlen zu rechnen?

38. AUFGABE

Bewerten Sie das bisherige Ergebnis des Projekts und geben Sie zwei Ursachen für mögliche Abweichungen an.

39. AUFGABE

Schlagen Sie zwei geeignete Steuerungsmaßnahmen vor, die nun ergriffen werden sollten.

40. AUFGABE

Der Projektleiter möchte für das anstehende Team-Meeting die tatsächliche Ausschöpfungsquote mit einem Diagramm visualisieren. Geben Sie begründet an, welche Diagrammart dafür am besten geeignet ist.

Lösungen zu Kapitel **11**

1. 2, 1, 3, 1, 2, 3
2. 2
3. 1
4. 30000
5. 4
6. 2, 6, 4, 5, 1, 3
7. 1

8. 5
9. 5
10. 2, 5
11. 3, 1, 2, 3, 1
12. 3
13. 1, 3, 7, 8
14. 3 Tage

15. 4
16. 76000
17. 10 Tage
18. 4
19. 3, 4
20. 2
21. 6, 2, 5, 3, 1, 4

22.

Beispiele: Hohes Anrufaufkommen aufgrund eines nicht vorhersehbaren Ereignisses, mehrere Mitarbeiter erkranken aufgrund einer Grippewelle, technischer Ausfall.

23.

Beispiele: Ressourceneinsatz erhöhen, Ressourcen flexibel einsetzen, Effektivität der Ressourcen verbessern, Effizienz der Ressourcen verbessern, Motivation des Personals erhöhen.

24.

Dienstleistungen sind nicht lagerbar, schwer übertragbar und gemeinsam mit dem Kunden zu erbringen. Hieraus ergeben sich für die Ressourcenplanung zahlreiche Herausforderungen.

25.

→ Anrufaufkommen kann Schwankungen unterliegen (Servicelevel ist zu halten).
→ AHT kann Schwankungen unterliegen.
→ Die Planung der Hauptressource Personal enthält quantitative Unsicherheitsfaktoren (z.B. Ausfälle durch Krankheit).
→ Die qualitative Einsetzbarkeit des Personals muss aufwendig verwaltet werden (nicht jeder Agent kann alle Aufgaben im Callcenter übernehmen).
→ Komplexe IT-Systeme sind fehleranfällig.

26.

Echtzeitmanagement bedeutet Disposition im Tagesgeschäft: Durch geeignete Maßnahmen ist auf nicht langfristig planbare Ereignisse zu reagieren.
Beispiel: Erhöht sich aufgrund einer überraschenden Zeitungsmeldung das Anrufvolumen in einem bestimmten Bereich des Callcenters drastisch, sind Agents aus anderen Bereichen abzuziehen, um einen akzeptablen Servicelevel zu halten.

27.

Auslastung ist allgemein das Verhältnis der Nutzung zur Kapazität einer Ressource.
Beispiel: Hat ein Agent eine Kapazität (= Nettoarbeitszeit) von 6 Stunden, allerdings nur eine Produktivzeit (ohne Warte- und Rüstzeiten) von 4,5 Stunden, so beträgt die Auslastungsquote 75 %.

28.

Überbesetzung:

→ Es wurden zu viele Mitarbeiter eingeplant.

→ Es entstehen unnötige Kosten.

→ Mitarbeiter sind nur gering ausgelastet.

→ Die Mitarbeiter sind demotiviert.

Unterbesetzung:

→ Es wurden zu wenige Mitarbeiter eingeplant.

→ Der Servicelevel bzw. die geplante Ausschöpfungsquote kann nicht gehalten werden.

→ Es besteht die Gefahr der Überlastung von Mitarbeitern.

29.

Änderungswunsch des Auftraggebers: Beispielsweise könnte Autoteile Regun wünschen, dass das Projekt auf die Kunden des letzten halben Jahres erweitert wird.

Fehler bei der ursprünglichen Projektplanung: Es wäre möglich, dass die von Autoteile Regun bereitgestellten Kontaktdaten der Kunden nicht aktuell sind und zunächst eine aufwendige Datenaktualisierung durchgeführt werden muss. Diesen Aspekt hatte man bei der ursprünglichen Planung nicht berücksichtigt, man muss nun mit einer erheblich längeren Projektlaufzeit rechnen.

30.

Terminbezogen: Nach 2 Wochen wurden noch nicht genügend Nettokontakte erzielt. Die Projektlaufzeit wird um 1 Woche verlängert.

Kostenbezogen: Das Angebot des vorgesehenen Postdienstleisters ist zu hoch, sodass eine Alternative geprüft werden muss.

Ergebnisbezogen: Durch zusätzliche Schulungen werden die Mitarbeiter auf spezielle Probleme der Kunden von Autoteile Regun vorbereitet.

31.

→ Aktueller Stand der Leistungen/Arbeiten im Projekt

→ Soll-Ist-Vergleiche (Termine, Kosten etc.)

→ Qualitätsanalysen

→ Eingeleitete bzw. zur Entscheidung anstehende Maßnahmen

→ Prognosen für den weiteren Projektverlauf

32.

→ Autoteile Regun fühlt sich durch regelmäßigen Kontakt gut informiert, was für die Dialogfix GmbH positive Auswirkungen auf Folgeaufträge haben kann.

→ Sich abzeichnende Probleme können frühzeitig mit Autoteile Regun besprochen werden.

→ Änderungswünsche von Autoteile Regun können zeitnah berücksichtigt werden.

33.

Gesamtzahl der Abschlüsse: 740

Abschlussquote = 740 : 3088 = 23,96 %

34.

a) Abschlussquote = 989 : 3 489 = 28,35 %

b)

Monat	Netto-kontakte	Strom 1J	Öko-strom 1J	Strom 2J	Öko-strom 2J	GESAMT	Abschluss-quote
			Verträge				
Woche 1	3 088	181	257	168	134	740	23,96 %
Woche 2	3 489	211	343	237	198	989	28,35 %
Veränderung	+ 13,0 %	+ 16,6 %	+ 33,5 %	+ 41,1 %	+ 47,8 %	+ 33,6 %	

35.

Provisionseinnahmen Woche 1: 12 173,00 €

Provisionseinnahmen Woche 2: 16 669,00 €

Steigerung der Provisionseinnahmen: 4 496,00 €

Der Steigerung der Provisionseinnahmen in Höhe von 4 496,00 € standen Kosten in Höhe von 3 500,00 € entgegen, sodass es sich bei der Verkaufsschulung um eine lohnende Investition handelte.

36.

Der zeitliche Fertigstellungsgrad liegt bei 25 % (5 Tage von 20 Tagen vergangen).

37.

Hochgerechnet auf die Projektlaufzeit (bislang 25 % verstrichen) ist mit 2 080 Nettokontakten zu rechnen. Dies entspricht einer tatsächlichen Ausschöpfungsquote von 52 % (2 080 · 100 : 4 000).

38.

Die tatsächliche Ausschöpfungsquote liegt mit 52 % deutlich unter Plan (80 %), es wurden 280 Nettokontakte zu wenig erzielt (800 Soll – 520 Ist). Mögliche Ursachen sind z. B. schlechtes Adressmaterial (viele Dubletten, fehlerhafte Datensätze etc.), eine zu geringe Erreichbarkeit der Zielgruppe (evtl. falsche Uhrzeit beim Anruf) oder auch zu lange Gesprächszeiten.

39.

Eine Optimierung des Gesprächsleitfadens kann zu einer Verkürzung der Gesprächszeit führen. Nach einer Analyse der tatsächlichen Erreichbarkeit können die Anrufzeiten optimiert werden. Möglicherweise kann auf zusätzliches Adressmaterial zurückgegriffen werden.

40.

Um Anteile an einer Gesamtheit (hier: erzielte Nettokontakte) darzustellen, ist das Kreisdiagramm am besten geeignet.

12 Projektcontrolling

Situation zu den Aufgaben 1 bis 5:
Die Dialogfix GmbH wird vom Pay-TV-Sender „Thema-TV" mit dem Projekt „Umstellung des Verschlüsselungssystems" beauftragt. Den 200 000 Abonnenten soll eine neue Berechtigungskarte (Smartcard) mit der Bitte zugesandt werden, mit dieser Smartcard die alte Karte im Receiver zu ersetzen und die alte Karte in einem Freiumschlag zurückzusenden. Alle Kunden, deren alte Karte nach 4 Wochen noch nicht vorliegt, sollen telefonisch kontaktiert werden. Gleichzeitig wird eine Hotline geschaltet, die Kundenanfragen im Zusammenhang mit dem Kartentausch beantworten kann. Nach einer Projektlaufzeit von 3 Monaten sollen 95 % aller Smartcards ausgetauscht sein. Die Dialogfix GmbH stellt ein Team unter der Führung eines erfahrenen Projektleiters zusammen, der über ein Budget von 100 000,00 € verfügen kann.

1. AUFGABE

Im Rahmen des Projektcontrollings zu dem beschriebenen Vorhaben muss die Dialogfix GmbH bestimmen, wie die Informationsversorgung erfolgen soll. Ordnen Sie die nachstehenden Beschreibungen den korrekten Fragewörtern zu, indem Sie die passenden Ziffern in die Kästchen eintragen.

☐ Wer erhält?
☐ Wer erstellt?
☐ Was?
☐ Wie?
☐ Wann?

1. Inhalte der Informationsversorgung
2. Verantwortlicher für die Gewinnung, Aufbereitung und Verteilung der Informationen
3. Informationsempfänger
4. Informationszeitpunkte
5. Art der Gewinnung, Aufbereitung und Verteilung der Informationen

2. AUFGABE

☐

Die Kennzahlen im Projekt der Dialogfix GmbH erfüllen auch eine Anreizfunktion. Welche der nachstehenden Aussagen beschreibt diese Funktion korrekt?

1. Kennzahlen haben nur dann Auswirkungen auf die Motivation der Mitarbeiter, wenn sie unmittelbar mit Anreizen durch Geldzahlungen verbunden sind.
2. Durch Kennzahlen können Erfolge belegt werden, was sich positiv auf den Ruf der Beteiligten auswirkt.
3. Die Motivation zur Erreichung von Projektzielen wird durch Kennzahlen gesteigert, weil sich die Beteiligten darüber bewusst sind, dass ihre Arbeitsergebnisse gemessen werden.
4. Kennzahlen helfen den Entscheidungsträgern, im Bedarfsfall schnell einzugreifen.
5. Kennzahlen ermöglichen es, ohne Detailkenntnisse einen schnellen Überblick über den Verlauf des Projektes zu bekommen.

3. AUFGABE ☐☐

Nach 1 Monat Projektlaufzeit stellt sich heraus, dass erst 20 % der Kunden zum Austausch der Smartcard bewegt werden konnten. Prüfen Sie, welche <u>zwei</u> Maßnahmen dazu geeignet sind, diese Zahl im Sinne des Projektziels zu erhöhen.

1. Anrufzeiten reduzieren
2. Personaleinsatz senken
3. Gesprächsleitfaden optimieren
4. AHT verringern
5. Nur weibliche Agents einsetzen
6. Erfolgsprämie einführen

4. AUFGABE

Zum Ende des vorliegenden Projekts nimmt die Dialogfix GmbH einige abschließende Schritte vor. Ordnen Sie die nachstehenden Beschreibungen den jeweiligen Schritten zu, indem Sie die passenden Ziffern in die Kästchen eintragen.

☐ Abschlusspräsentation

☐ Abnahme

☐ Abschlussbesprechung (Projektreview)

☐ Abschlussbericht (Projektreport)

☐ Auflösung des Projektteams

1. Der Projektleiter nimmt mit dem Projektteam eine Rückschau des Projektverlaufs, aber auch eine Vorschau auf etwaige zukünftige Aktionen vor und berücksichtigt dabei, welche Punkte im abgeschlossenen Projekt gut gelaufen sind und welche Punkte verbesserungswürdig sind.
2. Dem Kunden (bzw. der eigenen Unternehmensleitung oder anderen Projektteams) wird das Projektergebnis vorgestellt.
3. Die Projektmitarbeiter erhalten neue Aufgaben.
4. Der Auftraggeber nimmt das Projektergebnis offiziell ab, er bestätigt also, dass er mit dem Projektergebnis zufrieden ist.
5. Der Projektleiter trägt alle erheblichen Informationen über den Projektverlauf und das Projektergebnis zusammen.

5. AUFGABE ☐☐

Im Nachgang des Projekts sind Sie mit der Erstellung des Projektabschlussberichts an den Auftraggeber „Thema TV" betraut. Welche <u>zwei</u> der folgenden Punkte gehören <u>nicht</u> in diesen hinein?

1. Bestandsaufnahme der Zielerreichung (Soll-Ist-Vergleich hinsichtlich Ergebnisqualität, Zeiteinhaltung und Kosten)
2. Ursprüngliche Unterlagen des Projektauftrages

3. Abweichungsanalyse (Gründe für die Soll-Ist-Abweichungen)
4. Planungsunterlagen (Strukturpläne, Balkenpläne)
5. Interne Kosten- und Abrechnungskalkulation
6. Erläuterung von Spannungen innerhalb des Projektteams

Situation zu den Aufgaben 6 bis 9:
Die Dialogfix GmbH erhält von dem Elektronikversandhaus DigiTech GmbH den Auftrag, alle Kunden telefonisch zu kontaktieren, die in den letzten 3 Monaten keine Bestellung aufgegeben haben.

6. AUFGABE

Zur Überwachung des Projektablaufs planen Sie verschiedene Maßnahmen. Welche der nachstehenden Maßnahmen ist nicht zur Projektüberwachung geeignet?

1. Den kritischen Pfad im Projektverlauf überwachen
2. Mystery Calls einsetzen
3. Energiekosten senken
4. Average Handling Time regelmäßig prüfen
5. Personaleinsatzplanung prüfen

7. AUFGABE

Die DigiTech GmbH möchte in regelmäßigen Abständen über den Verlauf des Projekts informiert werden. Stellen Sie fest, welche Art von Bericht dafür geeignet ist.

1. Projektsonderbericht
2. Projektstatusbericht
3. Projektabschlussbericht
4. Projektreviewbericht
5. Projektstandardbericht

8. AUFGABE

Durch die Überwachung des Projektablaufs gewinnen Sie Erkenntnisse, die ein Eingreifen erforderlich machen. In welchem der nachstehenden Fälle kann durch Schulungsmaßnahmen eine nachhaltige Verbesserung erzielt werden?

1. Durch ungünstige Wetterbedingungen erscheinen zahlreiche Mitarbeiter verspätet.
2. Zahlreiche Mitarbeiter sind erkrankt, wodurch der Personaleinsatzplan gefährdet ist.
3. Durch politische Entscheidungen sinkt die Konsumfreude der Kunden.
4. Aufgrund eines technischen Defekts der Stadtwerke fällt der Strom aus.
5. Die Kennzahl Average Handling Time (AHT) überschreitet den Soll-Wert deutlich.

9. AUFGABE

Durch welche Kennzahl kann der Erfolg des oben beschriebenen Projektes gemessen werden?

1. Anzahl aller Calls
2. Anzahl der Kunden, die nach dem Telefonat eine Bestellung bei DigiTech aufgeben
3. Anzahl der erreichten Kunden
4. Anzahl der Kunden, die im Telefonat angeben, wieder bei DigiTech zu kaufen
5. Anzahl der beschäftigten Agents

Situation zu den Aufgaben 10 bis 13:

Die KommunikativAktiv KG hat für die Digital-Press-Distribution AG ein Projekt durchgeführt, in dem es um den Verkauf von digitalen Zeitungsabonnements ging. Sie haben den Auftrag, die Abrechnung und die Projektstatistik zu erstellen. Folgende Daten liegen Ihnen vor:

- Durchgeführte Calls: 15 610
- Erzielte Abonnementverträge: 2 800
- Geleistete Agentstunden: 3 200
- Tatsächliche Projektkosten: 65 562,00 €

10. AUFGABE

Ermitteln Sie für dieses Projekt die Kosten pro Call.

11. AUFGABE

Ermitteln Sie für dieses Projekt die Kosten pro Agentstunde.

12. AUFGABE

Mit dem Auftraggeber war vereinbart, dass in diesem Projekt ein Gesamtumsatz von 80 000,00 € erzielt werden soll. Wie hoch muss der Umsatz pro Abschluss mindestens sein, um diese Vorgabe einzuhalten?

13. AUFGABE

Die KommunikativAktiv KG hat für den Abschlussbericht einige Projektkennzahlen aufbereitet. Prüfen Sie, welche Kennzahl davon für den Auftraggeber nicht bedeutsam ist.

1. Erzielte Nettokontakte
2. Stornoquote
3. Personalkostenquote
4. Erfolgsquote
5. Erreichbarkeit

> *Hinweis:*
> - Die Inhalte der Aufgaben 14 bis 23 sind bei der Abschlussprüfung KDM dem Themengebiet „Kaufmännische Steuerung und Kontrolle" zugeordnet und werden dort als offene Fragen abgeprüft.

> *Situation zu den Aufgaben 14 bis 23:*
> Die Dialogfix GmbH plant die Übernahme eines Wettbewerbers, der LiveMarketing GmbH. Die Dialogfix GmbH stellt ein Team zusammen, das sich intensiv mit dem Rechnungswesen der LiveMarketing GmbH befasst, um so einen umfassenden Einblick in die Finanz-, Vermögens- und Ertragslage zu gewinnen.

14. AUFGABE

Das Rechnungswesen erfüllt verschiedene Aufgaben, die sich in vier Hauptkategorien gliedern lassen. Ordnen Sie die nachstehenden Beschreibungen der korrekten Kategorie zu, indem Sie die passenden Ziffern in die Kästchen eintragen.

☐ Dokumentationsaufgaben

☐ Rechenschaftslegungs- und Informationsaufgaben

☐ Kontrollaufgaben

☐ Dispositionsaufgaben

1. Bereitstellung von Zahlenmaterial als Entscheidungsgrundlage
2. Zeitlich und sachlich geordnete Aufzeichnung aller Geschäftsfälle
3. Aufbau eines aussagefähigen finanziellen Informations- und Überwachungssystems
4. Einhaltung gesetzlicher Vorschriften und Datenversorgung interessierter/berechtigter Externer

15. AUFGABE

Das Rechnungswesen kann in vier sich ergänzende Aufgabenbereiche gegliedert werden. Ordnen Sie die nachstehenden Beschreibungen den richtigen Aufgabenbereichen zu, indem Sie die passenden Ziffern in die Kästchen eintragen.

☐ Buchführung

☐ Kosten- und Leistungsrechnung

☐ Statistik

☐ Planungsrechnung

1. Auswertung innerbetrieblicher Daten zur Erstellung von Einzelplänen
2. Ermittlung des Erfolgs aus dem Verkauf der Callcenter-Dienstleistungen
3. Erfüllung gesetzlicher Vorgaben, Gewinnermittlung
4. Sammlung betrieblicher und externer Daten zur Entscheidungsvorbereitung

16. AUFGABE

Welcher der folgenden Punkte ist <u>keine</u> Aufgabe der Buchführung im Callcenter?

1. Bestimmung des Vermögens und der Schulden
2. Festlegung der Abrechnungsarten und -preise für Dienstleistungsaufträge
3. Bereitstellung der Grundlage zur Berechnung der Steuern
4. Ermittlung des Erfolges (Gewinn oder Verlust) durch Gegenüberstellung von Aufwendungen und Erträgen
5. Ermittlung des Erfolges (Gewinn oder Verlust) durch Vermögensvergleich

17. AUFGABE

Wo sind die Grundsätze ordnungsmäßiger Buchführung (GoB) festgelegt?

1. Die GoB sind allgemein anerkannte Normen, sie sind nicht in einem Gesetz definiert.
2. Im Handelsgesetzbuch
3. In der Abgabenordnung
4. Im Gewerbesteuergesetz
5. Im GmbH-Gesetz

18. AUFGABE

Welcher der nachstehenden Sätze zu Inventur und Inventar ist korrekt?

1. Die Inventur ist die Bestandsaufnahme des Inventars, d. h. aller Vermögensgegenstände für einen bestimmten Zeitraum.
2. Die Inventur ist die Bestandsaufnahme des Inventars, d. h. aller Schulden für einen bestimmten Zeitraum.
3. Die Inventur ist die Bestandsaufnahme des Inventars, d. h. aller Vermögensgegenstände und Schulden zu einem bestimmten Zeitpunkt.
4. Als Inventar bezeichnet man die Schulden eines Unternehmens.
5. Das Inventar umfasst nur Sachvermögen, die Inventur umfasst auch andere Vermögensgegenstände wie z. B. Rechte.

19. AUFGABE

Welche der nachstehenden Formeln gibt die Berechnung des Eigenkapitals wieder?

1. Eigenkapital = Schulden − Vermögen
2. Eigenkapital = Fremdkapital − Vermögen
3. Eigenkapital = Bankbestand + Kassenbestand
4. Eigenkapital = Vermögen − Schulden
5. Eigenkapital = Bankbestand + Kassenbestand + Forderungen

20. AUFGABE

Welche Aussage über die Anordnung von Aktiva und Passiva ist vollständig richtig?

1. Auf der linken Seite der Bilanz stehen die Aktiva (= Vermögen), auf der rechten Seite die Passiva (= Schulden und Eigenkapital).
2. Auf der linken Seite der Bilanz stehen die Passiva (= Schulden und Eigenkapital), auf der rechten Seite die Aktiva (= Vermögen).
3. Auf der linken Seite der Bilanz stehen die Aktiva (= Schulden und Eigenkapital), auf der rechten Seite die Passiva (= Vermögen).
4. Auf der linken Seite der Bilanz stehen die Passiva (= Schulden und Eigenkapital), auf der rechten Seite die Aktiva (= Schulden).
5. Auf der linken Seite der Bilanz stehen die Aktiva (= Vermögen und Eigenkapital), auf der rechten Seite die Passiva (= Schulden).

21. AUFGABE

Im Rahmen der Buchhaltung wird zwischen externen und internen Belegen unterschieden. Stellen Sie fest, wobei es sich um einen internen Beleg handelt.

1. Eingangsrechnung der Meiligum KG
2. Steuerbescheid des letzten Jahres
3. Quittung für gezahlten Vorschuss
4. Kontoauszug der Postbank
5. Bewirtungsbeleg Betriebsausflug

22. AUFGABE

Welche Definition des Begriffs Erfolgskonten ist richtig?

1. Erfolgskonten sind nur die Ertragskonten.
2. Erfolgskonten geben nur den Gewinn eines Unternehmens an, nicht den Verlust.
3. Erfolgskonten sind Aufwands- und Ertragskonten.
4. Erfolgskonten sammeln die Umsatzerlöse eines Unternehmens.
5. Erfolgskonten nehmen nur die Mehrungen des Eigenkapitals auf.

23. AUFGABE

Welche Aussage zur Umsatzsteuer ist zutreffend?

1. Die vereinnahmte Umsatzsteuer hat für das Unternehmen keinen Aufwandscharakter, es handelt sich lediglich um eine Forderung an das Finanzamt.
2. Die gezahlte Vorsteuer hat für das Unternehmen keinen Aufwandscharakter, es handelt sich lediglich um eine Verbindlichkeit gegenüber dem Finanzamt.
3. Die gezahlte Vorsteuer hat für das Unternehmen Aufwandscharakter und ist entsprechend in der GuV-Rechnung auszuweisen.
4. Die gezahlte Vorsteuer hat für das Unternehmen keinen Aufwandscharakter, es handelt sich lediglich um eine Forderung an das Finanzamt.
5. Die vereinnahmte Umsatzsteuer hat für das Unternehmen Aufwandscharakter und ist entsprechend in der GuV-Rechnung auszuweisen.

Die Dialogfix GmbH soll im Auftrag der Werkstattkette Autoteile Regun AG die Kundenzufriedenheit ermitteln und steigern. Hierzu erfolgt eine Telefonumfrage unter allen 150 000 Kunden, die im letzten Monat eine Werkstatt der Kette besucht haben. Zusätzlich werden in jeder Filiale Plakate mit einer Hotline aufgehängt, unter der sich Kunden mit Kritik oder Lob zu ihrer Filiale melden können. Kunden, die aufgrund einer Unzulänglichkeit der Werkstatt eine besonders schlechte Bewertung abgegeben haben, sollen ein Anschreiben sowie einen Gutschein als Entschuldigung bekommen. Ziel des Projektes ist es, ein Ranking der Filialen bezüglich der Kundenzufriedenheit zu erstellen, um darauf basierend entsprechende Maßnahmen einleiten zu können. Einmalig unzufriedene Kunden sollen über den Gutschein den Kontakt zu ihrer Filiale nicht verlieren und als Kunden erhalten bleiben. Die Dialogfix GmbH und die Autoteile Regun AG planen für das Projekt eine Laufzeit von 4 Wochen und ein Budget von 100 000,00 € ein.

24. AUFGABE
Im Rahmen des Projektcontrollings hat die Dialogfix GmbH festzulegen, wie die Informationsversorgung während des Projektes erfolgen soll. Nennen Sie mindestens vier Aspekte, die hierbei zu bestimmen sind.

25. AUFGABE
Die Dialogfix GmbH verwendet zur Analyse des vorgestellten Projektes u. a. Beziehungskennzahlen, Gliederungskennzahlen und Indexkennzahlen. Erläutern Sie diese unterschiedlichen Kennzahlenarten und nennen Sie jeweils ein Beispiel.

26. AUFGABE
Die von der Dialogfix GmbH im vorliegenden Projekt verwendeten Kennzahlen erfüllen u. a. eine Marketingfunktion und eine Anreizfunktion. Erläutern Sie die Bedeutung dieser beiden Begriffe an jeweils einem konkreten Beispiel aus dem Bereich des Callcenters.

27. AUFGABE
Zum Ende des vorliegenden Projektes hat die Dialogfix GmbH einige abschließende Schritte vorzunehmen. Nennen und erläutern Sie fünf mögliche Bestandteile des Projektabschlusses.

28. AUFGABE
Die Dialogfix GmbH veranstaltet zum Abschluss des vorliegenden Projektes eine Feedbackrunde. Formulieren Sie fünf allgemeine Fragen zum Projektverlauf und -ergebnis, die in einer solchen Feedbackrunde gestellt werden können.

29. AUFGABE

Die Dialogfix GmbH erstellt zu dem vorliegenden Projekt einen Abschlussbericht. Nennen Sie sechs mögliche Bestandteile des Abschlussberichts eines Projektes.

Situation zu den Aufgaben 30 bis 32:

Die Ellisec Versicherungs AG erteilt der Dialogfix GmbH den Auftrag, in einem Zeitraum von 10 Tagen eine Kundenzufriedenheitsumfrage bei 5000 Kunden durchzuführen. Die Ausschöpfungsquote liegt bei 91 %. Ein Agent erreicht durchschnittlich 5 Kunden pro Stunde und führt dann je ein durchschnittlich 8 Minuten langes Gespräch. Die Nachbereitungszeit beträgt 1 Minute. Die Agents haben eine tägliche Arbeitszeit von 7 Stunden.

---

30. AUFGABE

Wie viele Nettokontakte sind über das gesamte Projekt zu erwarten?

31. AUFGABE

Wie viele Agents sind für das beschriebene Projekt von der Dialogfix GmbH einzuplanen?

32. AUFGABE

Wie viele Agents sind zusätzlich einzuplanen, wenn man beim Personal eine Ausfallquote von 23 % berücksichtigen muss?

Situation zu den Aufgaben 33 bis 48:

Die Dialogfix GmbH hat von dem Autohersteller Lepo AG einen neuen Auftrag erhalten. Lepo bietet ihren Kunden für alle Fahrzeuge des nicht mehr produzierten Modells Lepo Delta einen Pannenservice zum Preis von 30,00 € pro Jahr sowie einen Pannenservice Plus (mit Mobilitätsgarantie) für 48,00 € pro Jahr an. Die am 01.01. (Projektbeginn) vorliegende Zahl von 80000 laufenden Verträgen soll innerhalb des Jahres deutlich erhöht werden. Zielsetzung ist es, die Zahl der Verträge bis zum 31.12. (Projektende) auf 200000 zu steigern. Der Dialogfix GmbH liegen 300000 Kundenadressen von Fahrern eines Lepo Delta vor. Die Adressen hat die Lepo AG über die eigene Vertriebsorganisation ermittelt. Die Agents der Dialogfix GmbH erhalten pro abgeschlossenen Vertrag eine Provision von zwei Monatsbeiträgen. Das Projektbudget für Provisionen beträgt insgesamt 780000,00 €.

Der Zwischenbericht zum Projekt „Aktion Mobilitätsgarantie" vom 31. Mai enthält folgende Informationen:

> Bisher wurden auf Grundlage des Adressmaterials 44 564 Anwahlversuche durchgeführt, wovon 21 356 Kunden auch tatsächlich erreicht wurden. Von diesen 21 356 Gesprächen müssen 3 063 bei der Ermittlung der Erfolgsquote bereinigt werden, z. B. weil das Auto bereits verkauft wurde. Insgesamt sind bisher 9 807 neue Verträge abgeschlossen worden. Hierfür wurden 59 856,00 € an Provisionen an die Agents ausgezahlt.

33. AUFGABE
Geben Sie in Prozent an, wie viel Projektzeit schon vergangen ist (gehen Sie vereinfacht von 20 Arbeitstagen pro Monat aus, die gleichmäßig über das Jahr verteilt sind).

34. AUFGABE
Ermitteln Sie den Anteil der bisher getätigten Anwahlversuche am relevanten Adressbestand in Prozent. Berücksichtigen Sie, dass der relevante Adressbestand sich aus den gesamten vorliegenden Adressen abzüglich der Zahl der bereits bestehenden Verträge ergibt.

35. AUFGABE
Bewerten Sie die zuvor ermittelte Zahl u. a. durch Vergleich mit anderen Zwischenergebnissen und nennen Sie zwei mögliche Gründe für das vorliegende Ergebnis. Machen Sie dem Projektleiter zwei Vorschläge, wie er im weiteren Projektverlauf die Kennzahl beeinflussen kann.

36. AUFGABE
Ermitteln Sie den Anteil der Nettokontakte an den Anwahlversuchen in Prozent.

37. AUFGABE
Bewerten Sie die zuvor ermittelte Zahl und nennen Sie zwei mögliche Gründe für das vorliegende Ergebnis.

38. AUFGABE
Machen Sie dem Projektleiter zwei Vorschläge, wie er im weiteren Projektverlauf den Anteil der Nettokontakte an den Anwahlversuchen erhöhen kann.

39. AUFGABE
Geben Sie an, wie viel Prozent der bis zum Berichtszeitpunkt geplanten Abschlüsse tatsächlich getätigt wurden.

40. AUFGABE

Errechnen Sie den Anteil der bisher erzielten Abschlüsse an den erwarteten Gesamt-
abschlüssen während der Projektlaufzeit.

41. AUFGABE

Ermitteln Sie die Erfolgsquote.

Situation zu den Aufgaben 42 bis 45

Sie haben den Auftrag, für eine regionale Tageszeitung das Projekt „Kündiger-
Rückgewinnung" durchzuführen. Für das 4-wöchige Projekt kalkulieren Sie mit
7 Agents. Dabei stehen Ihnen 5 Agents je 40 Stunden/Woche und 2 Agents je
20 Stunden/Woche zur Verfügung. Gearbeitet wird an 5 Tagen pro Woche. Vorab erhalten die Agents am Arbeitsplatz eine 8-stündige Projekteinweisung von
einem externen Trainer. Der vereinbarte Festpreis mit der Tageszeitung liegt bei
22 000,00 €, die Kosten je Agentenstunde betragen 15,20 €, die Arbeitsplatzkosten je Stunde 1,36 €. Die Kosten für den externen Trainer belaufen sich auf 30,00
€ je Stunde. Arbeitsplatzkosten fallen für den Trainer nicht an.

---

42. AUFGABE

Ermitteln Sie die operativen Gesamtkosten.

43. AUFGABE

Ermitteln Sie den Handlungsgemeinkostenzuschlagssatz, wenn die Handlungsgemeinkosten 2548,32 € betragen.

44. AUFGABE

Berechnen Sie die Selbstkosten des Projekts.

45. AUFGABE

Ermitteln Sie den Gewinn/Verlust des Projekts (in € und in %).

Situation zu den Aufgaben 46 bis 51:

Für ein Outbound-Projekt der Dialogfix GmbH sollen 1 500 Calls getätigt werden.
Die Projektdauer beträgt 1 Woche (Servicezeit Montag bis Freitag von 9 bis
12 Uhr).

---

46. AUFGABE

Erfahrungsgemäß beträgt die Average Handling Time (AHT) bei vergleichbaren Outbound-Projekten 12 Minuten. Ein Mitarbeiter schafft pro Stunde durchschnittlich 4 Gespräche, die Restzeit betrifft Pausen und sonstige unproduktive Tätigkeiten. Wie viele Mitarbeiter werden zur Durchführung des Projektes benötigt?

47. AUFGABE

Ermitteln Sie die Kosten je Call und die Gesamtkosten des Projektes, wenn pro Mitarbeiterstunde ein Gesamtkostensatz von 24,00 € anzusetzen ist.

48. AUFGABE

Nach einem Tag und entsprechend 75 Mitarbeiterstunden wurden 267 Calls geführt. Die folgende Tabelle zeigt die geplanten Kosten und die Ist-Kosten zu diesem Zeitpunkt:

	Geplante Kosten	Ist-Kosten
Agentkosten	1 110,00 €	1 170,00 €
+ Teamleiterkosten	200,00 €	170,00 €
= Summe Personalkosten		
+ Arbeitsplatzkosten	320,00 €	405,00 €
+ Porto- und Materialkosten	170,00 €	190,00 €
= Gesamtkosten		

Ergänzen Sie die Tabelle und ermitteln Sie die absoluten und relativen Abweichungen (in Prozent) zwischen den Planwerten und den Ist-Werten.

49. AUFGABE

Berechnen Sie die Ist-Gesamtkosten pro Agentstunde und die Ist-Kosten je Call nach einem Tag.

50. AUFGABE

Bewerten Sie die Zahl der nach einem Tag durchgeführten Calls. Schlagen Sie bei Bedarf geeignete Maßnahmen für die restliche Projektlaufzeit vor.

51. AUFGABE

Am zweiten Tag melden sich 3 der eingeplanten Mitarbeiter für den Rest der Woche krank, ein kurzfristiger Ersatz kann nicht beschafft werden. Ermitteln Sie die Zielabweichung in Calls am Ende der Projektlaufzeit, wenn die restlichen Mitarbeiter ab dem zweiten Tag ihr Call-Soll einhalten.

Situation zu den Aufgaben 52 bis 57:

Die Dialogfix GmbH möchte 4 000 Neukunden für eine hochwertige Software ge-winnen. Dazu kauft das Unternehmen 80 000 Adressdaten von einem Adress-dienst ein. Es handelt sich hierbei um Abonnenten eines digitalen E-Papers mit den Schwerpunkten Computer-Hardware, Software und Cloud-Computing. Eine Adresse kostet 0,35 €. Die Laufzeit des Projekts beträgt 8 Monate und kann nicht verlängert werden. Das Projektbudget von 400 000,00 € darf nicht überschritten werden. Im Rahmen des Projektcontrollings sollen Sie nach 1 Monat einen Soll-Ist-Vergleich durchführen. Folgende Projektstatistik liegt Ihnen vor:

Gesamtzahl Adressen	80 000
Getätigte Anrufe	9 864
Erzielte Nettokontakte	6 958
Erfolgreiche Gesprächsergebnisse	265
Kosten (Gesamtkosten) je Produktivstunde pro Agent	14,50 €
Eingesetzte Agents	20
Durchschnittliche Produktivstunden je Agent	140

52. AUFGABE

Ermitteln Sie, wie viel Prozent der Projektlaufzeit bereits verbraucht sind.

53. AUFGABE

Wie viel Prozent der insgesamt angestrebten Nettokontakte wurden bislang erzielt?

54. AUFGABE

Wie viel Prozent der insgesamt angestrebten Neukundenmenge wurden bislang erzielt?

55. AUFGABE

Berechnen Sie, wie viel Prozent des Budgets bislang verbraucht wurden. Gehen Sie da-von aus, dass sich die Kosten der Adressbeschaffung gleichmäßig auf die Projektlaufzeit verteilen.

56. AUFGABE

Führen Sie einen Soll-Ist-Vergleich mit den in den Aufgaben 53 bis 55 ermittelten pro-zentualen Ergebnissen durch. In welchem Bereich müssen Sie die größte Abweichung feststellen? Schlagen Sie begründet drei Maßnahmen vor, mit denen Sie gezielt diesen Bereich verbessern können.

Lösungen zu Kapitel **12**

1.	3, 2, 1, 5, 4	**9.**	2	**17.**	1
2.	3	**10.**	4,20 €	**18.**	3
3.	3, 6	**11.**	20,49 €	**19.**	4
4.	2, 4, 1, 5, 3	**12.**	28,57 €	**20.**	1
5.	5, 6	**13.**	3	**21.**	3
6.	3	**14.**	2, 4, 3, 1	**22.**	3
7.	2	**15.**	3, 2, 4, 1	**23.**	4
8.	5	**16.**	2		

24.
→ Welche Inhalte sind zu erstellen?
→ Wer erstellt und verteilt die Informationen?
→ Wie werden die Informationen aufbereitet/verteilt?
→ Wann werden die Informationen erstellt?
→ Wer erhält die Informationen?

25.
→ **Beziehungskennzahlen** geben das Verhältnis zweier verschiedenartiger Zahlen-
  werte zueinander an (z. B. Anzahl eingehender Telefonate zu Anzahl vollbeschäftig-
  ter Agents = Pro-Kopf-Leistung).
→ **Gliederungskennzahlen** ermitteln eine Quote zwischen zwei gleichartigen
  Zahlenwerten (z. B. Personalkosten zu Gesamtkosten = Personalkostenquote).
→ **Indexkennzahlen** geben das Verhältnis zweier gleichartiger Zahlenwerte zu
  unterschiedlichen Zeitpunkten wieder (z. B. Personalkosten laufendes Jahr zu
  Personalkosten Vorjahr = Personalkostenentwicklung).

26.
→ **Marketingfunktion:** Erfolge können belegt werden und erhöhen somit die Reputa-
  tion der Projektbeteiligten. Beispiel: In einem Outbound-Team wurde im letzten
  Monat eine sehr gute Erfolgsquote erzielt. Das Team erarbeitet sich so einen guten
  Ruf bei der Unternehmensführung und wird bei späteren Maßnahmen bevorzugt.
→ **Anreizfunktion:** Ergebnisse spornen an. Die Motivation zur Erreichung der Ziele
  wird durch Kennzahlen gesteigert. Beispiel: Nachdem gegenüber dem Vormonat
  eine Steigerung der Erfolgsquote um 5 Prozentpunkte erreicht wurde, ist das Team
  motiviert, auch im nächsten Monat die Quote weiter zu steigern.

27.
→ Abschlusspräsentation: Dem Kunden (bzw. der eigenen Unternehmensleitung oder
  anderen Projektteams) wird das Projektergebnis vorgestellt.
→ Abnahme: Der Auftraggeber nimmt das Projektergebnis offiziell ab, er bestätigt
  also, dass er mit dem Projektergebnis zufrieden ist.
→ Abschlussbesprechung (Feedbackrunde, Projektreview): Der Projektleiter nimmt mit
  dem Projektteam eine Rückschau des Projektverlaufs, aber auch eine Vorschau auf

etwaige zukünftige Aktionen vor und berücksichtigt dabei, welche Punkte im abge-
schlossenen Projekt gut gelaufen sind und welche Punkte verbesserungswürdig sind.
→ Abschlussbericht: Der Projektleiter trägt alle erheblichen Informationen über den
  Projektverlauf und das Projektergebnis zusammen.
→ Auflösung des Projektteams: Die Projektmitarbeiter erhalten neue Aufgaben.

28.
→ In welchem Maße wurden die vereinbarten Ziele hinsichtlich Zeit, Kosten und
  Qualität erreicht?
→ Was waren die Gründe für das Nichterreichen bzw. die Überschreitung von Zielen?
→ Was lief in den Augen aller Beteiligten gut und was müsste verbessert werden?
→ Was ist den Projektbeteiligten im Projektverlauf aufgefallen?
→ Welche Empfehlungen kann das Projektteam für Folgeprojekte geben?

29.
Projektauftrag, Planungsunterlagen (Projektstrukturplan bis Kostenplan), Bestandsaufnahme der Zielerreichung (Soll-Ist-Vergleich hinsichtlich Ergebnisqualität, Zeiteinhaltung und Kosten), Abweichungsanalyse (Gründe für die Soll-Ist-Abweichungen),
abgeleitete Empfehlungen (auch für zukünftige Projekte), Nachkalkulation (Vergleich
Projektgesamtkosten mit Budget).

30.
$5\,000 \cdot 0{,}91 = 4\,550$ Nettokontakte

31.
$4\,550$ Nettokontakte : 10 Tage : 7 Stunden : 5 Gespräche = 13 Agents
Die Angabe der AHT spielt keine Rolle, es zählt lediglich die Anzahl der pro Stunde rea-
lisierbaren Nettokontakte pro Agent (= 5).

32.
$13 : 77\,\% = 16{,}88 = 17$ Agents
$17 - 13 = 4$ Agents mehr

33.
5 Monate : 12 Monate = 41,67 %

34.
Relevante Adressen = 300 000 Gesamtadressen – 80 000 bereits laufende Verträge =
220 000
44 564 Anwahlversuche : 220 000 relevante Adressen = 20,26 %

35.
Obwohl schon über 40 % der Projektlaufzeit vergangen sind, wurden erst 20,26 % des
relevanten Adressbestandes angewählt. Es wird also zu langsam gearbeitet. Gründe
hierfür können zu geringe Kapazitäten (z. B. zu wenig besetzte Arbeitsplätze) oder eine
zu lange AHT (was zu weniger Gesprächen pro Stunde führt) sein. Der Projektleiter sollte

zunächst die AHT bzw. die Anzahl der Gespräche pro Stunde überprüfen und dann ggf. durch geeignete Maßnahmen (Trainings, Gesprächsleitfaden, Prozessoptimierungen) die AHT reduzieren. Gegebenenfalls müssen die Ressourcen erhöht werden, also die Arbeitszeit verlängert oder neues Personal eingestellt werden.

36.
21 356 Nettokontakte : 44 564 Anwahlversuche = 47,92 % Nettokontakte

37.
Mehr als die Hälfte der Anwahlversuche führt nicht zu einem Nettokontakt. Dies kann z. B. an der schlechten Qualität der Adressen liegen (z. B. veralteter Datenbestand) oder an einer ungünstigen Anrufzeit, zu der die Kunden nicht direkt erreichbar sind.

38.
Der Projektleiter sollte die Gründe der nicht erzielten Nettokontakte näher analysieren und ggf. die Aktualität des Adressbestandes kontrollieren. Zusätzlich sollte er prüfen, ob die Anrufzeiten optimal gewählt sind (ggf. Anrufzeiten ausdehnen).

39.
120 000 erwartete Abschlüsse · 41,67 % verstrichene Projektlaufzeit = 50 000 erwartete Abschlüsse bisher
9 807 Abschlüsse : 50 000 bisher erwartete Abschlüsse = 19,61 % Zielerreichungen in den ersten 5 Monaten

40.
200 000 angestrebte Gesamtverträge – 80 000 laufende Verträge = 120 000 geplante Abschlüsse
9 807 abgeschlossene Verträge : 120 000 geplante Abschlüsse = 8,17 % Gesamtzielerreichung

41.
21 356 Nettokontakte – 3063 zu bereinigende Kontakte = 18 293 erfolgsrelevante Kontakte
9 807 abgeschlossene Verträge : 18 293 erfolgsrelevante Kontakte = 53,61 % Erfolgsquote

42.

	Kosten je Einheit	Stunden	Gesamtkosten
Trainer	30,00 €	8	240,00 €
Projekteinweisung	15,20 €	8 · 7	851,20 €
Kosten je Agentstunde	15,20 €	5 · 40 · 4 2 · 20 · 4	14 592,00 €
Arbeitsplatzkosten je Stunde	1,36 €	5 · 40 · 4 2 · 20 · 4	1 305,60 €
Operative Gesamtkosten			16 988,80 €

43.

2 548,32 € * 100 : 16 988,80 € = 0,15 = 15 %

44.

16 988,80 € + 2 548,32 € = 19 537,12 €

45.

operative Gesamtkosten: 16 988,80 €
Handlungsgemeinkosten: 2 548,32 €
Selbstkosten: 19 537,12 €
Umsatzerlös: 22 000,00 €
Gewinn (in €): 2 462,88 € (22 000 € - 19 537,12 €)
Gewinn (in %): 12,61 % (2 462,88 € * 100 : 19 537,12 €)

46.

Wochenarbeitszeit = 5 Tage · 3 Stunden = 15 Stunden
1 500 Calls : 15 Stunden = 100 Calls pro Stunde
100 Calls : 4 Calls pro Stunde je Mitarbeiter = 25 Mitarbeiter

47.

25 Mitarbeiter · 15 Stunden · 24,00 €   = 9 000,00 € Gesamtkosten
9 000,00 € Gesamtkosten : 1 500 Calls   = 6,00 € je Call

48.

	Geplante Kosten	Ist-Kosten	Abweichung absolut	Abweichung relativ
Agentkosten	1 110,00 €	1 170,00 €	+ 60,00 €	+ 5,4 %
+ Teamleiterkosten	200,00 €	170,00 €	– 30,00 €	– 15,0 %
= Summe Personal-kosten	**1 310,00 €**	**1 340,00 €**	**+ 30,00 €**	**+ 2,3 %**
+ Arbeitsplatzkosten	320,00 €	405,00 €	+ 85,00 €	+ 26,6 %
+ Porto- und Material-kosten	170,00 €	190,00 €	+ 20,00 €	+ 11,8 %
= Gesamtkosten	**1 800,00 €**	**1 935,00 €**	**+ 135,00 €**	**+ 7,5 %**

49.

Ist-Gesamtkosten : Agentstunden = 1 935,00 € : 75 = 25,80 € pro Agentstunde
Ist-Gesamtkosten : Anzahl Calls = 1 935,00 € : 267 = 7,25 € je Call

50.

Statt der tatsächlichen 267 Calls sollten zu diesem Zeitpunkt bereits 300 Calls durchgeführt worden sein. Eine Ursache könnte in einer zu langen AHT liegen. Hier können

z. B. kurze Nachschulungen oder eine Optimierung des Gesprächsleitfadens helfen. Eine andere Ursache könnte der sehr enge Zeitkorridor der Anrufe sein (9 bis 12 Uhr), hier sollte eine Ausweitung der Anrufzeiten geprüft werden.

51.
22 Mitarbeiter · 4 Calls · 3 Stunden · 4 Tage = 1 056 Calls
Zielabweichung: 1 500 Calls − 267 Calls − 1 056 Calls = 177 Calls

52.
1 Monat · 100 : 8 Monate = 12,5 %

53.
6 958 · 100 : 80 000 = 8,70 %

54.
265 · 100 : 4 000 = 6,63 %

55.

Kosten Agents:	140 · 20 · 14,50 €	= 40 600,00 €
Kosten Adressen:	80 000 · 0,35 € : 8	= 3 500,00 €
Gesamtkosten:	40 600,00 € + 3 500,00 €	= 44 100,00 €
Verbrauchtes Budget:	44 100,00 € · 100 : 400 000,00 €	= 11,03 %

56.

	Soll	Ist
Nettokontakte	12,50 %	8,70 %
Neukunden	12,50 %	6,63 %
Projektbudget	12,50 %	11,03 %

Die größte Abweichung liegt eindeutig bei den gewonnenen Neukunden (erfolgreiche Gesprächsergebnisse). Verbesserungsmöglichkeiten sind:

→ Nachschulung: Möglicherweise gibt es Wissenslücken oder fehlende Kompetenzen bei den Agents, die für den geringen Gesprächserfolg verantwortlich sind.
→ Erfolgsprämie einführen: Eine zu geringe Motivation der Agents, zu einem erfolgreichen Gesprächsabschluss zu kommen, kann so gesteigert werden.
→ Gesprächsleitfaden optimieren: Nachbesserungen können den Gesprächsverlauf erfolgreicher gestalten.

13 Personal

1. AUFGABE

Viele Kollegen erhoffen sich Aufstiegsmöglichkeiten am neuen Standort. Der Betriebsrat hat eine interne Stellenausschreibung verlangt. 10 Mitarbeiter haben bereits angekündigt, sich auf eine der Teamleiterstellen zu bewerben. Auch Sie sind von den Vorteilen der internen Ausschreibung überzeugt, erkennen aber auch die Gefahren. Beschreiben Sie, welche Vor- und Nachteile Sie gegeneinander abwägen.

2. AUFGABE

4 der 5 neuen Teamleiter verfügen bisher über keine Berufserfahrung in dieser Position. In einem Vorbereitungsgespräch haben sie sich daher allesamt eine Fortbildung im Bereich Teamentwicklung und Teamrollen gewünscht. Sie möchten diesem Wunsch nachkommen. Welche Inhalte sollten dementsprechend in der Fortbildung vermittelt werden?

3. AUFGABE

Nachdem Sie die Inhalte der Fortbildung gemeinsam festgelegt haben, soll die Fortbildung gut organisiert werden. Nennen Sie drei wichtige Überlegungen, die Sie in diesem Zusammenhang anstellen müssen.

4. AUFGABE

In einer Arbeitssitzung mit den neuen Teamleitern geht es darum, wie die Motivation der Agents nachhaltig gesteigert werden kann. Einer der Teamleiter schlägt eine prozentuale Lohnerhöhung vor. Nehmen Sie kritisch dazu Stellung und machen Sie alternative Vorschläge.

5. AUFGABE

Sie sollen eine Stellenanzeige entwerfen, die in einer überregionalen Tageszeitung geschaltet werden soll. Nennen Sie sechs Mindestinhalte einer solchen Stellenanzeige.

6. AUFGABE

Bei Ihrer Arbeit und auch bei der Formulierung der Annonce müssen Sie das Allgemeine Gleichbehandlungsgesetz (AGG) berücksichtigen. Beschreiben Sie das Ziel dieses Gesetzes und machen Sie an zwei Beispielen deutlich, worauf Sie im Text der Stellenanzeige achten müssen.

7. AUFGABE

Ihre Anzeige war erfolgreich. Beschreiben Sie, wie man aus der großen Zahl der eingegangenen schriftlichen Bewerbungen die Kandidaten herausfindet, die einem weiteren Auswahlverfahren unterzogen werden sollten.

8. AUFGABE

Nach der Vorauswahl steht das Auswahlverfahren an. Entscheiden Sie sich für zwei mögliche Verfahren und begründen Sie Ihre Entscheidung.

9. AUFGABE

Ein neu eingestellter Agent verlässt nach einigen Monaten das Unternehmen und fordert ein qualifiziertes Zeugnis an. Eine junge Teamleiterin hat bislang ausschließlich einfache Zeugnisse erstellt und bittet Sie daher um Ihre Hilfe: Welche Inhalte ergänzen das einfache Zeugnis so, dass es ein qualifiziertes wird? Führen Sie fünf Inhalte auf, die auf jeden Fall enthalten sein sollten.

> *Situation zu den Aufgaben 10 bis 13:*
> Die KommunikativAktiv KG bemüht sich um einen großen Auftrag. Für eine Versicherungsgruppe will sie eine Umfrage zur Kundenzufriedenheit und zum Markenimage im Sektor der Altersvorsorge unter deren Kunden durchführen. Um diesen Auftrag überhaupt erfüllen zu können, ist eine vorübergehende Verstärkung des Personalbestandes erforderlich.

10. AUFGABE

In der Erwartung, den Auftrag zu erhalten, wird beschlossen, auf der Unternehmenshomepage ein Internetformular einzurichten, über das man sich online bewerben kann. Erläutern Sie diese Möglichkeit der Onlinebewerbung und zählen Sie drei Vorteile einer solchen Methode für das Unternehmen auf.

11. AUFGABE

Führen Sie zwei mögliche Maßnahmen auf, die dazu dienen, eine möglichst hohe Bewerberzahl über das Internetformular zu erreichen.

12. AUFGABE

Welche weiteren Daten sollten neben den Kontaktdaten des Bewerbers noch erhoben werden, um herauszufinden, ob er zur Verstärkung des Teams bei der Durchführung des geplanten Großauftrages geeignet ist?

13. AUFGABE

Die KommunikativAktiv KG hat den Auftrag bekommen. Es wurden 60 befristete Teilzeitbeschäftigungsverhältnisse geschlossen. Es herrscht Zeitdruck! Der erste Call soll so bald wie möglich starten. Zur Einarbeitung stehen ein ausgefeilter Gesprächsleitfaden, 3 Teamleiter und ein halber Arbeitstag zur Verfügung. An diesem Tag werden die neuen Mitarbeiter das erste Mal im Unternehmen sein. Sie sollen die Einarbeitung organisieren. Stellen Sie einen Einarbeitungsplan auf.

Situation zu den Aufgaben 14 bis 18:
Die Dialogfix GmbH betreibt neben drei großen Inbound-Projekten eine Outbound-Abteilung, in die mehrere Kleinprojekte eingegliedert sind. In der Vergangenheit diente der Outbound-Bereich oftmals dazu, Personalengpässe im Inbound auszugleichen, indem Kundenberater und Führungskräfte zeitweise entliehen wurden. Die Situation spitzt sich zu, da die Mitarbeiter nun schon seit mehreren Wochen im Inbound beschäftigt werden und die vertraglich zugesicherten Outbound-Kampagnen nicht mehr fristgerecht bearbeitet werden können. Zum wiederholten Male beklagt sich die Projektleiterin Outbound Elke Lemke beim Callcenter-Manager Thomas Winter über die andauernd schlechte Personalsituation in ihrem Verantwortungsbereich, weil trotz Überstunden die Arbeit nicht mehr zu bewältigen sei. Thomas Winter verweist auf die Besonderheit der Personaleinsatzplanung im Inbound, die sich grundlegend von der des Outbounds unterscheidet. Gleichzeitig fordert er Frau Lemke auf, sich an den Personalleiter der Dialogfix GmbH, Herrn Asamov, zu wenden. Dieser warnt hingegen vor einer übereilten Einstellungsmaßnahme, da ein möglicher zukünftiger Personalüberschuss nur sehr schwer wieder abgebaut werden könne. Sie sind in der Personalabteilung tätig und unterstützen Georg Asamov.

---

14. AUFGABE

Welche Gründe können für die Unterdeckung im Inbound-Bereich verantwortlich sein? Unterscheiden Sie zwischen projektspezifischen und anderen Gründen, die einen verringerten Personalbestand zur Folge haben.

15. AUFGABE

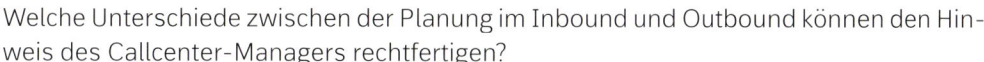

Welche Unterschiede zwischen der Planung im Inbound und Outbound können den Hinweis des Callcenter-Managers rechtfertigen?

16. AUFGABE

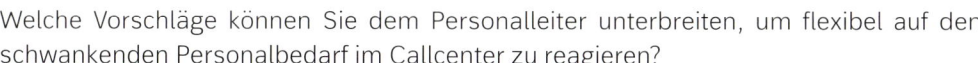

Welche Vorschläge können Sie dem Personalleiter unterbreiten, um flexibel auf den schwankenden Personalbedarf im Callcenter zu reagieren?

17. AUFGABE

Trotz Ausnutzung sämtlicher Modelle der Arbeitszeitflexibilisierung stellt Herr Asamov einen weiteren Personalbedarf fest. Schlagen Sie Herrn Asamov fünf Möglichkeiten der externen Personalbeschaffung vor.

18. AUFGABE

Nachdem Sie die Bedarfsmeldungen platziert haben, werden Sie aufgefordert, eine Stellenbeschreibung zur Verfügung zu stellen. Was versteht man darunter? Welche Angaben sollten enthalten sein?

Situation zu den Aufgaben 19 bis 24:

Für das nächste Geschäftsjahr erstellen die Geschäftsführer der Dialogfix GmbH einen Stellenplan. Die abgebildete Personalbedarfsplanung nach der Stellenplanmethode zeigt die Abweichungen des aktuellen Personalbestands (Ist-Bestand) vom geplanten Stellenbestand (Soll-Bestand) im Callcenter.

Stelle	Personalbestand (Ist-Bestand)	Stellenbestand (Soll-Bestand)	Differenz
Callcenter-Manager	1	1	0
Projektleiter	2	3	−1
Teamleiter	12	10	2
Supervisor	4	5	−1
Sachbearbeiter	13	10	3
Agents	271	274	−3
Summe	**303**	**303**	**0**

Zusätzlich sind folgende personelle Veränderungen geplant bzw. abzusehen:

- Auszubildende: Simone Möller und Peter Stenzel beenden im Frühjahr nächsten Jahres ihre Ausbildung zur Servicefachkraft für Dialogmarketing.
- Zum 31.01. des nächsten Jahres läuft der befristete Arbeitsvertrag der Sachbearbeiterin Gudrun Koppel aus.

- Sebastian Peters, Teamleiter, möchte ab dem 01.01. des folgenden Jahres ein freiwilliges soziales Jahr absolvieren.
- Die Sachbearbeiterin Petra Zimmermann kommt zum 15.02. aus der Elternzeit zurück.
- Der Agent Gerhard Schmidt erreicht am 01.03. das Rentenalter und scheidet aus dem Unternehmen aus.

19. AUFGABE

Personalbestand (Ist-Bestand) und geplanter Stellenbestand (Soll-Bestand) in der Dialogfix GmbH sind ausgeglichen. Begründen Sie, warum dennoch Personalmaßnahmen erforderlich sein können.

20. AUFGABE

Nehmen Sie zu den geschilderten Veränderungen Stellung und erarbeiten Sie Lösungsvorschläge, wie die Soll-Ist-Abweichungen aufzulösen sind. Begründen Sie Ihre Entscheidung.

21. AUFGABE

In Ermangelung geeigneter interner Bewerber soll die Stelle des Projektleiters extern nachbesetzt werden. Nennen Sie vier Vorteile einer externen Stellenausschreibung.

22. AUFGABE

Nennen Sie zwei Einflussmöglichkeiten des Betriebsrats im Zuge eines Einstellungsverfahrens.

23. AUFGABE

Die Dialogfix GmbH möchte aufgrund der geringeren Kosten die Stelle des Projektleiters in einem Jobportal ausschreiben. Entwickeln Sie dazu eine Stellenanzeige, indem Sie vier typische Aufgaben sowie vier Voraussetzungen für die Position eines Projektleiters beschreiben.

24. AUFGABE

Nach Eingang der Bewerbungsunterlagen sollen Sie bei der Vorauswahl behilflich sein. Nennen Sie fünf Kriterien, auf die Sie bei der Auswertung der Unterlagen achten.

Situation zu den Aufgaben 25 bis 27:

Die Dialogfix GmbH nimmt demnächst den neuen Laptop „Portablix" ins Angebot. Um den erwarteten Anstieg der Anrufe zu bewältigen, soll die Kapazität der telefonischen Bestellannahme erweitert werden. Dazu werden einige Mitarbeiter, von denen viele Teilzeit arbeiten, aus dem Backoffice abgezogen und zu einem neuen Team zusammengestellt.

25. AUFGABE

Ermitteln Sie anhand der nachstehenden Liste der vorgesehenen Mitarbeiter, wie viele Vollzeitmitarbeiter (Mitarbeiterkapazität/MAK) zusätzlich für die Hotline zur Verfügung stehen:

- Judith Reekers (40 Stunden)
- Besiana Gashi (35 Stunden)
- Simon Carstensen (30 Stunden)
- Ulf Grüner (30 Stunden)
- Samira Schorr (25 Stunden)
- Svenja Metzger (20 Stunden)
- Antonia Clark (20 Stunden)

26. AUFGABE

Die Dialogfix GmbH kalkuliert bei der Personaleinsatzplanung der Bestellhotline mit einer Auslastung von 80 %. Erläutern Sie kurz, was man hier unter Auslastung versteht.

27. AUFGABE

Für die Bestellhotline wurde eine AHT (Average Handling Time) von 4 Minuten vorgegeben. Berechnen Sie, wie viele Gespräche ein Mitarbeiter in einer 6-Stunden-Schicht maximal bearbeiten kann, wenn die vorgegebene Auslastung eingehalten werden soll.

Situation zu den Aufgaben 28 bis 30:

Die Dialogfix GmbH hat beschlossen, für Behörden kommunikative Dienstleistungen anzubieten. Es wird dazu ein Projektteam (Vollzeit) eingerichtet, das den Markt analysieren und entsprechende Angebote ausarbeiten soll. Die Teammitglieder kennen sich noch nicht. Sie sind als Projektleiter für die Zielerreichung verantwortlich.

28. AUFGABE

Sie wissen, dass das Team sich erst zusammenfinden muss, bevor es effizient und effektiv miteinander arbeiten kann. Stellen Sie die typischen Phasen der Teamentwicklung dar und beschreiben Sie diese mit jeweils einem Satz.

29. AUFGABE

Um die Mitarbeiter zu motivieren, loben Sie eine Teamprämie von 1 000,00 € aus, falls das Projektziel in der vorgegebenen Zeit erreicht wird. Geben Sie begründet an, um welche Art der Motivation es sich hier handelt.

30. AUFGABE

Nach 2 Wochen Arbeit sind die Ergebnisse zum Greifen nahe. Das Team hat sich gefunden und arbeitet zielstrebig. Bald werden die Teammitglieder wieder an ihren normalen Arbeitsplatz zurückkehren. Beschreiben Sie begründet Ihr Verhalten gegenüber dem Team.

Situation zu den Aufgaben 31 bis 33:

Die Dialogfix GmbH möchte für eine individuelle Personalentwicklung die Beurteilung ihrer Teamleiter standardisieren. Da Sie sich bereits im dritten Ausbildungsjahr befinden, sollen Sie den Personalleiter bei der Erarbeitung eines strukturierten Beurteilungsbogens unterstützen. In einer Grobgliederung sind bereits folgende Kompetenzfelder bestimmt worden:

- Fach- und Problemlösungskompetenz
- Verhaltens- und Sozialkompetenz
- Führungskompetenz

31. AUFGABE

Nennen Sie drei typische Anlässe, zu denen Mitarbeiterbeurteilungen stattfinden.

32. AUFGABE

Geben Sie jeweils fünf Merkmale/Verhaltensweisen an, mit denen sich die verschiedenen Kompetenzfelder aussagekräftig beurteilen lassen.

33. AUFGABE

Die Unternehmensleitung möchte gern das unternehmerische Denken und Handeln der Teamleiter fördern. Führen Sie fünf Merkmale/Verhaltensweisen auf, die zu einer Beurteilung herangezogen werden können.

Situation zu den Aufgaben 34 bis 37:

Die Zusammenarbeit zwischen den Führungskräften und den Mitarbeitern der Dialogfix GmbH war in den letzten Wochen von zahlreichen Missverständnissen und Frustration geprägt. Das Verhältnis zueinander ist angespannt. Die Geschäftsführung hat diese Situation als Ursache für nicht befriedigende Arbeitsergebnisse bei der Umsetzung von Zielen und Plänen erkannt. Um die Zufriedenheit und die Motivation zu fördern, sollen regelmäßige Mitarbeitergespräche eingeführt werden. Sie sollen den Personalleiter bei der Erstellung eines Leitfadens unterstützen.

34. AUFGABE

Welche weiteren Ziele verfolgt die Geschäftsführung mit einem strukturierten Mitarbeitergespräch? Nennen Sie mindestens drei Aspekte.

35. AUFGABE

Ein erfolgreiches Mitarbeitergespräch setzt eine gründliche Vorbereitung voraus. Beschreiben Sie, welche organisatorischen und inhaltlichen Vorbereitungen zu treffen sind.

36. AUFGABE

Stellen Sie stichpunktartig dar, welche Themenschwerpunkte in einem Mitarbeitergespräch behandelt werden sollten.

37. AUFGABE

Die Mitarbeiter sollen sich anhand von Fragen auf das Mitarbeitergespräch vorbereiten. Entwickeln Sie für jeden Themenschwerpunkt drei mögliche Fragestellungen.

Situation zu den Aufgaben 38 bis 40:

Sie sind in der Personalabteilung der Dialogfix GmbH eingesetzt. Die Stelle des Projektleiters Outbound ist durch eine Kündigung vakant und soll kurzfristig nachbesetzt werden.

Sie werden beauftragt, eine Stellenanzeige zu entwerfen. Der Personalleiter erklärt Ihnen ein bewährtes Muster, nach dem die Dialogfix GmbH in der Vergangenheit erfolgreich Anzeigen geschaltet hat. Der inhaltliche Aufbau folgt diesem Grundschema:

Wir sind:
Wir haben:
Wir suchen:
Wir bieten:
Wir bitten um:

---

38. AUFGABE

Erklären Sie kurz, welche Informationen den einzelnen Punkten zugeordnet werden. Geben Sie jeweils zwei Beispiele an.

39. AUFGABE

Nachdem Sie dem Personalleiter Ihren Entwurf präsentiert haben, empfiehlt dieser, die Stellenanzeige in der regionalen Tageszeitung zu veröffentlichen. Interessenten sollen sich direkt über den Internetauftritt der Dialogfix GmbH bewerben. Wie unterscheiden sich Onlinebewerbungen von E-Mail-Bewerbungen?

40. AUFGABE

Nennen Sie zwei Vorteile, die sich durch die Nutzung von Onlinebewerbungen ergeben.

Lösungen zu Kapitel **13**

1.

Einerseits kostengünstige und schnelle Beschaffung des erforderlichen Personals, Wissen über Bewerber vorhanden, Bewerber sind mit Unternehmen vertraut, motivierende Aufstiegschancen; andererseits wenig Auswahl, Enttäuschung bei nicht berücksichtigten Interessenten, evtl. den Betriebsfrieden störende Rivalität o. Ä.

2.

Ausführung zu Teamphasen (Forming, Storming, Norming, Performing) und Einflussmöglichkeiten des Teamleiters, Rollen und Beziehungen im Team, darauf abgestimmte Verhaltensweisen des Teamleiters.

3.

Beispiele: Entscheidung über interne oder externe Durchführung, Auswahl der richtigen Methode, Möglichkeiten der Erfolgskontrolle.

4.

Ein höherer Lohn motiviert kurzfristig, danach wird er zur Selbstverständlichkeit. Dauerhaft wirksam sind beispielsweise die Übertragung von Verantwortung, Anerkennung, Spaß an der Arbeit selbst u. Ä. Zusätzlich können Bonussysteme die Bezahlung von der Leistung abhängig machen. Dies motiviert langfristig.

5.

Vorstellung des Unternehmens, Bezeichnung der zu besetzenden Stelle, Stellenprofil, Anforderungen und Qualifikation, Leistungen des Unternehmens, Angaben zur Bewerbung.

6.

Niemand darf wegen seiner Herkunft, seines Geschlechts, seines Alters, seiner Religion oder seiner sexuellen Identität benachteiligt werden. In Stellenanzeigen ist deswegen auf Formulierungen wie „junger Teamleiter gesucht" oder „ununterbrochene Beschäftigung ist Voraussetzung zur Einstellung" zu verzichten. Ebenfalls problematisch ist die Anforderung eines Passbildes, da dies weitere Rückschlüsse zuließe.

7.

Die Einschätzung, ob ein Bewerber geeignet ist, erfolgt durch Analyse der Bewerbungsunterlagen. Hinweise ergeben sich bereits aus Form und Inhalt des Bewerbungsanschreibens (Berufserfahrung, Qualifikation), dem Lebenslauf und beigelegten Zeugnissen. Dabei findet ein Vergleich der mitgebrachten Eigenschaften des Bewerbers mit den Anforderungen der zu besetzenden Stelle statt. Ist das Ergebnis positiv, wird der Bewerber näher betrachtet.

8.

Beispiele: Assessment-Center (AC), da große Bewerberzahl und vielfältige Übungen möglich; Telefoninterview wegen des späteren Einsatzes am Telefon; Vorstellungsgespräch wegen des aussagekräftigen persönlichen Eindrucks.

9.

Ein einfaches Zeugnis wird erweitert um die Beurteilung der Leistungen und des Verhaltens. Sinnvoll hier beispielsweise: Arbeitsquantität, Arbeitsqualität, Teamfähigkeit, Ausdrucksvermögen, Belastbarkeit, Führung etc.

10.

Bewerbung durch Eingabe von Daten in eine vorstrukturierte Maske.
Vorteile sind Zeitersparnis durch Verzicht auf Sichtung von Bewerberunterlagen; erleichterte Auswertung, da Daten digital vorliegen; Vorauswahl kann anhand bestimmter Kriterien vorgenommen werden.

11.

Beispiele: Verlinken des Formulars auf Job-Seiten im Internet, Link zum Formular auf Startseite der eigenen Unternehmenshomepage, schriftliche Werbung mit Hinweis auf Formular an Erfolg versprechenden Stellen (Fachzeitschrift, regionale Zeitung, Schwarze Bretter).

12.

Beispiele: Ist bereits Erfahrung im Callcenter vorhanden; wenn ja: Erfahrung mit Fragebögen, Erfahrung im Bereich Altersvorsorge (Studienschwerpunkt, eigene Erfahrungen)?

13.

08:00 Uhr	Für alle Mitarbeiter Begrüßung; Leitung HR, IT, Chef
08:15 Uhr	Organisation (Verpflichtungserklärungen, Einweisung Datenschutz, Betriebsordnung etc.)
09:00 Uhr	Aufteilung der Agents auf die drei Teams
09:30 Uhr	Kaffeepause
09:45 Uhr	Ab jetzt zeitlich versetztes Vorgehen der drei Teams im 30-Minuten-Rhythmus, Leitung durch Teamleiter, Einplanung von Fragen
	→ kurze Vorstellung der Leistungen der Versicherungsgruppe, Ziel der Calls
	→ Vorstellung des Gesprächsleitfadens
	→ Vorstellung der Technik und der Arbeitsplätze
ab 11:30 Uhr	Learning by Doing unter Hilfestellung der Teamleiter

14.

Projektspezifische Gründe im Inbound, die einen erhöhten Mitarbeiterbedarf zur Folge haben:

→ Die Anzahl der eingehenden Anrufe ist höher als in der Personaleinsatzplanung prognostiziert.

→ Der Anrufzeitpunkt (Tag, Uhrzeit) verlagert sich in Bereiche, die in der Planung nicht berücksichtigt wurden. Eine Verschiebung der Schichten ist nicht möglich (z. B. Peak-Phasen, in denen nur für eine kurze Zeit eine überproportionale Anzahl an Kundenberatern zur Verfügung stehen muss).

→ Die durchschnittliche Gesprächsbearbeitungsdauer ist höher als in der Planung zugrunde gelegt.

Personalabgänge durch andere Gründe: (Langzeit-)Erkrankungen, unentschuldigtes Fehlen, Austritte wegen Pensionierung, fristlose und fristgerechte Kündigungen (arbeitnehmer- und unternehmensseitig initiiert), Abschluss von Aufhebungsverträgen, Ablauf von befristeten Arbeitsverträgen, Elternzeit, Versetzungen innerhalb des Unternehmens.

15.

Im **Inbound** reagiert das Unternehmen auf den Kunden, der anruft. Die Anrufe gehen dabei nicht gleichmäßig über den Tag verteilt ein, sondern unterliegen einer mehr oder weniger zufälligen Verteilung. Es kommt dabei zu Anrufspitzen (Peaks) bzw. Schwankungen im Anrufvolumen.

Im **Outbound** dagegen ergreift das Unternehmen die Initiative. Die Menge der zu tätigenden Anrufe und der zu erzielenden Kontakte ist damit in der Regel vorher bekannt, die für eine Kampagne benötigte Zeit sowie die erforderliche Mitarbeiteranzahl sind rechnerisch einfach zu bestimmen.

16.

→ Einsatz von Teilzeitkräften

→ Einführung eines Gleitzeitsystems

→ Einführung einer **kap**azitäts**o**rientierten **v**ariablen **A**rbeits**z**eit („kapovaz")

→ Überstunden/Verkürzung der Arbeitsstunden

→ Implementierung eines Jahresarbeitszeitsystems

→ Flexibler Einsatz von Zeit- und Leiharbeitskräften

17.

Beispiele: Agentur für Arbeit, private Arbeitsvermittlung, Personalberatung, Stellenanzeigen, Internet, Personalleasing, Kontakt zu Bildungsträgern, Vermittlung durch eigene Mitarbeiter, Auswertung von Initiativbewerbungen.

18.

Eine Job Description (Stellenbeschreibung) ist eine personenneutrale, schriftliche Beschreibung einer Arbeitsstelle hinsichtlich ihrer Arbeitsziele, Aufgaben, Kompetenzen und Beziehungen zu anderen Stellen. Sie sollte enthalten:

→ Einordnung der Stelle in die Unternehmensorganisation

→ Kompetenzen und Pflichten

→ Anforderungen an den Stelleninhaber
→ Beschreibung der Tätigkeiten und Zielsetzung der Stelle (Hauptaufgabe, Führungs-
   aufgaben, Fachaufgaben, besondere Aufgaben und personenbezogene Aufgaben)
→ Zusammenarbeit mit anderen Stellen
→ Sachlich-organisatorische Angaben (z. B. Verteiler, nächste Überprüfung, Unter-
   schriften)

19.

Auch wenn die Bestände quantitativ ausgeglichen sind, fließen in die Planung immer qualitative Elemente ein. Die qualitative Planung unterscheidet zwischen einer Vielzahl von Eigenschaften (Skills), die die Einsatzmöglichkeiten der Mitarbeiter berücksichtigen. Eine Planung ausschließlich nach quantitativen Informationen führt zwangsläufig zu Fehlbesetzungen, da sich beispielsweise die Skills eines Agents von denen eines Projektmanagers signifikant unterscheiden (z. B. hinsichtlich Mitarbeiterführung).

20.

→ Die Auszubildenden Simone Möller und Peter Stenzel können nach Abschluss ihrer Ausbildung als Agents eingesetzt werden, da sie die Voraussetzungen mit erfolg-reichem Abschluss der Ausbildung erfüllen und ein Bedarf an Agents besteht.
→ Eine Verlängerung des befristeten Arbeitsvertrags von Gudrun Koppel ist nicht erforderlich, da trotz Vertragsauslauf ein Überhang von zwei Sachbearbeitern besteht.
→ Auch das temporäre Ausscheiden von Sebastian Peters muss nicht kompensiert werden, da ein Überhang an Teamleitern besteht.
→ Petra Zimmermann kommt zum 15.02. aus der Elternzeit zurück, ohne dass ein Bedarf an Sachbearbeitern besteht. Nach MuSchG steht ihr ein vergleichbarer Arbeitsplatz zu. Ist der Einsatz als Agent als vergleichbar einzustufen, wäre dies zu überprüfen, da hier eine Unterdeckung besteht.
→ Die Stelle von Gerhard Schmidt muss nachbesetzt werden. Zunächst sollte geprüft werden, inwieweit die Überhänge Sachbearbeiter durch Änderungskündigungen (neues Arbeitsangebot: Agent) abgebaut werden können. Andernfalls ist eine Neueinstellung vorzunehmen.
→ Der Überhang Teamleiter könnte durch eine Versetzung zum Supervisor abgebaut werden (Änderungskündigung).
→ Die Stelle Projektleiter muss nachbesetzt werden.

21.

Größere Bewerberauswahl, neue Ideen und Lösungsansätze, keine „Betriebsblindheit", keine Rivalität und kein Streit um die Stelle unter den Bestandsmitarbeitern, keine „kumpelhaften" Beziehungen zwischen neuem Vorgesetzten und seinen vormals gleichgestellten Kollegen.

22.

→ Der Betriebsrat kann verlangen, dass Arbeitsplätze vor ihrer Besetzung innerhalb des Betriebes ausgeschrieben werden (§ 93 BetrVG).
→ Richtlinien über die personelle Auswahl bei Einstellungen bedürfen der Zustim-mung des Betriebsrats (§ 95 BetrVG).

23.

Beispiele für Aufgaben:

→ Fachliche und disziplinarische Führung der unterstellten Stellen

→ Förderung und Entwicklung der Mitarbeiter

→ Entwicklung und Steuerung, Stabilisierung der Team-/Projektstruktur

→ Sicherstellung und Förderung des Informationsflusses

→ Implementierung von neuen Projekten

→ Auftraggeberbetreuung (u.a. Vorbereitung und Durchführung von Auftraggeberterminen, laufende Abstimmung mit den Auftraggebern zur Optimierung und Weiterentwicklung von Prozessen und Abläufen)

→ Sicherstellung der zeit- und bedarfsgerechten Projektstatistiken und des Reportings

→ Sicherstellung der Einhaltung von Qualitätsstandards

Beispiele für Voraussetzungen:

→ Abgeschlossenes kaufmännisches Studium oder vergleichbare Ausbildung

→ Mehrjährige Callcenter-Erfahrung und Führungserfahrung

→ Erfahrungen/Verantwortung in der Steuerung und Betreuung von Inbound- und Outbound-Projekten

→ Sehr gute Kenntnisse in MS-Office

→ Organisationstalent und unternehmerische Denkweise

→ Motivationsfähigkeit, Überzeugungs- und Durchsetzungskraft, Kunden- bzw. Dienstleistungsorientierung

→ Zeitliche und persönliche Flexibilität sowie Belastbarkeit

→ Verantwortungsbewusstsein und selbstständige Handlungsweise

24.

→ Wurden alle angeforderten Unterlagen eingereicht?

→ Sind die äußere Form und die Gestaltung der Bewerbungsunterlagen ansprechend?

→ Stimmt die Qualifikation mit dem Anforderungsprofil überein?

→ Werden Zusammenhänge der bisherigen Tätigkeiten mit der neuen Stelle hergestellt?

→ Ist die Bereitschaft zur Übernahme neuer Aufgaben vorhanden?

25.

(40 + 35 + 30 + 30 + 25 + 20 + 20) : 40 = 5 Vollzeitmitarbeiter (40 Stunden)

26.

In der Personaleinsatzplanung misst die Auslastung den Anteil der Produktivzeit (AHT, Gesprächs- und Nachbearbeitungszeit) an der Nettoarbeitszeit.

27.

Produktivzeit: 360 Minuten · 0,80 = 288 Minuten

288 Minuten Produktivzeit : 4 Minuten AHT = 72 Gespräche

28.

→ Orientierungsphase (Forming): Die Teammitglieder lernen sich kennen.

→ Konfliktphase (Storming): Das Team sucht nach gemeinsamen Normen, einzelne Mitglieder versuchen, ihr Verhalten als Norm durchzusetzen. Deswegen kommt es zu Konflikten.

→ Regelphase (Norming): Es entstehen gemeinsame Normen und ein Wir-Gefühl.

→ Arbeitsphase (Performing): Das Team arbeitet gemeinsam und eingespielt an der Zielerreichung.

29.

Hier wird die extrinsische Motivation beschrieben, da die motivierenden Faktoren für das Team von außen kommen.

30.

Das Team wird sich bald auflösen. Dabei herrschen widersprüchliche Gefühle vor. Es kann zu einem Motivationsverlust kommen, der dazu führt, dass die verbleibenden Aufgaben nicht mehr zufriedenstellend abgearbeitet werden, da die Außeninteressen immer wichtiger werden. Der Teamleiter muss daher wieder stärker die Arbeit strukturieren und die Mitglieder auf die Trennung vorbereiten.

31.

z. B. Regelbeurteilung in einem bestimmten Zeitintervall, Beförderungen/Versetzungen, anstehende Weiterbildungsmaßnahmen, Antrag auf ein Zwischenzeugnis

32.

Fach- und Problemlösungskompetenz

→ Besitzt alle für den Aufgabenbereich erforderlichen Kenntnisse

→ Schafft durch Fachwissen eine gute Informations- und Entscheidungsbasis

→ Erkennt und berücksichtigt alle wichtigen Informationen

→ Erkennt Konsequenzen von Informationen

→ Erkennt und analysiert Ursachen für Probleme

→ Führt Problemlösungen eigenständig herbei

Verhaltens- und Sozialkompetenz

→ Erkennt Konflikte

→ Sucht nach gemeinschaftlichen Konfliktlösungen

→ Informiert andere und erfragt Informationen und Meinung anderer

→ Hört Gesprächspartnern aufmerksam zu

→ Setzt Gesprächs- und Fragetechniken ein

→ Kann Gespräche/Diskussionen zeitlich und inhaltlich strukturieren und moderieren

Führungskompetenz

→ Setzt klare, eindeutige und messbare Ziele

→ Bindet Mitarbeiter in den Zielfindungs- und Entscheidungsprozess ein

→ Kontrolliert regelmäßig die Zielerreichung und passt diese bei Bedarf an

→ Kann Aufgaben, Verantwortung und Entscheidungskompetenzen abgeben

→ Kann Teambildungsprozesse gezielt beeinflussen
→ Fördert die Entwicklung der Mitarbeiter gezielt und bedarfsorientiert

33.

→ Besitzt eine hohe Identifikationsbereitschaft mit dem Unternehmen
→ Denkt übergreifend und erkennt Gesamtzusammenhänge
→ Geht verantwortungsvoll mit Ressourcen um
→ Richtet Entscheidungen und Handlungen an Kosten-Nutzen-Gesichtspunkten aus
→ Kennt alle wichtigen Unternehmenskennzahlen

34.

→ Erörterung der persönlichen Aspekte der Zusammenarbeit zwischen Mitarbeiter und Vorgesetztem
→ Klärung gegenseitiger Erwartungen
→ Darstellung der positiven Aspekte der Zusammenarbeit
→ Missverständnisse und Konflikte in der Zusammenarbeit klären
→ Vertrauen und Zusammenarbeit fördern

35.

Organisatorische Vorbereitung:
→ Gespräch mindestens einmal im Jahr führen
→ Gespräch findet unter vier Augen zwischen Mitarbeiter und Vorgesetztem statt.
→ Termin gemeinsam rechtzeitig, mindestens 2 Wochen vorher, als separates Gespräch vereinbaren
→ Termin so planen, dass das Gespräch in einer ruhigen und ungestörten Atmosphäre geführt werden kann
→ Gespräch sollte nicht unter Zeitdruck stattfinden (Zeitbegrenzung, z. B. 90 Min., ist dennoch sinnvoll)

Inhaltliche Vorbereitung:
→ Beide Gesprächspartner bereiten sich unabhängig voneinander auf das Gespräch vor.
→ Leitfäden können helfen, das Gespräch zu strukturieren. Sie geben Anregungen und Hilfestellungen.
→ Leitfaden rechtzeitig, mit der Einladung, zur Verfügung stellen
→ Wurden bereits Mitarbeitergespräche geführt, sind die dort getroffenen Zielvereinbarungen mit den erreichten Zielen durch beide Gesprächspartner abzugleichen.

36.

Zusammenarbeit
Austausch über die Rahmenbedingungen der Zusammenarbeit, v. a. Fragen des Führungsverhaltens und Probleme der Zusammenarbeit ansprechen.

Arbeitsaufgabe

Besprechung der Schwerpunktaufgaben in der Vergangenheit sowie der Leistung bei der Bewältigung dieser Aufgaben; Optimierung der Aufgabenverteilung und der Arbeitsabläufe klären.

Arbeitssituation

Besprechung der Informationsflüsse und der Arbeitsatmosphäre innerhalb der Abteilung/innerhalb des Teams; Beratung, welche Unterstützung notwendig ist, um das gemeinsame Ziel zu erreichen; Klärung der Handlungs- und Entscheidungsspielräume des Mitarbeiters.

Entwicklungsziele und -möglichkeiten

Besprechung von individuellen Entwicklungsperspektiven des Mitarbeiters, Erörterung neuer fachlicher Herausforderungen.

Zielvereinbarungen (Kernstück des Mitarbeitergesprächs)

Festlegung künftiger Arbeitsergebnisse und -prozesse zwischen Mitarbeiter und Vorgesetztem; Festlegung konkreter Vereinbarungen zu Arbeits- und Qualitätsanforderungen.

Weitere Ziele

Vereinbarung zur Unterstützung durch Vorgesetzten in einer bestimmten Angelegenheit; Festlegung der künftigen Handlungs- und Entscheidungskompetenzen; Vereinbarung individueller Entwicklungsziele; Zusage entsprechender Entwicklungsmaßnahmen (z. B. Fortbildung, Coaching).

37.

Zusammenarbeit

→ In welchen Bereichen würde ich die Zusammenarbeit mit meinem Vorgesetzten als gut bezeichnen?

→ Wünsche ich mir mehr Unterstützung durch meinen Vorgesetzten?

→ Werden meine Ideen und Verbesserungsvorschläge aufgegriffen?

Arbeitsaufgabe

→ Welche Aufgaben gelingen mir besonders gut, welche bereiten mir Schwierigkeiten?

→ Was haben wir erreicht? Was wurde nicht erreicht? Woran lag es?

→ Fühle ich mich über- oder unterfordert?

Arbeitssituation

→ Wie empfinde ich das Arbeitsklima?

→ Wo sehe ich Probleme in meinem Arbeitsumfeld?

→ Funktionieren die Vertretungsregelungen?

Entwicklungsziele und -möglichkeiten

→ Welche Vorstellungen habe ich hinsichtlich meiner weiteren Entwicklung?

→ Welche Fortbildungen benötige ich?

→ Wo möchte ich in drei Jahren beruflich stehen?

38.

Wir sind: Werbende Informationen über das inserierende Unternehmen, Imagebildung (z. B. Dialogfix GmbH, Tochterfirma der Dialogfix AG, über 400 Mitarbeiter, seit 1996 am Markt)

Wir haben: Aussagen über die freie Stelle (z. B. Projektleiter, Abteilung Outbound, Stellennachbesetzung, Entwicklungsmöglichkeiten)

Wir suchen: Aussagen über erforderliche Voraussetzungen (z. B. Anforderungen an den Stellenbesetzer, wie Ausbildung, Berufserfahrung, besondere Kenntnisse)

Wir bieten: Aussagen über Leistungen des inserierenden Unternehmens (z. B. Lohnhöhe/Eingruppierung, soziale Leistungen, Arbeitszeitregelungen)

Wir bitten um: Angaben zu Bewerbungsart und -technik (z. B. gewünschte Bewerbungsunterlagen, Eintrittstermin)

39.

Unter einer Onlinebewerbung versteht man Bewerbungen, die mittels eines Online-Bewerbungsformulars erfasst werden und innerhalb derer die Bewerber somit die Möglichkeit erhalten, ihre Daten strukturiert zu hinterlegen. Nicht zu verwechseln ist diese Variante mit Bewerbungen, die per E-Mail versandt werden.

40.

Eine Onlinebewerbung spart Porto und alle sonstigen Kosten für Papier, Fotos und Bewerbungsmappe. Personalabteilungen reduzieren ihren Verwaltungsaufwand, da die Bewerberdaten in einer Datenbank direkt systematisch ausgewertet werden können.

14 Kaufmännische Steuerung und Kontrolle, Qualitätssicherung der Auftragsdurchführung

Hinweis: Dieses Kapitel enthält die Themen
- Kosten- und Leistungsrechnung (Aufgabe 1 bis 53),
- Controlling (Aufgabe 54 bis 70).

Aufgaben zu Qualitätssicherung der Auftragsdurchführung finden sich in Kapitel 3 (Aufgabe 24 bis 30).

Situation zu den Aufgaben 1 bis 14:
Die Dialogfix GmbH plant die Übernahme eines Wettbewerbers, der LiveMarketing GmbH. Die Verträge sehen vor, dass die Dialogfix GmbH vor dem endgültigen Kauf einen umfassenden Einblick in die Finanz-, Vermögens- und Ertragslage der LiveMarketing GmbH bekommt. Die Dialogfix GmbH stellt ein Team zusammen, das sich intensiv mit dem Rechnungswesen und der Kosten- und Leistungsrechnung der LiveMarketing GmbH befasst.

1. AUFGABE

In diesem Zusammenhang fragen sich einige Teammitglieder, welche Funktionen das Rechnungswesen erfüllt. Es werden hierzu die vier Hauptkategorien Dokumentation, Information, Kontrolle und Disposition genannt. Erläutern Sie diese vier Funktionsbereiche.

2. AUFGABE

Das Rechnungswesen der LiveMarketing GmbH umfasst vier sich ergänzende Aufgabenbereiche, die der üblichen Gliederung der Bereiche des Rechnungswesens entsprechen. Nennen Sie diese Aufgabenbereiche und erläutern Sie die jeweiligen Aufgaben im Detail.

3. AUFGABE

Der Leiter des Rechnungswesens der LiveMarketing GmbH erklärt in der ersten Vorbesprechung: „Die Buchführung ist das Rückgrat unseres Rechnungswesens!" Erläutern Sie diese Feststellung und beschreiben Sie die wichtigsten Aufgaben der Buchführung.

4. AUFGABE

Eine wichtige Grundlage der Buchführung bei der LiveMarketing GmbH ist die Sammlung und Bearbeitung von Belegen. Es werden interne und externe Belege unterschieden. Erläutern Sie den Unterschied und nennen Sie je zwei Beispiele.

5. AUFGABE

Erläutern Sie, welche Gesetze die LiveMarketing GmbH zur Buchführung verpflichten.

6. AUFGABE

Die Dialogfix GmbH überprüft, ob die letzte Inventur der LiveMarketing GmbH korrekt durchgeführt wurde. Nennen und erläutern Sie zwei Arten von Inventuren.

7. AUFGABE

Im Bereich des Lagers von Werbematerialien hat die LiveMarketing GmbH eine permanente Inventur durchgeführt. Erläutern Sie dieses Verfahren.

8. AUFGABE

Das Vermögen im Inventar der LiveMarketing GmbH wird in Anlage- und Umlaufvermögen gegliedert. Erläutern Sie diese Gliederung und nennen Sie Beispiele.

9. AUFGABE

Über das Inventar kann der Erfolg der LiveMarketing GmbH durch Eigenkapitalvergleich ermittelt werden. Erläutern Sie dieses Verfahren.

10. AUFGABE

Die LiveMarketing GmbH erstellt verpflichtungsgemäß aus dem Inventar eine Bilanz. Erläutern Sie grob den Aufbau einer Bilanz.

11. AUFGABE

Die LiveMarketing GmbH hat in der Buchführung Konten für Umsatzsteuer und Vorsteuer. Erläutern Sie diese beiden Positionen.

12. AUFGABE

Die LiveMarketing GmbH hat auch eine Kosten- und Leistungsrechnung. Hierzu wird zunächst die Abgrenzungsrechnung durchgeführt. Nach der Abgrenzungsrechnung können zwei Gruppen von Aufwendungen unterschieden werden. Nennen und erläutern Sie diese beiden Gruppen und geben Sie je ein Beispiel an.

13. AUFGABE

Die Analyse des Rechnungswesens der LiveMarketing GmbH umfasst auch die Kosten-stellen und Kostenträger des Unternehmens. Erläutern Sie den Unterschied zwischen einer Kostenstelle und einem Kostenträger und geben Sie jeweils den Zweck an. Nennen Sie auch jeweils zwei Beispiele.

14. AUFGABE

Die Fixkosten eines Geschäftsbereiches der LiveMarketing GmbH in Höhe von 188 500,00 € sind gemäß den Umsätzen der Filialen zu verteilen. Die Filiale Wismar hat einen Umsatz von 720 000,00 €, die Filiale Rostock von 1 080 000,00 € und die Filiale Schwerin von 2 880 000,00 €. Welche Fixkosten entfallen auf die einzelnen Filialen?

Situation zu Aufgabe 15:

Die LiveMarketing GmbH hat zum 1. Januar folgendes Vermögen bzw. die folgen-den Schulden:

- Pkw   30 000,00 €
- Büroeinrichtung (Telefonanlage etc.)   70 000,00 €
- Forderungen an Kunden (offene eigene Rechnungen)   18 000,00 €
- Darlehen der Volksbank   25 000,00 €
- Waren (z. B. Werbemittel)   26 000,00 €
- Forderung aus Gehaltsvorschuss an einen Mitarbeiter   1 000,00 €
- Verbindlichkeiten aus noch offenen Gehaltszahlungen   4 000,00 €
- Kassenbestand   2 000,00 €
- Guthaben auf Girokonto   5 000,00 €
- Verbindlichkeiten an Lieferanten   12 000,00 €
  (offene fremde Rechnungen)

15. AUFGABE

Ermitteln Sie das Eigenkapital bzw. Reinvermögen der LiveMarketing GmbH zum 01.01.

Situation zu Aufgabe 16:

In der 5. Kalenderwoche hatte die LiveMarketing GmbH folgende Geschäftsvor-fälle zu verzeichnen (alle Werte sind Nettowerte ohne Umsatzsteuer):

- Versand einer Rechnung für erbrachte Dienstleistungen   400,00 €
- Buchung der monatlichen Abschreibung auf einen PC   100,00 €
- Zahlung der Leasingrate für einen Laserdrucker   50,00 €
- Kauf eines neuen Bürostuhls   700,00 €
- Gutschrift eines Gewinns aus Aktienspekulationen   500,00 €
- Tilgungszahlung an die Bank (langfristiges Darlehen)   1 000,00 €
- Barzahlung einer Tankrechnung   80,00 €
- Kauf von Waren auf Rechnung   300,00 €
- Verkauf von Werbemitteln auf Rechnung   800,00 €

16. AUFGABE

Überprüfen Sie für jeden der Vorgänge, ob er eine Veränderung des Geldvermögens bzw. des Reinvermögens der LiveMarketing GmbH bewirkt.

Situation zu Aufgabe 17:

Das Team der Dialogfix GmbH stellt fest, dass einige Vorgänge im Rechnungs-wesen der LiveMarketing GmbH noch nicht erfasst sind. Die Dialogfix GmbH lässt die Buchungen nachholen und überprüft die dadurch verursachten Veränderun-gen in der Liquidität und der Ergebnissituation.

- Die LiveMarketing GmbH hat eine Rechnung an den Kunden Cexxler AG geschrieben.
- Die LiveMarketing GmbH zahlt die Telefonrechnung.
- Vornahme der jährlichen Abschreibung auf die ACD-Anlage
- Kontogutschrift eines Gewinns aus Aktienspekulationen
- Buchung und Auszahlung der Gehälter für die Mitarbeiter der LiveMarketing GmbH
- Die LiveMarketing GmbH erhält eine Rechnung der Unternehmensberatung ComConsult GmbH.
- Gutschrift der Mietzahlung eines privaten Mieters (für eine Garage im Ge-schäftsgebäude) an die LiveMarketing GmbH
- Zahlung der Miete für Geschäftsräume durch die LiveMarketing GmbH
- Eine unerwartete Steuernachzahlung aus dem Vorjahr ist fällig.
- Zahlung einer Handwerkerrechnung für die Behebung eines unversicherten Hochwasserschadens

---

17. AUFGABE

Geben Sie für jede der Positionen an, ob sie sich auf die Liquidität, das Betriebsergebnis und das neutrale Ergebnis auswirkt. Erstellen Sie hierzu eine Tabelle mit sechs Spalten: Einnahmen, Ausgaben, betriebliche Aufwendungen, neutrale Aufwendungen, betrieb-liche Erträge, neutrale Erträge.

Situation zu Aufgabe 18:

Für den letzten Monat weist die Gewinn- und Verlustrechnung der LiveMarketing GmbH die nachstehenden Positionen aus. Unternehmensgewinn und Betriebs-ergebnis wurden noch nicht ermittelt.

- Erlöse aus Dienstleistungen   121 000,00 €
- Gehälter der Mitarbeiter (inklusive Nebenkosten)   40 000,00 €
- Reparatur Unfallschaden am Pkw (keine Wertminderung) 2 000,00 €
- Abschreibung Pkw (regulär)   10 000,00 €

- Erlöse aus Warenverkauf — 74 000,00 €
- Abschreibung Büroeinrichtung — 5 000,00 €
- Verluste durch Aktiengeschäfte — 20 000,00 €
- Unerwartete Zahlung einer Rechnung aus dem Jahr 2004 — 1 000,00 €
- Mietzahlung für die eigenen Geschäftsräume — 12 000,00 €
- Erlöse aus dem Verkauf eines bereits abgeschriebenen PCs — 1 000,00 €

18. AUFGABE

Übertragen Sie die Werte in eine Ergebnistabelle und ermitteln Sie das Unternehmensergebnis, das Abgrenzungsergebnis und das Betriebsergebnis. Kennzeichnen Sie neutrale Vorgänge als betriebsfremd, periodenfremd oder außerordentlich.

Situation zu den Aufgaben 19 bis 21:

Im Zusammenhang mit der Analyse des Rechnungswesens der LiveMarketing GmbH ist die Anschaffung und Abschreibung eines Fahrzeuges detailliert zu überprüfen. Die LiveMarketing GmbH hat kürzlich für 30 000,00 € einen neuen Firmen-Pkw gekauft und schreibt diesen in der Finanzbuchhaltung über 6 Jahre mit gleichbleibenden Beträgen ab. Ein vergleichbarer Pkw wird in 3 Jahren wahrscheinlich 36 000,00 € kosten, in 6 Jahren wahrscheinlich 40 000,00 €. Der neue Pkw wird täglich über 500 km fahren und soll deshalb nach 3 Jahren ausgemustert und an einen Mitarbeiter verschenkt werden.

19. AUFGABE

Welche Auswirkung hat die Anschaffung und Nutzung des Pkw auf das Gesamtergebnis der LiveMarketing GmbH im ersten Nutzungsjahr? Ermitteln Sie den Betrag in Euro.

20. AUFGABE

Warum kann für den Pkw in die Kosten- und Leistungsrechnung nicht einfach der Abschreibungsbetrag aus der Finanzbuchhaltung übernommen werden? Erläutern Sie, welche Konsequenzen eine unveränderte Übernahme des Betrages hätte.

21. AUFGABE

Welcher jährliche Abschreibungsbetrag ist für den Pkw in der Kosten- und Leistungsrechnung anzusetzen? Geben Sie auch den Rechenweg an.

22. AUFGABE

Ein für 60 000,00 € ebenfalls neu angeschaffter Lieferwagen ist laut AfA-Tabelle über 5 Jahre linear abzuschreiben. Ermitteln Sie den Restwert des Fahrzeugs in der Finanzbuchhaltung nach dem 2. Nutzungsjahr.

23. AUFGABE

Ermitteln Sie den jährlichen Abschreibungsbetrag des Lieferwagens in der Kosten- und Leistungsrechnung, wenn die tatsächliche Nutzungsdauer 60 % über der AfA-Tabelle liegt und die Wiederbeschaffungskosten während der tatsächlichen Nutzungsdauer jährlich um 1 500,00 € steigen.

Situation zu Aufgabe 24:

Die Dialogfix GmbH hat in der Inventur zum 31. Dezember die nachstehenden Werte ermittelt:

1.	Guthaben auf Girokonto	2 000,00 €
2.	Grundstück	70 000,00 €
3.	Verbindlichkeiten an Lieferanten (offene fremde Rechnungen)	17 000,00 €
4.	Büroeinrichtung	81 000,00 €
5.	Forderungen aus Serviceleistungen (offene eigene Rechnungen)	11 000,00 €
6.	Gebäude	210 000,00 €
7.	Darlehen der Sparkasse	14 000,00 €
8.	Forderung aus Projekten (offene eigene Rechnungen)	5 600,00 €
9.	Kassenbestand	1 400,00 €
10.	Hypothek Volksbank	190 000,00 €
11.	Telefonanlage	10 000,00 €

24. AUFGABE

Erstellen Sie das Inventar der Dialogfix GmbH zum 31. Dezember.

Situation zu Aufgabe 25:

Die Stardialog GmbH hat in der Inventur zum 31. Dezember die nachstehenden Werte ermittelt:

1.	Pkw des Geschäftsführers	34 000,00 €
2.	Verbindlichkeiten an Lieferanten (offene fremde Rechnungen)	25 000,00 €
3.	Darlehen einer Privatbank	44 000,00 €
4.	Guthaben auf Girokonto	8 600,00 €
5.	Kassenbestand	700,00 €
6.	Grundstück	90 000,00 €
7.	Büroeinrichtung	76 000,00 €
8.	Gebäude	344 000,00 €
9.	Forderungen aus Projekten (offene eigene Rechnungen)	25 200,00 €
10.	Telefonanlage	9 000,00 €
11.	Hypothek Sparkasse	290 000,00 €
12.	Lieferwagen	12 000,00 €

25. AUFGABE

Erstellen Sie die Bilanz der Stardialog GmbH zum 31. Dezember.

Situation zu den Aufgaben 26 bis 30:

In der Abteilung Rechnungswesen der Stardialog GmbH werden Ihnen vom Leiter der Abteilung heute zahlreiche Vorgänge zur Prüfung vorgelegt.

---

26. AUFGABE

Zur Berechnung des Gewinns der Stardialog GmbH liegen Ihnen folgende Daten vor: Summe aller Aktiva zu Beginn des Geschäftsjahres: 100 000,00 €, Summe aller Schulden zu Beginn des Geschäftsjahres: 30 000,00 €. Summe aller Aktiva am Ende des Geschäftsjahres: 130 000,00 €, Summe aller Schulden am Ende des Geschäftsjahres: 10 000,00 €.

Berechnen Sie den Gewinn im vergangenen Geschäftsjahr unter der Voraussetzung, dass keine Kapitalveränderungen durch die Gesellschafter vorgenommen wurden.

27. AUFGABE

Die Gewinn- und Verlustrechnung der Stardialog GmbH weist für das vergangene Geschäftsjahr die folgenden Daten aus:

Mietaufwand 100 000,00 €, Erlöse aus Einzelprojekten 545 000,00 €, Personalaufwand 400 000,00 €, Erlöse aus Serviceleistungen 200 000,00 €, Sonstige Erträge 5 000,00 €, Sonstige Aufwendungen 200 000,00 €.

Ermitteln Sie den Gewinn.

28. AUFGABE

Die Stardialog GmbH hat am 1. Januar des aktuellen Jahres einen neuen Dienstwagen für den Geschäftsführer im Wert von 30 000,00 € gekauft. Das Fahrzeug soll über 6 Jahre linear abgeschrieben werden. Ermitteln Sie den jährlichen Abschreibungsbetrag und erstellen Sie eine Tabelle mit den Abschreibungs- und Restwerten für jedes Nutzungsjahr.

29. AUFGABE

Die Stardialog GmbH möchte ein Angebot über 2 000 Calls für einen neuen Kunden erstellen. Die Einzelkosten eines Calls in der betreffenden Abteilung der Stardialog GmbH betragen 2,90 €. Der Gemeinkostenzuschlagssatz beträgt 12 %, der Gewinnzuschlag 18 %. Ermitteln Sie den Angebotspreis unter Berücksichtigung eines Kundenskontos von 3 %.

30. AUFGABE

Die Abteilung Inbound-Service der Stardialog GmbH hat im vergangenen Jahr 3 Projekte abgewickelt, für die folgende Kosten entstanden sind:

	Projekt 1	Projekt 2	Projekt 3
Anzahl Calls	157 000	92 000	272 000
Einzelkosten	470 000,00 €	290 000,00 €	680 000,00 €

In der Abteilung Inbound-Service sind zudem Verwaltungskosten in Höhe von 115 200,00 € angefallen, die anteilig nach den Einzelkosten zu verteilen sind. Ermitteln Sie die Selbstkosten je Projekt, den Gemeinkostenzuschlagssatz sowie die jeweiligen Selbstkosten je Call.

Situation zu den Aufgaben 31 bis 34:

Die Flatenergie AG verschickt jährlich im Rahmen einer Kundenbindungsaktion Kalender. Sie beauftragt die Dialogfix GmbH mit der Abwicklung der Aktion. Hierzu werden von der Dialogfix GmbH für 1 Monat 2 Hilfskräfte eingestellt, für die ein eigenes Büro angemietet wird. Die Hilfskräfte koordinieren die Kalendererstellung mit dem Künstler, der die Motive entwirft, und mit der Druckerei, welche die Kalender versandfertig anliefert. Darüber hinaus verpacken, etikettieren und frankieren die Mitarbeiter die Sendungen. Aus Erfahrung weiß man, dass 2 Hilfskräfte in 1 Monat maximal 10 000 Kalender versenden können. Folgende Kosten sind geplant:

Kostenart	Geplante Kosten	Art der Entstehung
1. Gehalt Hilfskräfte	4 000,00 €	Monatsgehalt
2. Papierkosten (Kalender/Anschreiben)	0,60 €	pro Kalender
3. Druckkosten (Kalender/Anschreiben)	0,50 €	pro Kalender
4. Kosten des Künstlers für den Entwurf der Motive	1 200,00 €	pauschal
5. Fahrtkosten für die Abstimmung mit Marketing, Künstler und Druckerei	500,00 €	pauschal
6. Miete und Strom des Zusatzbüros	520,00 €	monatlich
7. Heizung und Wasser des Zusatzbüros	30,00 €	pauschal
8. Verpackungskosten	0,30 €	pro Kalender
9. Porto für den Versand der Kalender	0,90 €	pro Kalender
10. Leasing-PCs der Hilfskräfte	300,00 €	Monatsmiete
11. Telefonkosten für die Abstimmung mit Marketing, Künstler und Druckerei	100,00 €	pauschal

31. AUFGABE

Ermitteln Sie aus der beschriebenen Situation die fixen Gesamtkosten (Kf) und die variablen Kosten pro Kalender (kv).

32. AUFGABE

Die Flatenergie AG wünscht eine Abrechnung nach der Zahl der versandten Kalender. Hierzu bietet sie der Dialogfix GmbH einen bestimmten Betrag (= Preis) an. Ermitteln Sie für die folgenden Fälle jeweils den Deckungsbeitrag pro Stück (db):
a) Flatenergie bietet 4,00 € pro Kalender.
b) Flatenergie bietet 3,00 € pro Kalender.

33. AUFGABE

Berechnen Sie die zum Erreichen der Gewinnschwelle notwendige Menge (Break-even-Point) an Kalendern für folgende Fälle:
a) Flatenergie bietet 4,00 € pro Kalender.
b) Flatenergie bietet 3,00 € pro Kalender.

34. AUFGABE

Berechnen Sie den beim Erreichen der Gewinnschwelle vorliegenden Beschäftigungsgrad für folgende Fälle:
a) Flatenergie bietet 4,00 € pro Kalender.
b) Flatenergie bietet 3,00 € pro Kalender.

Situation zu Aufgabe 35:

Die Dialogfix GmbH hat eine Tochterfirma zum Vertrieb von Smartphones und Tablet-PCs gegründet, die MobileCom GmbH. Im ersten Monat hat die MobileCom GmbH die folgenden Mengen, Preise und Kosten erfasst:

	Smartphone	7" Tablet-PC	9" Tablet-PC
Abgesetzte Menge	200	120	90
Verkaufspreis	198,00 €	298,00 €	398,00 €
Einzelkaufpreis inklusive Beschaffung	100,00 €	130,00 €	180,00 €
Kosten für Prospekte	1 350,00 €	1 450,00 €	1 550,00 €
Kosten für Radiowerbung	1 100,00 €	1 150,00 €	
Raum- und Personalkosten	2 400,00 €		

Während die Prospekte für jedes Gerät spezifisch gedruckt werden, erfolgt die Radiowerbung nur getrennt nach Produktgruppe (Smartphone/Tablet-PCs). Die Raum- und Personalkosten können nicht nach Produkt aufgeteilt werden.

35. AUFGABE

Ermitteln Sie die Deckungsbeiträge I, II und III sowie den Betriebsgewinn der Mobile-Com GmbH im ersten Monat. Tragen Sie die Ergebnisse in die nachstehende Tabelle ein.

	Smartphone	7" Tablet-PC	9" Tablet-PC
Umsatzerlöse			
– variable Kosten			
= Deckungsbeitrag I			
– trägerfixe Kosten			
= Deckungsbeitrag II			
– gruppenfixe Kosten			
= Deckungsbeitrag III			
– unternehmensfixe Kosten			
= Betriebsgewinn			

Situation zu den Aufgaben 36 bis 37:

Die Dialogfix GmbH betreibt eine auf 2 Teams aufgeteilte Servicehotline für die Nutzer von Smartphones und Tablet-PCs.

- Team 1 führt zurzeit monatlich durchschnittlich 8 400 Calls durch. Die AHT liegt bei 6 Minuten pro Call. Die Auslastung von Team 1 liegt momentan bei 70 %. Die Gesamtkosten für Team 1 betragen monatlich 25 230,00 €, wovon 17 140,00 € Fixkosten sind. Für die kommenden Monate erwartet die Dialogfix GmbH eine Erhöhung des durchschnittlichen Gesprächsaufkommens um 700 Calls bei unveränderter AHT.
- Team 2 führt monatlich zwischen 12 000 und 18 000 Calls durch. Team 2 verursacht monatlich 30 200,00 € Fixkosten. Bei 12 000 Calls entstehen Gesamtkosten in Höhe von 41 960,00 €, bei 15 000 Calls von 44 900,00 €, bei 18 000 Calls von 47 840,00 €.

36. AUFGABE

Berechnen Sie die nachstehenden Werte für Team 1:
a) Rechnerische Maximalkapazität bei gleichbleibender AHT
b) Beschäftigungsgrad nach der Erhöhung des durchschnittlichen Gesprächsaufkommens
c) Durchschnittskosten pro Call vor Erhöhung des Gesprächsaufkommens

37. AUFGABE

Stellen Sie die Kosten von Team 2 in der folgenden Tabelle dar:

Calls/Monat	Kosten gesamt/ Monat	Kosten fix/ Monat	Kosten variabel/ Monat	Variable Kosten je Call	Fixe Kosten je Call
12 000					
15 000					
18 000					

Situation zu den Aufgaben 38 bis 39:

In einem Team der Dialogfix GmbH laufen derzeit 3 Projekte:

Projekt A: Marina Cosmetics GmbH   Produktberatung
Projekt B: Ellisec Versicherungs AG   Begrüßungscalls
Projekt C: EasyKommunikation GmbH   Produkthotline Mobilfunk

Für den Monat Januar wurden folgende Daten ermittelt:

Projekt	Anzahl Calls	Verkaufspreis je Call	variable Kosten je Call
A	1 800	7,50 €	4,50 €
B	24 000	2,10 €	2,00 €
C	18 500	5,80 €	4,20 €

Fixe Kosten sind in Höhe von 35 000,00 € angefallen.

38. AUFGABE

Stellen Sie die Erlöse, Kosten und Deckungsbeiträge in der folgenden Tabelle dar:

Projekt	Anzahl Calls	Verkaufs-preis je Call	variable Kosten je Call	Umsatz-erlöse	db je Call	DB ge-samt
A	1 800	7,50 €	4,50 €			
B	24 000	2,10 €	2,00 €			
C	18 500	5,80 €	4,20 €			
Gesamt						
Fixe Kosten						
Betriebsergebnis						

39. AUFGABE

Die Ellisec Versicherungs AG möchte das Projekt B „Begrüßungscalls" etwas verändert auch im Februar durchführen. Durch zusätzliche Verkaufsmaßnahmen beim Begrüßungsgespräch steigen die variablen Kosten je Call auf 2,40 €. Der Kunde ist bereit, 2,80 € je Call zu zahlen. Die fixen Kosten für Projekt B werden im Monat Februar mit 7 500,00 € veranschlagt. Ermitteln Sie die Gewinnschwellenmenge (Break-even-Point).

Situation zu Aufgabe 40:

Die Lenitech GmbH hat in einer Filiale eine Abteilung, die sich ausschließlich mit dem Verkauf von IT-Zubehör im Inbound beschäftigt. Neben flexibel einsetzbaren Leiharbeitnehmern ist auch ein festes Team beschäftigt. Um eine bedarfsgerechte Kundenberatung zu unterstützen, werden bewusst keine Verkaufsprovisionen gezahlt. Die Filiale hat im aktuellen Monat 7 500 Calls abgewickelt.
Die Kostenauswertung für den aktuellen Monat zeigt folgende Werte:

Lenitech GmbH		Kostenauswertung aktueller Monat
Kostenart	Betrag	Abrechnungsart
Personalkosten Teamleiter	3 800,00 €	Monatsgehalt
Personalkosten Backoffice	2 800,00 €	Monatsgehalt
Leiharbeitnehmer (nur Inbound)	7 500,00 €	1,00 € pro Call
Abschreibung Zentrale/IT	1 800,00 €	AfA auf Wiederbeschaffungswert, tats. Nutzungsdauer
Leasing Kopierer	110,00 €	feste Leasingrate
Miete Büro (mit Ausstattung)	2 000,00 €	monatlicher Festbetrag
Telefonkosten	300,00 €	Flatrate
Fahrzeugkosten Mietwagen	400,00 €	feste Leasingrate

40. AUFGABE

Ermitteln Sie die folgenden Werte: Summe der Gesamtkosten, Summe der fixen Kosten, Summe der variablen Kosten, Gesamtkosten pro Call, fixe Kosten pro Call, variable Kosten pro Call. Geben Sie jeweils an, wie sich der errechnete Wert verändert (steigt/fällt/unverändert), wenn bei sonst gleichen Rahmenbedingungen die Anzahl der Calls steigen würde.

Situation zu den Aufgaben 41 bis 43:

Die Dialogfix GmbH hat im Auftrag eines neuen Kunden das Projekt „Summer-Sale" bearbeitet. Dieses soll nun auf Basis der vorab vereinbarten Konditionen abgerechnet werden:

Preis pro Nettokontakt: 4,50 €; variable Kosten je Nettokontakt: 1,50 €; fixe Projektkosten: 15 000,00 €; erzielte Nettokontakte: 9 500

41. AUFGABE

Ermitteln Sie den Deckungsbeitrag je Nettokontakt.

42. AUFGABE

Ermitteln Sie die Gewinnschwellenmenge für das Projekt „Summer-Sale".

43. AUFGABE

Berechnen Sie das Projektergebnis.

Situation zu den Aufgaben 44 bis 45:

Im Rahmen Ihrer Ausbildung in der Dialogfix GmbH sind Sie derzeit im Bereich Controlling eingesetzt. Für die 3 Aufträge des 1. Quartals liegen Ihnen die folgenden Daten vor:

	Auftrag 1: Logistic-Assurance Versicherungs AG	Auftrag 2: Gesundheits- bank AG	Auftrag 3: Kreditkarten- Service GmbH
Callmenge	14 000	11 000	7 000
Variable Kosten je Call	1,20 €	2,40 €	3,80 €
Erlöse je Call	2,50 €	2,90 €	7,50 €

44. AUFGABE

Der Leiter der Abteilung bittet Sie, die folgenden Größen tabellarisch zu ermitteln:

- db,
- DB je Auftrag,
- DB aller Aufträge des 1. Quartals,
- Betriebsergebnis.

Die fixen Kosten betragen 40 000,00 € je Quartal.

45. AUFGABE

Für das 4. Quartal sind derzeit noch nicht alle Kapazitäten im Callcenter belegt. 6 000 Callstunden stehen noch für andere Aufträge zur Verfügung. Entscheiden Sie auf Basis des relativen Deckungsbeitrages, welche der drei eingegangenen Anfragen von Neu-kunden berücksichtigt werden sollten.

a) Discount-Josef KG: Callmenge: 20 000, db 8,00 €, Minuten je Anruf: 12
b) Möbel Franze UG: Callmenge: 10 000, db 5,00 €, Minuten je Anruf: 4
c) ABU-Saarland AG: Callmenge: 3 000, db 2,50 €, Minuten je Anruf: 3

Situation zu den Aufgaben 46 bis 47:

Die KommunikativAktiv KG möchte ein Angebot für eine Outbound-Kampagne er-stellen. Folgende Daten liegen vor:

- Im Rahmen des Projekts sollen Geschäftskunden kontaktiert werden. Es wird davon ausgegangen, dass 70 560 Telefonate zu führen sind.
- Die Aktion soll im Oktober und November (insgesamt 42 Arbeitstage) jeweils von Montag bis Freitag (7 Arbeitsstunden pro Arbeitstag) durchgeführt werden. Telefoniert wird von 9 bis 18 Uhr. Bei maximal drei Anwahlversuchen gilt der Kunde als erreicht.
- Eine Vorabschulung der Mitarbeiter erfolgt durch einen eigenen internen Trainer. Für diese Schulung werden 3 Tage (21 Stunden) je Mitarbeiter veran-schlagt. Die Schulung findet am Arbeitsplatz statt. Zur Unterstützung wird ein Teamleiter eingesetzt. Dieser unterstützt auch während der Kampagne, wird aber nicht am Telefon eingesetzt.
- Aufgrund der Erfahrungen mit ähnlichen Telefonaktionen rechnet die Kommu-nikativAktiv KG mit einer durchschnittlichen Gesprächsdauer von 10 Minuten je Kunde sowie mit einer Vor- bzw. Nachbereitungszeit inklusive aller Anwahl-versuche von 2 Minuten.

Darüber hinaus müssen folgende Kosten berücksichtigt werden:
- Die Kosten je Agent betragen 16,40 € je Arbeitsstunde.
- Die Kosten je Teamleiter (TL) betragen 18,20 € je Arbeitsstunde.
- Die durchschnittlichen Trainerkosten betragen 25,00 € je Trainingsstunde.
- Die Arbeitsplatzkosten je Stunde (inklusive Raummiete) werden mit 1,67 € veranschlagt.
- Diese Kosten sind auch für den Teamleiter zu berücksichtigen, zusätzlich findet die Schulung am Arbeitsplatz statt. Für den Trainer fallen keine Arbeits-platzkosten an.

46. AUFGABE

Ermitteln Sie, wie viele Stunden benötigt werden und wie viele Mitarbeiter eingesetzt werden müssen, um die Kampagne innerhalb der vorgesehenen Frist durchzuführen.

47. AUFGABE

Errechnen Sie den Barangebotspreis (Barverkaufspreis) für die gesamte Kampagne und je Call, wenn mit 35 % Handlungsgemeinkosten und 15 % Gewinn kalkuliert wird.

48. AUFGABE

Erklären Sie, was in diesem Kontext unter Handlungsgemeinkosten zu verstehen ist.

Situation zu den Aufgaben 49 bis 51:

Die Textil GmbH feiert ihr 15-jähriges Firmenjubiläum. Aus diesem Anlass sollen 5 000 langjährige Bestandskunden (5 Jahre und länger) in einer Mailing-Aktion ein Sonderangebot erhalten. Jeder Kunde hat die Möglichkeit, eine hochwertige Outdoor-Jacke (Damen oder Herren) zu erwerben. Es wird im Schreiben ausdrücklich darauf hingewiesen, dass sich das günstige Angebot nur an die langjährigen Kunden richtet und pro Kunde nur eine Jacke bestellt werden kann. Dem Schreiben soll ein Prospekt beiliegen, in dem zur Jacke passende Accessoires aufgeführt sind. Das Bestellformular wird direkt beigefügt.

Die Textil GmbH prüft drei Alternativen für die Mailing-Aktion:

Alternative 1: Dem Anschreiben wird ein einfacher Prospekt beigefügt.

Alternative 2: Dem Anschreiben wird ein hochwertig gestalteter farbiger Prospekt beigefügt.

Alternative 3: Dem Anschreiben wird ein hochwertig gestalteter farbiger Prospekt und ein Gutschein für einen zur Jacke passenden Outdoor-Rucksack beigefügt.

Folgende Daten sind für die Mailing-Aktion zu berücksichtigen:

	Alternative 1	Alternative 2	Alternative 3
Erwartete Response	5,50 %	6,00 %	7,00 %
Angebotspreis je Jacke	250,00 €	250,00 €	250,00 €
Selbstkosten je Jacke (ohne Kosten der Mailing-Aktion)	210,00 €	210,00 €	210,00 €
Variable Kosten pro versandtes Schreiben inklusive Prospekt	0,40 €	0,50 €	0,50 €
Wert des Gutscheins je Mailing	0,00 €	0,00 €	15,00 €

49. AUFGABE

Ermitteln Sie die zu erwartende Anzahl der Bestellungen für die Alternativen 1 bis 3.

50. AUFGABE

Ermitteln Sie für die Alternativen 1 bis 3 jeweils den Deckungsbeitrag je verkaufte Jacke. Tragen Sie dazu die Daten in die nachstehende Tabelle ein.

	Alternative 1	Alternative 2	Alternative 3
Umsatzerlöse gesamt			
Selbstkosten (ohne Kosten für die Mailing-Aktion)			
Kosten für Mailing inklusive Prospekten gesamt			
Kosten für Gutschein gesamt			
Deckungsbeitrag gesamt			
Deckungsbeitrag je Jacke			

51. AUFGABE

Welche Alternative sollte die Textil GmbH wählen? Begründen Sie Ihre Entscheidung.

Situation zu den Aufgaben 52 bis 53:

In der Dialogfix GmbH wird derzeit an zwei Projekten gearbeitet. Folgende Daten liegen Ihnen vor:

Projekt	db	Callmenge	Minuten	Erlöse je Call
A	4,00	10 000	6	8,50 €
B	3,50	8 000	3	6,00 €

---

52. AUFGABE

Ermitteln Sie jeweils die kurzfristige Preisuntergrenze.

53. AUFGABE

Ermitteln Sie die langfristige Preisuntergrenze, wenn die fixen Kosten 35 000,00 € betragen und auf Basis der Callstunden verteilt werden.

Situation zu den Aufgaben 54 bis 55:

Die Dialogfix GmbH hat in den vergangenen Jahren stark expandiert. Aufgrund der guten Ertragssituation sah die Geschäftsführung bisher noch keine Notwendigkeit, ein organisiertes Controlling aufzubauen. Nun gehen die Umsätze seit einiger Zeit zurück und man überlegt, eine eigene Abteilung Controlling einzurichten.

54. AUFGABE

Beim Aufbau einer Controllingabteilung stellt sich für die Dialogfix GmbH die Frage, wo der Unterschied zwischen operativem und strategischem Controlling liegt. Erläutern Sie die Bedeutung der beiden Begriffe und geben Sie dabei die zentrale Aufgabe und den jeweiligen Mittelpunkt der Analyse an.

55. AUFGABE

Ein Unternehmensberater schlägt der Dialogfix GmbH vor, das System der Balanced Scorecard zu installieren. Erläutern Sie die Grundzüge dieses Systems und nennen Sie hierbei vier mögliche Perspektiven einer Balanced Scorecard.

Situation zu Aufgabe 56:

Eine Aufgabe der neuen Controllingabteilung stellt die Auswertung statistischer Daten dar. Hierzu werden die Daten der Anrufe je Telefonnummer und Agent aufgezeichnet und anschließend in Kennzahlen zusammengefasst.

Die nachstehende Tabelle zeigt die Daten aller Telefonate eines Agents im Outbound innerhalb einer Stunde.

Agent: Tamara Müller

Einsatz: Aktion Vertragsupgrade

Anruf-Id	besetzt	Gesprächs-zeit in Sek.	Abschluss	Anruf-Id	besetzt	Gesprächs-zeit in Sek.	Abschluss
1	–	94	ja	11	–	230	ja
2	–	251	nein	12	–	194	ja
3	–	54	nein	13	–	265	nein
4	–	77	nein	14	ja	–	–
5	–	121	nein	15	–	216	ja
6	ja	–	–	16	–	73	ja
7	–	140	ja	17	–	196	ja
8	–	185	nein	18	ja	–	–
9	–	85	ja	19	–	300	nein
10	–	232	nein	20	–	125	nein

56. AUFGABE

Ermitteln Sie anhand der Tabelle die vorgegebenen Kennzahlen aus dem Outbound-Bereich.

Auswertung		
Gesamtkosten:	20,00 €	
Datenbestand (Anzahl Datensätze):	30	
Aktionszeitraum (Stunden):	1	

Bruttokontakte:		Kosten pro Nettokontakt:	
Nettokontakte:		Kosten pro Abschluss:	
Ausschöpfungsquote:		Kosten pro Minute:	
Anzahl Abschlüsse:		Gesamte Gesprächszeit in Minuten:	
Erfolgsquote:		AHT (in Minuten):	

Situation zu den Aufgaben 57 bis 60:

Die Marketing-Service GmbH hat zu Beginn und zum Ende des letzten Geschäftsjahres die nachstehenden Bilanzen vorgelegt.

Bilanz zum 01.01.			
Aktiva		**Passiva**	
I. Anlagevermögen		**I. Eigenkapital**	189 000,00 €
Grundstück und Gebäude	200 000,00 €		
Fuhrpark	20 000,00 €		
Betriebs- und Geschäftsausstattung	87 000,00 €		
II. Umlaufvermögen			
Warenvorräte	13 000,00 €		
Forderungen	21 000,00 €	**II. Schulden**	
Kassenbestand	3 000,00 €	Darlehensschulden	119 000,00 €
Bankguthaben	9 000,00 €	Verbindlichkeiten aus Leistungen	45 000,00 €
	353 000,00 €		353 000,00 €

Bilanz zum 31.12.			
Aktiva		**Passiva**	
I. Anlagevermögen		**I. Eigenkapital**	229 000,00 €
Grundstück und Gebäude	200 000,00 €		
Fuhrpark	40 000,00 €		

Bilanz zum 31.12.			
Aktiva		**Passiva**	
Betriebs- und Geschäfts-ausstattung	93 000,00 €		
II. Umlaufvermögen			
Warenvorräte	9 000,00 €		
Forderungen	2 000,00 €	**II. Schulden**	
Kassenbestand	9 000,00 €	Darlehensschulden	95 000,00 €
Bankguthaben	35 000,00 €	Verbindlichkeiten aus Leistungen	64 000,00 €
	388 000,00 €		**388 000,00 €**

57. AUFGABE

Ermitteln Sie für den Beginn und für das Ende des Geschäftsjahres die folgenden Kennziffern zur Kapitalausstattung der Marketing-Service GmbH: Grad der finanziellen Unabhängigkeit, Grad der Verschuldung. Stellen Sie die Veränderungen dar und bewerten Sie diese.

58. AUFGABE

Ermitteln Sie für den Beginn und für das Ende des Geschäftsjahres die folgenden Kennziffern zur Kapitalausstattung der Marketing-Service GmbH. Anteil des langfristigen Fremdkapitals, Anteil des kurzfristigen Fremdkapitals. Stellen Sie die Veränderungen dar und bewerten Sie diese.

59. AUFGABE

Ermitteln Sie für den Beginn und für das Ende des Geschäftsjahres die folgenden Kennziffern zur Anlagenfinanzierung der Marketing-Service GmbH: Deckungsgrad I, Deckungsgrad II. Stellen Sie die Veränderungen dar und bewerten Sie diese.

60. AUFGABE

Ermitteln Sie für den Beginn und für das Ende des Geschäftsjahres die folgenden Kennziffern zur Zahlungsfähigkeit der Marketing-Service GmbH: Liquidität I, Liquidität II, Liquidität III. Stellen Sie die Veränderungen dar und bewerten Sie diese.

Situation zu den Aufgaben 61 bis 66:

Das im letzten Geschäftsjahr durchschnittlich eingesetzte Eigenkapital der Marketing-Service GmbH betrug 210 000,00 €, das durchschnittliche Gesamtkapital 370 000,00 €. Die Gewinn- und Verlustrechnung weist bei einem Umsatz von 980 000,00 € einen Jahresüberschuss von 40 000,00 € aus, wobei Fremdkapitalzinsen in Höhe von 7 000,00 € und Abschreibungen von 45 000,00 € angefallen sind.

61. AUFGABE

Berechnen Sie die Eigenkapitalrentabilität, die Gesamtkapitalrentabilität und die Umsatzrentabilität des letzten Geschäftsjahres der Marketing-Service GmbH.

62. AUFGABE

Erklären Sie, warum für die Marketing-Service GmbH die Eigenkapitalrentabilität wichtiger ist als die reine Höhe des Gewinns (Jahresüberschuss).

63. AUFGABE

Für das Folgejahr erwartet die Marketing-Service GmbH bei gleichbleibenden Umsätzen einen um 10 % niedrigeren Jahresüberschuss. Ermitteln Sie die zu erwartende Umsatzrentabilität.

64. AUFGABE

Geben Sie zwei mögliche Ursachen für die sinkende Umsatzrentabilität an.

65. AUFGABE

Ermitteln Sie für das letzte Geschäftsjahr den Cashflow der Marketing-Service GmbH.

66. AUFGABE

Welche Bedeutung hat der Cashflow für die Marketing-Service GmbH?

Situation zu den Aufgaben 67 bis 70:

Sie sind seit Beginn des neuen Jahres in der Finanzbuchhaltung der Dialogfix GmbH eingesetzt. Der Leiter der Abteilung bittet Sie, den Jahresabschluss des vergangenen Geschäftsjahrs zu analysieren. Folgende Werte sind gegeben:

- Fremdkapital: 620 000,00 €
- Bilanzsumme: 1 360 000,00 €

67. AUFGABE

Ermitteln Sie den Grad der finanziellen Unabhängigkeit.

68. AUFGABE

Ermitteln Sie den Grad der Verschuldung.

69. AUFGABE

Ermitteln Sie die Eigenkapitalrentabilität, wenn der Gewinn im Betrachtungszeitraum 51 500,00 € betrug.

70. AUFGABE

Ermitteln Sie den Cashflow, wenn die Abschreibungen des Anlagevermögens 21 000,00 € und die Zuführung zu den Rückstellungen 8 000,00 € betrugen.

Lösungen zu Kapitel 14

1.
→ Dokumentation: zeitlich und sachlich geordnete Aufzeichnung aller Geschäftsfälle
→ Rechenschaftslegung und Information: Einhaltung gesetzlicher Vorschriften und Datenversorgung interessierter/berechtigter Externer
→ Kontrolle: Aufbau eines aussagefähigen finanziellen Informations- und Überwachungssystems
→ Disposition: Bereitstellung von Zahlenmaterial als Entscheidungsgrundlage

2.
→ Buchführung: Erfüllung gesetzlicher Vorgaben, Gewinnermittlung
→ Kosten- und Leistungsrechnung: Ermittlung des Betriebsergebnisses aus dem Verkauf der Dienstleistungen
→ Statistik: Sammlung betrieblicher und externer Daten zur Entscheidungsvorbereitung
→ Planungsrechnung: Auswertung innerbetrieblicher Daten zur Erstellung von Einzelplänen

3.
Zu den wichtigsten Aufgaben der Buchführung zählen die Ermittlung des Vermögens und der Schulden sowie die Ermittlung des Erfolges (Gewinn oder Verlust). Die Erfüllung dieser Aufgaben wird durch das lückenlose planmäßige Aufzeichnen sämtlicher Geschäftsfälle auf Grundlage von Belegen ermöglicht. Die Buchführung ist somit eine wichtige Grundlage der restlichen Zweige des betrieblichen Rechnungswesens (Kosten- und Leistungsrechnung, Planungsrechnung, Statistik).

4.
→ Externe Belege fallen im Geschäftsverkehr mit Außenstehenden an: Eingangsrechnungen, Ausgangsrechnungen, Kontoauszüge.
→ Interne Belege werden bei innerbetrieblichen Geschäftsfällen erstellt: Gehaltslisten, Belege für Umbuchungen.

5.
Gemäß § 238 Abs. 1 Handelsgesetzbuch ist jeder Kaufmann verpflichtet, Bücher zu führen. Darüber hinaus schreibt die Abgabenordnung in § 141 vor, dass Gewerbetreibende ab einem bestimmten Umsatz bzw. Gewinn Bücher führen müssen.

6.
→ Körperliche Inventur: Alle körperlichen Vermögensgegenstände (z. B. Fahrzeuge, Büroausstattung) werden durch Zählen, Messen oder Wiegen erfasst und in Euro bewertet.
→ Buchinventur: Alle nicht körperlichen Vermögensgegenstände (z. B. Bankguthaben, Forderungen) und Schulden (z. B. Bankkredite) werden wertmäßig aufgrund der buchhalterischen Aufzeichnungen festgestellt.

7.

Bei der permanenten Inventur werden die Bestände der Lagerkartei entnommen. In jedem Geschäftsjahr muss auch mindestens einmal durch körperliche Bestandsaufnahme geprüft werden, ob der in der Lagerkartei ausgewiesene Bestand mit dem tatsächlichen Bestand übereinstimmt.

8.

→ Das Anlagevermögen bildet die Grundlage der Betriebsbereitschaft und soll dem Unternehmen langfristig dienen: Grundstücke, Gebäude, Fuhrpark, Büroeinrichtung.

→ Die Einzelpositionen des Umlaufvermögens verbleiben nur kurz im Unternehmen, sie befinden sich in einem ständigen Umlaufprozess: Lagerbestände, Forderungen, Kassenbestände.

9.

Das Eigenkapital stellt das Reinvermögen dar, d. h. das Vermögen des Unternehmens abzüglich der Schulden. Vergleicht man nun das Reinvermögen des Unternehmens zu zwei Zeitpunkten (z. B. zu Beginn und zum Ende des Geschäftsjahres), so kann unter der Voraussetzung, dass keine sonstigen Veränderungen des Eigenkapitals (z. B. durch Eingriffe der Gesellschafter) durchgeführt wurden, eine Erhöhung des Eigenkapitals als der Gewinn, eine mögliche Verminderung des Eigenkapitals als der Verlust des Unternehmens angesehen werden.

10.

Auf der Aktivseite einer Bilanz wird das Vermögen, gegliedert nach Anlage- und Umlaufvermögen, ausgewiesen. Auf der Passivseite werden die Schulden und das Eigenkapital ausgewiesen. Da das Eigenkapital die Differenz des Vermögens und der Schulden (Fremdkapital) darstellt, ist gewährleistet, dass beide Seiten der Bilanz die gleiche Summe aufweisen.

11.

Die LiveMarketing GmbH ist verpflichtet, auf ihre inländischen Umsätze (d. h. auf die an Kunden gestellten Rechnungsbeträge) Umsatzsteuer zu erheben und an das Finanzamt abzuführen. Auf dem Konto Umsatzsteuer steht der noch an das Finanzamt abzuführende Betrag, es handelt sich also um eine Schuld. Wird im Gegenzug der LiveMarketing GmbH bei einem Kauf Umsatzsteuer in Rechnung gestellt (= Vorsteuer), so bekommt sie diese vom Finanzamt zurückerstattet. Auf dem Konto Vorsteuer steht der noch vom Finanzamt zu erstattende Betrag, es handelt sich also um eine Forderung.

12.

→ Betriebsbedingte Aufwendungen (Kosten) stehen in unmittelbarem Zusammenhang mit dem Betriebszweck (z. B. Erstellung von Dienstleistungen für Kunden). Beispiel: Personalkosten der Mitarbeiter.

→ Neutrale Aufwendungen stehen in keinem Zusammenhang mit der Verfolgung betrieblicher Ziele in der betreffenden Periode. Beispiel: Verluste aus Aktienspekulationen.

13.

→ Eine Kostenstelle gibt an, wo im Unternehmen Kosten entstanden sind. Es handelt sich i. d. R. um eine Organisationseinheit des Unternehmens (z. B. um eine Abteilung oder Filiale). Durch Kostenstellen kann die örtliche Verursachung von Kosten nachvollzogen werden. Es können Verantwortliche ausgemacht und Kostenziele vorgegeben werden. Ebenso kann über die Kostenstellenrechnung die Verrechnung von Kosten auf Kostenträger gesteuert werden.

→ Kostenträger sind Leistungseinheiten, denen i. d. R. über Preise auch Leistungen zugeordnet werden können (z. B. ein Call oder ein externes Projekt). Durch die Zuordnung von Kosten zu Leistungen können Preise ermittelt und überprüft werden.

14.

Gesamtumsatz: 720 000,00 + 1 080 000,00 + 2 880 000,00 = 4 680 000,00 €

→ Wismar: 188 500,00 : 4 680 000,00 · 720 000,00 = 29 000,00 €

→ Rostock: 188 500,00 : 4 680 000,00 · 1 080 000,00 = 43 500,00 €

→ Schwerin: 188 500,00 : 4 680 000,00 · 2 880 000,00 = 116 000,00 €

15.

	Vermögen	Schulden
Pkw	30 000,00 €	
Büroeinrichtung	70 000,00 €	
Forderungen an Kunden	18 000,00 €	
Darlehen der Volksbank		25 000,00 €
Waren	26 000,00 €	
Forderungen aus Gehaltsvorschuss	1 000,00 €	
Verbindlichkeiten Gehaltszahlungen		4 000,00 €
Kassenbestand	2 000,00 €	
Guthaben Girokonto	5 000,00 €	
Verbindlichkeiten an Lieferanten		12 000,00 €
	152 000,00 €	41 000,00 €
Eigenkapital		111 000,00 €

16.

		Geldvermögen	Reinvermögen
Versand einer Rechnung für erbrachte Dienstleistungen	400,00 €	**+400,00 €**	**+400,00 €**
Buchung der monatlichen Abschreibung auf einen PC	100,00 €	**–**	**–100,00 €**

		Geldvermögen	Reinvermögen
Zahlung der Leasingrate für einen Laserdrucker	50,00 €	**−50,00 €**	**−50,00 €**
Kauf eines neuen Bürostuhls	700,00 €	**−700,00 €**	**−**
Gutschrift eines Gewinns aus Aktienspekulationen	500,00 €	**+500,00 €**	**+500,00 €**
Tilgungszahlung an die Bank	1 000,00 €	**−1 000,00 €**	**−**
Barzahlung einer Tankrechnung	80,00 €	**−80,00 €**	**−80,00 €**
Kauf von Waren auf Rechnung	300,00 €	**−300,00 €**	**−**
Verkauf von Werbemitteln auf Rechnung	800,00 €	**+800,00 €**	**+800,00 €**

17.

	Liquidität		Aufwendungen		Erträge	
	Einnahmen	Ausgaben	betrieblich	neutral	betrieblich	neutral
Ausgangsrechnung	X				X	
Telefonrechnung		X	X			
Abschreibung			X			
Aktiengewinn	X					X
Gehälter		X	X			
Eingangsrechnung		X	X			
Garagenmiete	X					X
Büromiete		X	X			
Steuer		X		X		
Schaden		X		X		

		Finanzbuchhaltung (G+V)		Kosten- und Leistungsrechnung			
		Gesamtergebnisrechnung		Abgrenzungsrechnung		Betriebsergebnisrechnung	
Position	Anmerkung	Aufwand	Erträge	Neutrale Aufwendg.	Neutrale Erträge	Kosten	Leistungen
Erlöse aus Dienstleistungen			121 000,00 €				121 000,00 €
Gehälter der Mitarbeiter		40 000,00 €				40 000,00 €	
Reparatur Unfall Pkw	Schadensfall	2 000,00 €		2 000,00 €			

Position	Anmerkung	Finanzbuchhaltung (G+V) Gesamtergebnisrechnung		Kosten- und Leistungsrechnung Abgrenzungsrechnung		Betriebsergebnisrechnung	
		Aufwand	Erträge	Neutrale Aufwendg.	Neutrale Erträge	Kosten	Leistungen
Abschreibung Pkw		10 000,00 €				10 000,00 €	
Erlöse aus Warenverkauf			74 000,00 €				74 000,00 €
Abschreibung Büroeinrichtung		5 000,00 €				5 000,00 €	
Verluste durch Aktiengeschäfte	betriebs-fremd	20 000,00 €		20 000,00 €			
Unerwartete Zahlung einer Rechnung aus 2004	perioden-fremd		1 000,00 €		1 000,00 €		
Miete der Geschäftsräume		12 000,00 €				12 000,00 €	
Erlöse aus dem Verkauf eines abgeschriebenen PCs	Vermögens-abgang		1 000,00 €		1 000,00 €		
Summe		**89 000,00 €**	**197 000,00 €**	**22 000,00 €**	**2 000,00 €**	**67 000,00 €**	**195 000,00 €**
Ergebnis		**108 000,00 €**	Gewinn	neutr. Verlust	**20 000,00 €**	**128 000,00 €**	betr. Gewinn

19.

Es zählt die bilanzielle Abschreibung:

30 000,00 € Anschaffungskosten : 6 Jahre Abschreibungsdauer = 5 000,00 € bilanzielle Abschreibung

20.

Das Fahrzeug wird bereits nach 3 Jahren ausgemustert, sodass in der Kosten- und Leistungsrechnung ein zu geringer Betrag (Basis: 6 Jahre Nutzungsdauer) angesetzt würde. Darüber hinaus sind zur Substanzerhaltung nicht die Anschaffungskosten, sondern der Wiederbeschaffungswert anzusetzen. Ein zu geringer Betrag in der Kosten- und Leistungsrechnung würde ein verfälschtes (zu hohes) Betriebsergebnis ausweisen und möglicherweise dazu führen, dass die kalkulierten Preise zu niedrig sind.

21.

Basis sind der Wiederbeschaffungswert zu dem Zeitpunkt, zu dem das angeschaffte Fahrzeug ausgemustert wird, und die tatsächliche Nutzungsdauer:

36 000,00 € : 3 Jahre = 12 000,00 € jährliche Abschreibung

22.

60 000,00 : 5 Jahre Abschreibungsdauer = 12 000,00 € bilanzielle Abschreibung

60 000,00 − 2 · 12 000,00 = 36 000,00 € Restwert

23.

Tatsächliche Nutzungsdauer:	5 Jahre + 60 % = 8 Jahre
Wiederbeschaffungskosten:	60 000,00 + 8 · 1 500,00 = 72 000,00 €
Abschreibungsbetrag KLR:	72 000,00 : 8 Jahre = 9 000,00 €

24.

A. Vermögen	
I. Anlagevermögen	
Grundstücke	70 000,00 €
Gebäude	210 000,00 €
Betriebs- und Geschäftsausstattung	91 000,00 €
II. Umlaufvermögen	
Forderungen	16 600,00 €
Kassenbestand	1 400,00 €
Bankguthaben	2 000,00 €
B. Schulden	
I. Langfristige Schulden	
Hypothek Volksbank	190 000,00 €
Darlehen der Sparkasse	14 000,00 €
II. Kurzfristige Schulden	
Verbindlichkeiten an Lieferanten	17 000,00 €
C. Reinvermögen	
Summe des Vermögens	391 000,00 €
– Summe der Schulden	221 000,00 €
= Reinvermögen (Eigenkapital)	**170 000,00 €**

25.

Bilanz zum 31.12.			
Aktiva		**Passiva**	
I. Anlagevermögen		**I. Eigenkapital**	**240 500,00 €**
Grundstücke	90 000,00 €		
Gebäude	344 000,00 €	**II. Schulden**	
Fuhrpark	46 000,00 €	Hypothekenschulden	290 000,00 €
Betriebs- und Geschäftsausstattung	85 000,00 €	Darlehensschulden	44 000,00 €

Bilanz zum 31.12.			
Aktiva		**Passiva**	
II. Umlaufvermögen		Verbindlichkeiten an Lieferanten	25 000,00 €
Forderungen	25 200,00 €		
Kassenbestand	700,00 €		
Bankguthaben	8 600,00 €		
	599 500,00 €		599 500,00 €

26.

Eigenkapital zu Beginn des Geschäftsjahres: 100 000,00 € – 30 000,00 € = 70 000,00 €
Eigenkapital am Ende des Geschäftsjahres: 130 000,00 € – 10 000,00 € = 120 000,00 €
Veränderung des Eigenkapitals: 120 000,00 € – 70 000,00 € = 50 000,00 €
Es wurde ein Gewinn von 50 000,00 € erzielt.

27.

Aufwendungen: Mietaufwand 100 000,00 € + Personalaufwand 400 000,00 € + Sonstige Aufwendungen 200 000,00 € = 700 000,00 €
Erträge: Erlöse aus Einzelprojekten 545 000,00 € + Erlöse aus Serviceleistungen 200 000,00 € + Sonstige Erträge 5 000,00 € = 750 000,00 €
Gewinn: Erträge – Aufwendungen = 750 000,00 € – 700 000,00 € = 50 000,00 €

28.

Abschreibungsbetrag = 30 000,00 € : 6 Jahre = 5 000,00 €

Jahr	Abschreibungsbetrag	Restwert am Jahresende
1	5 000,00 €	25 000,00 €
2	5 000,00 €	20 000,00 €
3	5 000,00 €	15 000,00 €
4	5 000,00 €	10 000,00 €
5	5 000,00 €	5 000,00 €
6	5 000,00 €	0,00 €

29.

Einzelkosten	2,90 €		
Gemeinkosten	0,35 €	12 %	von den Einzelkosten je Call
Selbstkosten je Call	3,25 €		
Gewinnzuschlag	0,58 €	18 %	von den Selbstkosten je Call
Zielverkaufspreis je Call	3,83 €		
Kundenskonto	0,12 €	3 %	vom Angebotspreis je Call
Angebotspreis je Call	3,95 €		
Anzahl Calls	2 000,00 €		
Angebotspreis	7 900,00 €		

Ermittlung des Angebotspreises:
Zielverkaufspreis je Call = 100 % – 3 % Skonto = 97 %
Angebotspreis je Call = 100 %
3,83 € Zielverkaufspreis : 97 % · 100 % = 3,95 € Angebotspreis je Call
Angebotspreis = 2 000 · 3,95 € = 7 900,00 €

30.

	Projekt 1	Projekt 2	Projekt 3	Summe
Anzahl Calls	157 000	92 000	272 000	**521 000**
Einzelkosten	470 000,00 €	290 000,00 €	680 000,00 €	**1 440 000,00 €**
Gemeinkosten	37 600,00 €	23 200,00 €	54 400,00 €	**115 200,00 €**
Selbstkosten	**507 600,00 €**	**313 200,00 €**	**734 400,00 €**	**1 555 200,00 €**
Selbstkosten je Call	3,23 €	3,40 €	2,70 €	

Ermittlung des Zuschlagssatzes:
115 200,00 € Gemeinkosten : 1 440 000,00 € Einzelkosten = 8 %
Ermittlung der einzelnen Gemeinkosten:
Projekt 1: 470 000,00 € · 8 % = 37 600,00 €
Projekt 2: 290 000,00 € · 8 % = 23 200,00 €
Projekt 3: 680 000,00 € · 8 % = 54 400,00 €

31.
Fixe Gesamtkosten = Gehalt Hilfskräfte + Kosten Künstler + Fahrtkosten + Miete/Strom + Heizung/Wasser + Leasing PCs + Telefon = 4 000,00 + 1 200,00 + 500,00 + 520,00 + 30,00 + 300,00 + 100,00 = 6 650,00 €
Variable Kosten pro Stück = Papierkosten + Druckkosten + Verpackungskosten + Porto = 0,60 + 0,50 + 0,30 + 0,90 = 2,30 € pro Stück

32.

db = p – kv

a) db = 4,00 – 2,30 = 1,70 €

b) db = 3,00 – 2,30 = 0,70 €

33.

Gewinnschwelle (BEP) = Kf : db

a) Gewinnschwelle = 6 650,00 : 1,70 = 3 912 Kalender

b) Gewinnschwelle = 6 650,00 : 0,70 = 9 500 Kalender

34.

Beschäftigungsgrad = produzierte Menge : Kapazität

a) Beschäftigungsgrad = 3 912 : 10 000 = 39,12 %

b) Beschäftigungsgrad = 9 500 : 10 000 = 95,00 %

35.

	Smartphone	7″ Tablet-PC	9″ Tablet-PC
Umsatzerlöse	39 600,00 €	35 760,00 €	35 820,00 €
– variable Kosten	20 000,00 €	15 600,00 €	16 200,00 €
= Deckungsbeitrag I	**19 600,00 €**	**20 160,00 €**	**19 620,00 €**
– trägerfixe Kosten	1 350,00 €	1 450,00 €	1 550,00 €
= Deckungsbeitrag II	**18 250,00 €**	**18 710,00 €**	**18 070,00 €**
– gruppenfixe Kosten	1 100,00 €	1 150,00 €	
= Deckungsbeitrag III	**17 150,00 €**	**35 630,00 €**	
– unternehmensfixe Kosten	2 400,00 €		
= Betriebsgewinn	**50 380,00 €**		

36.

a) 8 400 Calls : 70 % Auslastung · 100 % = 12 000 Calls Kapazität

b) (8 400 Calls + 700 Calls) : 12 000 Calls = 75,83 % Auslastung

c) 25 230,00 € Gesamtkosten : 8 400 Calls = 3,00 € pro Call

37.

Calls/Monat	Kosten gesamt/Monat	Kosten fix/Monat	Kosten variabel/Monat	variable Kosten je Call	fixe Kosten je Call
12 000	41 960,00 €	30 200,00 €	11 760,00 €	0,98 €	2,52 €
15 000	44 900,00 €	30 200,00 €	14 700,00 €	0,98 €	2,01 €
18 000	47 840,00 €	30 200,00 €	17 640,00 €	0,98 €	1,68 €

38.

Projekt	Anzahl Calls	Verkaufspreis je Call	variable Kos-ten je Call	Umsatzerlöse	db je Call	DB gesamt
A	1 800	7,50 €	4,50 €	13 500,00 €	3,00 €	5 400,00 €
B	24 000	2,10 €	2,00 €	50 400,00 €	0,10 €	2 400,00 €
C	18 500	5,80 €	4,20 €	107 300,00 €	1,60 €	29 600,00 €
Gesamt				171 200,00 €		37 400,00 €
Fixe Kosten						35 000,00 €
Betriebsergebnis						2 400,00 €

39.

db = p – kv = 2,80 € – 2,40 € = 0,40 €
Gewinnschwellenmenge = Fixkosten : db = 7 500,00 € : 0,40 € = 18 750 Calls

40.

Größe	Wert im betrachteten Monat	Veränderung bei Zunahme der Beschäftigung
Summe der Gesamtkosten	18 710,00 €	steigt
Summe der fixen Kosten	11 210,00 €	unverändert
Summe der variablen Kosten	7 500,00 €	steigt
Gesamtkosten pro Call	2,49 €	fällt
Fixe Kosten pro Call	1,49 €	fällt
Variable Kosten pro Call	1,00 €	unverändert

41.

4,50 € – 1,50 € = 3,00 €

42.

15 000,00 € : 3,00 € = 5 000 Nettokontakte

43.

Umsatzerlöse: 42 750,00 €
– Variable Kosten: 14 250,00 €
– Fixe Kosten: 15 000,00 €
= Gewinn: 13 500,00 €

44.

	Call-menge	Var. Kosten	Umsatzerlöse je Call	db je Call	DB
Auftrag Versicherung	14 000	1,2	2,5	1,3	18 200,00
Auftrag Bank	11 000	2,4	2,9	0,5	5 500,00
Auftrag Kreditkartenservice	7 000	3,8	7,5	3,7	25 900,00
Gesamt-DB					49 600,00
Fixe Kosten je Quartal					40 000,00
Betriebsergebnis Quartal					9 600,00

45.

	Call-menge	db	Minuten	relativer db	Callstun-den	Rang-folge
Discount-Josef KG	20 000	8	12	0,67	4 000	I
Möbel Franze UG	10 000	4	9	0,44	1 500	III
ABU-Saarland AG	10 000	4,5	9	0,50	1 500	II

46.

Anrufe	70 560	
Arbeitstage	42	
Stunden je Tag	7	
AHT (Min.)	12,0	
Gesamtbedarf in Min.	846 720	(70 560 · 12 Min.)
Gesamtbedarf in Std.	14 112	(846 720 : 60 Min.)
Benötigte Anrufstunden je Tag	336	(14 112 : 42 Tage)
Benötigte Mitarbeiter je Tag	48,0	(336 Std. : 7 Std. je Tag)

47.

	Stunden	Kosten je Einheit	Gesamtkosten
Trainingsstunden Agents (3 Tage je 7 Stunden)	1 008	16,40 €	16 531,20 €
Trainingsstunden TL (3 Tage je 7 Stunden)	21	18,20 €	382,20 €
Trainingsstunden Trainer	21	25,00 €	525,00 €

	Stunden	Kosten je Einheit	Gesamtkosten
Einsatzstunden Agents	14 112	16,40 €	231 436,80 €
Einsatzstunden TL	294	18,20 €	5 350,80 €
Summe Personalkosten			254 226,00 €
Arbeitsplatzkosten	15 435	1,67 €	25 776,45 €
Operative Gesamtkosten			280 002,45 €
Handlungskosten		35 %	98 000,86 €
Selbstkosten			378 003,31 €
Gewinn		15 %	56 700,50 €
Barangebotspreis gesamt			**434 703,80 €**
Barangebotspreis je Call			**6,16 €**
			70 560 Anrufe

48.

Handlungsgemeinkosten beinhalten die allgemeinen Geschäftskosten der KommunikativAktiv KG (z. B. Verwaltungs- und Vertriebskosten). Diese Kosten können nicht direkt der einzelnen Kampagne zugerechnet werden. Um die Selbstkosten zu ermitteln, werden sie über einen prozentualen Zuschlag zu den operativen Gesamtkosten hinzugerechnet.

49.

	Alternative 1	Alternative 2	Alternative 3
Erwartete Response	5,50 %	6,00 %	7,00 %
Anzahl angeschriebener Kunden	5 000	5 000	5 000
Erwartete Bestellungen	275	300	350

50.

	Alternative 1	Alternative 2	Alternative 3
Umsatzerlöse gesamt	68 750,00 €	75 000,00 €	87 500,00 €
Selbstkosten (ohne Kosten für die Mailing-Aktion)	57 750,00 €	63 000,00 €	73 500,00 €
Kosten für Mailing inklusive Prospekten gesamt	2 000,00 €	2 500,00 €	2 500,00 €
Kosten für Gutschein gesamt	0,00 €	0,00 €	5 250,00 €
Deckungsbeitrag gesamt	9 000,00 €	9 500,00 €	6 250,00 €
Deckungsbeitrag je Jacke	32,73 €	31,67 €	17,86 €

51.

Die Textil GmbH sollte sich für die Alternative 2 entscheiden. Die Alternative 1 führt zwar zu einem höheren Stückdeckungsbeitrag, Alternative 2 liefert jedoch den größten Gesamtdeckungsbeitrag.

52.
A: 8,50 € – kv = 4,00 → kv = 4,50 € = kurzfristige Preisuntergrenze
B: 6,00 € – kv = 3,50 € → kv = 2,50 € = kurzfristige Preisuntergrenze

53.

60 000	1 000	Callstunden = 25 000,00 €
24 000	400	Callstunden = 10 000,00 €

	Kv	Fixe Kosten	Fixe Kosten/Call	LangPUG
A	4,50	25 000,00 €	2,50	7,00
B	2,50	10 000,00 €	1,25	3,75

54.
→ Das operative Controlling hat einen kurzfristigen zeitlichen Horizont und soll der Sicherung der Lebensfähigkeit des Unternehmens durch Sicherung von Rentabilität und Liquidität dienen. Im Mittelpunkt der Analyse stehen Kosten, Leistungen und Zahlungen.
→ Das strategische Controlling ist langfristig angelegt und hat als zentrale Aufgabe das rechtzeitige Erkennen von Chancen und Risiken zukünftiger Entwicklungen. Dazu werden politische und wirtschaftliche Entwicklungen z. B. durch Marktstudien und Prognosen analysiert.

55.
Die Balanced Scorecard ist ein System von Kennzahlen, das die Aktivitäten des Unternehmens im Hinblick auf seine Strategie misst. Hierzu werden für bestimmte Entwicklungsperspektiven Zielvorgaben gemacht und entsprechende Kennzahlen ermittelt. Vier mögliche Entwicklungsperspektiven eines Unternehmens sind die Finanzperspektive (finanzielle Ziele wie Umsatz/Gewinn), die Prozessperspektive (Qualität und Effizienz von betrieblichen Prozessen), die Kundenperspektive (z. B. Zufriedenheit) und die Potenzialperspektive (z. B. Mitarbeiterpotenzial).

56.

Auswertung	
Gesamtkosten:	**20,00 €**
Datenbestand (Anzahl Datensätze):	**30**
Aktionszeitraum (Stunden):	**1**
Bruttokontakte:	20
Nettokontakte:	17
Ausschöpfungsquote:	56,7 %
Anzahl Abschlüsse:	8
Erfolgsquote:	47,1 %
Kosten pro Nettokontakt:	1,18 €
Kosten pro Abschluss:	2,50 €
Kosten pro Minute:	0,42 €
Gesamte Gesprächszeit in Minuten:	47,3
AHT (in Minuten):	2,8

57.
Grad der finanziellen Unabhängigkeit = Eigenkapital : Gesamtkapital
Beginn des Geschäftsjahres: 189 000,00 : 353 000,00 = 53,54 %
Ende des Geschäftsjahres: 229 000,00 : 388 000,00 = 59,02 %
Veränderung: +5,48 %
Grad der Verschuldung = Fremdkapital : Gesamtkapital
Beginn des Geschäftsjahres: 164 000,00 : 353 000,00 = 46,46 %
Ende des Geschäftsjahres: 159 000,00 : 388 000,00 = 40,98 %
Veränderung: −5,48 %
Bewertung: Insbesondere aufgrund des gestiegenen Eigenkapitals ist die Marketing-Service GmbH unabhängiger von Fremdkapitalgebern.

58.
Anteil des langfristigen Fremdkapitals = langfristiges Fremdkapital : Gesamtkapital
Beginn des Geschäftsjahres: 119 000,00 : 353 000,00 = 33,71 %
Ende des Geschäftsjahres: 95 000,00 : 388 000,00 = 24,48 %
Veränderung: −9,23 %
Anteil des kurzfristigen Fremdkapitals = kurzfristiges Fremdkapital : Gesamtkapital
Beginn des Geschäftsjahres: 45 000,00 : 353 000,00 = 12,75 %
Ende des Geschäftsjahres: 64 000,00 : 388 000,00 = 16,49 %
Veränderung: +3,74 %

Bewertung: Aufgrund des Abbaus von Darlehensschulden und der gleichzeitigen Erhöhung des Eigenkapitals ist der Anteil des langfristigen Fremdkapitals deutlich zurückgegangen. Es ist anzunehmen, dass es sich bei dem Aufbau der kurzfristigen Verbindlichkeiten um einen vorübergehenden Effekt handelt, da am Jahresende ein recht hohes Bankguthaben vorhanden ist, das zum Ausgleich eines Teils der kurzfristigen Verbindlichkeiten verwendet werden kann.

59.

Deckungsgrad I = Eigenkapital : Anlagevermögen

Beginn des Geschäftsjahres:	189 000,00 : 307 000,00 = 61,56 %
Ende des Geschäftsjahres:	229 000,00 : 333 000,00 = 68,77 %
Veränderung:	+7,21 %

Bewertung: Das Eigenkapital ist stark angestiegen, sodass sich am Ende des Geschäftsjahres ein deutlich erhöhter Deckungsgrad I ergibt. Das Anlagevermögen wird nun zu mehr als 2/3 durch Eigenkapital gedeckt, was für die Solidität des Unternehmens spricht.

Deckungsgrad II = langfristiges Kapital : Anlagevermögen

Beginn des Geschäftsjahres:	308 000,00 : 307 000,00 = 100,33 %
Ende des Geschäftsjahrs:	324 000,00 : 333 000,00 = 97,30 %
Veränderung:	−3,03 %

Bewertung: Unter anderem durch Zugänge im Fuhrpark ist das Anlagevermögen deutlich gestiegen. Da der Deckungsgrad II am Ende des Geschäftsjahres knapp unter 100 % liegt, wird ein geringer Teil des Anlagevermögens nicht durch langfristiges Kapital gedeckt. Im ungünstigsten Fall müssten Anlagegüter verkauft werden, um kurzfristige Verbindlichkeiten zu bedienen.

60.

Liquidität I = flüssige Mittel : kurzfristiges Fremdkapital

Beginn des Geschäftsjahres:	12 000,00 : 45 000,00 = 26,67 %
Ende des Geschäftsjahres:	44 000,00 : 64 000,00 = 68,75 %
Veränderung:	+42,08 %

Liquidität II = (flüssige Mittel + Forderungen) : kurzfristiges Fremdkapital

Beginn des Geschäftsjahres:	33 000,00 : 45 000,00 = 73,33 %
Ende des Geschäftsjahres:	46 000,00 : 64 000,00 = 71,88 %
Veränderung:	−1,45 %

Liquidität III = Umlaufvermögen : kurzfristiges Fremdkapital

Beginn des Geschäftsjahres:	46 000,00 : 45 000,00 = 102,22 %
Ende des Geschäftsjahres:	55 000,00 : 64 000,00 = 85,94 %
Veränderung:	−16,28 %

Bewertung: Durch den sehr starken Anstieg des Bankguthabens und des Kassenbestandes bei gleichzeitiger moderater Steigerung der Verbindlichkeiten ist die Liquidität I stark gestiegen. Durch den starken Rückgang der Forderungen gleicht sich dies bei der Liquidität II aber wieder aus. Die Liquidität III ist deutlich gesunken und liegt unter 100 %. Dies ist kritisch zu sehen, da die kurzfristigen Verbindlichkeiten nicht mehr durch das Umlaufvermögen gedeckt sind. Im ungünstigsten Fall müssten Anlagegüter verkauft werden, um kurzfristige Verbindlichkeiten zu bedienen.

61.
Eigenkapitalrentabilität = Jahresüberschuss : Eigenkapital = 40 000,00 : 210 000,00 = 19,05 %
Gesamtkapitalrentabilität = (Jahresüberschuss + Fremdkapitalzinsen) :
Gesamtkapital = (40 000,00 + 7 000,00) : 370 000,00 = 12,70 %
Umsatzrentabilität = Jahresüberschuss : Umsatz = 40 000,00 : 980 000,00 = 4,08 %

62.
Die Eigenkapitalrentabilität gibt an, wie sich das angelegte Eigenkapital verzinst (auch im Vergleich zu anderen Anlagemöglichkeiten). Der Erfolg wird somit ins Verhältnis zu dem dafür erforderlichen Eigenkapitaleinsatz gesetzt. Die reine Gewinnhöhe ist ohne diese Bezugsgröße daher wenig aussagekräftig.

63.
Neuer Jahresüberschuss: 40 000,00 – 10 % = 36 000,00 €
Neue Umsatzrentabilität: 36 000,00 : 980 000,00 = 3,67 %

64.
→ Kostensteigerungen im Folgejahr (z. B. Energiekosten)
→ Aufgrund Konkurrenzdruck werden Aufträge mit geringeren Gewinnmargen angenommen.

65.
Cashflow = Jahresüberschuss + Abschreibungen = 40 000,00 + 45 000,00 = 85 000,00 €

66.
Der Cashflow sagt aus, in welchem Umfang dem Unternehmen selbst erwirtschaftete Mittel (insb. Jahresüberschuss sowie Abschreibungen auf das Anlagevermögen) zur Verfügung stehen. Dadurch wird eine Aussage über die Selbstfinanzierungskraft möglich.

67.
(740 000,00 € · 100) : 1 360 000,00 € = 54,41 %

68.
(620 000,00 € · 100) : 1 360 000,00 € = 45,59 %

69.
(51 500,00 € · 100) : 740 000,00 € = 6,96 %

70.
51 500,00 € + 21 000,00 € + 8 000,00 € = 80 500,00 €

15 Sicherheit und Gesundheitsschutz bei der Arbeit

Situation zu den Aufgaben 1 bis 5:
Die Dialogfix GmbH möchte für eine Schulung der neuen Auszubildenden einige Vorschriften zum Thema Unfallverhütung zusammentragen.

Z **1.** AUFGABE

Welche Institution führt die betriebsinterne Überprüfung von Unfallverhütungsmaßnahmen bei der Dialogfix GmbH durch?

1. Gesundheitsamt
2. Krankenkasse
3. Agentur für Arbeit
4. Industrie- und Handelskammer
5. Berufsgenossenschaft

Z **2.** AUFGABE

Wer ist für die Einhaltung der Unfallverhütungsvorschriften bei der Dialogfix GmbH verantwortlich?

1. Arbeitgeber
2. Betriebsrat
3. Betriebsarzt
4. Sicherheitsbeauftragter
5. Vermittlungsausschuss

Z **3.** AUFGABE

Wer benennt den Sicherheitsbeauftragten der Dialogfix GmbH?

1. Die zuständige Berufsgenossenschaft (Verwaltungsberufsgenossenschaft)
2. Die gesetzliche Krankenkasse (AOK)
3. Das Gewerbeaufsichtsamt
4. Der Arbeitgeber (Dialogfix GmbH)
5. Die Betriebshaftpflichtversicherung der Dialogfix GmbH

Z **4.** AUFGABE

Was gehört nicht zu den 5 Ws bei der Meldung von Unfällen?

1. WAS ist passiert?
2. WER ist schuld?

3. WO ist es passiert?

4. WELCHE Art von Verletzungen gibt es?

5. WIE VIELE Verletzte gibt es?

Situation zu den Aufgaben 5 bis 27:

Als Mitglied der Jugend- und Auszubildendenvertretung beobachten Sie mit besonderem Interesse, ob bei der Dialogfix GmbH die gesetzlichen Bestimmungen zu Sicherheit und Gesundheitsschutz bei der Arbeit eingehalten werden.

---

5. AUFGABE   □   Z

Eine Auszubildende der Dialogfix GmbH stürzt auf dem Weg zu ihrem Ausbildungsplatz mit dem Fahrrad. Wer übernimmt die Kosten?

1. Die Auszubildende selbst

2. Die gesetzliche Unfallversicherung

3. Die Krankenkasse und der Arbeitgeber je zur Hälfte

4. Die Betriebshaftpflichtversicherung

5. Die Auszubildende und der Arbeitgeber je zur Hälfte

6. AUFGABE   □ □   Z

Die Dialogfix GmbH muss verschiedene Maßnahmen ergreifen, um die Arbeitsschutzbestimmungen einzuhalten. Dabei lassen sich technische, personenbezogene und organisatorische Maßnahmen unterscheiden. Prüfen Sie, in welchen zwei Fällen es sich um technische Maßnahmen handelt.

1. Es erfolgt eine Unterweisung zum Verhalten bei Notfällen.

2. Die Regale im Archiv sind fest an Boden und Decke verschraubt, um ein Umfallen zu verhindern.

3. Pro Jahr werden zwei unangekündigte Feuerübungen durchgeführt.

4. In jedem Zimmer hängen die Kontaktdaten der zuständigen Ersthelfer und alle wichtigen Notrufnummern.

5. In einem bestimmten Zeitabstand werden die Feuerlöscher auf ihre Funktionsfähigkeit überprüft.

6. Der alte Aktenvernichter mit gefährlichen Schnittkanten wurde durch ein neues, sicheres Gerät ersetzt.

7. AUFGABE   □   Z

In einer Sammelmappe bewahrt die Dialogfix GmbH verschiedene Kennzeichnungen auf, die im Zusammenhang mit den Arbeitsschutzbestimmungen von Bedeutung sind. Stellen Sie fest, für welchen Zweck das nebenstehende Piktogramm infrage kommt.

1. Ruheraum für Schwangere
2. Religiöser Ort/Kapelle
3. Sprechzimmer des Sicherheitsbeauftragten
4. Sanitätsraum/Verbandkasten
5. Raucherzone

Z **8.** AUFGABE

Im Vorfeld der Überprüfung der Sicherheits- und Gesundheitsschutzmaßnahmen bei der Dialogfix GmbH diskutieren die Auszubildenden über die Vorschriften zur Unfallverhütung. Welche der folgenden Aussagen ist zutreffend?

1. In einem kaufmännischen Betrieb mit mehr als 20 Arbeitnehmern müssen mindestens 5 % der Angestellten zum Ersthelfer ausgebildet werden.
2. Die Ersthelfer bekommen eine geringe Aufwandsentschädigung für jeden erfolgreich durchgeführten Einsatz.
3. Eine etwaige Auffrischung der Ersthelfer-Ausbildung erfolgt auf freiwilliger Basis.
4. Ein großer Verbandskasten ist unabhängig von der Betriebsgröße verpflichtend, da die Schwere eines Unfalls unabhängig von der Anzahl der Mitarbeiter ist.
5. An den Telefonapparaten sind Notfallnummern nur dann sichtbar anzubringen, wenn sie nicht über Kurzwahltasten gespeichert werden können.

Z **9.** AUFGABE

Gegenstand der Prüfung sind auch die Notausgänge. In welchem Fall handelt die Dialogfix GmbH vorschriftsgemäß?

1. Alle Notausgänge sind signalrot.
2. Bei abgeschlossenen Notausgängen hängt der Schlüssel in Griffweite.
3. Der Fluchtweg zum Notausgang ist deutlich gekennzeichnet.
4. In Gebäudeteilen mit integrierten Löschsystemen sind Notausgänge unnötig.
5. Neben jedem Notausgang befindet sich ein Feuerlöscher.

Z **10.** AUFGABE

Die Dialogfix GmbH achtet besonders auf eine gesundheitsfreundliche Arbeitsplatzausstattung. Bei welchem Punkt muss jedoch noch nachgebessert werden?

1. Die Bürostühle ermöglichen ein dynamisches Sitzen.
2. Die Oberfläche des Schreibtisches ist groß, reflexionsarm und kratzfest.
3. Stehende Tätigkeiten sind grundsätzlich untersagt.
4. Die Bildschirmarbeitsverordnung wurde beim Einrichten der einzelnen Bildschirmarbeitsplätze genau beachtet.
5. Die Agents können zwischen verschiedenen Ausführungen ihrer Headsets wählen.

11. AUFGABE □ Z

Welche der folgenden Aussagen zu personellen Verantwortlichkeiten bei der Unfallver-hütung ist zutreffend?

1. Rehabilitationsmaßnahmen fallen nicht in die Zuständigkeit des Betriebsarztes.
2. Die Fachkraft für Arbeitssicherheit muss unabhängig und objektiv urteilen und darf deshalb kein Mitarbeiter des Unternehmens sein.
3. Jedes Unternehmen mit mehr als 20 Mitarbeitern ist verpflichtet, eine Fachkraft für Arbeitssicherheit zu bestellen.
4. Der Sicherheitsbeauftragte ist eine vom Unternehmen ernannte Person, die unterstützend dabei mitwirkt, Unfälle, berufsbedingte Krankheiten und Gesund-heitsgefahren zu vermeiden.
5. Unternehmen mit mehr als 100 Angestellten sind verpflichtet, einen Sicher-heitsbeauftragten zu bestellen.

12. AUFGABE □ Z

Prüfen Sie, in welchem Fall eine richtige Aussage zum Brandschutz getroffen wird.

1. Der vorbeugende Brandschutz umfasst die Teilbereiche operativer Brandschutz, baulicher Brandschutz und technischer Brandschutz.
2. Die Brandschutzordnung sieht vor, dass Notausgänge mit einem Piktogramm auf der Tür gekennzeichnet sein müssen, falls keine Notbeleuchtung existiert.
3. Ein Beispiel für bauliche Überlegungen zum Brandschutz ist die Aufteilung des Gebäudes in Brandabschnitte.
4. Im Gegensatz zu geschlossenen Personenaufzügen sind offene Lastenaufzüge zur Rettung im Brandfall sicher.
5. Um eine Verunreinigung mit Löschschaum und Löschwasser zu vermeiden, darf sich der Erste-Hilfe-Kasten nicht unmittelbar neben den Löschvorrichtungen befinden.

13. AUFGABE □ Z

Bei der Schaffung eines angemessenen Licht- und Raumklimas sind sich die zuständi-gen Mitarbeiter nicht einig. Welcher Aussage müssen Sie inhaltlich widersprechen?

1. Zwischen 20 und 23 Grad Raumtemperatur sind im Winter angemessen.
2. Es werden dringend noch mehr großblättrige Grünpflanzen benötigt, um die Luftfeuchtigkeit zu verbessern.
3. Am Schreibtisch sind Punktstrahler ausreichend, die genau den Teil der Fläche beleuchten, der tatsächlich zum Arbeiten genutzt wird.
4. Um den Augen Abwechslung zu bieten, sollte der Pausenraum in verschiedenen ansprechenden Farbtönen gestaltet werden.
5. Gekippte Fenster sollten vermieden werden.

Z   **14. AUFGABE**   ☐

Stellen Sie fest, welche besondere Bedingung nach dem Mutterschutzgesetz gilt.

1. Schwangere dürfen nicht in der telefonischen Kundenbetreuung beschäftigt werden.
2. Werdende Mütter haben Anspruch auf täglich 45 Minuten zusätzliche Arbeitspausen.
3. Schwangere erhalten 5 zusätzliche Urlaubstage pro Kalenderjahr.
4. Eine Beschäftigung während der Schwangerschaft ist generell nicht zulässig.
5. Eine Beschäftigung ist auch in den letzten 6 Wochen der Schwangerschaft möglich, wenn sich die Schwangere ausdrücklich zur Arbeitsleistung bereit erklärt.

Z   **15. AUFGABE**   ☐

Die Personalabteilung bereitet eine freiwillige Schulung zum Mutterschutzgesetz vor. In den Schulungsunterlagen hat sich jedoch ein Fehler eingeschlichen. Welche Information darf so <u>nicht</u> verbreitet werden?

1. Die tägliche Arbeitszeit ist beschränkt auf 8,5 Stunden, bei unter 18-Jährigen auf 8 Stunden. Überstunden sind verboten.
2. Nachts zwischen 22 und 8 Uhr sowie an Sonn- und Feiertagen darf keine Beschäftigung erfolgen.
3. In den letzten 6 Wochen vor dem errechneten Entbindungstermin ist eine Beschäftigung verboten, es sei denn, die werdende Mutter erklärt ausdrücklich, dass sie arbeiten möchte.
4. Während der gesamten Schwangerschaft und bis 4 Monate nach der Entbindung darf der Arbeitgeber das Arbeitsverhältnis nicht kündigen.
5. Während der beschäftigungsfreien Schutzfristen besteht Anspruch auf Mutterschaftsgeld in Höhe des durchschnittlichen Nettoverdienstes (Zahlung durch Krankenkasse und Arbeitgeber).

Z   **16. AUFGABE**   ☐

Im nächsten Monat soll es auch Schulungen zum Schwerbehindertenrecht und zum Arbeitsschutzgesetz geben. Welche Information muss vor der Schulung noch überarbeitet werden?

1. Schwerbehinderte genießen einen besonderen Kündigungsschutz. Eine Kündigung ohne Zustimmung des zuständigen Integrationsamts ist nur aus dringenden betrieblichen Gründen wirksam.
2. Arbeitgeber mit mindestens 20 Beschäftigten sind verpflichtet, auf wenigstens 5 % der Arbeitsplätze schwerbehinderte Menschen zu beschäftigen.
3. Für die Dialogmarketingbranche sind hinsichtlich des Arbeitsschutzes insbesondere die Arbeitsstättenverordnung und die Bildschirmarbeitsverordnung von Bedeutung.
4. Der Arbeitnehmer kann sich regelmäßig arbeitsmedizinisch untersuchen lassen.
5. Verantwortlich für Gesundheit und Sicherheit der Arbeitnehmer ist der Arbeitgeber.

17. AUFGABE ☐ Z

Die Auszubildende Petra Schneider, 17 Jahre, reicht in der Personalabteilung einen Schwerbehindertenausweis (70 % schwerbehindert) ein und beantragt aufgrund der Behinderung Zusatzurlaub. Um diesen Anspruch zu prüfen, stehen der Personalabteilung verschiedene Gesetzestexte zur Verfügung. Mithilfe welchen Gesetzes kann der Antrag fachgerecht bearbeitet werden?

1. Jugendarbeitsschutzgesetz
2. Bundesurlaubsgesetz
3. Sozialgesetzbuch IX
4. Arbeitszeitgesetz
5. Berufsbildungsgesetz

18. AUFGABE Z

Entscheiden Sie, ob bei den folgenden Bestimmungen der technische oder der soziale Arbeitsschutz angesprochen wird.

☐ Bundesurlaubsgesetz

☐ Arbeitszeitgesetz

☐ Arbeitsstättenverordnung

☐ Unfallverhütungsvorschriften

☐ Jugendarbeitsschutzgesetz

1. Technischer Arbeitsschutz
2. Sozialer Arbeitsschutz

19. AUFGABE ☐☐ Z

In welchen zwei Fällen handelt es sich um technischen Arbeitsschutz?

1. Um sich vor zeitraubenden Kollegengesprächen zu schützen, hat der Agent Sebastian Kunz ein über die USB-Schnittstelle betriebenes, leuchtendes Schild mit der Aufschrift „Bitte nicht stören" an seinen Bildschirm geklemmt.
2. Die Headsets sind zur Vermeidung von Hörschäden in ihrer maximalen Dezibelzahl gedrosselt.
3. Um alle Mitarbeiter wach und bei Laune zu halten, stehen bei Dialogfix in der Küche Kaffee, Tee und Obst kostenlos zur Verfügung.
4. Aus Datenschutzgründen hat jeder Mitarbeiter sein persönliches Passwort, welches in regelmäßigen Abständen geändert werden muss.
5. Um die Feinstaubbelastung am Arbeitsplatz zu reduzieren, sind sämtliche Drucker in einem separaten und belüfteten Raum untergebracht.
6. Um sich vor Überarbeitung zu schützen, surft die Auszubildende Julia Lauer täglich 15 Minuten im Internet.

Z   **20.** AFGABE

Welche Verpflichtung ergibt sich für die Dialogfix GmbH aus dem Arbeitsschutzgesetz (ArbSchG)?

1. Den Arbeitnehmern Schutzhelme austeilen
2. Abschluss einer privaten Unfallversicherung für die Arbeitnehmer
3. Verhandlung der Unfallverhütungsvorschriften mit dem Betriebsrat
4. Einstellen eines Betriebsarztes
5. Gefährdungsbeurteilung der Arbeitsplätze

Z   **21.** AUFGABE

Welche Bedeutung hat das nachstehend abgebildete Piktogramm?

1. Notausgang
2. Erste Hilfe
3. Mitfahrgelegenheit
4. Betriebsratsbüro
5. Sammelstelle

Z   **22.** AUFGABE

Das Jugendarbeitsschutzgesetz verfolgt das Ziel, Jugendliche vor körperlichen Überbelastungen am Arbeitsplatz zu schützen. Welcher der folgenden Sachverhalte gibt Inhalte aus dem Jugendarbeitsschutzgesetz richtig wieder?

1. Nach Beendigung der Arbeit dürfen Jugendliche nicht vor Ablauf einer ununterbrochenen Freizeit von mindestens 8 Stunden beschäftigt werden.
2. Die ausgefallene Arbeitszeit für die Teilnahme an Abschlussprüfungen ist nachzuholen.
3. Der Urlaubsanspruch für Jugendliche nach dem Bundesurlaubsgesetz beträgt einheitlich 20 Arbeitstage.
4. Die tägliche Arbeitszeit darf 8 Stunden nicht überschreiten.
5. In mehrschichtigen Betrieben dürfen Jugendliche mit dem Einverständnis der Eltern auch Nachtschichten übernehmen.

Z   **23.** AUFGABE

Die Dialogfix GmbH hat alle Callcenter-Arbeitsplätze gemäß den Bestimmungen der „Maßnahmen zur Gestaltung von Bildschirmarbeitsplätzen" ausgestattet. Welcher Fehler ist dabei passiert?

1. Die Bildschirmgeräte sind leicht drehbar und neigbar.
2. Die Tastatur hat eine reflexionsarme Oberfläche.
3. Die Beschriftung der Tasten hebt sich vom Untergrund deutlich ab.
4. Die Tastatur ist verrutschungssicher auf dem Schreibtisch befestigt.
5. Das auf dem Bildschirm dargestellte Bild ist stabil und frei von Flimmern.

24. AUFGABE ☐ Z

Stellen Sie fest, in welchem Fall die Dialogfix GmbH die Arbeits- und Sicherheitsbestimmungen für Büroarbeitsplätze eingehalten hat.

1. Der Abstand zum Bildschirm beträgt mindestens 30 cm.
2. Alle Bürodrehstühle sind mit 4 Rollen ausgestattet.
3. Bei Rechtshändern kommt die Lichteinfallrichtung der Schreibtischlampe von der linken Seite.
4. Der Kabelschacht ragt im Arbeitsbereich maximal 5 cm aus dem Boden.
5. Die Arbeitsmittel sind gemäß ihrer Größe von links nach rechts angeordnet.

25. AUFGABE ☐ Z

Der Praktikant Kevin Fetzer fragt Sie, welche Inhalte in der Arbeitsstättenverordnung (ArbStättV) geregelt sind. Welche Antwort müssen Sie ihm geben?

1. „Es geht beispielsweise um die Zahl der Ersthelfer in einem Betrieb."
2. „Thema ist unter anderem die Ausstattung der Pausenräume."
3. „Hier finden sich die Regelungen zur wöchentlichen Arbeitszeit."
4. „Es geht beispielsweise um die Beschäftigungsverbote für werdende Mütter."
5. „Da findest du alles über das Thema Pausenzeiten."

26. AUFGABE ☐ Z

In letzter Zeit häufen sich bei der Dialogfix GmbH Klagen der Mitarbeiter über die Headsets. Stellen Sie fest, welcher Punkt Anlass für eine berechtigte Beschwerde ist.

1. Maximal vier Mitarbeiter teilen sich ein Headset.
2. Die Lautstärke kann individuell geregelt werden.
3. Die Sprechröhrchen sind austauschbar.
4. Die Headsets sind kabellos.
5. Die Mikrofone sind beweglich.

Situation zu den Aufgaben 27 bis 30:

Bei der Dialogfix GmbH steht eine betriebsinterne Überprüfung der Sicherheits- und Gesundheitsschutzmaßnahmen an. Sie sollen den verantwortlichen Kollegen unterstützen. „Am liebsten würde ich die zuständigen Mitarbeiter rund um die Uhr und übers Wochenende hierbehalten, damit zum Überprüfungstermin auch alles erledigt ist!", grummelt der Geschäftsführer.

---

27. AUFGABE

Welches Gesetz verbietet einen solchen Einsatz der Mitarbeiter und wie lauten dessen Regelungen zu den Arbeitszeiten im Einzelnen?

28. AUFGABE

Im Pausenaufenthaltsraum der Dialogfix GmbH hören Sie folgendes Gespräch:

Matthias Weiland: „Dieses Jahr möchte ich in den Sommerferien mit meinen Kindern 2 Wochen Urlaub machen. Hoffentlich klappt das, Frau Steffens plant einen Single-Cluburlaub zur gleichen Zeit."

Tina Schommer: „Ich werde es nicht schaffen, meinen kompletten Jahresurlaub zu nehmen. Ich werde dann im April nächsten Jahres den Rest nehmen."

Thorsten Schneider: „Im Urlaub arbeite ich als Clubanimateur auf Ibiza. Das macht Spaß und bringt noch zusätzliches Geld."

Geben Sie begründet an, ob diese drei Mitarbeiter ihre Urlaubspläne so verwirklichen können.

29. AUFGABE

Um die Mitarbeiter fit für die Überprüfung zu machen, wiederholen Sie einige Grundsätze des Arbeitsschutzes. Nennen Sie drei Beispiele, die Sie in diese Schulung aufnehmen.

30. AUFGABE

Der Tag der betriebsinternen Überprüfung ist da. Der Prüfer möchte sich natürlich auch das Großraumbüro anschauen, in dem das Callcenter der Dialogfix GmbH untergebracht ist. Nennen Sie sechs Aspekte, die hierbei überprüft werden können.

Situation zu den Aufgaben 31 bis 34:

Die Auszubildende Franziska Roth hat krankheitsbedingt die betriebliche Unterweisung zum Thema Brandschutz versäumt und wendet sich nun an Sie mit der Bitte um Auskunft.

---

31. AUFGABE

Wo liegen die Unterschiede zwischen dem vorbeugenden und dem abwehrenden Brandschutz?

32. AUFGABE

Was sind typische Beispiele für den vorbeugenden und den abwehrenden Brandschutz?

33. AUFGABE

Plötzlich ertönt bei der Dialogfix GmbH während der Arbeitszeit der Feueralarm. Die Auszubildende Franziska Roth erschrickt und blickt panisch zu Ihnen herüber. Wie reagieren Sie?

34. AUFGABE

Am Tag nach dem Feueralarm nutzen Sie die Gelegenheit, Franziska Roth über weitere Inhalte des Brandschutzes zu informieren. Sie gehen dabei auch auf die Brandschutzordnung ein. Welche Inhalte müssen dabei zur Sprache kommen?

Lösungen zu Kapitel **15**

1.	5	14.	5
2.	1	15.	2
3.	4	16.	1
4.	2	17.	3
5.	2	18.	2, 2, 1, 1, 2
6.	2, 6	19.	2, 5
7.	4	20.	5
8.	1	21.	5
9.	3	22.	4
10.	3	23.	4
11.	4	24.	3
12.	3	25.	2
13.	3	26.	1

27.

Es handelt sich um das Arbeitsschutzgesetz mit diesen Inhalten:

→ Werktägliche Arbeitszeit: Darf 8 Stunden nicht überschreiten und darf in Ausnahmefällen auf bis zu 10 Stunden verlängert werden, wenn ein Ausgleich innerhalb von 6 Kalendermonaten erfolgt.

→ Nachtarbeit: Hier muss der Ausgleich bei verlängerten Arbeitszeiten auf durchschnittlich 8 Stunden innerhalb 1 Monats hergestellt werden. Nachtarbeitnehmer genießen zudem weitere Schutzrechte.

→ Arbeitnehmer müssen eine Ruhezeit von mindestens 11 Stunden nach Beendigung der Arbeit haben.

→ Für Arbeit an Sonn- und Feiertagen gelten verschiedene Ausgleichsregelungen.

28.

Matthias Schmidt: Ja – unter sozialen Gesichtspunkten (Vater, Sommerferien der Kinder) sind seine Urlaubswünsche bevorzugt zu behandeln.

Tina Schommer: Nein – sie kann ihren Resturlaub nur bis Ende März des Folgejahres nehmen.

Thorsten Schneider: Nein – während des Urlaubs darf der Arbeitnehmer nicht erwerbstätig sein.

29.

→ Die Arbeit ist so zu gestalten, dass eine Gefährdung für Leben und Gesundheit möglichst vermieden und die verbleibende Gefährdung möglichst gering gehalten wird.

→ Gefahren sind an ihrer Quelle zu bekämpfen.

→ Bei den Arbeitsschutzmaßnahmen sind der Stand von Technik, Arbeitsmedizin und Hygiene sowie sonstige gesicherte arbeitswissenschaftliche Erkenntnisse zu berücksichtigen.

→ Individuelle Schutzmaßnahmen sind nachrangig zu anderen Maßnahmen.

→ Den Beschäftigten sind geeignete Anweisungen zu erteilen.

30.

→ Ergonomisch eingerichtete Bildschirmarbeitsplätze?

→ Kennzeichnung der Fluchtwege durch beleuchtete Schilder und Lagepläne?

→ Notrufnummern an jedem Telefon?

→ Genügend Feuerlöscher vorhanden?

→ Einsatz Lärm dämpfender Maßnahmen?

→ Name und Kontaktdaten des Ersthelfers für jeden klar einsehbar?

31.

Der vorbeugende Brandschutz umfasst Maßnahmen, die die Entstehung eines Brandes verhindern bzw. dafür sorgen sollen, dass im Brandfall ein möglichst geringer Schaden entsteht. Beim abwehrenden Brandschutz geht es um die Maßnahmen, die bei einem Brand zu ergreifen sind.

32.

Der vorbeugende Brandschutz beschäftigt sich beispielsweise mit baulichen Maßnahmen zur Brandverhinderung (z. B. Einbau von Brandschutz-türen), mit der Ausstattung mit Brandmeldeanlagen und Feuerlöschgeräten sowie mit organisatorischen Brandschutzmaßnahmen (Brandschutzordnung). Abwehrender Brandschutz bedeutet z. B., Menschen im Brandfall in Sicherheit zu bringen, Räume zu verlassen und Sammelplätze aufzusuchen und natürlich die Feuerwehr zu benachrichtigen.

33.

Franziskas Reaktion lässt darauf schließen, dass sie nicht weiß, was zu tun ist, und demnach Hilfe benötigt. Menschenrettung geht vor Brandbekämpfung, deshalb bringen Sie hilfsbedürftige Menschen wie Franziska in Sicherheit. Sie verlassen den Raum, schließen dabei Fenster und Türen und gehen die ausgeschilderten Fluchtwege entlang (keine Fahrstühle!) zum Sammelplatz. Dabei bewahren Sie Ruhe und vermeiden Panik. Sie überprüfen, ob alle Personen aus dem Büro vollzählig sind, und weisen die Feuerwehr ein. Falls es die Umstände zulassen, löschen Sie kleinere Brände selbst.

34.

→ Brandschutzordnung, Teil A. Sie gilt für alle Personen, die sich in einem Gebäude aufhalten.

→ Brandschutzordnung, Teil B. Sie gilt für Personen, die sich regelmäßig in einem Gebäude aufhalten.

→ Brandschutzordnung, Teil C. Sie gilt für Personen mit besonderen Brandschutzaufgaben.

16 Umweltschutz

1. AUFGABE ☐ Z

Die Dialogfix GmbH berücksichtigt bei ihrer täglichen Arbeit eine Vielzahl von Gesetzen und Verordnungen. Welche der nachfolgenden Regelungen betrifft vorrangig den Umweltschutz?

1. Handelsgesetzbuch
2. Betriebsverfassungsgesetz
3. Abgabenordnung
4. Verpackungsverordnung
5. Bildschirmarbeitsverordnung

2. AUFGABE ☐ Z

Mit welchem Verhalten trägt die Dialogfix GmbH dazu bei, Energie einzusparen?

1. Um eine gleichmäßige Belüftung zu erreichen, werden alle Fenster auf Kipp gestellt.
2. Das benötigte Heizöl für den Winter wird bereits im Sommer zu günstigeren Preisen eingekauft.
3. Nicht benötigte Bürogeräte werden ausgeschaltet und vom Netz getrennt.
4. Die Klimaanlage wird ganzjährig auf 18 Grad temperiert.
5. Die Büroräume werden mit Grünpflanzen ausgestattet.

3. AUFGABE ☐ Z

Von Ihrem Ausbilder werden Sie beauftragt, Altbatterien fachgerecht zu entsorgen. Wie verhalten Sie sich richtig?

1. Um wertvolle Rohstoffe zurückzugewinnen, nehmen Sie die Batterien mit nach Hause und zerlegen Sie dort in ihre Einzelteile.
2. Die Batterien heben Sie bis zum nächsten Sperrmüll auf.
3. Diese Art von Abfall werfen Sie in die blaue Tonne.
4. Sie nutzen den noch nicht ganz gefüllten gelben Sack.
5. Sie geben die Batterien beim örtlichen Fachhändler zur Entsorgung zurück.

4. AUFGABE ☐ Z

Stellen Sie fest, wie die Dialogfix GmbH den Recycling-Gedanken umsetzen kann.

1. Anfallendes Altglas wird in einem Container gesammelt und später zur Produktion von neuen Flaschen eingesetzt.
2. Der Hausmüll wird in einer Müllverbrennungsanlage in Fernwärme umgewandelt.
3. Die Müllabfuhr kommt nicht mehr wöchentlich, sondern in einem 2-Wochen-Rhythmus.
4. Altpapier wird im Keller gesammelt, um es im Winter zum Heizen zu verwenden.
5. Mittels einer Solaranlage wird erneuerbare Energie genutzt.

Z   **5. AUFGABE**   ☐☐☐☐☐

Das Kreislaufwirtschaftsgesetz (KrWG) dient der Schonung der natürlichen Ressourcen und der umweltverträglichen Beseitigung von Abfällen. Bringen Sie die Prioritäten (Zielhierarchie) des Gesetzes in die richtige Reihenfolge, indem Sie die Ziffern der Antworten von links nach rechts in die Kästchen eintragen.

1. Wiederverwertung
2. Wiederverwendung
3. Energetische Verwertung
4. Vermeidung
5. Beseitigung

Z   **6. AUFGABE**   ☐☐

Stellen Sie fest, in welchen <u>zwei</u> Situationen die Dialogfix GmbH den Grundsatz der Wiederverwertung berücksichtigt.

1. Interne Rundschreiben werden nur noch per E-Mail verschickt.
2. Nicht mehr benötigte Flyer werden in den Altpapiercontainer gegeben.
3. Es werden nachfüllbare Tintenpatronen eingesetzt.
4. Computerschrott wird in der Sondermülldeponie entsorgt.
5. Einwegflaschen werden im Altglascontainer entsorgt.
6. Bei Feierlichkeiten wird auf Einweggeschirr verzichtet.

Z   **7. AUFGABE**   ☐

Wie wird gemäß der Zielhierarchie des Kreislaufwirtschaftsgesetzes (KrWG) mit nicht mehr befüllbaren Tonerkartuschen verfahren?

1. Energetische Verwertung
2. Abfallvermeidung
3. Wiederverwertung
4. Deponierung
5. Wiederverwendung

Z   **8. AUFGABE**   ☐

Es gibt für die Dialogfix GmbH vielfältige Gründe, das Thema Umweltschutz konsequent zu verfolgen. Welcher Grund gehört jedoch <u>nicht</u> dazu?

1. Kostensenkung durch Realisierung von Einsparpotenzial
2. Beitrag zum positiven Firmenimage
3. Beitrag zum Klimaschutz durch Dämmung und Einsatz alternativer Energieträger
4. Beitrag zur kurzfristigen Erhöhung von Ausbildungsplätzen
5. Beitrag zum nachhaltigen Wirtschaften mit Rohstoffen

9. AUFGABE

Z

Nach einem Großputz in Ihrem Büro stehen Sie vor der Frage, wo die einzelnen Abfallsorten entsorgt werden. Ordnen Sie die richtigen Entsorgungsmöglichkeiten dem gesammelten Abfall zu.

- [ ] Pappe und Kartons
- [ ] Kaputte Computertastatur
- [ ] Defekte herkömmliche Glühbirne
- [ ] Verblühter Blumenstrauß
- [ ] Einweg-Glasflasche
- [ ] Joghurtbecher

1. Grüne oder braune Biotonne
2. Altpapiercontainer (blaue Tonne)
3. Gelber Sack/gelbe Tonne
4. Altglascontainer
5. Graue Restmülltonne
6. Besondere Annahmestellen

Situation zu den Aufgaben 10 bis 13:

Sie interessieren sich für die Arbeit des Umweltschutzbeauftragten der Dialogfix GmbH. Jetzt haben Sie im Rahmen Ihrer Ausbildung die Möglichkeit, ihn 1 Woche lang bei seinen Tätigkeiten zu begleiten.

10. AUFGABE

[ ] Z

Der Umweltschutzbeauftragte erläutert Ihnen den PDCA-Zyklus. Dabei handelt es sich um:

1. einen kontinuierlichen Verbesserungsprozess der Umweltmanagementsysteme.
2. einen ISO-zertifizierten Recyclingprozess.
3. eine abgewandelte Form der Zielhierarchie beim Umgang mit Abfall.
4. eine Verordnung auf Basis des Bundes-Immissionsschutzgesetzes.
5. eine Maßnahme auf Basis des Gesetzes über die Umweltverträglichkeitsprüfung.

11. AUFGABE

[ ] Z

Sie bitten den Umweltschutzbeauftragten der Dialogfix GmbH um Tipps, um am Arbeitsplatz umweltschonend zu handeln. Welchen Rat zum Energieverbrauch wird er Ihnen nicht geben?

1. Die Klimaanlage sollte nicht zu kalt und nicht zu warm eingestellt sein.
2. Verwenden Sie die Energiesparoptionen Ihres Betriebssystems.
3. Schalten Sie Bürogeräte ganz aus, wenn Sie diese längere Zeit nicht benutzen.
4. Praktisch sind auch Mehrfachsteckdosen mit Kippschalter.
5. Der Einsatz von gelbem Sack/gelber Tonne lohnt sich nicht, da sämtliches Plastik in die nahe gelegene Müllverbrennungsanlage zur Energiegewinnung kommt.

Z **12. AUFGABE**

Natürlich muss der Umweltschutzbeauftragte der Dialogfix GmbH über die verschiedenen Gesetze und Verordnungen zum Umweltschutz informiert sein. Ordnen Sie die einzelnen Beschreibungen den jeweiligen Gesetzen korrekt zu.

☐ Bundes-Immissionsschutzgesetz (BImSchG)

☐ Verpackungsverordnung (VerpackV)

☐ Gewerbeabfallverordnung (GewAbfV)

☐ Gesetz über die Umweltverträglichkeitsprüfung (UVPG)

☐ Kreislaufwirtschaftsgesetz (KrWG)

1. Schreibt vor, dass Unternehmen Abfälle bereits an der Anfallstelle trennen müssen.
2. Verpflichtet Handel und Hersteller, Verpackungen zurückzunehmen und zu recyceln.
3. Legt fest, dass bei wirtschaftlichen Vorhaben im Vorfeld die Auswirkungen auf die Umwelt ermittelt, beschrieben und bewertet werden müssen.
4. Regelt den Schutz vor schädlichen Umwelteinwirkungen durch Luftverschmutzung, Geräusche und Erschütterungen.
5. Sichert die umweltverträgliche Beseitigung von Abfällen.

Z **13. AUFGABE** ☐

Welchen der folgenden Tipps werden Sie ebenfalls bestimmt <u>nicht</u> erhalten?

1. Nur die Informationen ausdrucken, die wirklich wichtig sind.
2. Achten Sie auf das Prüfsiegel „Blauer Engel".
3. Beidseitiges Kopieren spart Papier.
4. Kein Recyclingpapier verwenden, da es den Laserdruckern schadet.
5. Die Rückseite von Fehlkopien kann man gut als Schmierzettel verwenden.

Z **14. AUFGABE** ☐

Welche Maßnahme führt bei der Dialogfix GmbH zur Vermeidung von Müll?

1. Die Betriebskantine stellt von Plastikbechern auf Pappbecher um.
2. Künftig wird zum Drucken ausschließlich Recycling-Papier eingekauft.
3. Der Getränkeautomat im Pausenraum wird künftig statt mit Einweg- nur noch mit Mehrwegflaschen bestückt.
4. Mit Ausnahme der Notbeleuchtung wird die Flurbeleuchtung künftig über Bewegungsmelder aktiviert.
5. In jedem Großraumbüro befinden sich verschiedene Behälter zur Mülltrennung.

15. AUFGABE ☐   Z

Welcher Zusammenhang zwischen Ökonomie und Ökologie ist korrekt dargestellt?

1. Die wichtigste Aufgabe besteht darin, bestehende Zielkonflikte zu übergehen.
2. Sobald ein Unternehmen Maßnahmen zum Schutz der Umwelt ergreift, ergibt sich ein Wettbewerbsnachteil.
3. Maßnahmen zum Umweltschutz sind zur Gewinnmaximierung in der Wirtschaft zwingend notwendig.
4. Die Kundenzufriedenheit mit einem Unternehmen ist prozentual direkt abhängig von den Investitionen eines Unternehmens in Umweltschutz.
5. Zwischen ökonomischen Zielen und ökologischen Zielen besteht oft ein Zielkonflikt.

16. AUFGABE

Die Dialogfix GmbH baut ein zweites Callcenter-Großraumbüro. Welche Vorrichtungen zur Mülltrennung müssen bereitgestellt werden und welcher Abfall ist hierfür vorgesehen?

17. AUFGABE

Nennen Sie drei Hauptquellen von Umweltbelastungen, die von einem Unternehmen im Dialogmarketing ausgehen können. Erläutern Sie jeweils eine Möglichkeit, diese Umweltbelastung zu senken.

18. AUFGABE

Nennen Sie fünf gesetzliche Regelungen zum Umweltschutz, die Unternehmen beachten müssen.

19. AUFGABE

Die Dialogfix GmbH ist bestrebt, ihr Umweltmanagementsystem kontinuierlich zu verbessern. Dazu nutzt sie auch den sogenannten PDCA-Zyklus. Wie lauten die einzelnen Stufen des PDCA-Zyklus, wenn der monatliche Papierverbrauch der Dialogfix GmbH knapp 40 000 Seiten Papier beträgt und gesenkt werden soll? Erläutern Sie die Stufen am Beispiel eines per Post verschickten Newsletters der Dialogfix GmbH, der künftig papierlos erscheinen soll.

20. AUFGABE

Im 4. Quartal werden im Intranet die Unternehmensziele für das kommende Jahr vorgestellt. Als ökologisches Ziel ist vermerkt, den Energieverbrauch um 20 % zu senken. Über das betriebliche Vorschlagswesen sollen die Mitarbeiter Vorschläge einreichen, wie der Energieverbrauch reduziert werden kann. Formulieren Sie drei konkrete Vorschläge, die Sie im Großraumbüro umsetzen können.

Lösungen zu Kapitel **16**

1. 4
2. 3
3. 5
4. 1
5. 4, 2, 1, 3, 5
6. 2, 5
7. 4
8. 4
9. 2, 6, 5, 1, 4, 3
10. 1
11. 5
12. 4, 2, 1, 3, 5
13. 4
14. 3
15. 5

16.
→ Grüne oder braune Biotonne: kompostierbare, organische Abfälle aus Küche und Garten
→ Blaue Tonne: Papier, Pappe, Kartons
→ Gelber Sack/gelbe Tonne: Leichtverpackungen aus Metall, Kunststoff oder Verbundstoffen mit dem „Grünen Punkt"
→ Altglascontainer: Altglas nach Farben getrennt
→ Graue Restmülltonne: alle nicht verwertbaren, schadstofffreien Abfälle
→ Besondere Annahmestellen: alle schadstoffhaltigen Abfälle (Problemabfälle)

17.
→ Energieverbrauch: Auf Geräte mit geringem Stromverbrauch achten
→ Papierverbrauch: Papier beidseitig bedrucken
→ Tonerverbrauch: Verstärkt elektronische Dokumente (PDF) nutzen

18.
z. B. Verpackungsverordnung, Gewerbeabfallverordnung, Bundes-Immissionsschutzgesetz, Kreislaufwirtschaftsgesetz

19.
P = Plan (Planen): Ziele und Prozesse festlegen.
Beispiel: Der monatliche Newsletter an Kunden wird nur noch online verschickt, nicht mehr per Post.
D = Do (Durchführen): Festgelegte Maßnahmen durchführen.
Beispiel: Newsletterdruck einstellen, Mailverteiler einrichten, Masterdokument zur Erstellung des PDF-Newsletters anlegen. Ersten Newsletter verschicken.
C = Check (Überprüfen): Ziele und Prozesse überprüfen.
Beispiel: Ersparnis von 10 000 Blatt pro Monat (25 %). Kundenumfrage zeigt, dass viele Kunden statt PDF-Dokument einen Link zum Newsletter möchten.   **A = Act (Handeln).**
Beispiel: Umstellen auf Newsletter, eingebunden in den Internetauftritt.

20.
→ Energiesparoptionen des Betriebssystems nutzen, Monitore und PCs so einstellen, dass sie nach einer gewissen Zeit ohne Nutzung in den Energiesparmodus wechseln.
→ Verwendung von Steckdosenleisten mit Kippschalter, um mehrere Geräte gleichzeitig ausschalten zu können.
→ Klimaanlage angemessen temperieren.

17 Notwendigkeit des Wirtschaftens

1. AUFGABE

Die Haus und Garten GmbH möchte eine neue Brotbackmaschine entwickeln, produzieren und vertreiben. Hierbei soll nach dem ökonomischen Prinzip gearbeitet werden. Prüfen Sie, welche Maßnahme dem Minimalprinzip entspricht.

1. Die fertige Verpackung soll leichter sein als die eines vergleichbaren Konkurrenzprodukts.
2. Hergestellt werden soll beste Qualität, unabhängig vom Verkaufspreis.
3. Bei gleicher Backleistung wie derjenigen eines Konkurrenzprodukts soll der Stromverbrauch so gering wie möglich sein.
4. Die Brotbackmaschine soll zu 80 % aus recycelten Materialien bestehen.
5. Das Design der Brotbackmaschine soll minimalistisch sein.

2. AUFGABE

In welchem Fall handelt die Haus und Garten GmbH nach dem Maximalprinzip?

1. Die vorhandenen Produktionsanlagen sollen mit der maximalen Auslastung produzieren.
2. Pro Tag sollen 500 Brotbackmaschinen produziert werden.
3. Die fertige Verpackung soll möglichst umweltfreundlich sein.
4. Für die Abteilung Entwicklung wird ein neuer Mitarbeiter gesucht.
5. Die Brotbackmaschine ist leichter als vergleichbare Konkurrenzprodukte.

3. AUFGABE

Die Haus und Garten GmbH ist sich ihrer Umweltverantwortung bewusst. Mit welcher Entscheidung verfolgt sie jedoch kein ökologisches Ziel?

1. Bei der Herstellung wird auf chemische Lösungsmittel verzichtet.
2. Die Verpackung soll komplett aus Recyclingmaterialien hergestellt werden.
3. Aus Gründen des Stromverbrauches wird auf eine Stand-by-Funktion verzichtet.
4. Die Produktdesigner einigen sich auf den Namen „Backfein Eco-logic 2000".
5. Durch die gute Isolierung der Brotbackmaschine verbraucht das Gerät 30 % weniger Strom als vergleichbare Produkte.

4. AUFGABE

Welche der folgenden Situationen beschreibt einen Zielkonflikt zwischen ökonomischen und ökologischen Zielen bei der Haus und Garten GmbH?

1. Die Werkskantine bezieht Fleisch und Gemüse vom Biobauern, wodurch die Essenspreise erhöht werden.
2. Es gibt keinen Kostenunterschied zwischen ökologischer und herkömmlicher Trittschalldämmung.
3. Die Investition in Solaranlagen auf dem Dach spart langfristig Energiekosten.
4. Der Verzicht auf den Einsatz von chemischen Lösungsmitteln führt zu geringeren Entsorgungskosten.
5. Eine Umrüstung der Firmenwagen auf Erdgas spart mittelfristig Energiekosten.

5. AUFGABE

Die Haus und Garten GmbH handelt nach dem erwerbswirtschaftlichen Prinzip. Stellen Sie fest, welches Ziel das Unternehmen daher vorrangig verfolgen muss.

1. Die Haus und Garten GmbH muss einen maximalen Umsatz erzielen.
2. Über ein breites Fortbildungsangebot soll die Zufriedenheit der Mitarbeiter gewährleistet werden.
3. Das Unternehmen strebt die Erwirtschaftung eines maximalen Gewinns an.
4. Vorrangiges Ziel ist die Sicherung und Erhaltung der Arbeitsplätze.
5. Über moderate Preise gewährleistet die Haus und Garten GmbH einen fairen Wettbewerb unter den Mitbewerbern.

6. AUFGABE

Die Haus und Garten GmbH ist bestrebt, ihren Marktanteil auf dem Markt für Brotback-maschinen zu steigern. Ermitteln Sie, welche Maßnahme dazu geeignet ist.

1. Einführung eines neuen Produktionsprozesses
2. Senkung des Verkaufspreises
3. Neubau einer Lagerhalle
4. Einstellung eines neuen Personalleiters
5. Umbenennung der Brotbackmaschine

7. AUFGABE

Die Haus und Garten GmbH geht aufgrund einer Marktforschung von folgenden Daten beim Verkauf einer neuen Brotbackmaschine aus:

Verkaufspreis	80,00 €	90,00 €	100,00 €	120,00 €
Voraussichtliche Absatzmenge (Stück)	6 000	5 500	4 500	3 000

Ermitteln Sie den zu erwartenden Marktanteil der Haus und Garten GmbH, wenn sich das Unternehmen für einen Verkaufspreis von 90,00 € entscheidet und auf dem Ge-samtmarkt 110 000 Stück verkauft werden.

8. AUFGABE

In welchem der folgenden Fälle handelt die KommunikativAktiv KG nach dem Minimalprinzip?

1. Für die neuen externen Auftraggeber werden die Kosten pro Call erhöht, wodurch der Gewinn ansteigt.
2. Die neue CTI wird nach einer umfassenden Recherche möglicher Fachbetriebe vom günstigsten Fachbetrieb geliefert und installiert.
3. Die Teamleiter des Inbound-Bereiches betreuen für ein Kreditkartenunternehmen die Neukundengewinnung, sie erhalten die Vorgabe, den Umsatz um 3 % zu steigern.
4. In einer Besprechung diskutieren die beiden Gesellschafter darüber, das Produktportfolio der KommunikativAktiv KG zu erweitern.
5. Bei einem neuen Auftrag muss die KommunikativAktiv KG einen Teil des Anrufvolumens an einen externen Dienstleister abgeben.

9. AUFGABE

Während einer Dienstreise finden Sie in Ihrem Hotel im Badezimmer einen Aushang, dass nur die Handtücher, die Sie eindeutig auf den Boden legen, gewechselt werden. Welche Ziele realisiert die Hotelleitung damit?

1. Soziale Ziele
2. Soziale und ökonomische Ziele
3. Ökonomische und ökologische Ziele
4. Soziale und ökologische Ziele
5. Rein wirtschaftliche Ziele

10. AUFGABE

Die Dialogfix GmbH möchte durch ihr unternehmerisches Handeln zur Reduzierung des eigenen Emissionsausstoßes an Treibhausgasen beitragen. Prüfen Sie, welche Maßnahme dazu geeignet ist.

1. Die Mitarbeiter nutzen bei Dienstreisen grundsätzlich das schnellste Verkehrsmittel, um so Reisezeit einzusparen.
2. Die Dialogfix GmbH erstellt eine jährliche Öko-Bilanz, in der alle klimarelevanten Gase, die durch das Unternehmen verursacht wurden, aufgelistet sind.
3. Im Rahmen des grenzüberschreitenden EU-Emissionshandels erwirbt die Dialogfix GmbH Emissionszertifikate, um so die eigene Energiebilanz auszugleichen.
4. Um die Energiekosten dauerhaft zu senken, wird auf einem Vergleichsportal jährlich der günstigste Anbieter ausgewählt.
5. Die Dialogfix GmbH verwendet zukünftig überwiegend Strom, der durch eine eigene Solaranlage auf dem Dach des Firmengebäudes erzeugt wurde.

Lösungen zu Kapitel **17**

1. 3		**6.** 2	
2. 1		**7.** 5 %	
3. 4		**8.** 2	
4. 1		**9.** 3	
5. 3		**10.** 5	

18 Rechtliche Rahmenbedingungen des Wirtschaftens

Hinweis: Dieses Kapitel enthält die Themen
- Rechtssubjekte, Rechtsobjekte, Rechtsgeschäfte (Aufgabe 1 bis 36),
- Rechtsformen der Unternehmung (Aufgabe 37 bis 57),
- Struktur des Ausbildungsbetriebs (Aufgabe 58 bis 64).

1. AUFGABE

Die 16-jährige Tanja Müller hat sich erfolgreich bei der Haus und Garten GmbH um einen Ausbildungsplatz beworben. Welche der folgenden Aussagen ist richtig?

1. Da dieses Rechtsgeschäft für Tanja nur Vorteile bietet, kann auf das Einverständnis der Eltern beim Abschluss des Ausbildungsvertrags verzichtet werden.
2. Tanja ist in diesem Fall berufsschulpflichtig.
3. Da ein Girokonto zwingend nötig ist, um am Geschäftsleben teilzunehmen, muss Tanja ein solches Konto einrichten, damit der Ausbildungsvertrag rechtswirksam wird.
4. Da Tanja nun ihr eigenes Geld verdient, ist sie automatisch voll geschäftsfähig.
5. Tanja ist im Rahmen des Ausbildungsverhältnisses voll geschäftsfähig.

2. AUFGABE

Prüfen Sie, wer nur beschränkt geschäftsfähig ist.

1. Dialogfix GmbH, wenn ein Gesellschafter verhindert ist
2. KommunikativAktiv KG, wegen der Rechtsform Kommanditgesellschaft
3. Auszubildender Thomas, 18 Jahre alt
4. Auszubildende Julia, 17 Jahre alt
5. Benny, Julias Neffe, 5 Jahre alt

3. AUFGABE

Die Haus und Garten GmbH hat anlässlich ihres Firmenjubiläums einen in der Region bekannten Künstler gebeten, ein großes Bild zu malen, das in die Empfangshalle gehängt werden soll. Worum handelt es sich bei diesem Bild?

1. Eine unbewegliche und vertretbare Sache
2. Eine unbewegliche und nicht vertretbare Sache
3. Eine bewegliche und vertretbare Sache
4. Eine bewegliche und nicht vertretbare Sache
5. Keine der oben genannten Aussagen trifft zu.

4. AUFGABE

Ordnen Sie im Folgenden die Eigentums- bzw. Besitzverhältnisse zu. Tragen Sie dazu die jeweils zutreffende Ziffer ein.

☐ Die Haus und Garten GmbH least einen Lkw.

☐ Die Haus und Garten GmbH vermietet eine Verpackungsanlage an eine andere Firma.

☐ Die Auszubildende Carola Groß bezahlt ihren neuen Kleinwagen mit dem von ihrer Tante geerbten Geld.

☐ Carola Groß nutzt eine Mitfahrgelegenheit von der Berufsschule zum Ausbildungsbetrieb.

☐ Carola Groß kauft eine ohne ihr Wissen gestohlene Sonnenbrille.

1. Besitz, aber kein Eigentum
2. Eigentum, aber kein Besitz
3. Besitz und Eigentum
4. Weder Eigentum noch Besitz

5. AUFGABE

Ordnen Sie zu, um welche Vertragsart es sich bei den folgenden Beispielen handelt. Tragen Sie dazu die jeweils zutreffende Ziffer ein.

☐ Die Haus und Garten GmbH nimmt einen Kredit zum Kauf eines Lkw auf.

☐ Um vermutete Mängel an einer geleasten Maschine aufzudecken, beauftragt die Geschäftsleitung der Haus und Garten GmbH einen Gutachter.

☐ Die Fassade des Hauptgebäudes der Haus und Garten GmbH steht unter Denkmalschutz. Ein Kunstbildhauer soll abgebrochene Teile des Erkers wieder original nachbauen.

☐ Die Haus und Garten GmbH verkauft 1 000 Brotbackmaschinen an einen Großhändler.

☐ Wegen einer Überproduktion wird kurzfristig zusätzlicher Lagerraum angemietet.

1. Kaufvertrag
2. Darlehensvertrag
3. Mietvertrag
4. Dienstvertrag
5. Werkvertrag

6. AUFGABE ☐

Welche der folgenden Aussagen zu Rechtsgeschäften ist richtig?

1. Bei der fristlosen Kündigung eines beim Diebstahl erwischten Mitarbeiters der Haus und Garten GmbH handelt es sich um einen einseitig verpflichtenden Vertrag.
2. Bei der fristlosen Kündigung handelt es sich um eine nicht empfangsbedürftige Willenserklärung.

3. Schließt die Haus und Garten GmbH einen Arbeitsvertrag mit einem neuen Mitarbeiter, so handelt es sich um ein mehrseitig verpflichtendes Rechtsgeschäft.
4. Carola Groß, Auszubildende bei der Haus und Garten GmbH, wurde im Testament ihrer Tante berücksichtigt. Es handelt sich hierbei um eine empfangsbedürftige Willenserklärung.
5. Verbraucher können eine Brotbackmaschine nur durch mündliche Äußerung oder durch konkludentes Handeln erwerben.

7. AUFGABE

Prüfen Sie, welches der folgenden Rechtsgeschäfte der Haus und Garten GmbH rechtlich anfechtbar ist.

1. Ein Kunde füllt das Bestellfax falsch aus: Er bestellt 800 statt 80 Pakete Granulatdünger.
2. Die Verkäuferin des Ladengeschäftes verkauft einem 5-jährigen Jungen eine Tasse für 15,00 €.
3. Ein 17-jähriges Mädchen kauft ohne Zustimmung der Eltern einen Kleiderschrank für 750,00 €.
4. Ein Verkäufer der Elektroabteilung schließt per Handschlag einen Leasingvertrag über einen Flachbildfernseher ab.
5. Frau Schumann bestellt online einen Blumenübertopf im Wert von 49,00 € und zahlt per Lastschrift.

8. AUFGABE

Prüfen Sie, in welchem der folgenden Fälle eine notarielle Beurkundung nötig ist.

1. Nach ihrer Ausbildung schließt Carola Groß einen Arbeitsvertrag mit der Haus und Garten GmbH.
2. Die Haus und Garten GmbH lässt sich ins Handelsregister eintragen.
3. Die Haus und Garten GmbH erwirbt ein Grundstück.
4. Die AGB der Haus und Garten GmbH werden neu formuliert.
5. Die Haus und Garten GmbH mietet zusätzliche Lagerhallen.

9. AUFGABE

Die Haus und Garten GmbH ist eine juristische Person. Welche Aussage ist richtig?

1. Nach dem Gesetz hat die juristische Person bei Bundestagswahlen ein Wahlrecht.
2. Das Unternehmen als solches kann vor Gericht klagen oder verklagt werden.
3. Nur die Geschäftsführer können vor Gericht klagen oder verklagt werden.
4. Die Haus und Garten GmbH ist als juristische Person begrenzt geschäftsfähig.
5. Der Unterschied zur natürlichen Person besteht darin, dass das Finanzamt bei der Haus und Garten GmbH keine Kapitalsteuer veranlagt.

10. AUFGABE

Die Haus und Garten GmbH steht in einer Geschäftsbeziehung zur Supplier24 AG. Prüfen Sie, welche Schlussfolgerung zur Rechtsfähigkeit der AG richtig ist.

1. Die Supplier24 AG ist nicht rechtsfähig, weil sie ein Rechtsobjekt ist.
2. Die Supplier24 AG ist nicht rechtsfähig, weil sie eine juristische Person des öffentlichen Rechts ist.
3. Die Supplier24 AG ist rechtsfähig, weil sie eine juristische Person des privaten Rechts ist.
4. Die Supplier24 AG ist rechtsfähig, weil sie eine Personengesellschaft ist.
5. Die Supplier24 AG ist rechtsfähig, weil sie eine natürliche Person ist.

11. AUFGABE

Die Haus und Garten GmbH möchte ein Grundstück in einem neu erschlossenen Gewerbegebiet kaufen, um dort eine weitere Lagerhalle zu errichten. Die dazu notwendigen Vorgänge sind in der nachstehenden Liste dargestellt.

Datum	Vorgang
10.01.	Beschlussfassung der Geschäftsführung über den Grundstückskauf
26.02.	Abschluss des notariellen Kaufvertrages
27.02.	Anzahlung von 20 % des im Kaufvertrag vereinbarten Kaufpreises
12.04.	Restzahlung des im Kaufvertrag vereinbarten Kaufpreises
10.06.	Auflassung und Eintragung in das Grundbuch
15.07.	Erstmalige Zahlung der fälligen Grundsteuer an die Stadt

Tragen Sie in das Lösungskästchen das Datum ein, an dem die Haus und Garten GmbH Eigentümerin des Grundstücks wird.

12. AUFGABE

Welche der folgenden Aussagen trifft auf die Haus und Garten GmbH zu?

1. Das Unternehmen war ab Unterzeichnung des Gesellschaftsvertrages Träger von Rechten und Pflichten.
2. Die Haus und Garten GmbH ist eine juristische Person des öffentlichen Rechts.
3. Bei den von dem Unternehmen in Serie hergestellten Wasserkochern handelt es sich um nicht vertretbare Güter.
4. Da es sich um eine GmbH handelt, kann das Unternehmen selbst nicht klagen oder verklagt werden.
5. Im Falle einer Auflösung des Unternehmens erlischt mit der Entfernung aus dem Handelsregister die Möglichkeit, zu klagen oder verklagt zu werden.

13. AUFGABE

Die Haus und Garten GmbH hat in der vergangenen Woche mehrere Verträge geschlossen. Bei welchem der folgenden Verträge handelt es sich um einen Dienstleistungsvertrag?

1. Das Unternehmen least zwei Lkw zur Erweiterung des Fuhrparks.
2. Eine Druckerei wird mit der Herstellung des aktuellen Werbeprospekts beauftragt.
3. Ein neuer Angestellter verpflichtet sich zur Arbeitsleistung im Unternehmen.
4. Das Unternehmen überlässt gegen Entgelt seine alte Werkshalle für eine Livemusik-Veranstaltung.
5. Geschäftsführer Karl Thanner bringt einem Bildhauer einen Steinblock und bittet ihn, daraus eine Skulptur für das Foyer zu erstellen.

14. AUFGABE

Jana Kunz möchte wegen ihres Umzugs nach Hamburg ihre Arbeitsstelle bei der Haus und Garten GmbH kündigen. Um welche Art von Rechtsgeschäft handelt es sich bei einer Kündigung?

1. Um ein einseitiges Rechtsgeschäft in Form einer empfangsbedürftigen Willenserklärung.
2. Um ein mehrseitiges Rechtsgeschäft in Form von empfangsbedürftigen übereinstimmenden Willenserklärungen beider Seiten
3. Um ein für die Haus und Garten GmbH einseitig verpflichtendes Rechtsgeschäft, nämlich Frau Kunz das ausstehende Gehalt zu zahlen sowie ihr ein Arbeitszeugnis auszustellen
4. Um ein mehrseitiges Rechtsgeschäft, bei dem Frau Kunz ihre Kündigung einreichen und das Unternehmen ihr ein Arbeitszeugnis ausstellen muss
5. Um ein Rechtsgeschäft, das erst durch konkludentes Handeln entsteht

15. AUFGABE

Die Haus und Garten GmbH unterhält zu zahlreichen Lieferanten geschäftliche Kontakte. In welchem Fall ist zwischen der Haus und Garten GmbH und der ExportMax GmbH ein Kaufvertrag zustande gekommen?

1. Die Haus und Garten GmbH sendet aufgrund einer telefonischen Anfrage des Großhändlers diesem eine Auftragsbestätigung per Einschreiben.
2. Der Großhändler fragt eine Ware an, worauf die Haus und Garten GmbH ihm ein Angebot unterbreitet.
3. Der Großhändler bestellt aufgrund einer Zeitungsanzeige.
4. Die Bestellung durch die ExportMax GmbH wird von der Haus und Garten GmbH unter Erhöhung der Preise um 1 % bestätigt.
5. Nachdem der Großhändler ohne ein vorheriges Angebot bestellt hat, sendet die Haus und Garten GmbH ihm eine Auftragsbestätigung.

16. AUFGABE

In einem Kaufvertrag zwischen der Haus und Garten GmbH, gewerbliche Niederlassung in Marburg, und dem Großhändler ExportMax GmbH, gewerbliche Niederlassung in Bremen, wurde keine Vereinbarung über den Erfüllungsort getroffen. Welche Aussage ist richtig, wenn die Haus und Garten GmbH Ware an die ExportMax GmbH verkauft?

1. Erfüllungsort für die Warenleistung ist Bremen.
2. Erfüllungsort für die Geldleistung ist Marburg.
3. Erfüllungsort für die Geldleistung ist Bremen.
4. Erfüllungsort für die Waren- und Geldleistung ist Marburg.
5. Erfüllungsort für die Waren- und Geldleistung ist Bremen.

17. AUFGABE

Stellen Sie fest, in welchem der folgenden Fälle es sich <u>nicht</u> um ein Angebot handelt.

1. Agent Christian Telorac bietet seinem Gesprächspartner am Telefon einen All-in-One-Computer für 480,00 € an.
2. Projektbetreuer Arne Klein bietet einem potenziellen Kunden an, die von ihm verlangten Calls zu einem Preis von 3,80 € je Call zu realisieren.
3. Die KommunikativAktiv KG verschickt an einen bestimmten Kundenkreis einen Werbeflyer, in dem ein Bürostuhl zu 99,98 € angeboten wird.
4. Arne Klein bietet Christian Telorac seine Briefmarkensammlung zum Preis von 400,00 € an.
5. Ein Vertreter für Kommunikationsanlagen bietet Arne Klein das neueste Modell zu einem unglaublich günstigen Preis an.

18. AUFGABE

Welcher der folgenden Aussagen dürfen Sie <u>nicht</u> zustimmen?

1. Bei einer Bestellung handelt es sich um eine rechtlich verbindliche Annahme des Angebots.
2. Ein Angebot erlischt, wenn dem Kunden ein Widerruf vor oder spätestens mit dem Angebot zugeht.
3. Wird einem Abwesenden ein Angebot gemacht, ist der Anbieter an das Angebot fortwährend gebunden.
4. Eine Anpreisung ist an die Allgemeinheit gerichtet und gilt nicht als Angebot im rechtlichen Sinn.
5. Durch Freizeichnungsklauseln lässt sich die Bindung an ein Angebot einschränken.

19. AUFGABE

Welche der folgenden Aussagen zu AGB ist <u>nicht</u> zutreffend?

1. Die Nutzung von AGB ist eine Arbeitserleichterung beim Abschluss von Verträgen, da einzelne Bedingungen nicht immer neu ausgehandelt werden müssen.

2. Die AGB werden nur dann Vertragsbestandteil, wenn der Kunde ausdrücklich auf sie hingewiesen wurde.
3. Persönliche Absprachen zwischen Verkäufer und Käufer können nicht dazu führen, dass einzelne Teile der AGB nicht mehr gelten.
4. Sind einzelne Teile der AGB unwirksam, bleibt der Kaufvertrag dennoch bestehen und richtet sich nach den gesetzlichen Regelungen.
5. Einzelne Bestimmungen der AGB sind unwirksam, wenn sie den Verbraucher unangemessen benachteiligen.

20. AUFGABE

Prüfen Sie, in welchem der folgenden Fälle es sich um eine Schlechtleistung (mangelhafte Lieferung) handelt.

1. Die KommunikativAktiv KG liefert einen bestellten Computer nicht fristgemäß aus.
2. Ein Kunde der Dialogfix GmbH überweist den fälligen Rechnungsbetrag nicht.
3. Christian Telorac weigert sich, die Briefmarkensammlung von Arne Klein anzunehmen.
4. Die Dialogfix GmbH liefert einem Kunden ein falsches Laptopmodell.
5. Durch einen Streik werden der Dialogfix GmbH die zum Versand dringend benötigten Handys nicht geliefert.

21. AUFGABE

Mathias Fisch (17 Jahre) macht eine Ausbildung bei der Dialogfix GmbH. Er fragt Sie, welches Rechtsgeschäft er ohne Zustimmung seiner gesetzlichen Vertreter (Eltern) rechtswirksam abschließen kann. Welche den gesetzlichen Vorgaben entsprechende Antwort geben Sie ihm?

1. Du kannst eine private Rentenversicherung abschließen, da sie deiner späteren Altersvorsorge dient.
2. Du kannst jederzeit eine Schenkung annehmen, wenn sie dir nur rechtliche Vorteile bringt.
3. Du kannst jeden Vertrag abschließen, da du eine Ausbildungsvergütung erhältst, die dir zu freien Verfügung steht.
4. Du kannst, Führerschein vorausgesetzt, ein Auto leasen, um zur Arbeit zu gelangen.
5. Du kannst keine Verträge abschließen, da du noch geschäftsunfähig bist.

Situation zu den Aufgaben 22 bis 24:
Frank Meyer bestellt bei der KommunikativAktiv KG telefonisch am 04.03. den Laptop GameMan.

22. AUFGABE

Am 05.03. bestätigt die KommunikativAktiv KG Herrn Meyer, dass der Laptop Game-Man nach Anzahlung von 10 % des Kaufpreises auf das Firmenkonto geliefert wird. Der Laptop wird am 20.03. geliefert und der ausstehende Rechnungsbetrag von Herrn Meyer am 22.03. auf das Firmenkonto überwiesen, wo er am 23.03. gutgeschrieben wird. Wann geht das Eigentum am Laptop an Herrn Meyer über?

1. Herr Meyer wird Eigentümer mit Annahme der Bestellung am 05.03.
2. Herr Meyer wird Eigentümer mit Leistung der Anzahlung.
3. Herr Meyer wird Eigentümer am Tag der Lieferung und Übergabe des Laptops.
4. Herr Meyer wird Eigentümer mit Überweisung des ausstehenden Kaufpreises am 22.03.
5. Herr Meyer wird Eigentümer am Tag der Gutschrift des restlichen Rechnungsbetrages am 23.03.

23. AUFGABE

Welches Recht steht Herrn Meyer bei mangelhafter Lieferung des neuen Laptops vorrangig zu?

1. Nacherfüllung
2. Rücktritt vom Vertrag
3. Minderung des Kaufpreises
4. Schadensersatz
5. Ersatz vergeblicher Aufwendungen

24. AUFGABE

Welche Aussage zum Lieferungsverzug trifft <u>nicht</u> zu?

1. Wenn kein Termin vereinbart wurde, muss der Käufer den Verkäufer mahnen, damit dieser in Verzug kommt.
2. Ein Verschulden des Lieferers liegt bei vorsätzlichem (absichtsvollem) oder fahrlässigem (unachtsamem) Verhalten vor.
3. Nach erfolglosem Verstreichen einer Nachfrist ist es möglich, vom Kaufvertrag zurückzutreten.
4. Ist der Verkäufer in Verzug, kann der Käufer den Ersatz des Verspätungsschadens verlangen.
5. Ist ein genauer Termin für die Lieferung bestimmt worden, ist der Verkäufer automatisch 2 Wochen später in Verzug.

25. AUFGABE

In welcher Zeile wird ein zweiseitiger Handelskauf beschrieben?

1. Verkäufer ist die Dialogfix GmbH, Käufer ist ein Unternehmen.
2. Verkäufer ist ein Verbraucher, Käufer ist ein Unternehmen.
3. Verkäufer ist ein Verbraucher, Käufer ist ein Verbraucher.
4. Verkäufer ist ein Unternehmen, Käufer ist ein Verbraucher.
5. Verkäufer ist die KommunikativAktiv KG, Käufer ist Julia Lauer.

26. AUFGABE ☐

Die KommunikativAktiv KG hat eine Palette DIN-A3-Papier bei einem Lieferanten in München bestellt. Bei der Wareneingangsprüfung wird festgestellt, dass DIN-A4-Papier geliefert wurde. Prüfen Sie, welche Pflichten die KommunikativAktiv KG jetzt hat.

1. Sie muss die Falschlieferung spätestens 3 Tage nach der Lieferung zurücksenden.
2. Sie muss die Palette mit dem Papier unverzüglich zurücksenden. Die Kosten zahlt der Lieferant.
3. Sie muss die Palette mit dem Papier unverzüglich auf eigene Kosten zurücksenden.
4. Sie muss die Palette mit dem Papier sachgemäß aufbewahren und den Mangel unverzüglich beim Lieferanten reklamieren.
5. Sie muss die Falschlieferung spätestens in 10 Tagen beim Lieferanten reklamieren.

Situation zu den Aufgaben 27 bis 29:

Die Firma Münzcollector GmbH vertreibt eine neue Münzserie „WM-Siege". Sie hat die Nachfrage nach diesen Münzen falsch eingeschätzt: Es wurden weniger Münzen verkauft als erwartet. Damit kein Verlust entsteht, müssen die übrig gebliebenen Münzen zu einem akzeptablen Preis verkauft werden.

27. AUFGABE ☐

In welchem Fall handelt es sich um ein die Firma Münzcollector rechtlich bindendes Angebot?

1. Die Firma bewirbt die Münzserie in einer Zeitschrift für Münzsammler.
2. Die Münzserie wird im Verkaufskatalog dieses Quartals nochmals beworben.
3. Münzcollector legt den Rechnungen Flyer mit der Münzserie bei. Diese enthalten den Vermerk „Solange der Vorrat reicht".
4. Münzcollector bietet die Münzen im Rahmen des Cross-Sellings während eingehender Bestellanrufe an.
5. In einer Vitrine im Verkaufsraum wird die Münzserie für die Laufkundschaft ausgestellt mit der Überschrift „zum Hammerpreis".

28. AUFGABE ☐

Der Geschäftsführer von Münzcollector sendet einem Einzelhändler am 12.10. ein persönliches Schreiben, er bietet in dem Brief versehentlich 50 Sätze der Münzen zu 2,95 € statt zu 12,95 € an. Das Angebot ist gültig bis zum 12.11. Wie kann der Geschäftsführer seinen Fehler korrigieren?

1. Gar nicht.
2. Er hat bis zum 12.11. Zeit, seinen Fehler zu korrigieren.
3. Er muss unverzüglich ein Fax aufsetzen, in dem er sein Angebot widerruft, damit dieses den Einzelhändler noch vor dem Brief erreicht.
4. Er muss innerhalb 1 Woche nach Absendung des Angebots reagieren.
5. Er braucht nicht zu handeln, da es sich um eine Anpreisung handelt.

29. AUFGABE

Die Prägerei liefert der Münzcollector GmbH weitere Sätze der Münzen. Diese waren nicht bestellt. Wie muss Münzcollector in dieser Situation reagieren?

1. Man stellt die Münzen vor die Tür und fordert die Prägerei zur Abholung auf.
2. Die Münzen werden im Tresor verwahrt. Nach 1 Woche werden sie einem Mitarbeiter mitgegeben, der in der Nähe der Prägerei wohnt, damit er sie dort abliefert.
3. Die Firma Münzcollector nimmt sofort Kontakt mit der Prägerei auf und schickt die Münzen umgehend zurück.
4. Münzcollector versucht, einen Teil der Sätze zu verkaufen, den anderen Teil kann man später zurückgeben.
5. Man braucht nichts zu unternehmen, da die Ware nicht bestellt war.

30. AUFGABE

Prüfen Sie, in welchem Fall es sich um ein einseitiges Rechtsgeschäft handelt.

1. Die Dialogfix GmbH verkauft gebrauchte Büroausstattung.
2. Die Dialogfix GmbH kündigt einem ihrer Mitarbeiter.
3. Die Dialogfix GmbH erteilt den Auftrag zur Programmierung einer Datenbank für ein Outbound-Projekt.
4. Die Dialogfix GmbH mietet neue Geschäftsräume an.
5. Die Dialogfix GmbH nimmt einen Kredit auf.

31. AUFGABE

Die Dialogfix GmbH schließt mit ihren Geschäftspartnern unterschiedliche Arten von Verträgen. Prüfen Sie, welcher Vertrag nichtig ist.

1. Die Dialogfix GmbH schließt mit dem Verkäufer einen mündlichen Kaufvertrag über ein Grundstück ab.
2. Die Dialogfix GmbH bestellt versehentlich 1000 neue Headsets. Geplant waren aber nur 10 neue Headsets.
3. Der Geschäftsführer der Dialogfix GmbH stellt einen neuen Mitarbeiter ein.
4. Der Dialogfix GmbH werden 10 Arbeitsplatzrechner geliefert, obwohl nur 5 bestellt wurden.
5. Der Geschäftsführer der Dialogfix GmbH schließt mit der 17-jährigen Samira einen Ausbildungsvertrag ohne Unterschrift der Erziehungsberechtigten.

Situation zu den Aufgaben 32 bis 36:
Die Karl Knaub GmbH versendet Grillzubehör an Verbraucher. Sie sichert den Kunden immer individuell zu, dass die Ware binnen 1 Woche ab Bestelldatum beim Kunden ankommt.

32. AUFGABE

Herr Heim bestellt bei der Karl Knaub GmbH am 11.02. einen Aztekenofen. Dieser wird am 14.02. geliefert. Die Rechnung geht Herrn Heim am 16.02. zu. Sie trägt das Datum 15.02. und enthält keine näheren Zahlungsbedingungen. Herr Heim bezahlt am 19.02. den Rechnungsbetrag, der am 21.02. dem Konto der Firma Knaub gutgeschrieben wird. Stellen Sie fest, zu welchem Zeitpunkt das Eigentum an dem Aztekenofen an Herrn Heim übergeht.

33. AUFGABE

Zu welchem Zeitpunkt (Datum) ist in diesem Fall die Zahlung des Kaufpreises fällig?

34. AUFGABE

Prüfen Sie, unter welcher Voraussetzung die Karl Knaub GmbH in diesem Fall in Lieferungsverzug geraten kann.

1. Da die erforderliche Ware wegen eines Streiks beim Hersteller nicht beschafft werden kann, wird sie nicht rechtzeitig an Herrn Heim geliefert.
2. Wegen eines Personalengpasses in der Versandabteilung kann die Ware nicht rechtzeitig auf den Weg gebracht werden.
3. Ein Hochwasser verhindert, dass Fahrzeuge das Werksgelände befahren können.
4. Ein beauftragter Frachtführer trifft erst um 18 Uhr des zweiten Tages nach Bestellung beim Kunden ein.
5. Höhere Gewalt hat die rechtzeitige Lieferung verhindert.

35. AUFGABE

Herr Fröhlich bestellt ein Partyzelt bei der Karl Knaub GmbH. Als Liefertermin wurde der 04.05. vertraglich festgelegt. Am 05.05. ist das Partyzelt noch nicht eingetroffen und Herr Fröhlich tritt vom Vertrag zurück. Prüfen Sie die Rechtslage.

1. Der Rücktritt vom Vertrag ist rechtswirksam, da bei vereinbarten Terminen eine angemessene Fristsetzung und Rücktrittsandrohung nicht erforderlich sind.
2. Der Rücktritt vom Vertrag ist nicht rechtswirksam, da eine angemessene Fristsetzung und Rücktrittsandrohung fehlen.
3. Der Rücktritt vom Vertrag ist nicht rechtswirksam, da Herr Fröhlich zuerst den Rücktritt vom Vertrag androhen muss. Eine Fristsetzung ist nicht nötig.
4. Der Rücktritt vom Vertrag ist nicht rechtswirksam, da Herr Fröhlich sein Recht auf Lieferung anmahnen und eine angemessene Nachfrist setzen muss.
5. Der Rücktritt vom Vertrag ist rechtswirksam, weil das Rechtsgeschäft als Scheingeschäft aufgefasst werden kann.

36. AUFGABE

Die Karl Knaub GmbH schickt Frau Meyer am 12. Juni eine Rechnung. In der Rechnung steht „zahlbar bis 17. Juni". Wann kommt Frau Meyer in Zahlungsverzug?

1. Frau Meyer kommt erst nach Überschreiten der 30-Tage-Frist in Zahlungsverzug.
2. Sobald eine Mahnung durch den Verkäufer erfolgt, kommt Frau Meyer in Zahlungsverzug.
3. Sie kommt mit Erhalt der Rechnung in Zahlungsverzug.
4. Frau Meyer kommt nach Ablauf des Fälligkeitstermins nur dann in Zahlungsverzug, wenn sie auch eine Mahnung erhält.
5. Frau Meyer kommt am 18. Juni in Zahlungsverzug.

Situation zu den Aufgaben 37 bis 50:
Von Ihrem Ausbilder erhalten Sie den Auftrag, für den nächsten innerbetrieblichen Unterricht das Thema „Rechtsformen der Unternehmen" vorzubereiten.

Z   **37. AUFGABE**

Welche der folgenden Aussagen über die Rechtsform eines Unternehmens ist falsch?

1. Die Rechtsform regelt die Beziehungen zwischen Eigentümer und Betrieb.
2. Die gesetzlichen Regelungen für sämtliche deutschen Rechtsformen sind im Handelsgesetzbuch (HGB) zu finden.
3. Die Wahl der Rechtsform hat Auswirkung auf die Finanzierungsmöglichkeiten.
4. Die Rechtsform regelt die Beziehungen der Eigentümer untereinander.
5. Je nach Wahl der Rechtsform sind Haftungsfragen unterschiedlich geregelt.

Z   **38. AUFGABE**

Die Dialogfix GmbH ist ins Handelsregister eingetragen. Prüfen Sie, welche Feststellung in diesem Zusammenhang zutreffend ist.

1. Der Eintrag zur Dialogfix GmbH findet sich in Abteilung B.
2. Das Handelsregister wird bei der zuständigen Industrie- und Handelskammer (IHK) geführt.
3. Die Eintragung ins Handelsregister war für die Dialogfix GmbH freiwillig.
4. Eintragungen ins Handelsregister werden erst durch notarielle Beglaubigungen wirksam.
5. Handelsregistereintragungen können nur von Kaufleuten eingesehen werden.

Z   **39. AUFGABE**

Über welche gesetzmäßigen Organe kann die Dialogfix GmbH verfügen?

1. Geschäftsführer, Gesellschafterversammlung, Aufsichtsrat
2. Vorstand, Hauptversammlung, Aufsichtsrat
3. Komplementäre, Kommanditisten, Rat der Gesellschafter
4. Präsident, Generalversammlung, Genossenschaftsrat
5. Geschäftsführer, Vorstandsvorsitzende, Lenkungsausschuss

40. AUFGABE ☐ Z

Welche Information über die Dialogfix GmbH findet sich <u>nicht</u> im Handelsregister?

1. Namen der Gesellschafter
2. Stammkapital
3. Allgemeine Geschäftsbedingungen (AGB)
4. Vertretungsberechtigte Personen
5. Firmensitz

41. AUFGABE ☐ Z

Welcher der nachfolgenden Vorgänge bei der Dialogfix GmbH muss zwingend ins Handelsregister eingetragen werden?

1. Einrichtung einer neuen Stabsstelle „Öffentlichkeitsarbeit"
2. Innerbetriebliche Versetzung des Abteilungsleiters Hans Krause
3. Aufnahme eines neuen Gesellschafters
4. Wahl eines neuen Betriebsratsvorsitzenden
5. Änderungen in der Ablauforganisation

42. AUFGABE ☐ Z

In der Dialogfix GmbH gibt es Bestrebungen, den Firmennamen zu ändern. Prüfen Sie, welche Firmenbezeichnung für das Unternehmen auf jeden Fall <u>unzulässig</u> ist.

1. Braun, Kruse & Russ GmbH
2. Gesellschaft für Kundendialoge mbH
3. DAS Callcenter GmbH
4. Fixdialog, Callcenterunternehmung
5. Dialogfix Contactcenter GmbH

43. AUFGABE ☐ Z

Welche Aussage trifft auf die Rechtsform der Dialogfix GmbH zu?

1. Es handelt sich um eine Personengesellschaft mit beschränkter Haftung.
2. Der Betrag, mit dem sich ein Gesellschafter an der Gesellschaft beteiligt, heißt Stammeinlage.
3. Das Gesellschaftskapital einer GmbH beträgt mindestens 50 000,00 €.
4. Alle Gesellschafter haften ausschließlich mit ihrem Privatvermögen für die Verbindlichkeiten der Gesellschaft.
5. Die Stammeinlagen der einzelnen Gesellschafter müssen gleich groß sein.

44. AUFGABE ☐ Z

Welche Aussage über die Haftung der Gesellschafter der Dialogfix GmbH ist richtig?

1. Einzelne Gesellschafter können von der Haftung ausgenommen werden.
2. Jeder Gesellschafter haftet mit seinem Privatvermögen.

3. Nur die geschäftsführenden Gesellschafter haften für Verbindlichkeiten der GmbH.
4. Die Gesellschafterversammlung legt die Haftung der einzelnen Gesellschafter fest.
5. Die Gesellschafter haften nur mit ihrem Gesellschaftsvermögen.

Z   **45.** AUFGABE

Der Gesellschaftsvertrag der Stardialog GmbH sieht vor, die erwirtschafteten Gewinne der Gesellschaft im Verhältnis der Stammeinlagen zu verteilen. Die drei Gesellschafter Huber, Sacher und Maier sind mit 190 000,00 €, 400 000,00 € und 210 000,00 € am Unternehmen beteiligt. Im vergangenen Jahr erzielte die Stardialog GmbH einen Gewinn von 90 000,00 €. Berechnen Sie den Anteil des Gesellschafters Maier.

Z   **46.** AUFGABE

Prüfen Sie, wer die Dialogfix GmbH nach außen vertritt und im Innenverhältnis leitet.

1. Der Aufsichtsrat
2. Der Komplementär/Die Komplementäre
3. Die Gesellschafterversammlung
4. Der/Die Geschäftsführer
5. Der Kommanditist/Die Kommanditisten

Z   **47.** AUFGABE

Als Handelsunternehmen ist die Dialogfix GmbH verpflichtet, Mitgliedsbeiträge an die Industrie- und Handelskammer (IHK) zu entrichten. Bestimmen Sie die zentrale Aufgabe der Industrie- und Handelskammer.

1. Träger der gesetzlichen Unfallversicherung
2. Überwachung der Einhaltung von Arbeitsschutzbestimmungen
3. Interessenvertretung aller Wirtschaftszweige in Industrie und Handel
4. Abschluss von Tarifverträgen
5. Organisation der Zwischen- und Abschlussprüfungen im Handwerk

Z   **48.** AUFGABE

Die Dialogfix GmbH hat die NightRanger KG als Neukunden gewonnen. Welche Angabe über den Neukunden finden Sie im Handelsregister?

1. Die Anzahl der beschäftigten Mitarbeiter
2. Die Namen und Vornamen der Gesellschafter
3. Die Namen der Abteilungsleiter
4. Den Gewinn im abgelaufenen Geschäftsjahr
5. Die Bonität der Gesellschaft

49. AUFGABE ☐ Z

Zu den Vertragspartnern der Dialogfix GmbH zählen Unternehmen mit unterschiedlichen Rechtsformen. Prüfen Sie, welche der folgenden Aussagen die Rechte und Pflichten der Kommanditisten einer Kommanditgesellschaft <u>nicht</u> richtig beschreibt.

1. Kommanditisten haften unbeschränkt für alle bestehenden Verbindlichkeiten.
2. Kommanditisten sind von der Unternehmensführung ausgeschlossen.
3. Kommanditisten haben das Recht, den Jahresabschluss zu prüfen.
4. Kommanditisten werden am Verlust der Gesellschaft nur bis zur Höhe ihrer Kommanditanteile und etwaiger Rückstände beteiligt.
5. Kommanditisten haben bei gewöhnlichen Handlungen des persönlich haftenden Gesellschafters kein Widerspruchsrecht.

50. AUFGABE ☐ Z

Geben Sie an, wer nach dem HGB bei der KommunikativAktiv KG die Geschäftsführung und Vertretung hat, wenn im Gesellschaftsvertrag keine andere Vereinbarung getroffen wurde.

1. Die Komplementäre der KommunikativAktiv KG
2. Die Kommanditisten der KommunikativAktiv KG
3. Die Kommanditisten und Komplementäre der KommunikativAktiv KG gemeinsam
4. Die Gesellschafterversammlung
5. Der Vorstand

Situation zu den Aufgaben 51 bis 53:

Ein regelmäßiger Geschäftspartner der Dialogfix GmbH ist die MobilTelco GmbH. Gesellschafter sind: Waldemar Hart, Anna Klein und Kate Komuni. Anna Klein und Kate Komuni sind als Geschäftsführer bestellt und einzelvertretungsbefugt.

51. AUFGABE ☐ Z

Prüfen Sie, wer die MobilTelco GmbH in einer Rechtsstreitigkeit vor Gericht vertreten darf.

1. Herr Hart, Frau Klein und Frau Komuni müssen gemeinsam unter ihrem eigenen Namen klagen.
2. Frau Klein und Frau Komuni als Geschäftsführerinnen müssen gemeinsam als Vertreter der GmbH klagen.
3. Da die GmbH nicht rechtsfähig ist, müssen beide Geschäftsführerinnen gemeinsam unter ihrem eigenen Namen klagen.
4. Frau Klein oder Frau Komuni können als Geschäftsführerin allein als Vertreterin der GmbH klagen.
5. Da die MobilTelco GmbH nicht rechtsfähig ist, kann einer der drei Gesellschafter unter eigenem Namen klagen.

Z   **52. AUFGABE**

Wie hoch muss das Stammkapital der MobilTelco GmbH mindestens sein, sofern es sich nicht um eine sogenannte „Mini-GmbH" handelt?

Z   **53. AUFGABE**

Kate Komuni ist mit 30 %, Anna Klein mit 45 % und Waldemar Hart mit dem Rest an der GmbH beteiligt. Der Gewinn in diesem Jahr beträgt 350 000,00 €. Frau Klein und Frau Komuni erhalten laut Gesellschaftervertrag für die Geschäftsführung jeweils vorab 50 000,00 € aus dem erzielten Gewinn. Der Restgewinn wird entsprechend den Anteilen am Stammkapital auf die Gesellschafter verteilt. Wie viel Euro Gewinnanteil erhält Gesellschafter Waldemar Hart?

Z   **54. AUFGABE**

Welche der aufgeführten gesetzlichen Vorschriften trifft auf die KommunikativAktiv KG zu?

1. Das Mindestkapital beträgt 25 000,00 €.
2. Bei der Gewinnverteilung nach HGB hat jeder Gesellschafter Anspruch auf eine 4%ige Verzinsung seines Kapitalanteils. Der Restgewinn wird nach Köpfen verteilt.
3. Jeder Gesellschafter hat die Pflicht, die Geschäfte der Gesellschaft persönlich zu führen.
4. Die Kommanditisten haften lediglich in Höhe ihrer Kapitaleinlage.
5. Die Geschäftsführungsbefugnis wird von der Hauptversammlung festgelegt.

Z   **55. AUFGABE**

Prüfen Sie, wie die Haftung bei der KommunikativAktiv KG geregelt ist.

1. Das gesetzlich vorgeschriebene Haftungskapital beträgt 50 000,00 €.
2. Das gesetzlich vorgeschriebene Haftungskapital beträgt 100 000,00 €.
3. Die Haftung aller Gesellschafter beschränkt sich auf die geleistete Einlage.
4. Der Kommanditist haftet mit seinem Geschäfts- und Privatvermögen.
5. Der Komplementär haftet mit seinem Geschäfts- und Privatvermögen.

Z   **56. AUFGABE**

Stellen Sie fest, welches Recht der Kommanditistin Frau Seewald zusteht.

1. Mitbestimmung bei der Geschäftsführung
2. Vertretung des Unternehmens vor Gericht
3. Kauf von Grundstücken für die KG
4. Aufnahme weiterer Kommanditisten in das Unternehmen
5. Widerspruchsrecht bei außergewöhnlichen Handlungen der Komplementäre

57. AUFGABE   Z

Gesellschafter der KommunikativAktiv KG sind die Komplementäre Herrmann (15 000,00 € Einlage) und Groß (15 000,00 € Einlage) sowie die Kommanditistin Seewald (10 000,00 € Einlage). Die Verteilung des Gewinns in Höhe von 81 600,00 € erfolgt nach Gesellschaftsvertrag wie folgt: 4%ige Verzinsung des Kapitalanteils, Verteilung des Restgewinns im Verhältnis der Kapitalanteile. Ermitteln Sie den Gewinnanteil von Herrn Groß (in Euro).

Situation zu den Aufgaben 58 bis 65:

Im Rahmen Ihrer Ausbildung sind Sie derzeit Herrn Paulus, Leiter der Betriebsorganisation der Dialogfix GmbH, zugeordnet. Zunächst bittet Sie Herr Paulus, sich mit dem Organigramm der Dialogfix GmbH vertraut zu machen.

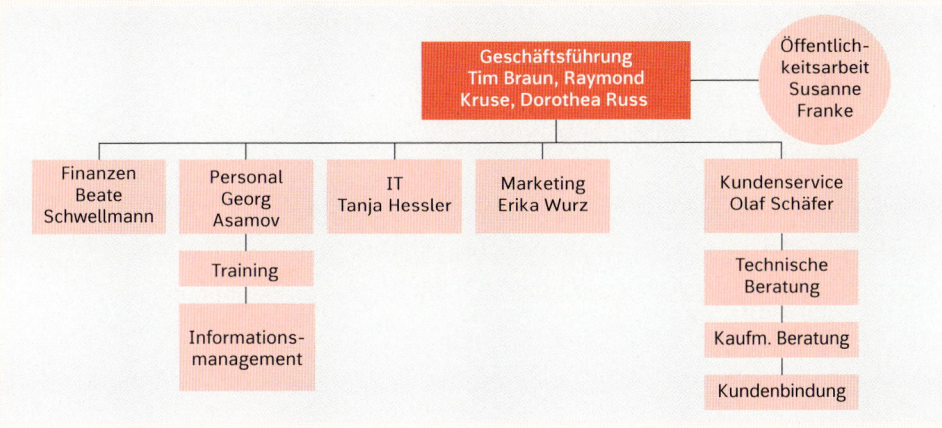

58. AUFGABE   Z

Welche Aussage können Sie anhand des Organigramms treffen?

1. Es handelt sich um eine Matrixorganisation.
2. Susanne Franke hat Weisungsbefugnis gegenüber dem Kundenservice.
3. Bei der Abteilung Marketing handelt es sich um eine Stabsstelle.
4. Olaf Schäfer ist gegenüber der Technischen Beratung weisungsbefugt.
5. Die Dialogfix GmbH nutzt hier eine Mehrlinienorganisation.

59. AUFGABE   Z

Prüfen Sie anhand des Organigramms, welche Aussage zu Susanne Franke zutreffend ist.

1. Frau Franke ist eine externe Mitarbeiterin.
2. Frau Franke ist Mitglied der Geschäftsführung.
3. Frau Franke leitet die Stabsstelle Öffentlichkeitsarbeit.
4. Frau Franke unterliegt als Stabsstelle nicht dem Betriebsverfassungsgesetz.
5. Frau Franke übt eine Matrixfunktion aus.

Z   **60.** AUFGABE

Stellen Sie fest, welche Hauptaufgabe bzw. Zuständigkeit Frau Franke innehat.

1. Eine generelle Weisungsbefugnis gegenüber der Geschäftsführung
2. Weisungsbefugnis gegenüber den Abteilungsleitern
3. Unterstützung und Beratung der Geschäftsführung
4. Übernahme sämtlicher Sekretariatsaufgaben für die Geschäftsführung
5. Kontrolle der Geschäftsführung

Z   **61.** AUFGABE

Welche Informationen können Sie aus dem vorliegenden Organigramm entnehmen?

1. Verteilung der betrieblichen Aufgaben auf die ausführenden Stellen
2. Darstellung der angebotenen Produkte
3. Reihenfolge von einzelnen Arbeitsvorgängen
4. Anforderungsprofil an die Stelleninhaber
5. Rentabilität der einzelnen Abteilungen

Z   **62.** AUFGABE

Bei Ihrer Arbeit mit verschiedenen Organigrammen stoßen Sie auf den Begriff „Stelle". Sie bitten Ihre Kollegin um eine Erläuterung. Welche Antwort ist richtig?

1. Die Gesamtheit aller Arbeitnehmer im Betrieb
2. Die Hard und Soft Skills eines Mitarbeiters
3. Die Arbeitsplatzbeschreibungen einer Abteilung
4. Die Abläufe an einem bestimmten Arbeitsplatz
5. Die kleinste Einheit der Aufbauorganisation

Z   **63.** AUFGABE

Welchen Vorteil hat die Dialogfix GmbH, wenn sie als Leitungssystem eine Einlinienorganisation umsetzt?

1. Wenige Hierarchiestufen
2. Rascher Informationsfluss
3. Klare Kompetenzabgrenzungen
4. Entlastung der Instanzen
5. Kurzer Dienstweg

Z   **64.** AUFGABE

Prüfen Sie, welche Information <u>nicht</u> in ein Organigramm gehört.

1. Die personelle Besetzung der Geschäftsführung
2. Die Verteilung betrieblicher Aufgaben auf Stellen und Abteilungen
3. Die Zuordnung von Stabsstellen
4. Die ideale Gestaltung von Arbeitsprozessen
5. Die internen Weisungsbefugnisse und die Unternehmenshierarchie

Lösungen zu Kapitel **18**

1. 2	33. 16.02.
2. 4	34. 2
3. 4	35. 1
4. 1, 2, 3, 4, 1	36. 5
5. 2, 4, 5, 1, 3	37. 2
6. 3	38. 1
7. 1	39. 1
8. 3	40. 3
9. 2	41. 3
10. 3	42. 4
11. 10.06.	43. 2
12. 5	44. 5
13. 3	45. 23 625,00 €
14. 1	46. 4
15. 5	47. 3
16. 3	48. 2
17. 3	49. 1
18. 3	50. 1
19. 3	51. 4
20. 4	52. 25 000,00 €
21. 2	53. 62 500,00 €
22. 3	54. 4
23. 1	55. 5
24. 5	56. 5
25. 1	57. 30 600,00 €
26. 4	58. 4
27. 4	59. 3
28. 3	60. 3
29. 3	61. 1
30. 2	62. 5
31. 1	63. 3
32. 14.02.	64. 4

19 Menschliche Arbeit im Betrieb

Hinweis: Dieses Kapitel enthält die Themen
- Arbeitsrecht (mit Ausbildung) (Aufgabe 1 bis 41),
- Arbeitsschutzbestimmungen (Aufgabe 42 bis 68),
- soziale Sicherung (Aufgabe 69 bis 95),
- Mitwirkung und Mitbestimmung (Aufgabe 96 bis 121).

Z **1.** AUFGABE

Die Berufsausbildung in Deutschland erfolgt überwiegend im dualen Ausbildungssystem. Wer sind die beiden Beteiligten an dieser Form der Ausbildung?

1. Ausbildungsbetrieb
2. Wirtschaftsministerium
3. Industrie- und Handelskammer
4. Agentur für Arbeit
5. Berufsschule
6. Berufsakademie

Z **2.** AUFGABE

Bei der Ausbildung von Servicefachkräften und Kaufleuten für Dialogmarketing muss die Dialogfix GmbH die Vorschriften des Berufsbildungsgesetzes beachten. Welche Regelung ergibt sich nicht aus diesem Gesetz?

1. Für den Berufsschulunterricht freistellen
2. Geeignete Ausbilder bestellen
3. Monatliche Feedbackgespräche führen
4. Die für die Ausbildung erforderlichen Kenntnisse vermitteln
5. Nur ausbildungsbezogene Tätigkeiten übertragen

Z **3.** AUFGABE

Die Dialogfix GmbH hat mit Samira Groll einen Berufsausbildungsvertrag zur Kauffrau für Dialogmarketing geschlossen. Mit welcher Formulierung zum Berufsausbildungsvertrag informieren Sie Samira zutreffend?

1. Dein Ausbildungsvertrag muss keine Mindestangaben enthalten.
2. Deine Probezeit muss mindestens 3 Monate, höchstens 6 Monate dauern.
3. Du bist verpflichtet, mindestens das 1. Ausbildungsjahr bei der Dialogfix GmbH zu bleiben.
4. Die Vereinbarungen zwischen dir und der Dialogfix GmbH werden wir schriftlich an deinem ersten Arbeitstag festhalten.
5. In deinem Ausbildungsvertrag vereinbaren wir die Dauer der regelmäßigen täglichen Ausbildungszeit.

4. AUFGABE ☐ Z

Samira möchte sich bereits zu Beginn der Ausbildung über die Prüfungsanforderungen zur Kauffrau für Dialogmarketing informieren. Wo kann sie diese Informationen finden?

1. Ausbildungsrahmenplan
2. Rahmenlehrplan
3. Ausbildungsplan
4. Ausbildungsordnung
5. Berufsbildungsgesetz

5. AUFGABE ☐ Z

In Samiras Ausbildungsvertrag finden sich auch Regelungen zur Probezeit. Stellen Sie fest, welche Aussage dazu richtig ist.

1. Während der Probezeit kann das Ausbildungsverhältnis jederzeit mit einer 4-wöchigen Frist gekündigt werden.
2. Samira kann das Ausbildungsverhältnis jederzeit fristlos kündigen, die Dialogfix GmbH hingegen nur aus einem wichtigen Grund.
3. Regelungen zur Probezeit können zwischen Samira Groll und der Dialogfix GmbH individuell verhandelt werden.
4. Die Probezeit beträgt mindestens 1 Monat.
5. Bei entsprechender Vorbildung von Samira kann die Dialogfix GmbH auf eine Probezeit verzichten.

6. AUFGABE ☐ Z

Die angehende Auszubildende Janine Weber ist 16 Jahre alt und fragt, wer ihren Berufsausbildungsvertrag unterschreiben muss. Welche zutreffende Antwort geben Sie ihr?

1. Der Ausbildende und Janine
2. Der Ausbildungsbeauftragte und Janine
3. Der Ausbildende, der Personalrat und die gesetzlichen Vertreter von Janine
4. Der Ausbildende, Janine und ihre gesetzlichen Vertreter
5. Der Ausbildende und die Erziehungsberechtigten von Janine

7. AUFGABE ☐ Z

Janine Weber legt ihren Bewerbungsunterlagen ein einfaches Zeugnis bei. Welche Angabe wird sich dort nicht finden?

1. Dauer der Ausbildung
2. Art der Ausbildung (Ausbildungsberuf)
3. Erworbene Kenntnisse und Fertigkeiten
4. Ziel der Berufsausbildung
5. Verhalten während der Ausbildung

Z **8. AUFGABE**

Was kann eine Ausbildungsordnung in einem bestimmten Beruf <u>nicht</u> beinhalten?

1. Ausbildungsdauer
2. Kündigungsfristen
3. Prüfungsanforderungen
4. Bezeichnung des Ausbildungsberufs
5. Ausbildungsrahmenplan

Z **9. AUFGABE**

Welcher der folgenden Punkte ist <u>nicht</u> im Berufsbildungsgesetz geregelt?

1. Regelung über Beginn und Ende des Berufsausbildungsverhältnisses
2. Pflichten des Auszubildenden
3. Berechtigung zum Einstellen und Ausbilden von Auszubildenden
4. Betrieblicher Ausbildungsplan
5. Rechte des Auszubildenden

Z **10. AUFGABE**

Welche Aussage über den Berufsausbildungsvertrag ist richtig?

1. Die Probezeit, die von beiden Seiten einzuhalten ist, beträgt mindestens 14 Tage.
2. Der Berufsausbildungsvertrag ist für alle Berufe bei der Industrie- und Handelskammer einzutragen.
3. Der Vertrag kann innerhalb der ersten 6 Monate von beiden Seiten ohne Begründung gekündigt werden.
4. Der Auszubildende kann den Vertrag nach der Probezeit mit einer 4-wöchigen Kündigungsfrist lösen, wenn er einen anderen Beruf erlernen möchte.
5. Bei jugendlichen Auszubildenden sind ausschließlich die gesetzlichen Vertreter für die Einhaltung der Vertragspflichten verantwortlich.

Z **11. AUFGABE**

Welche <u>zwei</u> Pflichten ergeben sich für die 16-jährige Auszubildende Janine aufgrund ihres Ausbildungsvertrages?

1. Sie muss unverzüglich alle Ausbildungsmittel wie zum Beispiel Headset und Softwarelizenzen einkaufen.
2. Sie muss sich bei der Industrie- und Handelskammer darum bemühen, in das Verzeichnis der Berufsausbildungsverhältnisse eingetragen zu werden.
3. Über Betriebs- und Geschäftsgeheimnisse darf Janine nicht sprechen.
4. Janine muss am Berufsschulunterricht und an betrieblichen Schulungsmaßnahmen teilnehmen.
5. Janine muss für sich eine Unfallversicherung abschließen.
6. Sie muss die ihr zustehenden Urlaubstage für Fortbildung und Prüfungsvorbereitung nutzen.

Situation zu den Aufgaben 12 bis 19:
Die KommunikativAktiv KG möchte auf einen gut ausgebildeten Personalstamm zurückgreifen können. Der Gesellschafter Reinhold Groß hat Sie mit der Einstellung neuer Auszubildender und deren Betreuung betraut.

12. AUFGABE ☐ Z

Sie haben sich während des Gesprächs mit Herrn Groß Notizen gemacht. Welcher Aufzählungspunkt lässt sich aus rechtlichen Gründen <u>nicht</u> umsetzen?

1. Einstellung von zwei Kaufleuten und einer Servicefachkraft (m/w) zum 01.07. dieses Jahres
2. Bei Erfüllung der Voraussetzungen ist eine Verkürzung der Ausbildung um 6 Monate möglich.
3. Bindung der Ausbildungsvergütung an den für die KommunikativAktiv KG geltenden Tarifvertrag durch Gleichstellungsabrede im Ausbildungsvertrag
4. Vereinbarung einer Probezeit von 5 Monaten
5. Vorauswahl der Bewerber durch ein Telefoninterview

13. AUFGABE ☐☐☐☐☐☐ Z

Auf eine Anzeige gehen mehrere Bewerbungen ein. Bringen Sie die folgenden Schritte bei der Bearbeitung dieser Bewerbungen in die richtige Reihenfolge und tragen Sie die Ziffern von links nach rechts in die Lösungskästchen ein.

1. Ausbildungsvertrag zusenden
2. Bewerbungsunterlagen sammeln
3. Auswahl der Bewerber im persönlichen Gespräch
4. Geeignete Bewerber zur persönlichen Vorstellung einladen
5. Gesammelte Bewerbungsunterlagen sichten und auswerten
6. Mit Erfolg versprechenden Bewerbern Telefoninterviews führen

14. AUFGABE ☐ Z

Die 18-jährige Auszubildende Kathrin Conrad möchte ihr Berufsausbildungsverhältnis kündigen. Sie will wissen, in welchem Gesetz sie nachschlagen muss. Welche Antwort müssen Sie ihr geben?

1. Im Arbeitszeitgesetz
2. Im Bürgerlichen Gesetzbuch
3. Im Betriebsverfassungsgesetz
4. Im Berufsbildungsgesetz
5. Im Jugendschutzgesetz

   15. AUFGABE

Einer der neuen Auszubildenden der KommunikativAktiv KG will die Abschlussprüfung vorzeitig ein halbes Jahr vor Beendigung der vertraglich vereinbarten Ausbildungszeit ablegen. Wer entscheidet über die Zulassung zur Abschlussprüfung laut Berufsbildungsgesetz (BBiG)?

1. Die zuständige Industrie- und Handelskammer (IHK)
2. Der Klassenlehrer der Berufsschule
3. Der Ausbildungsleiter
4. Die beiden Gesellschafter der KommunikativAktiv KG
5. Die Schulleitung der Berufsschule
6. Der Auszubildende selbst

   16. AUFGABE

Der Auszubildende Ricky Klopp überlegt nach einem Jahr, die Ausbildung abzubrechen, um ein Studium zu beginnen. Prüfen Sie die Rechtslage.

1. Ricky darf die Ausbildung jederzeit unterbrechen, auch wenn er nur in einen anderen Ausbildungsbetrieb wechseln möchte.
2. Ricky darf erst nach Beendigung der Ausbildung das Studium aufnehmen, da er durch seinen Vertrag gebunden ist.
3. Es kommt darauf an. Wenn die KommunikativAktiv KG der Kündigung zustimmt, steht dem Studium nichts entgegen.
4. Das ist nur dann möglich, wenn die zuständige Industrie- und Handelskammer der Aufhebung des Ausbildungsvertrages zustimmt.
5. Ricky kann kündigen, denn bei Berufswechsel oder Aufgabe der Berufsausbildung ist er dazu berechtigt.

   17. AUFGABE

Eine Auszubildende möchte wissen, wann das Berufsausbildungsverhältnis endet, wenn sie die Abschlussprüfung nicht besteht. Welche Antwort müssen Sie ihr geben?

1. Das Berufsausbildungsverhältnis verlängert sich auf ihr Verlangen bis zur nächsten Wiederholungsprüfung, höchstens jedoch um 1 Jahr.
2. Das Berufsausbildungsverhältnis endet mit Ablauf des Monats, in dem die Abschlussprüfung nicht bestanden wird.
3. Das Berufsausbildungsverhältnis endet mit Beginn des Monats, in dem die Abschlussprüfung nicht bestanden wird.
4. Das Berufsausbildungsverhältnis endet mit Feststellung des Nicht-Bestehens.
5. Das Berufsausbildungsverhältnis endet immer mit dem Ablauf der Ausbildungszeit.

   18. AUFGABE

Ricky Klopp hat seine Ausbildung wider Erwarten doch weitergeführt und unterzieht sich nun der Abschlussprüfung. Am 09.05. fand die schriftliche Abschlussprüfung statt. Die mündliche Prüfung als letzten Prüfungsteil besteht er am 16.06. und erhält darüber eine Bescheinigung. In seinem Ausbildungsvertrag steht, dass das Vertragsverhältnis zum 01.07. endet. Das Zeugnis der Berufsschule erhält er am 02.07. Am 15.07. werden im Rahmen einer großen Feier die Zeugnisse durch die IHK vergeben. Prüfen Sie, wann Rickys Ausbildungsverhältnis endet.

1. 09.05.

2. 16.06.

3. 01.07.

4. 02.07.

5. 15.07.

19. AUFGABE ☐ Z

Ricky Klopp verlangt nach Beendigung seiner Ausbildung ein einfaches Zeugnis. Stellen Sie fest, welche Formulierung <u>nicht</u> in dieses Zeugnis gehört.

1. „Herr Ricky Klopp, geboren am … in Berlin, …"

2. „… war vom … bis zum … Auszubildender in unserem Unternehmen."

3. „Herr Klopp war in folgenden Abteilungen eingesetzt: …"

4. „Herr Klopp erledigte die ihm übertragenen Aufgaben stets zu unserer vollen Zufriedenheit."

5. „Wir wünschen Herrn Klopp für seine berufliche und private Zukunft alles Gute."

Situation zu den Aufgaben 20 bis 21:

Jörg Raders begann am 01.05. dieses Jahres seine Ausbildung zum Kaufmann für Dialogmarketing bei der Dialogfix GmbH. Am 10.10. ertappt ihn der Geschäftsführer dabei, wie er die Kaffeemaschine des Pausenraums in sein Auto auf dem Firmenparkplatz einlädt. Eine vernünftige Erklärung bleibt Jörg schuldig. Am 10.11. wird er daraufhin vom Geschäftsführer fristlos gekündigt.

20. AUFGABE ☐ Z

Welche Aussage ist bezogen auf diese Kündigung richtig?

1. Die fristlose Kündigung ist rechtens, da es sich bei Diebstahl um einen wichtigen Grund handelt.

2. Die fristlose Kündigung ist nicht wirksam, da Jörg Raders ihr nicht zustimmen wird.

3. Die fristlose Kündigung ist unwirksam, weil die der Kündigung zugrunde liegenden Tatsachen dem Ausbildenden länger als 2 Wochen bekannt waren.

4. Die fristlose Kündigung ist unwirksam, da eine Kündigungsfrist von 4 Wochen eingehalten werden muss.

5. Diebstahl ist kein so wichtiger Grund, als dass er eine fristlose Kündigung rechtfertigen würde.

Z **21. AUFGABE**

Welchen Anspruch auf ein einfaches bzw. qualifiziertes Zeugnis hat Jörg Raders?

1. Er kann lediglich ein einfaches Zeugnis erhalten, da er weniger als ein Jahr beschäftigt war.
2. Ein qualifiziertes Zeugnis wird nur bei einvernehmlicher Aufhebung des Arbeitsvertrages ausgestellt.
3. Er hat weder Anspruch auf ein einfaches noch auf ein qualifiziertes Zeugnis, da er durch den Arbeitgeber gekündigt wurde.
4. Die Dialogfix GmbH muss ein qualifiziertes Zeugnis ausstellen, wenn Jörg es verlangt.
5. Als Auszubildender hat Jörg nur Anspruch auf ein einfaches Zeugnis.

Situation zu den Aufgaben 22 bis 36:
Während Ihrer Ausbildung werden Sie auch in der Personalabteilung eingesetzt und sollen die Sachbearbeiter unterstützen.

22. AUFGABE

Im Berufsschulunterricht hatten Sie immer Schwierigkeiten, Individual- und Kollektivarbeitsrecht zu unterscheiden. Sie bitten daher den Personalchef um ein zutreffendes Beispiel für das Individualarbeitsrecht. Welche Antwort werden Sie erhalten?

1. Regelungen zwischen der Dialogfix GmbH und dem Betriebsrat
2. Regelungen zwischen der Dialogfix GmbH und dem Arbeitnehmer Björn Henschel
3. Regelungen zwischen der Dialogfix GmbH und der Gewerkschaft verdi
4. Regelungen zwischen dem Betriebsrat der Dialogfix GmbH und der Gewerkschaft verdi
5. Regelungen innerhalb der Mitglieder des Betriebsrats der Dialogfix GmbH

Situation zu den Aufgaben 23 bis 26:
Derzeit sind einige Kündigungen zu bearbeiten. Ihnen liegt dabei folgender Gesetzesauszug aus dem BGB vor:

§ 622: Kündigungsfristen bei Arbeitsverhältnissen
(1) Das Arbeitsverhältnis eines Arbeiters oder eines Angestellten (Arbeitnehmers) kann mit einer Frist von vier Wochen zum Fünfzehnten oder zum Ende eines Kalendermonats gekündigt werden.

(2) Für eine Kündigung durce den Arbeitgeber beträgt die Kündigungsfrist, wenn das Arbeitsverhältnis in dem Betrieb oder Unternehmen

1. zwei Jahre bestanden hat, einen Monat zum Ende eines Kalendermonats,
2. fünf Jahre bestanden hat, zwei Monate zum Ende eines Kalendermonats,
3. acht Jahre bestanden hat, drei Monate zum Ende eines Kalendermonats,
4. zehn Jahre bestanden hat, vier Monate zum Ende eines Kalendermonats,
5. zwölf Jahre bestanden hat, fünf Monate zum Ende eines Kalendermonats,
6. 15 Jahre bestanden hat, sechs Monate zum Ende eines Kalendermonats […].

23. AUFGABE

Welche Aussage zu den Kündigungsfristen im BGB ist zutreffend?

1. Arbeitnehmer können grundsätzlich nur zum Ende eines Kalendermonats kündigen.
2. Die einzuhaltenden Kündigungsfristen für Arbeitnehmer und Arbeitgeber sind gleich.
3. Arbeitnehmer müssen immer eine Kündigungsfrist von 1 Monat beachten.
4. Eine Kündigung zum 15. eines Monats kann zulässig sein.
5. Besteht das Arbeitsverhältnis länger als 15 Jahre, hat der Arbeitnehmer eine Kündigungsfrist von 6 Monaten zu beachten.

24. AUFGABE

Dem 34-jährigen Agent Timo Jungmann (Betriebszugehörigkeit 8 Jahre) wird am 05.09. eine verhaltensbedingte Kündigung ausgesprochen, alle rechtlich notwendigen Schritte wurden beachtet. Stellen Sie fest, wann die Kündigung frühestens wirksam werden kann.

1. 31.09.
2. 15.10.
3. 31.10.

4. 31.12.
5. 31.01. des Folgejahres

25. AUFGABE

Aus dringenden betrieblichen Gründen müssen weitere Kündigungen ausgesprochen werden. Prüfen Sie, welches Arbeitsverhältnis am schnellsten durch Kündigung beendet werden kann.

1. Sebastian Lux, 26 Jahre alt, Agent, 4 Jahre Betriebszugehörigkeit, Ausbilder
2. Isabel Marx, 33 Jahre alt, Sekretärin, 1 Jahr Betriebszugehörigkeit, im 4. Monat schwanger
3. Lisa Buchenfeld, 19 Jahre alt, Auszubildende Kauffrau für Dialogmarketing, 2. Ausbildungsjahr
4. Hajo Hilbert, 24 Jahre alt, Lagerarbeiter, 3 Jahre Betriebszugehörigkeit, Mitglied im Betriebsrat
5. Sandra Messinger, 42 Jahre alt, Büroassistentin, 5 Jahre Betriebszugehörigkeit

26. AUFGABE

Die 28-jährige Sandra Theis arbeitet seit 7 Jahren bei der Dialogfix GmbH. Sie möchte nun ein BWL-Studium beginnen und ihr Arbeitsverhältnis zum 30.09. beenden. Prüfen Sie, bis zu welchem Termin Sandra Theis die Kündigung spätestens einreichen muss.

1. 31.08.

2. 01.09.

3. 02.09.

4. 03.09.

5. 15.09.

27. AUFGABE

Die Dialogfix GmbH plant, neben dem monatlichen Festgehalt einen erfolgsabhängigen Prämienlohn einzuführen, der sich an den erzielten Verkaufsabschlüssen orientiert. Prüfen Sie, welcher Effekt bei der Einführung dieses Gehaltsmodells nicht eintreten wird.

1. Die Arbeitnehmer können aktiv die Höhe ihres Gehalts beeinflussen.

2. Die Motivation, zusätzliche Verkäufe zu erzielen, steigt an.

3. Das Konkurrenzdenken verstärkt sich.

4. Die Abschlussorientierung der Mitarbeiter wächst.

5. Die Kollegialität im Team nimmt zu.

> **Situation zu den Aufgaben 28 bis 36:**
> Während Ihrer Tätigkeit in der Personalabteilung kommen Sie auch mit verschiedenen Tarifverträgen in Kontakt. Da Sie bislang wenig Ahnung von diesem Thema haben, befragen Sie erst einmal Ihre Kollegin Rebecca Schwarz, die bereits seit Langem in der Personalabteilung arbeitet.

28. AUFGABE

Welche zutreffende Auskunft über Tarifverträge wird Ihnen Frau Schwarz geben?

1. Beim Abschluss von Tarifverträgen gilt die gesetzliche Formfreiheit.

2. Um rechtswirksam zu werden, bedürfen Tarifverträge der Genehmigung des Bundesministers für Arbeit und Soziales.

3. Tarifvertragspartei können auch einzelne Arbeitgeber sein.

4. Die maximale Laufzeit von Tarifverträgen beträgt 4 Jahre.

5. Tarifverträge müssen durch eine Betriebsvereinbarung für den jeweiligen Betrieb bestätigt werden.

29. AUFGABE

In diesem Zusammenhang fällt auch der Begriff „Tarifautonomie". Was ist darunter zu verstehen?

1. Die Abgeordneten des Deutschen Bundestages beschließen in freier Abstimmung ohne Fraktionszwang Tarifverträge.

2. Die Tarifvertragsparteien handeln ohne staatliche Einflussnahme Tarifverträge aus.

3. Jeder Arbeitgeber kann unabhängig entscheiden, ob der Tarifvertrag in Kraft treten soll.

4. Mittels Betriebsvereinbarungen kann jederzeit von gültigen Tarifverträgen abgewichen werden.

5. Der Arbeitgeber trifft mit jedem Arbeitnehmer eine individuelle Vereinbarung über die monatliche Vergütung.

30. AUFGABE

In der Personalabteilung werden verschiedene Arten von Tarifverträgen aufbewahrt. Welche Information können Sie im Manteltarifvertrag finden?

1. Urlaubsdauer
2. Höhe des monatlichen Grundgehalts
3. Zuordnung einzelner Tätigkeiten in Tarifgruppen
4. Betriebliche Regelungen zur Gleitzeit
5. Höhe der Ausbildungsvergütung

31. AUFGABE

Für die Dialogfix GmbH gilt ein Tarifvertrag. Welche <u>zwei</u> der folgenden Institutionen haben als Tarifvertragsparteien diesen Tarifvertrag ausgehandelt?

1. Betriebsrat
2. Gewerkschaft
3. Innenminister
4. Wirtschaftsminister
5. Arbeitgeberverband
6. Industrie- und Handelskammer

32. AUFGABE

Was versteht man unter der Friedenspflicht im Tarifvertragsrecht?

1. Die Arbeitgeber sind dazu angehalten, auf die Forderungen der Gewerkschaften einzugehen, um die Arbeitnehmer am wirtschaftlichen Wohlstand zu beteiligen.

2. Bei Arbeitskampfmaßnahmen verpflichten sich beide Seiten, auf Gewalt und die wirtschaftliche Schädigung der gegnerischen Seite zu verzichten.

3. Während der Laufzeit eines Tarifvertrages dürfen keine Arbeitskampfmaßnahmen gegen die bestehenden Vereinbarungen durchgeführt werden.

4. Beide Seiten sind dazu verpflichtet, bei Scheitern der Verhandlungen eine Schlichtung durchzuführen und deren Ergebnis anzunehmen.

5. Die Gewerkschaft muss mit ihren Arbeitskampfmaßnahmen warten, bis ihre Mitglieder sich in einer Urabstimmung dazu bereit erklärt haben.

33. AUFGABE

Rebecca Schwarz erwähnt, dass die Dialogfix GmbH demnächst den Abschluss eines Haustarifvertrags anstrebt. Stellen Sie fest, wer den Haustarifvertrag aushandeln wird.

1. Der Arbeitgeberverband und der Betriebsrat der Dialogfix GmbH
2. Die Geschäftsleitung der Dialogfix GmbH und der Bundeswirtschaftsminister
3. Die Geschäftsleitung der Dialogfix GmbH als Arbeitgeber und die zuständige Gewerkschaft
4. Die Geschäftsleitung (als Arbeitgeber) und der Betriebsrat der Dialogfix GmbH
5. Die zuständige Berufsgenossenschaft und die zuständige Gewerkschaft

34. AUFGABE

Bringen Sie die folgenden Schritte des Verlaufs einer Tarifverhandlung in die richtige Reihenfolge, indem Sie die Ziffern 1 bis 5 von links nach rechts in die Kästchen eintragen.

1. Gewerkschaft und Arbeitgeberverband verhandeln in der Tarifkommission ohne Erfolg.
2. Schlichtung wird einberufen
3. Streik
4. Der Schlichtungsversuch gilt als gescheitert.
5. Urabstimmung stimmt mit über 75 % für Streik.

35. AUFGABE

Welche Aussage zur Schlichtung in Tarifverhandlungen ist richtig?

1. Das Schlichtungsverfahren führt nur dann zum Erfolg, wenn beide Seiten mit dem erarbeiteten Vorschlag einverstanden sind.
2. Ein Richter des Arbeitsgerichts macht einen Vorschlag, der von beiden Seiten akzeptiert werden muss.
3. Ein Schlichtungsverfahren ist in jedem Arbeitskampf zwingend vorgeschrieben.
4. Das Ergebnis des Schlichtungsverfahrens wird nur dann Vertragsgegenstand, wenn die Gewerkschaft ihre Mitglieder in einer Urabstimmung darüber abstimmen lässt.
5. Bevor die Beteiligten am Schlichtungsverfahren teilnehmen dürfen, müssen sie eine Gewaltverzichtserklärung abgeben oder an einem Anti-Aggressions-Workshop teilnehmen.

36. AUFGABE

Während der „heißen Phase" des Arbeitskampfes kann es zu Streik und Aussperrung kommen. In welcher Aussage werden die Folgen richtig beschrieben?

1. Von der Aussperrung werden nur Gewerkschaftsmitglieder betroffen.
2. Die Aussperrung verursacht einen volkswirtschaftlichen Schaden, da die Arbeitgeber von der Bundesagentur für Arbeit Ausgleichszahlungen erhalten.
3. Wenn durch Streik oder Aussperrung ein großer volkswirtschaftlicher Schaden droht, kann der Wirtschaftsminister die Kampfmaßnahmen durch eine einstweilige Verordnung unterbinden.

4. Der Streik führt dazu, dass davon betroffene Arbeitgeber wirtschaftlich geschädigt werden.
5. Der Arbeitgeberverband muss Ausgleichszahlungen an die von Aussperrung betroffenen Arbeitnehmer aus der Streikkasse leisten.

37. AUFGABE

Auch Sie als Mitarbeiter der Dialogfix GmbH sind von einer Aussperrung während des Arbeitskampfes persönlich betroffen. Welche Aussage beschreibt Ihre Situation?

1. Für den Zeitraum des Arbeitskampfes wurden Sie ordentlich gekündigt, Sie dürfen danach aber weiterarbeiten.
2. Sie helfen den Mitstreikenden, das Callcenter zu besetzen, und verweigern der Geschäftsleitung den Zutritt.
3. Sie haben zusammen mit weiteren Mitarbeitern der Dialogfix GmbH die Arbeit niedergelegt, um Druck auf die Geschäftsleitung auszuüben.
4. Es wird Ihnen während der Aussperrung nicht erlaubt zu arbeiten, auch der Lohn wird Ihnen verweigert.
5. Da Sie sich gewerkschaftlich betätigen, wurden Sie außerordentlich gekündigt, erhalten aber eine Abfindungszahlung.

Situation zu den Aufgaben 38 bis 41:
Der Lohn- und Gehaltstarifvertrag ist ausgelaufen. Die Dialogfix GmbH ist Mitglied im Arbeitgeberverband und an den Tarifverhandlungen mit der zuständigen Gewerkschaft beteiligt. In der laufenden Tarifauseinandersetzung wurde vereinbart, alle Löhne um einen Festbetrag von monatlich 75,00 € zu erhöhen. Die KommunikativAktiv KG ist kein Mitglied des Arbeitgeberverbandes, verfolgt die Verhandlungen aber mit Interesse.

38. AUFGABE

Für wen gilt in diesem Fall der getroffene Tarifabschluss?

1. Für alle Beschäftigten der Branche
2. Für die Beschäftigten der KommunikativAktiv KG, die der Gewerkschaft angehören, die verhandelt hat
3. Für alle Beschäftigten der Mitgliedsunternehmen des Arbeitgeberverbandes, sofern sie der Gewerkschaft angehören, die verhandelt hat
4. Für alle Beschäftigten der Mitgliedsunternehmen des Arbeitgeberverbandes, sofern deren Betriebsräte dem Verhandlungsergebnis zustimmen
5. Für alle Gewerkschaftsmitglieder, deren Gewerkschaft verhandelt hat

39. AUFGABE ☐

Dem Ergebnis der Tarifverhandlungen ging ein Streik der zuständigen Gewerkschaft voraus. Unter welcher Bedingung war dieser Streik rechtmäßig?

1. Es lag eine Erlaubnis des zuständigen Landesarbeitsministers vor.
2. Der bislang gültige Tarifvertrag erlaubte den Streik.
3. In einer Urabstimmung stimmten 25 % der Gewerkschaftsmitglieder für den Streik.
4. In einer Urabstimmung stimmten 75 % der Gewerkschaftsmitglieder für den Streik.
5. Der Streik war die Reaktion auf eine Aussperrung durch die Arbeitgeberseite.

40. AUFGABE ☐

In allen Einzelarbeitsverträgen der Dialogfix GmbH findet sich eine Gleichstellungsabrede. Prüfen Sie, welche Wirkung dadurch eintritt.

1. Die Beschäftigten der Dialogfix GmbH haben sich bei Vertragsschluss bereit erklärt mitzustreiken, wenn die Gewerkschaftsmitglieder auch streiken.
2. Die gewerkschaftlich gebundenen Arbeitnehmer erklären dadurch, dass sie sich während eines Arbeitskampfes neutral verhalten.
3. Das Ergebnis der Tarifverhandlungen kommt stets auch den nicht gewerkschaftlich gebundenen Arbeitnehmern des Unternehmens zugute.
4. Die Arbeitnehmer erklären dadurch, dass sie auf die ihnen zustehenden Rechte aus dem AGG verzichten.
5. Der Arbeitgeber signalisiert dadurch, dass eine unterschiedliche Entlohnung in Abhängigkeit von der Gewerkschaftsmitgliedschaft erfolgen kann.

41. AUFGABE ☐

Aus Gewerkschaftskreisen ist zu hören, dass es Bestrebungen gibt, eine Allgemeinverbindlichkeitserklärung zu erwirken. Welche Aussage dazu ist richtig?

1. Die Tarifpartner können den Tarifvertrag auf Antrag des Bundesministers für Arbeit und Soziales für allgemeinverbindlich erklären lassen.
2. Die Allgemeinverbindlichkeitserklärung führt dazu, dass die KommunikativAktiv KG dem Teil der Beschäftigten, die der Gewerkschaft angehören, die verhandelt hat, die Lohnerhöhung gewähren muss.
3. Der Bundespräsident kann anordnen, dass der Tarifvertrag für allgemeinverbindlich erklärt wird.
4. Der vereinbarte Tarifvertrag gilt dann für alle Arbeitnehmer der betroffenen Branche.
5. Die Arbeitgeber, auch die KommunikativAktiv KG, müssen der Allgemeinverbindlichkeitserklärung zustimmen.

42. AUFGABE

Callcenter-Agent Björn Schlachter hat sich auf eine innerbetriebliche Stellenausschreibung als Teamleiter beworben. Er verlangt in diesem Zusammenhang Einsicht in seine Personalakte. Prüfen Sie anhand des nachstehenden Auszugs aus dem Betriebsverfassungsgesetz die Rechtslage.

> AUSZUG AUS DEM BETRIEBSVERFASSUNGSGESETZ
> **§ 83 Einsicht in die Personalakten**
> (1) Der Arbeitnehmer hat das Recht, in die über ihn geführten Personalakten Einsicht zu nehmen. Er kann hierzu ein Mitglied des Betriebsrats hinzuziehen. Das Mitglied des Betriebsrats hat über den Inhalt der Personalakte Stillschweigen zu bewahren, soweit es vom Arbeitnehmer im Einzelfall nicht von dieser Verpflichtung entbunden wird.
> (2) Erklärungen des Arbeitnehmers zum Inhalt der Personalakte sind dieser auf sein Verlangen beizufügen.

1. Herr Schlachter darf nur in Anwesenheit des Betriebsrates Einsicht in seine Personalakte nehmen.
2. Herr Schlachter hat als Arbeitnehmer generell kein Recht, Einsicht in seine Personalakte zu nehmen.
3. Die KommunikativAktiv KG muss dem Betriebsrat den Inhalt der Personalakte mitteilen, den dieser wiederum an Herrn Schlachter weitergeben kann.
4. Nur der Betriebsrat hat das Recht, Einsicht in die Personalakten der Mitarbeiter zu nehmen.
5. Herr Schlachter hat das Recht, Einsicht in seine Personalakte zu nehmen, er kann ein Mitglied des Betriebsrates hinzuziehen, wenn er dies möchte.

43. AUFGABE

Ein Callcenter-Agent in einem Outbound-Callcenter erhält an seinem Arbeitsplatz Einblick in die Vermögensverhältnisse seines Vereinskameraden. Dabei stellt er fest, dass dieser hoch verschuldet ist. Am Abend erzählt er dies in seinem Bekanntenkreis. Der so Bloßgestellte erfährt dies und beschwert sich beim Callcenter. Eine Woche nach der Beschwerde wird der Agent nach Anhörung des Betriebsrates schriftlich und fristlos gekündigt. Stellen Sie fest, ob diese Kündigung rechtens ist.

1. Ja, weil gegen die Schweigepflicht verstoßen wurde und alle rechtlichen Voraussetzungen beachtet wurden.
2. Ja, weil ein Angestelltenverhältnis jederzeit fristlos gekündigt werden kann.
3. Nein, weil die Verletzung der Schweigepflicht lediglich eine zivilrechtliche Angelegenheit ist und sich nicht auf das Arbeitsverhältnis auswirken kann.
4. Nein, weil die Zustimmung des Betriebsrates nicht vorliegt.
5. Nein, weil die Kündigung nicht fristgerecht erfolgte.

Z **44.** AUFGABE

Bei ihrer Personaleinsatzplanung muss die Dialogfix GmbH u. a. das Arbeitszeitgesetz (ArbZG) beachten. Welche der nachfolgenden Regelungen findet sich <u>nicht</u> in diesem Gesetz?

1. Besondere Bedingungen für Arbeit an Sonn- und Feiertagen
2. Mindesturlaub von 24 Werktagen
3. Ruhepausen zählen nicht zur Arbeitszeit.
4. Mindestens 11 Stunden Pause nach Beendigung der Arbeit
5. Besondere Schutzrechte für Arbeitnehmer, die nachts arbeiten

Z **45.** AUFGABE

Welcher Aussage zum Arbeitszeitgesetz (ArbZG) müssen Sie zustimmen?

1. Ziel des ArbZG ist es, Arbeitnehmer unter 18 Jahren zu schützen, indem es besondere Vorgaben für diese Altersgruppe enthält.
2. Das ArbZG schützt durch seine Regelungen Feiertage sowie Samstage und Sonntage als Tage der Arbeitsruhe.
3. Das ArbZG schützt die Arbeitgeber vor zu hohen Kosten, da von den Regelungen nicht zugunsten der Arbeitnehmer abgewichen werden darf.
4. Das ArbZG sichert für die Arbeitgeber einen durchlaufenden Betrieb, da die ununterbrochene Ruhezeit auf regulär 11 Stunden und mindestens 10 Stunden (in Sonderfällen, mit Ausgleich) beschränkt ist.
5. Das ArbZG macht die Arbeitseinteilung für den Arbeitgeber insofern einfach, da die Pausen der Arbeitnehmer mindestens 15 Minuten dauern müssen und ihr Zeitpunkt im Voraus festgelegt wird.

Situation zu den Aufgaben 46 bis 54:

Andrea (19 Jahre) und Tim (16 Jahre) haben ihre Ausbildung bei der Dialogfix GmbH begonnen. Max (17 Jahre) hat seine Ausbildung zur Servicefachkraft bereits abgeschlossen. Die drei diskutieren im Pausenraum über das Jugendarbeitsschutzgesetz (JArbSchG). Folgender Auszug liegt Ihnen vor:

AUSZUG AUS DEM JUGENDARBEITSSCHUTZGESETZ
§ 1 Geltungsbereich
(1) Dieses Gesetz gilt [...] für die Beschäftigung von Personen, die noch nicht 18 Jahre alt sind,
1. in der Berufsausbildung,
2. als Arbeitnehmer oder Heimarbeiter,
[...]

§ 4 Arbeitszeit
(1) Tägliche Arbeitszeit ist die Zeit vom Beginn bis zum Ende der täglichen Beschäftigung ohne die Ruhepausen (§ 11).

(2) Schichtzeit ist die tägliche Arbeitszeit unter Hinzurechnung der Ruhepausen (§ 11).
[...]
(4) Für die Berechnung der wöchentlichen Arbeitszeit ist als Woche die Zeit von Montag bis einschließlich Sonntag zugrunde zu legen. Die Arbeitszeit, die an einem Werktag infolge eines gesetzlichen Feiertags ausfällt, wird auf die wöchentliche Arbeitszeit angerechnet.
[...]

§ 8 Dauer der Arbeitszeit

(1) Jugendliche dürfen nicht mehr als acht Stunden täglich und nicht mehr als 40 Stunden wöchentlich beschäftigt werden. [...]
(2a) Wenn an einzelnen Werktagen die Arbeitszeit auf weniger als acht Stunden verkürzt ist, können Jugendliche an den übrigen Werktagen derselben Woche achteinhalb Stunden beschäftigt werden.
[...]

§ 11 Ruhepausen, Aufenthaltsräume

(1) Jugendlichen müssen im Voraus feststehende Ruhepausen von angemessener Dauer gewährt werden. Die Ruhepausen müssen mindestens betragen 1. 30 Minuten bei einer Arbeitszeit von mehr als viereinhalb bis zu sechs Stunden,
2. 60 Minuten bei einer Arbeitszeit von mehr als sechs Stunden.
Als Ruhepause gilt nur eine Arbeitsunterbrechung von mindestens 15 Minuten.
(2) Die Ruhepausen müssen in angemessener zeitlicher Lage gewährt werden, frühestens eine Stunde nach Beginn und spätestens eine Stunde vor Ende der Arbeitszeit. Länger als viereinhalb Stunden hintereinander dürfen Jugendliche nicht ohne Ruhepause beschäftigt werden.
[...]

§ 12 Schichtzeit

Bei der Beschäftigung Jugendlicher darf die Schichtzeit (§ 4 Abs. 2) 10 Stunden, im Bergbau unter Tage 8 Stunden, im Gaststättengewerbe, in der Landwirtschaft, in der Tierhaltung, auf Bau- und Montagestellen 11 Stunden nicht überschreiten.

§ 13 Tägliche Freizeit

Nach Beendigung der täglichen Arbeitszeit dürfen Jugendliche nicht vor Ablauf einer ununterbrochenen Freizeit von mindestens 12 Stunden beschäftigt werden.

§ 19 Urlaub

(1) Der Arbeitgeber hat Jugendlichen für jedes Kalenderjahr einen bezahlten Erholungsurlaub zu gewähren.
(2) Der Urlaub beträgt jährlich
1. mindestens 30 Werktage, wenn der Jugendliche zu Beginn des Kalenderjahrs noch nicht 16 Jahre alt ist,
2. mindestens 27 Werktage, wenn der Jugendliche zu Beginn des Kalenderjahrs noch nicht 17 Jahre alt ist,
3. mindestens 25 Werktage, wenn der Jugendliche zu Beginn des Kalenderjahrs noch nicht 18 Jahre alt ist.
[...]

Z   **46.** AUFGABE

Prüfen Sie, für wen die Regelungen des JArbSchG gelten.

1. Nur für Max
2. Nur für Tim
3. Nur für Andrea
4. Für Andrea und Tim
5. Für Tim und Max
6. Für Andrea, Tim und Max

Z   **47.** AUFGABE

Tim interessiert sich für die Anrechnung der Berufsschulzeiten auf die Arbeitszeit. Welche Auskunft müssen Sie ihm geben?

1. Berufsschultage werden immer exakt mit der stattgefundenen Unterrichtszeit (ohne Pausen) angerechnet.
2. Berufsschultage werden grundsätzlich mit 6 Stunden angerechnet.
3. Jede Unterrichtsstunde in der Schule wird mit einer Zeitstunde angerechnet.
4. Der erste Berufsschultag wird mit 8 Stunden, der zweite mit der Unterrichtszeit inklusive Pausen angerechnet.
5. Der erste Berufsschultag wird mit 8 Stunden, der zweite mit 6 Stunden angerechnet, sofern der Unterricht vor 9 Uhr beginnt.

Z   **48.** AUFGABE

Tim arbeitet ausnahmsweise montags von 8 Uhr bis 17 Uhr. Von 13 bis 14 Uhr hat er Pause. Kontrollieren Sie, ob die Regelungen des JArbSchG eingehalten wurden.

1. Die Regelungen des JArbSchG wurden eingehalten.
2. Die Schichtzeit für Tim ist zu lang bemessen.
3. Die Pause von Tim ist nach JArbSchG zu kurz.
4. Die Pause von Tim ist zu spät.
5. Die wöchentliche Arbeitszeit liegt über 40 Stunden.

Z   **49.** AUFGABE

Am Montag, Dienstag, Mittwoch und Freitag arbeiten Tim und Max von 9 Uhr bis 18 Uhr, am Donnerstag von 11 Uhr bis 20 Uhr. Sie haben Pausen von insgesamt 1 Stunde an jedem Arbeitstag. Zu welchem Schluss müssen Sie kommen?

1. Nicht erlaubt, da jugendliche Mitarbeiter nach 18 Uhr grundsätzlich nicht mehr beschäftigt werden dürfen.
2. Erlaubt, wenn die Eltern zustimmen.
3. Erlaubt, weil dadurch die tägliche Arbeitszeit von 8 Stunden und die wöchentliche Arbeitszeit von 40 Stunden nicht überschritten wird.
4. Erlaubt, weil das Gesetz nicht auf Tim und Max anwendbar ist, da sie sich in der Ausbildung befinden.
5. Nicht erlaubt, da die zulässige Schichtzeit überschritten wird.

50. AUFGABE ☐ Z

Max hat dienstags 2 Stunden früher frei bekommen. Er arbeitet deswegen freitags von 8 bis 18:30 Uhr. Er hat Pause von 11 bis 12 und von 15 bis 16 Uhr. Kontrollieren Sie, ob die Regelungen des JArbSchG eingehalten wurden.

1. Max überschreitet die maximal erlaubte tägliche Arbeitszeit.
2. Die Pausen von Max übersteigen insgesamt die maximal erlaubte Pausendauer.
3. Die Regelungen des JArbSchG wurden eingehalten.
4. Die maximal erlaubte Schichtzeit wurde überschritten.
5. Die letzte Pause ist von ihrer zeitlichen Lage her unzulässig.

51. AUFGABE ☐ Z

Der Mittwoch war infolge eines Feiertags arbeitsfrei. Welche Möglichkeit hat der Ausbilder gemäß JArbSchG, um die ausgefallene Arbeitszeit wieder auszugleichen?

1. Er kann die ausgefallene Arbeitszeit über 5 Wochen hinweg verteilen.
2. Er kann die vorgeschriebenen Pausen verkürzen.
3. Die Arbeitszeit ist für das Unternehmen unwiederbringlich verloren.
4. Er kann Max und Tim in dieser Woche 8,5 Stunden täglich arbeiten lassen.
5. Er kann die bei Max und Tim angefallene Schichtzeit schrittweise abbauen.

52. AUFGABE ☐ Z

Für manche Auszubildende der Dialogfix GmbH gilt das Jugendarbeitsschutzgesetz. Prüfen Sie, welche der vorgeschlagenen Arbeitszeiten den Bestimmungen des JArbSchG entspricht.

1. Beginn 8 Uhr, Ende 19 Uhr, 1 Stunde Mittagspause
2. Beginn 6 Uhr, Ende 15 Uhr, 1 Stunde Mittagspause
3. Beginn 7 Uhr, Ende 16 Uhr, 30 Minuten Mittagspause
4. Beginn 8 Uhr, Ende 13 Uhr, keine Pause
5. Beginn 9 Uhr, Ende 14 Uhr, 15 Minuten Pause

53. AUFGABE ☐ Z

Aufgrund eines besonderen Marketing-Events haben die jugendlichen Auszubildenden ausnahmsweise bis 20 Uhr gearbeitet. Wann dürfen sie gemäß dem JArbSchG am nächsten Tag frühestens ihre Arbeit beginnen?

1. 07:00 Uhr
2. 07:30 Uhr
3. 08:00 Uhr
4. 09:00 Uhr
5. 09:30 Uhr

Z   **54.** AUFGABE

Auf wie viele Urlaubstage hat Tim gemäß JArbSchG im aktuellen Jahr rechtlich einen Anspruch?

1. 25 Werktage

2. 26 Werktage

3. 27 Werktage

4. 29 Werktage

5. 30 Werktage

Situation zu den Aufgaben 55 bis 56:

Sie arbeiten nun schon seit einiger Zeit in der Personalabteilung der Dialogfix GmbH. Heute, am 05.08.2014, liegen Ihnen auszugsweise folgende Unterlagen vor:

Kevin Tietz, 16	Neu, 6-wöchiger Ferienjob Organisation der Ablage Beginn 05.08.2014	Keine Unterlagen
Manuela Lustig, 17	Ausbildungsbeginn 01.08.2013	Bescheinigung Erstuntersuchung vom 15.07.2013, vorgelegt 01.08.2013 Bescheinigung Nachuntersuchung vom 16.03.2014, vorgelegt 05.08.2014
Maximiliane Werber, 16	Ausbildungsbeginn 01.10.2013	Bescheinigung Erstuntersuchung vom 05.12.2012

VIERTER TITEL GESUNDHEITLICHE BETREUUNG

§ 32 Erstuntersuchung

(1) Ein Jugendlicher, der in das Berufsleben eintritt, darf nur beschäftigt werden, wenn
1. er innerhalb der letzten vierzehn Monate von einem Arzt untersucht worden ist (Erstuntersuchung) und
2. dem Arbeitgeber eine von diesem Arzt ausgestellte Bescheinigung vorliegt.
(2) Absatz l gilt nicht für eine nur geringfügige oder eine nicht länger als zwei Monate dauernde Beschäftigung mit leichten Arbeiten, von denen keine gesundheitlichen Nachteile für den Jugendlichen zu befürchten sind.

§ 33 Erste Nachuntersuchung

(1) Ein Jahr nach Aufnahme der ersten Beschäftigung hat sich der Arbeitgeber die Bescheinigung eines Arztes darüber vorlegen zu lassen, dass der Jugendliche nachuntersucht worden ist (erste Nachuntersuchung). Die Nachuntersuchung darf nicht länger als drei Monate zurückliegen. Der Arbeitgeber soll den Jugendlichen neun Monate nach Aufnahme der ersten Beschäftigung nachdrücklich auf den Zeitpunkt, bis zu dem der Jugendliche ihm die ärztliche Bescheinigung nach Satz l vorzulegen hat, hinweisen und ihn auffordern, die Nachuntersuchung bis dahin durchführen zu lassen.

(2) Legt der Jugendliche die Bescheinigung nicht nach Ablauf eines Jahres vor, hat ihn der Arbeitgeber innerhalb eines Monats unter Hinweis auf das Beschäftigungsverbot nach Absatz 3 schriftlich aufzufordern, ihm die Bescheinigung vorzulegen. Je eine Durchschrift des Aufforderungsschreibens hat der Arbeitgeber dem Personensorgeberechtigten und dem Betriebs- oder Personalrat zuzusenden.

(3) Der Jugendliche darf nach Ablauf von 14 Monaten nach Aufnahme der ersten Beschäftigung nicht weiterbeschäftigt werden, solange er die Bescheinigung nicht vorgelegt hat.

§ 34 Weitere Nachuntersuchungen

Nach Ablauf jedes weiteren Jahres nach der ersten Nachuntersuchung kann sich der Jugendliche erneut nachuntersuchen lassen (weitere Nachuntersuchungen). Der Arbeitgeber soll ihn auf diese Möglichkeit rechtzeitig hinweisen und darauf hinwirken, dass der Jugendliche ihm die Bescheinigung über die weitere Nachuntersuchung vorlegt.

55. AUFGABE □ □   Z

Welche zwei Maßnahmen müssen Sie heute treffen?

1. Kevin zur Einreichung der Bescheinigung über die Erstuntersuchung auffordern
2. Von Manuela eine Bescheinigung über die Nachuntersuchung neueren Datums anfordern
3. Maximiliane zur Vorlage einer Bescheinigung über die Erstuntersuchung neueren Datums auffordern
4. Maximiliane muss, sofern nicht bereits geschehen, zur Vorlage der Bescheinigung über die Nachuntersuchung bis zum 01.10.2013 aufgefordert werden.
5. Maximiliane mit Hinweis auf das bevorstehende Beschäftigungsverbot zur Vorlage der Bescheinigung auffordern
6. Manuela die Beschäftigung mit Hinweis auf § 33 Abs. 3 untersagen

56. AUFGABE □   Z

Da Maximiliane regelmäßig Volleyball spielt und sich gesund fühlt, fragt sie bei Ihnen nach, ob eine Nachuntersuchung wirklich erforderlich sei. Welche Auskunft entspricht der gesetzlichen Regelung?

1. 1 Jahr nach Ausbildungsbeginn muss Maximiliane dem Arbeitgeber eine Bescheinigung über die Nachuntersuchung vorlegen.
2. Maximiliane muss vom Arbeitgeber spätestens 15 Monate nach Beginn der Ausbildung auf die Nachuntersuchung hingewiesen werden.
3. Wenn Maximiliane die Untersuchungsbescheinigung nicht 16 Monate nach Beginn der Ausbildung vorlegt, darf sie nicht weiterbeschäftigt werden.
4. Da der Arzt bei der Einstellung keine Bedenken hinsichtlich ihrer gesundheitlichen Eignung hatte, ist die Nachuntersuchung freiwillig.
5. Eine Nachuntersuchung zu Beginn des 2. Ausbildungsjahres ist nur für Auszubildende, die älter als 25 Jahre sind, vorgeschrieben.

Z **57.** AUFGABE

In den letzten Wochen kam es häufig zu kleinen Zwischenfällen in der Dialogfix GmbH. Einmal verletzte sich ein Agent an einer Tischverkleidung, ein anderes Mal stolperte ein Auszubildender über ein unsachgemäß verlegtes Netzwerkkabel. Der Betriebsrat führte daraufhin ein klärendes Gespräch mit der Geschäftführung und sucht nun fachkundige Unterstützung. Stellen Sie fest, welche **zwei** der folgenden Institutionen den Betriebsrat bei der Überwachung der Arbeitsschutzbestimmungen beraten können.

1. Industrie- und Handelskammer
2. Agentur für Arbeit
3. Gewerbeaufsichtsamt
4. Berufsgenossenschaft
5. Ärztekammer
6. Private Krankenkasse

Z **58.** AUFGABE

Neben den Vorschriften zur Vorbeugung von Unfällen am Arbeitsplatz legt der Gesetzgeber grundsätzliche Anforderungen an Arbeits-, Sanitär- und Pausenräume fest. Welche der folgenden Bestimmungen kommt hierfür in Betracht?

1. Arbeitsschutzgesetz (ArbSchG)
2. Unfallverhütungsvorschriften der Berufsgenossenschaften
3. Handelsgesetzbuch (HGB)
4. Arbeitsstättenrichtlinien (ASR)
5. Sozialgesetzbuch (SGB)

Situation zu den Aufgaben 59 bis 61:
Sie tragen als Teamleiter in der KommunikativAktiv KG die Verantwortung für den ordnungsgemäßen Einsatz Ihrer Teammitglieder. Ihnen liegen einige Auszüge aus dem Arbeitszeitgesetz (ArbZG) vor.

§ 2 Begriffsbestimmungen
(1) Arbeitszeit im Sinne dieses Gesetzes ist die Zeit vom Beginn bis zum Ende der Arbeit ohne die Ruhepausen [...]

§ 3 Arbeitszeit der Arbeitnehmer
Die werktägliche Arbeitszeit der Arbeitnehmer darf acht Stunden nicht überschreiten. Sie kann auf bis zu zehn Stunden nur verlängert werden, wenn innerhalb von sechs Kalendermonaten oder innerhalb von 24 Wochen im Durchschnitt acht Stunden werktäglich nicht überschritten werden.

§ 4 Ruhepausen
Die Arbeit ist durch im Voraus feststehende Ruhepausen von mindestens 30 Minuten bei einer Arbeitszeit von mehr als sechs bis zu neun Stunden und 45 Minuten bei einer Arbeitszeit von mehr als neun Stunden insgesamt zu unterbrechen. Die Ruhepausen nach Satz 1 können in Zeitabschnitte von jeweils mindestens 15 Minuten aufgeteilt werden.

§ 5 Ruhezeit
(1) Die Arbeitnehmer müssen nach Beendigung der täglichen Arbeitszeit eine ununterbrochene Ruhezeit von mindestens elf Stunden haben. [...]

59. AUFGABE ☐ Z

Pia Schäfer arbeitet ab 7:30 Uhr. Ihre Arbeitszeit beträgt heute 8,5 Stunden. Sie macht zweimal 15 Minuten Pause am Stück. Wann hat sie planmäßig Feierabend?

1. 15:00 Uhr
2. 15:30 Uhr
3. 16:00 Uhr
4. 16:30 Uhr
5. 16:45 Uhr

60. AUFGABE ☐ Z

Auf Ihrem Tisch liegen mehrere Krankmeldungen. Michael Lanzer, der inklusive der vorgeschriebenen Pausen von 11:00 bis 20:15 Uhr arbeitet, bietet an, länger zu bleiben. Sie wollen gesetzeskonform handeln. Welche Lösung ist zulässig?

1. Das geht nicht, da die maximale Arbeitszeit sonst überschritten wird.
2. Bei einer Pausenzeit von 30 Minuten darf er bis 20:30 Uhr weiterarbeiten. Sie müssen den Ausgleich zum Erreichen der durchschnittlichen werktäglichen Arbeitszeit dann entsprechend anpassen.
3. Bei Anpassung des Ausgleiches an anderen Tagen darf Herr Mahr höchstens bis 22:15 Uhr arbeiten, wenn die Pausenzeiten auf insgesamt 60 Minuten verlängert werden.
4. Sie dürfen dem Angebot von Herrn Lanzer nicht zustimmen, da die Arbeitszeit im Voraus feststehen muss.
5. Wenn der Ausgleich zum Erreichen der durchschnittlichen werktäglichen Arbeitszeit gewährleistet ist und Herrn Lanzer insgesamt 45 Minuten Pause eingeräumt werden, kann er bis 22:00 Uhr arbeiten.

61. AUFGABE ☐ Z

Gustav Mahr soll gemäß der vorläufigen Arbeitseinteilung wie folgt arbeiten:
- Montag bis Donnerstag von 12:30 bis 21:00 Uhr, Pause 17:00 bis 17:30 Uhr
- Freitag 7:00 bis 15:30 Uhr, Pause 9:45 bis 10:15 Uhr
- Samstag 7:00 bis 12:30 Uhr, keine Pause

Kontrollieren Sie, ob diese vorläufige Planung den Regelungen des ArbZG entspricht.

1. Alle gesetzlichen Vorschriften werden eingehalten.
2. Samstag ist generell ein Tag der Arbeitsruhe, Herr Mahr müsste dafür an einem Werktag der Woche einen Ausgleichstag erhalten.
3. Es liegt ein grober Verstoß gegen das ArbZG vor, da Herr Mahr am Samstag ohne Pause beschäftigt wird.
4. Die Planung ist nicht zulässig, da Herr Mahr gemäß Gesetzestext am Freitag nicht bereits um 7 Uhr beginnen kann.
5. Die Planung ist nicht zulässig, da Herr Mahr am Freitag wegen der frühen Pause zu lange am Stück arbeiten muss, bevor er Feierabend machen kann.

Situation zu den Aufgaben 62 bis 64:
Callcenter-Agent Lucy Kessler ist im 3. Monat schwanger und hat in dieser Situation einige Fragen.

Z   **62.** AUFGABE

Lucy Kessler erkundigt sich in der Personalabteilung, inwiefern sich die Schwangerschaft auf ihre Tätigkeit auswirkt. Welche Antwort muss sie erhalten?

1. Die tägliche Arbeitszeit darf maximal 6 Stunden betragen.
2. Bildschirmarbeit ist aus gesundheitlichen Gründen untersagt.
3. Nachtschichten ab 20 Uhr sind nicht mehr erlaubt.
4. Frühestmöglicher Schichtbeginn ist um 9 Uhr.
5. Es gibt einen Zusatzurlaub von 5 Tagen.

Z   **63.** AUFGABE

Eine weitere Frage von Lucy Kessler betrifft den Kündigungsschutz im Rahmen des Mutterschutzgesetzes. Welche Aussage ist hier zutreffend?

1. Der Kündigungsschutz beginnt 3 Monate vor der errechneten Entbindung.
2. Der Kündigungsschutz gilt während der gesamten Schwangerschaft bis zur tatsächlichen Entbindung.
3. Der Kündigungsschutz gilt während der gesamten Schwangerschaft und bis 4 Monate nach der Entbindung.
4. Der Kündigungsschutz beträgt 1 Jahr ab Bekanntgabe der Schwangerschaft.
5. Kündigungsschutz besteht nur, wenn Frau Kessler gleichzeitig Elternzeit beantragt.

Z   **64.** AUFGABE

Da Lucy Kessler viel Freude an ihrer Arbeit hat, möchte sie wegen der Entbindung nur möglichst kurz pausieren. Wie ist die Rechtslage in diesem Fall?

1. Die Entscheidung, wie lange Frau Kessler vor der Entbindung arbeiten will, liegt bei ihr, allerdings muss der Betriebsrat der Entscheidung zustimmen.
2. 4 Wochen vor der Entbindung tritt ein generelles Beschäftigungsverbot in Kraft.
3. Auch in den letzten 6 Wochen vor der Entbindung darf Frau Kessler auf ihren ausdrücklichen Wunsch hin arbeiten.
4. Wenn Frau Kessler dazu in der Lage ist, darf sie ab 2 Wochen nach der Entbindung wieder arbeiten.
5. Nach der Entbindung besteht ein 3-monatiges Beschäftigungsverbot.

Situation zu den Aufgaben 65 bis 66:
Natalie Dürer hat kürzlich bei der Dialogfix GmbH als kaufmännische Sachbearbeiterin begonnen. In der Kantine unterhalten Sie sich mit der neuen Kollegin über die Urlaubspläne.

65. AUFGABE ☐ Z
Die neue Kollegin ist etwas verunsichert: In ihrem Arbeitsvertrag steht eine andere Zahl an Urlaubstagen als im Bundesurlaubsgesetz. Wie können Sie ihr das erklären?

1. Das Bundesurlaubsgesetz legt lediglich Mindestbedingungen fest, die im Arbeitsvertrag aber überschritten werden können.
2. Da ein Gesetz höher steht als ein Arbeitsvertrag, gilt die gesetzliche Regelung.
3. Bei solchen Abweichungen muss die Einigungsstelle eine abschließende Beurteilung treffen.
4. Da Vertragsfreiheit herrscht, gilt auf jeden Fall die Vereinbarung im Arbeitsvertrag.
5. Während der Probezeit gilt die gesetzliche Regelung, danach der Arbeitsvertrag.

66. AUFGABE ☐ Z
Zu Beginn des 3-wöchigen Urlaubs in Ägypten hat sich Natalie Dürer eine Fischvergiftung zugezogen und war 1 Woche mit ärztlichem Attest arbeitsunfähig geschrieben. Prüfen Sie die Rechtslage.

1. Da der Urlaub außerhalb der Europäischen Union stattfand, gelten keine besonderen Schutzvorschriften.
2. Sie muss in diesem Fall den Betriebsrat einschalten und eine Einigung suchen.
3. Die hälftige Zeit der Arbeitsunfähigkeit (2,5 Tage) wird nicht auf den Urlaub angerechnet.
4. Die Zeit der nachgewiesenen Arbeitsunfähigkeit wird nicht auf den Urlaub angerechnet.
5. Da durch die Erkrankung der ganze Urlaub beeinträchtigt wurde, erhält Natalie Dürer weitere 3 Wochen Urlaub.

67. AUFGABE ☐ Z
Die Dialogfix GmbH beschäftigt mehrere Schwerbehinderte. Welche Besonderheiten muss das Unternehmen bei diesen Arbeitsverhältnissen beachten?

1. Es besteht ein besonderer Kündigungsschutz.
2. Auf das Grundgehalt wird ein Schwerbehindertenzuschlag von 20 % gezahlt.
3. Die Arbeitszeit darf maximal die Hälfte der üblichen Wochenarbeitszeit betragen.
4. Mindestens 4 Pausen pro Tag sind zu gewähren.
5. Bildschirmarbeit ist untersagt.

68. AUFGABE ☐
Gemäß dem Kündigungsschutzgesetz (KSchG) ist eine Kündigung unwirksam, wenn sie sozial ungerechtfertigt ist. Prüfen Sie mithilfe des nachstehenden Gesetzesauszugs, welcher der angeführten Kündigungsgründe demnach unwirksam ist.

AUSZUG AUS DEM KÜNDIGUNGSSCHUTZGESETZ
§ 1 Sozial ungerechtfertigte Kündigungen
(1) Die Kündigung des Arbeitsverhältnisses gegenüber einem Arbeitnehmer, dessen Arbeitsverhältnis in demselben Betrieb oder Unternehmen ohne Unterbrechung länger als sechs Monate bestanden hat, ist rechtsunwirksam, wenn sie sozial ungerechtfertigt ist.
(2) Sozial ungerechtfertigt ist die Kündigung, wenn sie nicht durch Gründe, die in der Person oder in dem Verhalten des Arbeitnehmers liegen, oder durch dringende betriebliche Erfordernisse, die einer Weiterbeschäftigung des Arbeitnehmers in diesem Betrieb entgegenstehen, bedingt ist. [...]

1. Die Aufträge sind um 20 % eingebrochen.
2. Ständige Verspätung
3. Die vorgegebene Verkaufsquote wurde mehrfach nicht erreicht.
4. Dauerhafte Erkrankung seit 12 Monaten
5. Mehrfach alkoholisiert am Arbeitsplatz erschienen

Situation zu den Aufgaben 69 bis 85:
Derzeit arbeiten Sie in der Personalabteilung der KommunikativAktiv KG. Volker, Bernd und Renate sind die neuen Auszubildenden. Ihre Aufgabe ist heute, den Azubis das System der Sozialversicherung zu erklären und auf ihre Fragen zu antworten.

Z **69.** AUFGABE
Sie möchten den neuen Auszubildenden die Grundprinzipien der gesetzlichen Sozialversicherung erläutern. Mit welcher Aussage können Sie dies tun?

1. Die Leistungen der Sozialversicherungen können individuell vereinbart werden.
2. Die Beitragshöhe richtet sich nach den persönlichen Risiken der Versicherten.
3. Es handelt sich um Pflichtversicherungen, für die ein gesetzlicher Zwang besteht.
4. Die Finanzierung wird zu 75 % von den Arbeitgebern getragen.
5. Die Beiträge zur Sozialversicherung bemessen sich nach dem Nettogehalt.

Z **70.** AUFGABE
Die Auszubildenden erkundigen sich nach den Trägern der gesetzlichen Sozialversicherung. In welcher Zeile findet sich eine passende Zuordnung?

1. Rentenversicherung – Barmer Ersatzkasse
2. Krankenversicherung – Pflegekasse der AOK
3. Pflegeversicherung – Verwaltungsberufsgenossenschaft
4. Arbeitslosenversicherung – Bundesagentur für Arbeit
5. Unfallversicherung – Deutsche Rentenversicherung Bund

71. AUFGABE ▢▢ Z

Insbesondere Bernd interessiert sich für die gesetzliche Rentenversicherung und konfrontiert Sie mit einigen Behauptungen. Welche zwei Aussagen sind aber nur zutreffend?

1. Die spätere Rentenzahlung ist von den eingezahlten Beiträgen unabhängig.
2. Beiträge werden maximal bis zur Höhe der Versicherungspflichtgrenze erhoben.
3. Als Besonderheit in der Sozialversicherung gilt hier das Äquivalenzprinzip.
4. Die Beiträge sind an die Inflationsrate gekoppelt.
5. Monatlich überweist der Arbeitnehmer seine Beiträge an den Rentenversicherungsträger.
6. Die Mitgliedschaft besteht bereits mit Beginn der Ausbildung.

72. AUFGABE ▢ Z

Mit welcher Aussage beschreiben Sie den neuen Auszubildenden eine Besonderheit der gesetzlichen Unfallversicherung zutreffend?

1. Die Beiträge werden ausschließlich vom Arbeitgeber aufgebracht.
2. Die Beiträge werden maximal bis zur Höhe der Beitragsbemessungsgrenze erhoben.
3. Die Höhe der Beiträge wird per Gesetz festgelegt.
4. Die Beitragssätze sind für alle Arbeitnehmer gleich.
5. Statt der gesetzlichen kann alternativ auch eine private Unfallversicherung abgeschlossen werden.

73. AUFGABE Z

An Beispielen machen Sie den drei Auszubildenden deutlich, dass viele Risiken bereits durch die gesetzlichen Sozialversicherungen abgedeckt sind. Ordnen Sie die nachfolgenden fünf Leistungen den entsprechenden Zweigen der Sozialversicherung zu.

▢ Krankenversicherung

▢ Rentenversicherung

▢ Arbeitslosenversicherung

▢ Pflegeversicherung

▢ Unfallversicherung

1. Berufsberatung
2. Gewährung eines Zuschusses für Kosten der Heimunterbringung
3. Zahlung von Mutterschaftsgeld
4. Zahlung von Altersruhegeld
5. Zahlung von Verletztengeld

74. AUFGABE ▢

Die gesetzliche Sozialversicherung trägt nur einen Teil des Sozialstaates in Deutschland. Welche Leistung wird nicht von der gesetzlichen Sozialversicherung aufgebracht?

1. Arbeitsvermittlung
2. Arbeitslosengeld I
3. Arbeitslosengeld II
4. Kurzarbeitergeld
5. Leistungen bei Berufskrankheiten

75. AUFGABE

Geben Sie an, in welchem Sozialversicherungszweig kinderlose Arbeitnehmer ab dem vollendeten 23. Lebensjahr einen höheren Beitrag entrichten müssen als Arbeitnehmer mit Kindern.

1. Rentenversicherung
2. Krankenversicherung
3. Gesetzliche Unfallversicherung
4. Arbeitslosenversicherung
5. Pflegeversicherung

76. AUFGABE

Ordnen Sie der jeweiligen Versicherung das zugrunde liegende Vorsorgeprinzip zu.

☐ Gesetzliche Krankenversicherung

☐ Arbeitslosenversicherung

☐ Pflegezusatzversicherung

☐ Berufsunfähigkeitsversicherung

☐ Haftpflichtversicherung

☐ Gesetzliche Unfallversicherung

1. Individuelle Vorsorge
2. Staatlich geregelte Vorsorge

77. AUFGABE

Stellen Sie fest, welche Auswirkung eine Erhöhung der gesetzlichen Rentenversicherungsbeiträge auf die Personalkosten der Dialogfix GmbH hat.

1. Die Erhöhung hat keine Auswirkung, da nur die Arbeitnehmer Beiträge entrichten.
2. Die Personalkosten erhöhen sich um den zusätzlich erhobenen Beitrag, da der Arbeitgeber die Beiträge zur Rentenversicherung alleine trägt.
3. Die Personalkosten erhöhen sich, da Arbeitgeber und Arbeitnehmer die Hälfte der Beiträge zur Rentenversicherung tragen.
4. Wenn sich die Beiträge zur Rentenversicherung erhöhen, sinkt der ausgezahlte Lohn. Daher hat die Änderung keine Auswirkung.
5. Wenn sich die Beiträge zur Rentenversicherung erhöhen, wird die Beitragsbemessungsgrenze automatisch vermindert, damit die Gesamtbelastung gleich bleibt.

78. AUFGABE

Volker möchte die Krankenkasse wechseln. Renate behauptet, dass er bei seiner Krankenkasse pflichtversichert sei und somit kein Wechsel in eine andere Kasse möglich wäre. Hat sie recht?

1. Ja, denn alle Sozialversicherungen sind Pflichtversicherungen.
2. Nein, denn sowohl Kranken- als auch Rentenversicherung sind frei wählbar.

3. Ja, denn der Arbeitgeber bestimmt die Wahl der Krankenkasse, da er die Hälfte des Beitrages bezahlen muss.
4. Nein, denn nach Absprache mit dem Arbeitgeber ist ein Wechsel möglich.
5. Nein, denn die Krankenkasse ist vom Arbeitnehmer frei wählbar.

79. AUFGABE   ☐   Z

Ein Zweig der Sozialversicherung ist die gesetzliche Rentenversicherung. Welche der folgenden Leistungen wird <u>nicht</u> von der Rentenversicherung gewährt?

1. Berufsunfähigkeitsrente
2. Hinterbliebenenrente
3. Umschulungsmaßnahmen
4. Rente nach Renteneintritt
5. Entgeltfortzahlung im Krankheitsfall

80. AUFGABE   ☐   Z

Nennen Sie die Versicherung, die <u>nicht</u> zur gesetzlichen Sozialversicherung gehört.

1. Rentenversicherung
2. Arbeitslosenversicherung
3. Haftpflichtversicherung
4. Pflegeversicherung
5. Krankenversicherung

81. AUFGABE   ☐

Als ein Problem wird in der Diskussion auch der sogenannte. „Generationenvertrag" thematisiert. Welches Prinzip ist damit gemeint?

1. Ältere Arbeitnehmer können früher in Rente gehen, Jüngere rücken nach.
2. Die Renten werden durch die Beiträge der arbeitenden Bevölkerung finanziert.
3. Die ältere Generation gibt ihr Wissen an die Auszubildenden weiter.
4. Die Höhe der Rente wird zu Beginn des Berufslebens garantiert.
5. Die eingezahlten Rentenbeiträge eines Arbeitnehmers werden im Laufe des Berufslebens festverzinslich angespart.

82. AUFGABE   ☐

Bernd ist auf dem Nachhauseweg von der KommunikativAktiv KG. Da er etwas verspannt ist, joggt er eine Runde in einem nahe gelegenen Wald und rutscht dort aus. Prüfen Sie, welcher Leistungsträger für die Übernahme der Kosten zuständig ist.

1. Die Pflegekasse
2. Das Gesundheitsamt
3. Die Deutsche Rentenversicherung Bund
4. Die zuständige Berufsgenossenschaft als Träger der Unfallversicherung
5. Die gesetzliche Krankenkasse von Bernd

Z **83. AUFGABE** ☐☐

Der Bildschirm an Volkers Arbeitsplatz funktioniert nicht. Beim Testen der Spannungs-versorgung erhält Volker einen Stromschlag und fällt mehrere Tage aus. Nennen Sie die zwei Gründe dafür, dass die KommunikativAktiv KG den Arbeitsunfall anzeigen muss.

1. Die IHK will über Unfälle informiert werden.
2. Arbeitsunfälle können später zu Rentenzahlungen führen.
3. Das Erfassen von Arbeits- und Wegeunfällen ist wichtig für die Statistik des zuständigen Ministeriums.
4. Arbeitsunfälle können später zu Erwerbs- bzw. Berufsunfähigkeit führen.
5. Volker hat gegenüber der KommunikativAktiv KG Anspruch auf Schmerzensgeld.
6. Der zuständige Stromversorger muss einen evtl. Spannungsabfall überprüfen.

Z **84. AUFGABE** ☐

Welcher der folgenden Institutionen müssen Sie Volkers Unfall unverzüglich melden?

1. Krankenkasse
2. Bundesnetzagentur
3. Berufsgenossenschaft
4. Industrie- und Handelskammer (IHK)
5. Technischer Überwachungsverein (TÜV)

Z **85. AUFGABE** ☐

Der 19-jährige Max wurde nach 3-jähriger erfolgreich bestandener Ausbildung nicht in ein Arbeitsverhältnis übernommen. Max hat sich persönlich und fristgerecht arbeitslos gemeldet. Prüfen Sie, ob Max einen Anspruch auf ArbeitslosengeldI besitzt.

1. Er hat Anspruch auf Arbeitslosengeld I, da er das 18. Lebensjahr vollendet hat.
2. Er hat Anspruch auf Arbeitslosengeld I, weil er während der Ausbildungszeit ausreichend lange Beiträge zur Arbeitslosenversicherung geleistet hat.
3. Er hat erst nach Ablauf der Sperrfrist von 3 Monaten Anspruch auf Arbeitslo-sengeld I.
4. Er hat keinen Anspruch auf Arbeitslosengeld I, weil er als Auszubildender keine Beiträge zur Arbeitslosenversicherung geleistet hat.
5. Er hat keinen Anspruch auf Arbeitslosengeld I, weil er noch keine 5 Jahre Beiträge zur Arbeitslosenversicherung geleistet hat.

> *Situation zu den Aufgaben 86 bis 90:*
> In der Dialogfix GmbH betreuen Sie als Personalreferent die Personalangelegen-heiten aller Mitarbeiter und beantworten auch deren Fragen.

86. AUFGABE ☐ Z

Die Auszubildende Julia Lauer ist mit den Leistungen ihrer gesetzlichen Krankenversicherung unzufrieden und möchte sich gerne privat versichern. Mit diesem Anliegen wendet sie sich an Sie. Welche Antwort müssen Sie ihr geben?

1. Ein Austritt aus der gesetzlichen Krankenversicherung ist generell unmöglich
2. Dies ist möglich, muss allerdings vom Arbeitgeber genehmigt werden.
3. Eine private Krankenversicherung ist erst nach einer mindestens 5-jährigen Pflichtmitgliedschaft in der gesetzlichen Krankenversicherung möglich.
4. Solange das Einkommen geringer ist als die Beitragsbemessungsgrenze, besteht eine Versicherungspflicht in der gesetzlichen Krankenversicherung.
5. Nur wenn das Einkommen die Versicherungspflichtgrenze überschreitet, kann statt der gesetzlichen eine private Krankenversicherung gewählt werden.

87. AUFGABE ☐ Z

Julias Vater verstarb an einem Herzinfarkt, als sie 2 Jahre alt war. Welcher Sozialversicherungszweig leistete für die Familie die Hinterbliebenenversorgung?

1. Gesetzliche Rentenversicherung
2. Gesetzliche Krankenversicherung
3. Gesetzliche Pflegeversicherung
4. Gesetzliche Arbeitslosenversicherung
5. Gesetzliche Unfallversicherung

88. AUFGABE ☐☐ Z

Julia Lauer prüft ihre monatliche Gehaltsabrechnung, die mit einer neuen Personalverwaltungssoftware erstellt wurde. In welchen zwei Zeilen muss sie einen Fehler feststellen?

1. Krankenversicherung (Arbeitnehmeranteil):	49,77 €
2. Pflegeversicherung (Arbeitnehmeranteil):	6,14 €
3. Arbeitslosenversicherung (Arbeitnehmeranteil):	8,82 €
4. Berufshaftpflichtversicherung (Arbeitnehmeranteil):	5,27 €
5. Rentenversicherung (Arbeitnehmeranteil):	62,69 €
6. Unfallversicherung (Arbeitnehmeranteil):	4,23 €

89. AUFGABE ☐ Z

Gelegentlich fährt Julia Lauer mit ihrem neuen Motorroller zu ihrem Ausbildungsbetrieb. Im Spätherbst rutscht sie mit dem Roller auf nasser Fahrbahn aus und bricht sich den Arm. Prüfen Sie, wer für die Kosten der notwendigen ärztlichen Behandlung aufkommt.

1. Die private Unfallversicherung von Julia Lauer
2. Die Verkehrshaftpflichtversicherung der Dialogfix GmbH

3. Da die Dialogfix GmbH bei solchen gefährlichen Verkehrsmitteln nicht haftet, bleibt Julia Lauer auf den Kosten sitzen.
4. Die zuständige Berufsgenossenschaft (Verwaltungsberufsgenossenschaft)
5. Die gesetzliche Krankenversicherung von Julia Lauer (IKK)

Z   **90.** AUFGABE

Melanie Diedrich ist seit einiger Zeit als Servicefachkraft für Dialogmarketing bei der Dialogfix GmbH beschäftigt. Früher arbeitete sie als Goldschmiedin. Nachdem sie bei winterlichen Straßenverhältnissen auf dem Weg zur Arbeit einen schweren Unfall erlitt, konnte sie jedoch ihren ursprünglichen Beruf nicht mehr ausüben. Welcher Zweig der Sozialversicherung war für die Finanzierung der notwendigen Umschulung zuständig?

1. Rentenversicherung
2. Unfallversicherung
3. Arbeitslosenversicherung
4. Pflegeversicherung
5. Krankenversicherung

> **Situation zu den Aufgaben 91 bis 95:**
>
> Sie unterstützen die Personalabteilung der Dialogfix GmbH bei der Berechnung der Sozialversicherungsbeiträge. Für die gesetzliche Krankenversicherung gilt eine Beitragssatz von 15,7 % (einschließlich 1,1% Eigenbeitrag Arbeitnehmer), wobei die Versicherungspflichtgrenze bei 4 950,00 € und die Beitragsbemessungsgrenze bei 4 425,00 € im Monat liegen. Für die gesetzliche Pflegeversicherung gelten ein Beitragssatz von 2,55 % und ggf. ein Kinderlosenzuschlag von 0,25 %. Der Beitragssatz für die gesetzliche Rentenversicherung liegt bei 18,6 %, der Beitragssatz der gesetzlichen Arbeitslosenversicherung bei 3,0 %.

91. AUFGABE

Michaela Weinmann ist 36 Jahre alt, verheiratet, 2 Kinder und arbeitet seit 4 Jahren bei der Dialogfix GmbH. Ihr monatliches Bruttogehalt liegt bei 2 400,00 €. Berechnen Sie den Arbeitnehmerbeitrag zur gesetzlichen Krankenversicherung.

92. AUFGABE

Teamleiterin Petra Gunzenhauser ist 45 Jahre alt, verheiratet, keine Kinder. Sie arbeitet seit 10 Jahren bei der Dialogfix GmbH. Ihr monatliches Bruttogehalt liegt bei 3 500,00 €. Berechnen Sie den Arbeitgeberbeitrag zur gesetzlichen Pflegeversicherung.

93. AUFGABE

Teamleiterin Petra Gunzenhauser (45 Jahre alt, verheiratet, keine Kinder, seit 10 Jahren bei der Dialogfix GmbH, monatliches Bruttogehalt 3 500,00 €) möchte die Höhe der Sozialabgaben wissen, die sie als Arbeitnehmerin zahlen muss.

94. AUFGABE ☐

Bei der Ermittlung der Beiträge zur Sozialversicherung sind eine Versicherungspflicht-grenze und eine Beitragsbemessungsgrenze zu beachten. Stellen Sie fest, welche Aussage zutreffend ist.

1. Die Beitragshöhe der Haftpflichtversicherung ist auf 75 % der Beitragsbemes-sungsgrenze der Rentenversicherung begrenzt.
2. Bei der Rentenversicherung gilt keine Beitragsbemessungsgrenze.
3. Bei der Arbeitslosenversicherung ist keine Beitragsbemessungsgrenze zu berück-sichtigen.
4. Die Versicherungspflichtgrenze bei der Krankenversicherung entspricht der Bei-tragsbemessungsgrenze bei der Pflegeversicherung.
5. Bei Arbeitslosenversicherung und Rentenversicherung hat die Beitragsbemes-sungsgrenze die gleiche Höhe.

95. AUFGABE ☐

Prüfen Sie, welcher der folgenden Beschäftigten der Dialogfix GmbH sich ausschließlich privat krankenversichern könnte.

1. Eduard Schreiner, Auszubildender im 3. Lehrjahr, Ausbildungsvergütung 643,00 €
2. Joachim Schwarz, Prokurist der Dialogfix GmbH, monatliches Bruttogehalt seit 3 Jahren 5 200,00 €
3. Petra Gunzenhauser, Teamleiterin, monatliches Bruttogehalt 3 500,00 €, leidet an chronischen Rückenschmerzen
4. Patrick Schmachtl, Mitarbeiter in der IT-Abteilung, monatliches Bruttogehalt 2 800,00 €, hat seit mehreren Jahren bereits eine private Pflegezusatzversicherung abgeschlossen
5. Gustav Mahr, umsatzstärkster Agent, monatliches Bruttogehalt 2 600,00 €, hatte seit 5 Jahren keinen Krankenschein mehr

Situation zu den Aufgaben 96 bis 111:

In der Dialogfix GmbH stehen die Wahlen zum Betriebsrat und zur JAV an. Sie wurden als Mitglied in den Wahlvorstand berufen. Ihnen liegen folgende Infor-mationen zum aktuellen Stand der Belegschaft vor:

Mitarbeiter insgesamt: 110

Alter	Unter 18	18 bis einschl. 24	25 bis einschl. 35	35 und älter
Reguläre MA	0	20	65*	10
Auszubildende	10	4	1	0

* davon 5 Mitarbeiter erst vor 3 Monaten eingestellt

AUSZUG AUS DEM BETRIEBSVERFASSUNGSGESETZ

§ 9 Zahl der Betriebsratsmitglieder

Der Betriebsrat besteht in Betrieben mit in der Regel 5 bis 20 wahlberechtigten Arbeitnehmern aus einer Person,

21 bis 50 wahlberechtigten Arbeitnehmern aus 3 Mitgliedern,

51 wahlberechtigten Arbeitnehmern bis 100 Arbeitnehmern aus 5 Mitgliedern,

101 bis 200 Arbeitnehmern aus 7 Mitgliedern,

201 bis 400 Arbeitnehmern aus 9 Mitgliedern,

401 bis 700 Arbeitnehmern aus 11 Mitgliedern,

701 bis 1 000 Arbeitnehmern aus 13 Mitgliedern,

1 001 bis 1 500 Arbeitnehmern aus 15 Mitgliedern,

1 501 bis 2 000 Arbeitnehmern aus 17 Mitgliedern,

2 001 bis 2 500 Arbeitnehmern aus 19 Mitgliedern,

2 501 bis 3 000 Arbeitnehmern aus 21 Mitgliedern,

3 001 bis 3 500 Arbeitnehmern aus 23 Mitgliedern,

3 501 bis 4 000 Arbeitnehmern aus 25 Mitgliedern,

4 001 bis 4 500 Arbeitnehmern aus 27 Mitgliedern,

4 501 bis 5 000 Arbeitnehmern aus 29 Mitgliedern,

5 001 bis 6 000 Arbeitnehmern aus 31 Mitgliedern,

6 001 bis 7 000 Arbeitnehmern aus 33 Mitgliedern,

7 001 bis 9 000 Arbeitnehmern aus 35 Mitgliedern.

In Betrieben mit mehr als 9 000 Arbeitnehmern erhöht sich die Zahl der Mitglieder des Betriebsrats für je angefangene weitere 3 000 Arbeitnehmer um 2 Mitglieder.

§ 60 Errichtung und Aufgabe der Jugend- und Auszubildendenvertretung

(1) In Betrieben mit in der Regel mindestens fünf Arbeitnehmern, die das 18. Lebensjahr noch nicht vollendet haben (jugendliche Arbeitnehmer) oder die zu ihrer Berufsausbildung beschäftigt sind und das 25. Lebensjahr noch nicht vollendet haben, werden Jugend- und Auszubildendenvertretungen gewählt.

(2) Die Jugend- und Auszubildendenvertretung nimmt nach Maßgabe der folgenden Vorschriften die besonderen Belange der in Absatz 1 genannten Arbeitnehmer wahr.

§ 61 Wahlberechtigung und Wählbarkeit der JAV

(1) Wahlberechtigt sind alle in § 60 Abs. 1 genannten Arbeitnehmer des Betriebs.

(2) Wählbar sind alle Arbeitnehmer des Betriebs, die das 25. Lebensjahr noch nicht vollendet haben [...]. Mitglieder des Betriebsrats können nicht zu Jugend- und Auszubildendenvertretern gewählt werden.

Z   **96.** AUFGABE

Wer kann in den Betriebsrat gewählt werden?

1. Nur Wahlberechtigte, die dem Betrieb mindestens 6 Monate angehören
2. Alle volljährigen Betriebsangehörigen
3. Alle Betriebsangehörigen, die das 21. Lebensjahr vollendet haben
4. Nur die Wahlberechtigten, die über 24 Jahre alt sind
5. Alle Betriebsangehörigen, die dem Betrieb mindestens 6 Wochen angehören

97. AUFGABE ☐ Z

Für welche Aufgabe ist der Betriebsrat nach dem Betriebsverfassungsgesetz zuständig?

1. Für den Abschluss von Manteltarifverträgen
2. Für die Beratung der Betriebsleitung in allen kaufmännischen Angelegenheiten
3. Für die regelmäßige Abhaltung von Betriebsversammlungen
4. Für die Durchführung von Streikmaßnahmen
5. Für die Gewährung der Mutterschutzfrist

98. AUFGABE ☐ Z

Welche Aussage über den Betriebsrat ist nicht zutreffend?

1. Betriebsräte können in Betrieben mit 3 wahlberechtigten Arbeitnehmern, die mindestens 6 Monate im Betrieb sind, gewählt werden.
2. Der Betriebsrat ist vor jeder Kündigung zu hören. Eine Kündigung ohne Anhörung des Betriebsrats ist unwirksam.
3. Eine ordentliche Kündigung von Betriebsratsmitgliedern während ihrer Amtszeit und 1 Jahr danach ist unzulässig.
4. Betriebsratssitzungen finden in der Regel während der Arbeitszeit statt.
5. Der Betriebsrat sollte sich möglichst aus Arbeitnehmern der einzelnen Organisationsbereiche und der verschiedenen Beschäftigungsarten der im Betrieb tätigen Arbeitnehmer zusammensetzen.

99. AUFGABE Z

Ermitteln Sie, wie viele Arbeitnehmer in der Dialogfix GmbH bei der Wahl zum Betriebsrat wahlberechtigt sind (aktives Wahlrecht).

100. AUFGABE Z

Wie viele Arbeitnehmer sind bei der Dialogfix GmbH in den Betriebsrat wählbar (passives Wahlrecht)?

101. AUFGABE Z

Wie viele Betriebsratsmitglieder sind in der Dialogfix GmbH zu wählen?

102. AUFGABE ☐ Z

Welcher Mitarbeiter der Dialogfix GmbH ist bei der Betriebsratswahl nicht wahlberechtigt?

1. Herr Vollmers, Auszubildender, 19 Jahre, 2 Jahre Betriebszugehörigkeit
2. Herr Sahir (Ägypter), Callcenter-Agent, 40 Jahre, 3 Jahre Betriebszugehörigkeit
3. Frau Salzmann, Verwaltungsfachkraft, 35 Jahre, 2 Monate Betriebszugehörigkeit
4. Frau Russ, Geschäftsführerin, 40 Jahre, 15 Jahre Betriebszugehörigkeit
5. Herr Prahl, Callcenter-Agent, 26 Jahre, 8 Monate Betriebszugehörigkeit

Z **103. AUFGABE**

Welche der folgenden Aussagen über die Wahlen zur Jugend- und Auszubildendenvertretung (JAV) in der Dialogfix GmbH ist richtig?

1. Die Mitglieder der JAV werden nach geheimer Wahl im Betriebsrat durch dessen Vorsitzenden bestellt.
2. Die Wahlen zur JAV finden im selben Rhythmus wie die Betriebsratswahlen statt.
3. Die Geschäftsführer legen alle 2 Jahre den Wahltermin für die JAV fest, sobald mehr als die Hälfte der Auszubildenden die Ausbildung abgeschlossen haben.
4. Die Gewerkschaften bestellen aus dem Kreis ihrer Mitglieder die Jugend- und Auszubildendenvertreter.
5. Die Wahlen zur JAV finden alle 2 Jahre im Oktober bzw. November statt.

Z **104. AUFGABE**

Die Interessen jugendlicher Arbeitnehmer in der Dialogfix GmbH werden von der Jugend- und Auszubildendenvertretung wahrgenommen. Wie viele Personen dürfen bei der Wahl zur JAV wählen?

Z **105. AUFGABE**

Welcher Personenkreis kann nicht in die JAV gewählt werden?

1. Auszubildende unter 18 Jahren
2. Jugendliche Arbeitnehmer unter 18 Jahren
3. Auszubildende unter 24 Jahren
4. Jugendliche Arbeitnehmer unter 24 Jahren
5. Auszubildende, die das 25. Lebensjahr vollendet haben

Z **106. AUFGABE**

Für die bevorstehende JAV-Wahl in der Dialogfix GmbH sollen Sie für den Personalleiter eine Liste der Mitarbeiter erstellen, die ein aktives Wahlrecht besitzen. Stellen Sie fest, welche zwei der folgenden Mitarbeiter wahlberechtigt sind.

1. Maria Friedrich, Auszubildende, 22 Jahre, 5 Monate Betriebszugehörigkeit
2. Jana Schmidt, Angestellte, 24 Jahre, 1 Jahr Betriebszugehörigkeit
3. Guido Schopp, Auszubildender, 27 Jahre, 2 Jahre Betriebszugehörigkeit
4. Jens Schwarz, Hilfsarbeiter im Lager, 17 Jahre, 7 Monate Betriebszugehörigkeit
5. Tom Hirche, Ausbilder, 40 Jahre, 17 Jahre Betriebszugehörigkeit
6. Claudia Berg, Leiharbeitnehmerin, 26 Jahre, seit 3 Jahren im Betrieb beschäftigt

Z **107. AUFGABE**

Der neu gewählte Betriebsrat hat zu einer Betriebsversammlung eingeladen. Prüfen Sie, welche Aussage in diesem Zusammenhang zutreffend ist.

1. Die Betriebsversammlung muss mindestens einmal je Wahlperiode des Betriebs- rats stattfinden.
2. Teilnahmeberechtigt sind alle Arbeitnehmer, die mindestens 6 Monate dem Betrieb angehören.
3. Auf ausdrücklichen Wunsch des Betriebsrats kann auch der Arbeitgeber eingeladen werden.
4. Die Teilnahme an der Betriebsversammlung wird als Arbeitszeit vergütet.
5. Die Teilnahme ist erst ab dem 18. Lebensjahr möglich.

108. AUFGABE ☐ Z

Samantha Ritter, neue Auszubildende bei der Dialogfix GmbH, interessiert sich für die Arbeit des neu gewählten Betriebsrats und der JAV. Welche Aussage dürfen Sie ihr gegenüber nicht treffen?

1. Mitglieder der JAV sind zeitgleich auch automatisch Mitglieder des Betriebsrats.
2. Die regelmäßigen Wahlen der Jugend- und Auszubildendenvertretung finden alle 2 Jahre in der Zeit vom 1. Oktober bis zum 30. November statt.
3. Die Amtszeit der JAV beträgt 2 Jahre, die des Betriebsrats 4 Jahre.
4. Die JAV kann zu allen Sitzungen des Betriebsrats einen Vertreter entsenden.
5. Die JAV vertritt die Interessen von Jugendlichen und Auszubildenden im Betriebsrat.

109. AUFGABE ☐ Z

Sie möchten Samantha die Arbeit des Betriebsrats anhand seiner Aufgaben und seiner Rechte näher erläutern. Welchen Sachverhalt müssen Sie als Beispiel für die Informations- und Beratungsrechte des Betriebsrats anführen?

1. Versetzung eines Mitarbeiters vom Backoffice in die Hotline
2. Einstellung von 3 neuen Auszubildenden
3. Geplante Erweiterung des Geschäftsgebäudes im nächsten Jahr
4. Neuregelung der Mittagspause
5. Vorübergehende Einführung von Überstunden

110. AUFGABE ☐ Z

Zwischen der Geschäftsleitung der Dialogfix GmbH und dem Betriebsrat des Unternehmens wurde eine Betriebsvereinbarung abgeschlossen. Welcher der aufgeführten Sachverhalte kann in einer Betriebsvereinbarung geregelt werden?

1. Anzahl der Feiertage
2. Gleitende Arbeitszeit
3. Tarifliche Mindestlöhne
4. Mindesturlaubsansprüche
5. Tarifvertragliche Wochenarbeitszeit

Z   **111.** AUFGABE

Welche Behauptung über Betriebsvereinbarungen der Dialogfix GmbH ist richtig?

1. Sie enthalten Vereinbarungen über Lohn- und Gehaltstarife und gelten für alle Betriebe der Dialogmarketingbranche.
2. Sie sind Vereinbarungen zwischen dem Arbeitgeberverband und der Gewerkschaft über Arbeitszeiten, Urlaub usw.
3. Sie werden abgeschlossen zwischen dem Betriebsrat und der Jugendvertretung der Dialogfix GmbH und regeln deren Zusammenarbeit.
4. Sie werden zwischen der Dialogfix GmbH und dem Betriebsrat abgeschlossen.
5. Sie werden vom Geschäftsführer ausgefertigt und den Beschäftigten zur Unterschrift vorgelegt.

Situation zu den Aufgaben 112 bis 113:

Die Unternehmensleitung der Dialogfix GmbH will ein neues flexibles Arbeitszeitmodell. Ihr Vorgesetzter gibt Ihnen den Auftrag, die Rechte des Betriebsrates für diesen Fall zu prüfen.

AUSZUG AUS DEM BETRIEBSVERFASSUNGSGESETZ
Dritter Abschnitt. Soziale Angelegenheiten: § 87 Mitbestimmungsrechte
(1) Der Betriebsrat hat, soweit eine gesetzliche oder tarifliche Regelung nicht besteht, in folgenden Angelegenheiten mitzubestimmen:
1. Fragen der Ordnung des Betriebs und des Verhaltens der Arbeitnehmer im Betrieb;
2. Beginn und Ende der täglichen Arbeitszeit einschließlich der Pausen sowie Verteilung der Arbeitszeit auf die einzelnen Wochentage;
3. vorübergehende Verkürzung oder Verlängerung der betriebsüblichen Arbeitszeit; [...]
(2) Kommt eine Einigung über eine Angelegenheit nach Absatz 1 nicht zustande, so entscheidet die Einigungsstelle. Der Spruch der Einigungsstelle ersetzt die Einigung zwischen Arbeitgeber und Betriebsrat.

Z   **112.** AUFGABE

Was müssen Sie Ihrem Vorgesetzten nach eingehender Prüfung des Betriebsverfassungsgesetzes mitteilen?

1. Das neue Arbeitszeitmodell kann ohne Benachrichtigung des Betriebsrates eingeführt werden.
2. Der Betriebsrat muss lediglich vor der Einführung unterrichtet werden.
3. Der Betriebsrat muss informiert werden, aber seine Alternativvorschläge müssen lediglich angehört werden.
4. Der Betriebsrat muss nur deshalb informiert werden, weil er ein Benachrichtigungsrecht hat.
5. Der Betriebsrat hat nach BetrVG ein Mitbestimmungsrecht.

113. AUFGABE ☐ Z

Die Dialogfix GmbH und der Betriebsrat können sich nicht auf eine gemeinsame Lösung verständigen. Wie muss weiter vorgegangen werden?

1. Das zuständige Arbeitsgericht entscheidet den Fall.
2. Stimmen 75 % der Mitarbeiter in einer Urabstimmung dafür, wird der Betriebsrat durch Streik seine Vorstellungen durchzusetzen versuchen.
3. Durch die Verweigerungshaltung des Betriebsrates gilt die alte Bestimmung fort und die Einführung des neuen Arbeitszeitmodells ist endgültig gescheitert.
4. Die Einigungsstelle unter einem unparteiischen Vorsitz entscheidet den Fall abschließend.
5. Das neue Arbeitszeitmodell wird eingeführt, bis ein neuer Betriebsrat gewählt wurde.

Situation zu den Aufgaben 114 bis 122:
Die Bearbeitung des vorangegangenen Falles hat Ihren Vorgesetzten zufriedengestellt. Er beschäftigt Sie daher mit weiteren Fragestellungen zum Betriebsverfassungsgesetz.

114. AUFGABE ☐ Z

Welche Aussage zu Betriebsvereinbarungen ist nach dem BetrVG richtig?

1. Die Geschäftsleitung der Dialogfix GmbH schließt Betriebsvereinbarungen mit dem zuständigen Gewerkschaftsbezirk schriftlich ab.
2. In der Dialogfix GmbH werden Betriebsvereinbarungen zwischen dem Betriebsrat und allen Arbeitnehmern beraten und beschlossen.
3. Betriebsvereinbarungen sind von allen volljährigen Mitarbeitern der Dialogfix GmbH zu erarbeiten und dem Betriebsrat zur Zustimmung vorzulegen.
4. Betriebsvereinbarungen sind vom Betriebsrat und der Geschäftsleitung der Dialogfix GmbH gemeinsam zu beschließen und schriftlich niederzulegen.
5. Betriebsvereinbarungen sind von der Geschäftsleitung auszuarbeiten und dem Betriebsrat zur Kenntnisnahme vorzulegen.

115. AUFGABE ☐ Z

Die Dialogfix GmbH hat mit dem Betriebsrat eine Einigung über die Durchführung von „Silent Monitoring" als Methode zur Arbeits- und Qualitätskontrolle erzielt. Stellen Sie fest, in welcher Form diese Einigung geschlossen werden muss.

1. Manteltarifvertrag
2. Betriebsverfassungsgesetz
3. Arbeitsplatzverordnung
4. BGB-Vertrag
5. Betriebsvereinbarung

Z   **116.** AUFGABE

Welches Recht steht dem Betriebsrat in diesem Fall zu?

1. Mitbestimmungsrecht
2. Mitwirkungsrecht
3. Informationsrecht
4. Diskussionsrecht
5. Prüfungsrecht

Z   **117.** AUFGABE

Die Dialogfix GmbH möchte der Mitarbeiterin Franziska Kreutz kündigen. Stellen Sie fest, welche Rechte der Betriebsrat in diesem Fall hat.

1. Rechte des Betriebsrats bestehen in diesem Fall nicht.
2. Der Betriebsrat hat hier ein Mitbestimmungsrecht.
3. Ohne vorherige Anhörung des Betriebsrats ist die Kündigung unwirksam.
4. Damit die Kündigung wirksam wird, muss der Betriebsrat binnen 14 Tagen informiert werden.
5. Die Kündigung ist nur mit Zustimmung des Betriebsrats wirksam.

Z   **118.** AUFGABE

Im Betriebsverfassungsgesetz werden auch die Rechte des einzelnen Arbeitnehmers aufgeführt. Welche Aussage begründet sich nicht mit dem Betriebsverfassungsgesetz?

1. Der Arbeitnehmer kann die Erörterung seiner beruflichen Entwicklungsmöglichkeiten im Unternehmen verlangen.
2. Der Arbeitnehmer kann die Erläuterung der Zusammensetzung und der Berechnung seines Gehaltes verlangen.
3. Der Arbeitnehmer hat das Recht, in eine andere Abteilung versetzt zu werden, wenn er seiner Ansicht nach gemobbt wird.
4. Der Arbeitnehmer hat das Recht, seine Personalakte einzusehen und Erläuterungen zum Inhalt abzugeben, die auf sein Verlangen der Personalakte beigefügt werden müssen.
5. Der Arbeitnehmer hat das Recht, sich zu beschweren, wenn er sich benachteiligt fühlt.

Z   **119.** AUFGABE

Stellen Sie fest, bei welcher Angelegenheit der Betriebsrat ein Mitbestimmungsrecht hat.

1. Gewinnverteilung an die Gesellschafter
2. Aufbau eines Modells zur leistungsgerechten Bezahlung der Mitarbeiter
3. Versetzung eines Mitarbeiters
4. Strategische Unternehmensplanung
5. Schließung einer Betriebsstätte

120. AUFGABE ☐ Z

In einer mitbestimmungspflichtigen Angelegenheit können Arbeitgeber und Betriebsrat keine Übereinkunft erzielen. Prüfen Sie, wie dennoch eine Entscheidung getroffen werden kann.

1. Durch den Lenkungsausschuss
2. Durch das Amtsgericht
3. Durch das Fürsorgegremium
4. Durch Befragung aller Arbeitnehmer
5. Durch die Einigungsstelle

121. AUFGABE ☐ Z

In einigen Angelegenheiten hat der Betriebsrat ausschließlich Beratungsrechte. In welcher Zeile ist ein zutreffendes Beispiel genannt?

1. Angelegenheiten, die den Arbeitsablauf betreffen
2. Personelle Angelegenheiten
3. Soziale Angelegenheiten
4. Wirtschaftliche Angelegenheiten
5. Angelegenheiten, die die Gestaltung des Arbeitsplatzes betreffen

122. AUFGABE ☐ Z

Sonja Adler denkt darüber nach, bei der nächsten Betriebsratswahl zu kandidieren. Von welchem Vorteil könnte sie bei einer erfolgreichen Wahl profitieren?

1. Sie erhält für ihre Tätigkeit eine tariflich festgelegte Erschwerniszulage.
2. Jedes Jahr der Betriebsratszugehörigkeit erhöht die gesetzliche Rente.
3. Ihre Kündigung ist nur mit Zustimmung des Betriebsrats aus wichtigem Grund möglich.
4. Der Urlaubsanspruch steigt um 5 Werktage.
5. Auf Antrag ist eine Freistellung von der Arbeit möglich, das Gehalt wird aus der Betriebskasse weitergezahlt.

Lösungen zu Kapitel **19**

1. 1, 5	42. 5	83. 2, 4
2. 3	43. 1	84. 3
3. 5	44. 2	85. 2
4. 4	45. 5	86. 5
5. 4	46. 5	87. 1
6. 4	47. 4	88. 4, 6
7. 5	48. 4	89. 4
8. 2	49. 3	90. 2
9. 4	50. 4	91. 201,60 €
10. 4	51. 3	92. 44,63 €
11. 3, 4	52. 2	93. 725,38 €
12. 4	53. 3	94. 5
13. 2, 5, 6, 4, 3, 1	54. 3	95. 2
14. 4	55. 2, 4	96. 1
15. 1	56. 1	97. 3
16. 5	57. 3, 4	98. 1
17. 1	58. 4	99. 100 AN
18. 2	59. 4	100. 95 AN
19. 4	60. 2	101. 5
20. 3	61. 4	102. 4
21. 4	62. 3	103. 5
22. 2	63. 3	104. 14
23. 4	64. 3	105. 5
24. 4	65. 1	106. 1, 4
25. 1	66. 4	107. 4
26. 3	67. 1	108. 1
27. 5	68. 3	109. 3
28. 3	69. 3	110. 2
29. 2	70. 4	111. 4
30. 1	71. 3, 6	112. 5
31. 2, 5	72. 1	113. 4
32. 3	73. 3, 4, 1, 2, 5	114. 4
33. 3	74. 3	115. 5
34. 1, 2, 4, 5, 3	75. 5	116. 1
35. 1	76. 2, 2, 1, 1, 1, 2	117. 3
36. 4	77. 3	118. 3
37. 4	78. 5	119. 2
38. 3	79. 5	120. 5
39. 4	80. 3	121. 4
40. 3	81. 2	122. 3
41. 4	82. 5	

20 Steuern

Hinweis: Dieses Kapitel enthält die Themen
- Steuerpolitik,
- Grundzüge der Besteuerung (Aufgabe 4 bis 11, <u>nur</u> für KDM!).

Situation zu den Aufgaben 1 bis 11:

Die folgende Abbildung und einige Daten aus der Personalabteilung der Kommu-nikativAktiv KG liegen Ihnen heute vor:

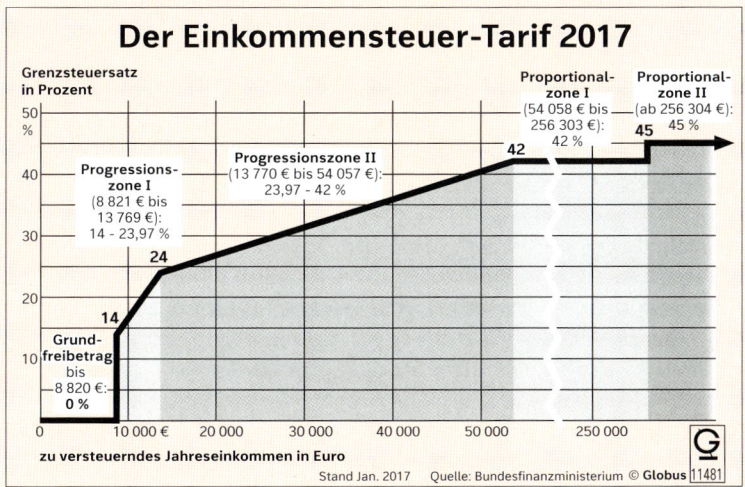

Nathalie Champ, zu versteuerndes monatliches Einkommen 1 500,00 €, ledig, 38 Jahre alt, keine Kinder.

1. AUFGABE

Welche zutreffende Aussage können Sie aus der Abbildung herleiten?

1. Bei einem Jahreseinkommen von 5 000,00 € müssen 14 % als Einkommensteuer abgeführt werden.
2. Bei einem Einkommen von 9 000,00 € liegt der anzuwendende Grenzsteuersatz unter 20 %.
3. Bei einem Jahreseinkommen von 90 000,00 € gilt der Spitzensteuersatz von 45 %.
4. Der Eingangssteuersatz, der zu zahlen ist, wenn der Grundfreibetrag überschritten wurde, liegt bei 24 %.
5. Bei einem Einkommen von 30 000,00 € liegt der anzuwendende Grenzsteuersatz unter 30 %.

2. AUFGABE

Nathalie Champ befindet sich mit ihrem Einkommen in der Progressionszone. Stellen Sie fest, welche Aussage diese Situation richtig beschreibt.

1. Je mehr Nathalie verdient, umso geringer ist der anzuwendende Steuersatz.
2. Bis zur Höhe des Existenzminimums muss keine Einkommensteuer gezahlt werden.
3. Der Steuersatz in der Progressionszone beträgt allgemein 14 %.
4. Mit zunehmendem Einkommen steigt für Nathalie auch der Steuersatz auf jeden hinzuverdienten Euro.
5. Mit zunehmendem Einkommen zahlt Nathalie mehr Steuern. Der Steuersatz bleibt jedoch unverändert.

3. AUFGABE

Welche Aussage über den Steuertarif lässt sich anhand der Abbildung treffen?

1. Grundlage des Steuertarifs ist ein linearer Verlauf.
2. Nach dem Grundfreibetrag schließt sich die Proportionalzone (gleicher Steuersatz) an, anschließend die Progressionszone (steigender Steuersatz).
3. Der Steuersatz sinkt mit zunehmendem Einkommen.
4. Innerhalb des Grundfreibetrags wird keine Einkommensteuer fällig.
5. Die Progressionszone endet bei 45 %.

4. AUFGABE

Welche Steuerklasse muss auf der Lohnsteuerkarte von Nathalie Champ zwingend eingetragen sein?

1. Lohnsteuerklasse 1
2. Lohnsteuerklasse 2
3. Lohnsteuerklasse 3
4. Lohnsteuerklasse 4
5. Lohnsteuerklasse 5

5. AUFGABE

Nathalie Champ möchte nächstes Jahr heiraten und fragt nach, wo sie die Änderung der Lohnsteuerklasse vornehmen lassen muss. Wie reagieren Sie richtig?

1. Die Informationen zur Lohnsteuerklasse werden von der gesetzlichen Rentenversicherung verwaltet. Diese muss sie anschreiben.
2. Frau Champ kann die Steuerklasse beim Ordnungsamt ihrer Heimatgemeinde ändern lassen.
3. Sie verweisen Frau Champ an das Finanzamt ihres Wohnortes.
4. Sie schicken Frau Champ in die Personalabteilung. Dort kann die Änderung vorgenommen werden.
5. Sie empfehlen Frau Champ, den Betriebsrat aufzusuchen, da dieser für solche persönlichen Belange zuständig ist.

6. AUFGABE

Welchen Betrag (in Euro) bekommt Nathalie Champ vom Arbeitgeber überwiesen? Berücksichtigen Sie dabei folgende Daten zur Sozialversicherung:
Krankenversicherung 15,7 % (inklusive Zuschlag 1,1 %), Pflegeversicherung 2,55 % (Kinderlosenzuschlag 0,25%), Rentenversicherung 18,6 %, Arbeitslosenversicherung 3,0 %.
Der in der Tabelle aufgeführte Kirchensteuersatz (9 %) ist in der Höhe korrekt und muss bei Nathalie Champ auch berücksichtigt werden.

Bruttolohn	StKl	Lohnsteuer	SolZ	KiSt
1 500,00	I	93,75	2,55	8,43
	II	67,91	–	1,05
	III	–	–	–
	IV	93,75	2,55	8,43
	V	266,00	14,63	23,94
	VI	302,25	16,62	27,20

Abzüge an Lohnsteuer, Solidaritätszuschlag (SolZ) und Kirchensteuer (KiSt), in €

7. AUFGABE

Nathalie Champ trägt die Unterlagen für ihre Steuererklärung zusammen. Dabei muss sie auch die Einkünfte aus nichtselbstständiger Arbeit ermitteln. Prüfen Sie, welche Einkünfte Nathalie dabei zu berücksichtigen hat.

1. Mieteinnahmen aus einer Ferienwohnung an der Ostsee
2. Erfolgsabhängige Vergütung (Verkaufsprämien)
3. Zinsen (Sparbuch)
4. Geldgeschenk (100,00 €) von der Großmutter
5. Dividendenzahlungen

8. AUFGABE

Welche Aufwendungen gehören in der Steuererklärung zu den Werbungskosten?

1. Beiträge zu einer Lebensversicherung
2. Kosten für das Mittagessen in der Kantine
3. Sozialversicherungsbeiträge
4. Mitgliedsbeitrag Gewerkschaft
5. Spende für ein Tierheim

9. AUFGABE

Nathalie Champ legt bis zu ihrem Arbeitsplatz bei der Dialogfix GmbH 28 km mit dem Pkw zurück. Wie wirken sich diese Kosten steuerlich aus?

1. Überhaupt nicht
2. Es handelt sich hier um abzugsfähige Sonderausgaben.
3. Diese Kosten können als Werbungskosten geltend gemacht werden.
4. Die angefallenen Kosten werden maximal bis zur Höhe der gezahlten Kfz-Steuer erstattet.
5. Nathalie bekommt sämtliche angefallenen Fahrtkosten vom Finanzamt zurück.

10. AUFGABE

In Nathalies Steuerunterlagen finden sich u. a. folgende Belege:

Teilnahmegebühr für den Kurs „Coaching im Callcenter"	899,00 €
Gezahlte Kirchensteuer	265,00 €
Bewerbungskosten	182,00 €
Private Rentenversicherung	1 200,00 €
Sozialversicherungsbeiträge (Arbeitnehmeranteil)	2 845,00 €

Ermitteln Sie, welchen Betrag (in Euro) Nathalie als Werbungskosten geltend machen kann.

11. AUFGABE

Nathalie Champ wurde vom Finanzamt für höhere Werbungskosten ein monatlicher Freibetrag in Höhe von 250,00 € vermerkt. Wie wirkt sich diese Eintragung finanziell für Nathalie aus?

1. Nathalie zahlt nur den 250,00 € übersteigenden Betrag der Lohnsteuer.
2. Nathalies Sozialversicherungsbeiträge sinken um 250,00 €.
3. Bei der monatlichen Berechnung der Lohnsteuer wird das steuerpflichtige Bruttoentgelt um 250,00 € gemindert.
4. Nathalies zu zahlende Lohnsteuer verringert sich monatlich um 250,00 €.
5. Der Freibetrag stellt eine staatliche Transferleistung dar und ermöglicht es Nathalie, Vorsorgeaufwendungen in gleicher Höhe zu tätigen.

12. AUFGABE

Die Dialogfix GmbH möchte an einem neuen Standort in Deutschland ein Callcenter eröffnen. Bei der Beurteilung der Standortalternativen wird auch die jährliche Steuerbelastung am jeweiligen Standort betrachtet. Welcher der folgenden Steuersätze fließt daher in die Beurteilung mit ein?

1. Einkommensteuersatz
2. Körperschaftssteuersatz
3. Satz der Gewerbesteuer
4. Satz der Grunderwerbssteuer
5. Satz der Mineralölsteuer

13. AUFGABE

Steuern lassen sich unter anderem nach dem Empfänger der Steuern einteilen. Geben Sie an, welche Steuer ausschließlich den Gemeinden zufließt.

1. Tabaksteuer
2. Erbschaftssteuer
3. Grundsteuer
4. Sektsteuer
5. Umsatzsteuer

14. AUFGABE

Stellen Sie fest, bei welcher Steuer es sich <u>nicht</u> um eine Verbrauchssteuer handelt.

1. Branntweinsteuer
2. Energiesteuer
3. Kaffeesteuer
4. Grunderwerbssteuer
5. Biersteuer

15. AUFGABE

Der Staat möchte seine Einnahmen erhöhen. Welche Maßnahme ist dazu <u>ungeeignet</u>?

1. Einführen einer neuen Steuer
2. Erhöhung des Einkommensteuersatzes
3. Steuerliche Abzugsmöglichkeiten einschränken
4. Steuerbefreiungen streichen
5. Einführen einer neuen Subvention

16. AUFGABE

Welche Aussage zu den Steuerarten ist <u>falsch</u>?

1. Die Einnahmen aus der Einkommensteuer werden auf Bund, Länder und Gemeinden verteilt.
2. Die Gewerbesteuer ist eine Steuer, deren Höhe von der Gemeinde beeinflusst werden kann, der sie als Einnahme zufließt.
3. Die Einnahmen aus der Umsatzsteuer werden zwischen Bund und Ländern aufgeteilt.
4. Die Mineralölsteuer ist eine Gemeinschaftssteuer, da sie von allen Autofahrern zu zahlen ist.
5. Die Kaffeesteuer ist eine Verbrauchssteuer, da sie die Menge des konsumierten Kaffees besteuert.

17. AUFGABE

Welche Aussage zur Besteuerung ist <u>nicht</u> zutreffend?

1. Der Solidaritätszuschlag wird vom Arbeitgeber an das Finanzamt überwiesen.
2. Charakteristisch für das deutsche Steuersystem ist die Steuerprogression.
3. Solidaritätszuschlag und Kirchensteuer sind abhängig von der Höhe der Lohnsteuer.
4. Die Lohnsteuer wird durch den Arbeitnehmer vom Verdienst einbehalten und an das zuständige Finanzamt abgeführt.
5. Die Höhe der zu zahlenden Kirchensteuer ist vom Bundesland und von der Höhe der Lohnsteuer abhängig.

18. AUFGABE

Die Bundesregierung möchte die Bezieher niedriger Einkommen steuerlich entlasten. Welche der folgenden Maßnahmen ist dazu geeignet?

1. Anheben des Spitzensteuersatzes
2. Erhöhen des Grundfreibetrages
3. Anheben des Eingangssteuersatzes
4. Erhöhen des Solidaritätszuschlags
5. Abzugsfähigkeit von Werbungskosten beschränken

19. AUFGABE

Der Bundestag diskutiert den aktuellen Haushaltsentwurf und fordert eine 5%ige Senkung der Ausgaben aller Haushaltsbereiche. Welcher Ausgabenbereich hätte in diesem Fall den höchsten Einsparungsbeitrag (in Mrd. Euro) zu leisten?

1. Ausgaben für Bildung und Forschung
2. Ausgaben für Verteidigung
3. Ausgaben für Verkehr und Bau
4. Ausgaben für Arbeit und Soziales
5. Ausgaben für Entwicklungshilfe

20. AUFGABE

Durch zahlreiche Hilfsmittel versucht der Staat, die gewünschten wirtschafts- und verteilungspolitischen Effekte herbeizuführen. In welchem Fall handelt es sich um eine Subvention?

1. Förderung der Ansiedlung von Callcentern durch direkte Beihilfe
2. Förderung der Mitarbeiterbeteiligung an der Dialogfix GmbH über Belegschaftsaktien
3. Bei der Vermietung und Verpachtung von Grundstücken wird generell keine Umsatzsteuer erhoben.
4. In Abhängigkeit von Anzahl und Alter der Kinder erhalten Eltern Kindergeld.
5. In Abhängigkeit von der Bedürftigkeit des Empfängers wird Wohngeld gewährt.

Lösungen zu Kapitel **20**

1.	2	**12.**	3
2.	4	**13.**	3
3.	4	**14.**	4
4.	1	**15.**	5
5.	3	**16.**	4
6.	1 084,40 €	**17.**	4
7.	2	**18.**	2
8.	4	**19.**	4
9.	3	**20.**	1
10.	1 081,00 €		
11.	3		

21 Markt und Preis/Wirtschaftsordnung

Hinweis: Dieses Kapitel enthält die Themen
- Begriff, Funktion und Arten des Marktes (Aufgabe 1 bis 26),
- Kooperation und Konzentration in der Wirtschaft (Aufgabe 27 bis 45),
- soziale Marktwirtschaft und staatliche Wettbewerbspolitik (Aufgabe 46 bis 57).

1. AUFGABE

Welche Voraussetzung für einen vollkommenen Markt ist <u>nicht</u> zutreffend?

1. Eine Vielzahl von Anbietern und Nachfragern gestaltet den Markt (Polypol).
2. Es gibt keine Beschränkungen des Marktzugangs. Jeder Anbieter und Nachfrager hat die Möglichkeit, am Markt aufzutreten.
3. Auf dem Markt werden gleichartige (homogene) Güter angeboten. Es gibt keine Unterschiede in Aussehen, Funktion, Qualität etc.
4. Die Käufer haben keine Präferenzen (Bevorzugungen) für bestimmte Verkäufer, sondern orientieren sich ausschließlich am Preis.
5. Der Markt ist vollständig intransparent. Den Marktteilnehmern ist es nicht möglich, sich über sämtliche Preise, Produkte, Angebote etc. zu informieren.

2. AUFGABE

Welche Gegebenheit trifft auf den unvollkommenen Markt <u>nicht</u> zu?

1. Anbieter und Nachfrager reagieren häufig erst mit erheblicher Zeitverzögerung auf Änderungen der Marktsituation.
2. Die angebotenen Güter sind verschieden (heterogen).
3. Die Käufer haben keine Präferenzen für bestimmte Verkäufer, sondern orientieren sich ausschließlich am Preis.
4. Verschiedene Barrieren behindern den Zugang zum Markt.
5. In vielen Märkten existieren Oligopole oder Monopole.

3. AUFGABE

Stellen Sie fest, in welchem Fall es sich um ein Nachfrageoligopol handelt.

1. Ein Anbieter, viele Nachfrager
2. Viele Anbieter, wenige Nachfrager
3. Wenige Anbieter, ein Nachfrager
4. Viele Anbieter, viele Nachfrager
5. Ein Anbieter, ein Nachfrager

4. AUFGABE

Welche Aussage über das Marktgeschehen in der sozialen Marktwirtschaft ist richtig?

1. Alle Preise werden durch vollständige Konkurrenz bestimmt.
2. Die Verbraucher können auf einen Preisvergleich verzichten, da die Preise durch Angebot und Nachfrage auf dem Markt festgelegt werden.
3. Die Preisangabenverordnung (PAngV) garantiert verbraucherfreundliche Preise.
4. Das Verhalten der Verbraucher kann die Preise beeinflussen.
5. Das Bundeskartellamt bestimmt Höchst- und Mindestpreise.

5. AUFGABE

Welche Aussage zum Käufermarkt trifft zu?

1. Bei einem Käufermarkt verfügen die Verkäufer über eine starke Verhandlungsposition.
2. Die Nachfrage übersteigt das Angebot nur minimal.
3. Es handelt sich um einen sogenannten ungesättigten Markt.
4. Das Angebot übersteigt die Nachfrage.
5. Ein typisches Beispiel für einen Käufermarkt stellt der Markt für Benzin dar.

6. AUFGABE

Welche Marktform liegt vor, wenn als Marktteilnehmer Autofahrer als Nachfrager und Mineralölgesellschaften als Anbieter agieren?

1. Zweiseitiges Oligopol
2. Beschränktes Angebotsmonopol
3. Polypol
4. Angebotsoligopol
5. Nachfrageoligopol

7. AUFGABE

Welche der folgenden Handlungen findet auf dem Konsumgütermarkt statt?

1. Die Dialogfix GmbH verkauft nicht mehr benötigte Schreibtische an die KommunikativAktiv KG.
2. Die Dialogfix GmbH verkauft einen Laserdrucker an die Infeurop AG.
3. Die Dialogfix GmbH kauft 20 Headsets von der Acustica OHG.
4. Die Dialogfix GmbH erwirbt ein Grundstück von der LaMaison GmbH.
5. Die Dialogfix GmbH verkauft einen Laserdrucker an Rolf Waring.

Situation zu den Aufgaben 8 bis 12:

An der New Yorker Kaffeebörse wird Rohkaffee in ganzen Säcken zu 60 kg gehandelt. Ihnen steht eine aktuelle Übersicht mit Kauf- und Verkaufsaufträgen zur Verfügung.

Kaufaufträge

Käufer	Kaufmenge in Sack	Akzeptierte Preisobergrenze €/Sack
A	3 500	95,00
B	500	98,00
C	2 200	100,00
D	800	102,00

Verkaufsaufträge

Verkäufer	Verkaufs- menge in Sack	Akzeptierte Preisuntergrenze €/Sack
E	1 400	95,00
F	2 100	98,00
G	1 700	100,00
H	2 300	102,00

8. AUFGABE

Ermitteln Sie, wie viele Sack Kaffee bei einem Preis von 100,00 €/Sack auf dem Markt angeboten werden.

9. AUFGABE

Ermitteln Sie, wie viele Sack Kaffee bei einem Preis von 100,00 €/Sack auf dem Markt nachgefragt werden.

10. AUFGABE

Ermitteln Sie den Gleichgewichtspreis (in Euro) für einen Sack Rohkaffee.

11. AUFGABE

Stellen Sie fest, welche Marktsituation bei einem Preis von 102,00 € für den Sack Rohkaffee vorliegt.

1. Käufermarkt, Nachfrageüberhang
2. Vollkommener Markt, Angebots-/Nachfrageausgleich
3. Käufermarkt, Angebotsüberhang
4. Verkäufermarkt, Nachfrageüberhang
5. Verkäufermarkt, Angebotsüberhang

12. AUFGABE

In welchem Fall kann ein Anbieter von Rohkaffee am ehesten Preiserhöhungen durchsetzen?

1. Wenn weitere Anbieter von Rohkaffee auf den Markt drängen
2. Wenn die Konkurrenz die Preise senkt
3. Wenn der Kaffeekonsum steigt
4. Wenn ein russisches Unternehmen Aktien des Anbieters kauft
5. Wenn es infolge von Unwettern bei diesem Anbieter zu Ernteausfällen kommt

13. AUFGABE

Die Dialogfix GmbH ist u. a. auf dem Markt für Personal Digital Assistants (PDA) tätig. Stellen Sie anhand der Abbildung fest, welche der folgenden Situationen zu einer Verschiebung der Nachfragekurve nach links führt.

1. Verbesserte Produktionsabläufe bei den Herstellern führen dazu, dass größere Mengen auf dem Markt angeboten werden können.
2. Immer mehr Nutzer steigen vom Handy auf einen vollwertigen PDA mit Telefonfunktion um.
3. Die Verbraucher sehen zunehmend in Netbooks eine Alternative zum PDA.
4. Infolge des heiß umkämpften Marktes entschließen sich mehrere PDA-Hersteller zur Aufgabe der PDA-Produktion.
5. Die Einkommensteuersätze werden gesenkt.

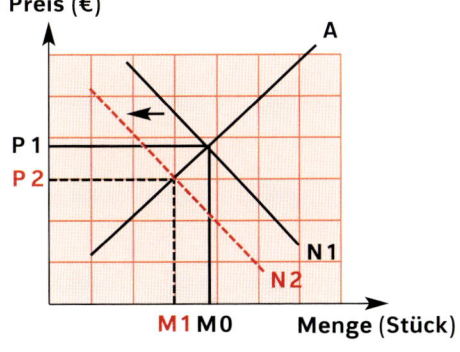

14. AUFGABE

In einer Fachzeitschrift lesen Sie den folgenden Satz:

> „Der ständige Anpassungsprozess ist im Marktmodell Ausdruck einer wandlungsfähigen Wettbewerbswirtschaft, in der bei bedarfsorientierter Produktionssteuerung und bei freier Berufs- und Arbeitsplatzwahl die produktiven Kräfte so wirksam wie möglich eingesetzt werden (optimale Allokation)."

Welche der aufgeführten Funktionen des Preises wird hier verdeutlicht?

1. Ausschaltungsfunktion
2. Ausgleichsfunktion
3. Erziehungsfunktion
4. Signalfunktion
5. Lenkungsfunktion

15. AUFGABE

Stellen Sie fest, bei welchem Markt es sich tendenziell um einen Verkäufermarkt handelt.

1. Markt für Haushaltsgeräte, auf dem auch die Haus und Garten GmbH agiert
2. Markt für Erdgas, auf dem die Haus und Garten GmbH ihr Gas bezieht
3. Markt für Printmedien, auf dem die Haus und Garten GmbH mit einem eigenen Kochbuch vertreten ist
4. Markt für Handwerkerbedarf, in den die Haus und Garten GmbH eintreten möchte
5. Markt für Gebäudereinigung, von dem die Haus und Garten GmbH ihr Reinigungspersonal bezieht

16. AUFGABE

Ordnen Sie die Funktionen des Marktpreises den einzelnen Situationen zu:

☐ Der Markt informiert über die Verfügbarkeit eines Gutes. Preisänderungen zeigen Veränderungen in der Verfügbarkeit an.

☐ Ist der Marktpreis hoch, motiviert dies die Nachfrager, sparsamer mit diesem Gut umzugehen.

☐ Marktteilnehmer, die bei hohen Preisen nicht nachfragen bzw. bei niedrigen Preisen nicht anbieten wollen, scheiden aus dem Markt aus.

☐ Über den Marktpreis ergibt sich ein Gleichgewicht zwischen Angebot und Nachfrage.

☐ Anbieter werden Produktion und Verkauf danach ausrichten, wo die größte Nachfrage (und der höchste Preis) zu erwarten ist. Damit ist sichergestellt, dass nur angeboten wird, was der Markt auch nachfragt.

1. Ausgleichsfunktion
2. Signalfunktion
3. Lenkungsfunktion
4. Erziehungsfunktion
5. Ausschaltungsfunktion

17. AUFGABE

Prüfen Sie, welcher Vorgang im Modell der freien Marktwirtschaft zu einer Preissenkung führt.

1. Nachfrage steigt stärker als das Angebot.
2. Nachfrage sinkt stärker als das Angebot.
3. Nachfrage steigt bei gleich bleibendem Angebot.
4. Bei sinkendem Angebot steigt die Nachfrage
5. Angebot und Nachfrage ändern sich nicht.

18. AUFGABE

Die Haus und Garten GmbH hat die Verkaufsmöglichkeiten eines neu entwickelten Toasters in einer Marktanalyse prüfen lassen. Folgende Informationen liegen vor:

Preis/Toaster	mögliche Verkaufsmenge	dabei anfallende Gesamtkosten
32,00 €	12 000 Stück	227 000,00 €
30,00 €	14 000 Stück	259 000,00 €
28,00 €	16 000 Stück	291 000,00 €

Zu welchem Preis muss der Toaster angeboten werden, wenn die Haus und Garten GmbH Gewinnmaximierung anstrebt?

19. AUFGABE

Ordnen Sie folgende Begriffe den Buchstaben A bis E auf dem Schaubild zu und tragen Sie die Zahlen von links nach rechts in die Lösungskästchen ein.

1. Gleichgewichtspreis
2. Angebot
3. Nachfrage
4. Nachfrageüberhang
5. Angebotsüberhang

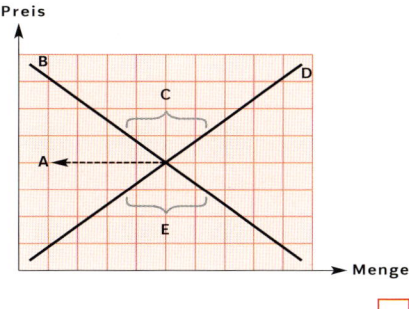

20. AUFGABE

Der Preis „P1" ist kleiner als der Gleichgewichtspreis. Stellen Sie fest, welche Situation zum Preis „P1" zutrifft.

1. Zum Preis P1 besteht ein Angebotsüberhang.
2. Zum Preis P1 besteht dann kein Angebot.
3. Die zum Preis P1 abgesetzte Menge kann an der Angebotskurve abgelesen werden.
4. Die zum Preis P1 abgesetzte Menge kann an der Nachfragekurve abgelesen werden.
5. Durch den Preis P1 werden zusätzliche Anbieter am Markt aktiv.

21. AUFGABE

Stellen Sie fest, in welcher Situation die Tendenz besteht, dass die Preise steigen.

1. Angebot und Nachfrage bleiben gleich.
2. Die Nachfrage steigt stärker als das Angebot.
3. Das Angebot steigt bei gleichbleibender Nachfrage.
4. Die Nachfrage sinkt, wohingegen das Angebot steigt.
5. Das Angebot steigt stärker als die Nachfrage.

22. AUFGABE

Die Saar-Musik GmbH ist Hersteller eines seltenen Musikinstruments. Dieses Instrument wird nur noch von zwei weiteren Anbietern hergestellt. Nachgefragt wird das Instrument nur von wenigen Kunden. Prüfen Sie, welche Marktform in diesem Fall vorliegt.

1. Polypol
2. Beschränktes Angebotsmonopol
3. Angebotsoligopol
4. Zweiseitiges Oligopol
5. Beschränktes Nachfragemonopol

> **Situation zu den Aufgaben 23 bis 25:**
> Ein Marktforschungsinstitut hat für die Haus und Garten GmbH das Nachfrageverhalten für Induktionsherde ermittelt und die entsprechenden Daten in ein Diagramm übertragen. Um den Marktauftritt zu optimieren, sollen die Ergebnisse nun analysiert werden.

23. AUFGABE

Welchen Umsatz kann die Haus und Garten GmbH erzielen, wenn sie ihren neuen Induktionsherd zu einem Preis von 1 000,00 € am Markt anbietet?

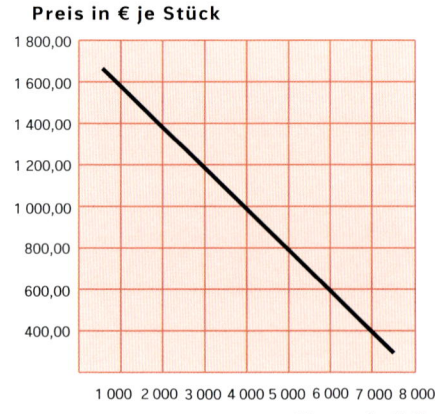

24. AUFGABE

Das Unternehmen plant, zur besseren Auslastung der Produktionskapazität den Preis um 100,00 € zu senken. Um wie viel Euro würde der Umsatz mit dieser Maßnahme steigen?

25. AUFGABE

Da viele neue Hersteller auf den Markt drängen, steigt das Angebot von Induktionsherden. Welche Aussage zum Angebot trifft zu?

1. Das Angebot verteuert sich, wodurch sich die Angebotskurve nach links verschiebt.
2. Als Ergebnis der Angebotssteigerung steigen die Gleichgewichtsmenge und der Gleichgewichtspreis.
3. Das steigende Angebot hat keine Auswirkung auf die Gleichgewichtsmenge und den Gleichgewichtspreis.
4. Die Nachfragekurve verschiebt sich nach rechts, wodurch der Gleichgewichtspreis sinkt.
5. Die Angebotskurve verschiebt sich nach rechts.

26. AUFGABE

Der Preis für Rohkaffee verändert sich Tag für Tag. In welchem Fall erfolgt die Preisänderung aufgrund einer nicht marktkonformen Situation?

1. Der Preis sinkt, da ein Überangebot an Kaffeebohnen besteht.
2. Der Preis steigt, da die Kaffeebohnen aufgrund von Unruhen in den Erzeugergebieten schwieriger zu beschaffen sind.
3. Der Preis steigt, da die Bundesregierung einen Mindestpreis festlegt, um fairen Handel zu fördern.
4. Der Preis sinkt aufgrund von Preissenkungen der Konkurrenten.
5. Der Preis steigt aufgrund der gestiegenen Nachfrage.

Situation zu den Aufgaben 27 bis 42:
Im Rahmen der Vorbereitung zur Abschlussprüfung haben Sie sich einer Lerngruppe angeschlossen, um Fragen zur wirtschaftlichen Kooperation und Konzentration zu besprechen.

27. AUFGABE

Welche Aussage über wirtschaftliche Kooperation ist richtig?

1. Durch wirtschaftliche Kooperation sinkt die Zahl der Unternehmen.
2. Bei wirtschaftlicher Kooperation geben Unternehmen ihre rechtliche und wirtschaftliche Unabhängigkeit auf.
3. Kartellbildung ist eine Form der Kooperation, die ordnungspolitisch unkritisch betrachtet werden sollte.
4. Die Ziele einer Kooperation liegen meist darin, die Leistungsfähigkeit der einzelnen Teilnehmer zu stärken und auf dem Markt wettbewerbsfähig zu bleiben.
5. Unter einem Preiskartell versteht man die Absprache maximaler Produktionsquoten.

28. AUFGABE

Welche der folgenden Arten von Zusammenarbeit beschreibt einen Trust?

1. Im Mittelpunkt stehen gemeinsame Interessen, die im Verbund leichter durchgesetzt werden können.
2. Vertragliche Absprache zwischen Unternehmen derselben Branche, bei denen es z. B. um Preise, Produktionsmengen oder Geschäftsbedingungen geht.
3. Sowohl die wirtschaftliche als auch die rechtliche Selbstständigkeit geht verloren, wobei es entweder zu einer Übernahme eines Unternehmens durch ein anderes oder zu einer Neugründung kommt.
4. Unternehmen kooperieren zur Durchführung eines gemeinsamen Projekts oder eines Auftrags.
5. Die Unternehmen geben ihre wirtschaftliche Selbstständigkeit auf, bleiben aber rechtlich selbstständig.

29. AUFGABE

Welche der von der Haus und Garten GmbH geplanten Maßnahmen würde zu einem Verstoß gegen das Wettbewerbsrecht führen?

1. Die Auslaufmodelle im Bereich Brotbackmaschinen sollen zu Sonderpreisen angeboten werden.
2. Teile des Sortiments sollen an verschiedene Zielgruppen zu unterschiedlichen Preisen verkauft werden.
3. Man plant folgenden Slogan für den neuen Induktionsherd: „Der beste Induktionsherd, den es von der Haus und Garten GmbH je gab!"
4. Um den Absatz anzukurbeln, soll der neue Induktionsherd für 6 Monate unter den Herstellungskosten verkauft werden.
5. Man vergleicht in Zeitungsanzeigen die Größe der Kochfelder mit denen der Konkurrenz.

30. AUFGABE

Grundlage des Kartellrechts in Deutschland ist das Gesetz gegen Wettbewerbsbeschränkungen (GWB). Welche der aufgeführten Aussagen zur Fusionskontrolle ist falsch?

1. Sobald ein Zusammenschluss nach den Bestimmungen des GWB vorliegt, ist dieser immer vor dem Vollzug beim Bundeskartellamt anzumelden.
2. Die missbräuchliche Ausnutzung einer marktbeherrschenden Stellung durch ein oder mehrere Unternehmen ist verboten.
3. Ein Unternehmen ist nach dem GWB marktbeherrschend, wenn es keinem Wettbewerb ausgesetzt ist.
4. Ist das Unternehmen nach der Fusion marktbeherrschend und der Zusammenschluss wurde rechtzeitig angezeigt, bestehen vonseiten des Bundeskartellamtes keine Bedenken gegen die Fusion.
5. Liegt ein Zusammenschluss nach dem GWB vor, ist dieser lediglich anzumelden, wenn bestimmte Umsatzzahlen nicht überschritten werden.

31. AUFGABE

Führende Unternehmen der Dialogmarketingbranche vereinbaren zur Gewinnmaximierung, in Zukunft einen einheitlichen Preis in Abhängigkeit von der Dauer des Gespräches pro Nettokontakt zu verlangen. Wie ist diese Absprache gesetzlich zu bewerten?

1. Das Kartellgesetz verbietet generell alle Preisabsprachen.
2. Das Kartellgesetz besagt, dass die Preisabsprache vorher von der Kartellbehörde geprüft und genehmigt werden muss.
3. Das Kartellgesetz verbietet gemeinsame Preisabsprachen, wenn sie zu einer Preiserhöhung führen.
4. Die Preisabsprache ist zulässig, sobald sie der Kartellbehörde angezeigt wird.
5. Die Preisabsprache ist überflüssig, da eine Preisbindung pro Call bereits existiert.

32. AUFGABE

Unter bestimmten Voraussetzungen ist eine Freistellung vom Kartellverbot nach § 2 GWB möglich. Prüfen Sie anhand des nachstehenden Gesetzesauszugs, welche der unten aufgeführten Voraussetzungen dazu <u>nicht</u> notwendig ist.

AUSZUG AUS DEM GESETZ GEGEN WETTBEWERBSBESCHRÄNKUNGEN (GWB)
§ 2 Freigestellte Vereinbarungen
(1) Vom Verbot des § 1 freigestellt sind Vereinbarungen zwischen Unternehmen, Beschlüsse von Unternehmensvereinigungen oder aufeinander abgestimmte Verhaltensweisen, die unter angemessener Beteiligung der Verbraucher an dem entstehenden Gewinn zur Verbesserung der Warenerzeugung oder -verteilung oder zur Förderung des technischen oder wirtschaftlichen Fortschritts beitragen, ohne dass den beteiligten Unternehmen
1. Beschränkungen auferlegt werden, die für die Verwirklichung dieser Ziele nicht unerlässlich sind, oder
2. Möglichkeiten eröffnet werden, für einen wesentlichen Teil der betreffenden Waren den Wettbewerb auszuschalten. [...]

1. Der Verbraucher muss aus dem gebildeten Kartell Vorteile ziehen können.
2. Das Kartell muss einen wirtschaftlichen Nutzen haben (Effizienzgewinn).
3. Die am Kartell beteiligten Unternehmen müssen verschiedene soziale Projekte als Ausgleichsmaßnahme fördern.
4. Die vereinbarten Absprachen müssen für das Funktionieren des Kartells unverzichtbar sein. Sonst darf nichts vereinbart werden (Unerlässlichkeit).
5. Das Kartell darf nicht zur Ausschaltung des Wettbewerbs führen.

33. AUFGABE

Unternehmenszusammenschlüsse können in verschiedenen Formen erfolgen. In welcher Zeile ist ein Unternehmenszusammenschluss zu einem Konzern richtig beschrieben?

1. Zwischen Unternehmen A und Unternehmen B wird vereinbart, bei der Beschaffung zu kooperieren.
2. Unternehmen A übernimmt das Unternehmen B. Das Unternehmen B erlischt.
3. Unternehmen A und Unternehmen B vereinbaren, ihre Produkte über eine gemeinsame Zweigstelle im Ausland abzusetzen.
4. Das Unternehmen B erwirbt mehr als die Hälfte der Anteile des Unternehmens A und bestimmt die wirtschaftlichen Geschicke des Unternehmens A, indem es Einfluss auf die Leitung nimmt.
5. Unternehmen A ist Zulieferer von Unternehmen B und hat mit Unternehmen B einen langfristigen Vertrag ausgehandelt.

34. AUFGABE

Welche Einrichtung ist für die Überwachung des Wettbewerbs zuständig?

1. Industrie- und Handelskammer
2. Handwerkskammer
3. Finanzministerium
4. Bundeskartellamt
5. Bundesbank

35. AUFGABE

Prüfen Sie, ob es sich bei den folgenden Fällen jeweils um eine Kooperation oder eine Konzentration handelt.

- [ ] Die Haus und Garten GmbH ist im Verband der Haushaltsgerätehersteller organisiert.

- [ ] Zwei Hersteller von Haushaltsgeräten planen, Absatzgebiete in Norddeutschland untereinander aufzuteilen.

- [ ] Ein Onlineanbieter von Haushaltsgeräten wird von einem Anbieter mit Filialnetz übernommen.

- [ ] Zwei Bauunternehmen bilden ein Konsortium zur Abwicklung einer Großbaustelle.

- [ ] Die Haus und Garten GmbH kauft die Firma Heimwerk Möller KG.

1. Kooperation
2. Konzentration

36. AUFGABE

Die Dialogfix GmbH und die KommunikativAktiv KG stehen in geschäftlicher Beziehung zueinander. Welche Situation ist gemäß § 1 GWB als problematisch einzustufen?

AUSZUG AUS DEM GESETZ GEGEN WETTBEWERBSBESCHRÄNKUNGEN (GWB)
§ 1 Verbot wettbewerbsbeschränkender Vereinbarungen
Vereinbarungen zwischen Unternehmen, Beschlüsse von Unternehmensvereinigungen und aufeinander abgestimmte Verhaltensweisen, die eine Verhinderung, Einschränkung oder Verfälschung des Wettbewerbs bezwecken oder bewirken, sind verboten.

---

1. Die Dialogfix GmbH beauftragt die KommunikativAktiv KG, den Service für eine bestimmte Produktsparte für sie zu übernehmen.
2. Dialogfix GmbH und KommunikativAktiv KG vereinbaren, sich in Peak-Zeiten gemäß Vertrag zu unterstützen.
3. Dialogfix GmbH und KommunikativAktiv KG teilen sich den regionalen Markt auf. Die Dialogfix GmbH übernimmt alle Kunden nördlich von Köln, die KommunikativAktiv KG alle Kunden südlich von Köln.
4. Dialogfix GmbH und KommunikativAktiv KG werben gemeinsam einen Auftrag ein, den sie zusammen erfüllen.
5. Dialogfix GmbH und KommunikativAktiv KG beteiligen sich gemeinsam an einem Institut zur Fortbildung von Callcenter-Führungskräften.

37. AUFGABE

Welche Aussage über Kooperation trifft nicht zu?

1. Arbeitsgemeinschaften werden gegründet, um z. B. ein gemeinsames Projekt durchzuführen.
2. Die Zusammenarbeit von Arbeitsgemeinschaften ist in allen Fällen auf wenige Monate begrenzt.
3. Ein mögliches Ziel der Kartellbildung ist es, den Wettbewerb auszuhebeln.
4. Das Kartellgesetz nennt man auch „Gesetz gegen Wettbewerbsbeschränkungen".
5. Bei Missbrauchsverdacht schreitet das Bundeskartellamt ein.

38. AUFGABE

Welche Aussage über Konzentration trifft nicht zu?

1. Bei anorganischen Zusammenschlüssen steht Risikostreuung im Mittelpunkt.
2. Beim vertikalen Zusammenschluss schließen sich Unternehmen aus einer Branche, aber aus unterschiedlichen Wirtschaftsstufen zusammen.
3. Bei einer Konzernbildung geben die Unternehmen sowohl ihre wirtschaftliche als auch ihre rechtliche Selbstständigkeit auf.

4. Eine Fusion kann entweder durch Übernahme oder durch Neugründung erfolgen.
5. Bei einem horizontalen Zusammenschluss geht es vorrangig um Kostenvorteile und einen Ausbau der Marktstellung.

39. AUFGABE

Ein Onlinehändler für Haushaltsgeräte wird von einem Haushaltsgerätehändler mit Filialnetz übernommen und verliert dabei seine rechtliche und wirtschaftliche Selbstständigkeit. Welche Begriffskombination trifft auf diese Situation zu?

1. Vertikaler Zusammenschluss   Fusion   Übernahme
2. Horizontaler Zusammenschluss   Fusion   Neugründung
3. Vertikaler Zusammenschluss   Fusion   Neugründung
4. Vertikaler Zusammenschluss   Konzern   Neugründung
5. Horizontaler Zusammenschluss   Fusion   Übernahme

40. AUFGABE

Prüfen Sie, welche der folgenden Aussagen über staatliche Wettbewerbspolitik nicht zutrifft.

1. Bei Unternehmenszusammenschlüssen sind Fusionskontrollen rechtlich vorgeschrieben.
2. Die Ministererlaubnis besagt, dass der Bundeswirtschaftsminister ausnahmsweise eine vom Bundeskartellamt untersagte Fusion erlauben kann, wenn dies im Interesse der Allgemeinheit geboten scheint.
3. Die Missbrauchsaufsicht des Bundeskartellamtes ist ein Instrument staatlicher Wettbewerbspolitik.
4. Das Gesetz gegen den unlauteren Wettbewerb dient einem fair geführten Wettbewerb.
5. Das Gesetz gegen Wettbewerbsbeschränkungen soll verhindern, dass eine bestehende Marktmacht missbraucht wird.

41. AUFGABE

Wenn sich gleichartige Unternehmen zu einem Kartell zusammenschließen, hat dies Auswirkungen auf ihre wirtschaftliche und rechtliche Selbständigkeit. Prüfen Sie, in welcher Zeile der folgenden Auflistung die Auswirkungen richtig dargestellt sind.

	Rechtliche Selbstständigkeit	Wirtschaftliche Selbstständigkeit
1	Wird aufgegeben	Bleibt vollständig erhalten
2	Bleibt erhalten	Wird vollständig aufgegeben
3	Wird aufgegeben	Wird teilweise aufgegeben
4	Bleibt erhalten	Wird teilweise aufgegeben
5	Wird aufgegeben	Wird vollständig aufgegeben

42. AUFGABE

Prüfen Sie, in welchen <u>zwei</u> Fällen die Dialogfix GmbH gegen dieses Gesetz verstößt.

1. Um eine bessere Wettbewerbsposition zu erhalten, soll die Gesprächszeit um 10 Sekunden verkürzt werden.
2. Bei Neukunden wird ein Rabatt von 10 % gewährt.
3. Bei verschiedenen Ausschreibungen von Projekten werden Preisabsprachen mit Mitbewerbern getroffen.
4. Konkurrenzbedingt ist der Preis je Call im letzten Quartal um 8 % gesunken.
5. Um die Buchhaltung effizienter zu gestalten, erwirbt das Unternehmen eine neue Softwarelizenz.
6. Auf einer Fachmesse wird mit führenden Unternehmen der Branche stillschweigend vereinbart, die Angebotspreise je Call um 50 Cent zu erhöhen.

43. AUFGABE

Welches vorrangige Ziel verfolgt der Staat mit dem Gesetz gegen Wettbewerbsbeschränkungen?

1. Schutz der Verbraucher vor zu großer Marktmacht der Unternehmen
2. Erhalt von Arbeitsplätzen
3. Beschränkung der unternehmerischen Aktivitäten
4. Achtung von Arbeitnehmerrechten
5. Einhaltung von Mindestpreisen zum Schutz der Unternehmen

44. AUFGABE

Beim Fusionieren von Unternehmen kann es zu Wettbewerbsstörungen in der Marktwirtschaft kommen. Welche Auswirkung beschreibt diese korrekt?

1. Die Preise für den Verbraucher bleiben konstant, da die Nachfrage das Angebot dominiert.
2. Über den Wettbewerb pendelt sich der Preis wieder auf dem Ursprungsniveau ein.
3. Der Preis steigt, da die Unternehmen ihre marktbeherrschende Stellung ausnutzen.
4. Die Preise sinken, da die Unternehmen bei bestehender Nachfrage ihr Angebot ausweiten.
5. Die Wettbewerbskräfte des Marktes führen zum Zerfall der Fusion.

45. AUFGABE ☐

Die Dialogfix GmbH nennt in telefonischen Verkaufsgesprächen mit Verbrauchern immer den Verkaufspreis inklusive Mehrwertsteuer (Bruttopreis). Stellen Sie fest, welche rechtliche Vorgabe hier umgesetzt wird.

1. Recht der Allgemeinen Geschäftsbedingungen (AGB)
2. Preisangabenverordnung (PAngV)
3. Bruttopreisgesetz (BPG)
4. Gesetz gegen Wettbewerbsbeschränkungen (GWB)
5. Handelsgesetzbuch (HGB)

> *Situation zu den Aufgaben 46 bis 57:*
> Im Berufsschulunterricht diskutieren Sie über die Aufgaben des Staates in der Wirtschaft.

46. AUFGABE ☐

Wodurch wird die Rolle des Staates im Modell der freien Marktwirtschaft zutreffend charakterisiert?

1. Die optimale Verteilung der Produktionsmittel obliegt dem Staat.
2. Aufgabe des Staates ist die Aufstellung von Investitionsplänen für die Industrie.
3. Der Staat gewährleistet lediglich die Rahmenbedingungen für einen störungsfreien Ablauf des Wirtschaftsgeschehens.
4. Der Staat kümmert sich nur um die sozial Schwachen und die Arbeitslosen.
5. Neben der Gewährung von Subventionen legt der Staat auch Mindestpreise fest.

47. AUFGABE ☐

Stellen Sie fest, in welchem Fall ein Merkmal der sozialen Marktwirtschaft der Bundesrepublik Deutschland korrekt beschrieben wird.

1. In der sozialen Marktwirtschaft besteht ausschließlich Privateigentum an Produktionsmitteln.
2. Die richtungsweisenden Wirtschaftsentscheidungen werden von der Bundesregierung in Fünfjahresplänen niedergeschrieben.
3. Es besteht eine Übereinkunft darin, den Wettbewerb in keinerlei Form über wettbewerbsordnende Gesetze zu reglementieren.
4. Einkommensschwache Gruppen erhalten staatliche Zuwendungen.
5. Der Staat spielt beim Zusammentreffen von Angebot und Nachfrage auf dem Markt eine aktive Rolle, da er die Preise festlegt.

48. AUFGABE

Welche Handlungsmöglichkeit hat der Staat auch in der freien Marktwirtschaft?

1. Gesetzliche Maßnahmen zu ergreifen, um die Gewerbefreiheit zu sichern
2. Die Produktion in der Landwirtschaft zu begrenzen, um eine Überproduktion zu verhindern
3. Aktive Eingriffe in die Tarifverhandlungen
4. Gestaltung von Verbrauchssteuern, um Konsumentscheidungen zu lenken
5. Sozialbindung des Eigentums vorschreiben

49. AUFGABE

Prüfen Sie, welche <u>zwei</u> Aussagen die Wirtschaftsordnung der Bundesrepublik Deutschland zutreffend beschreiben.

1. Die Investitionsentscheidungen werden von den Unternehmen getroffen.
2. Alle Tarifverträge müssen vom Staat genehmigt werden.
3. Für Grundnahrungsmittel werden Höchstpreise festgesetzt.
4. Die Preisbildung auf dem Markt erfolgt ausschließlich durch Angebot und Nachfrage.
5. Unternehmen können jederzeit unbeeinflusst vom Staat agieren.
6. Die Produktionsmittel befinden sich überwiegend in Privateigentum.

50. AUFGABE

In der sozialen Marktwirtschaft greift der Staat in das Wirtschaftsgeschehen ein. Welches der aufgeführten Ziele findet dabei <u>keine</u> Berücksichtigung?

1. Erfüllung kollektiver Bedürfnisse
2. Soziale Sicherheit
3. Stabilisierung bestehender großer Einkommensunterschiede
4. Kontrolle der Aufrechterhaltung des Wettbewerbs
5. Schaffung gerechter Arbeitsverhältnisse

51. AUFGABE

Welche Aussage über die staatlichen Aktivitäten in der sozialen Marktwirtschaft ist zutreffend?

1. Der Staat kontrolliert die Preise und setzt den volkswirtschaftlich optimalen Preis fest.
2. Die staatlichen Subventionen können zu einer Verzerrung des Wettbewerbs führen.
3. Bei Tarifverhandlungen greift der Staat zum Schutz der Arbeitnehmer ein.
4. Der Staat sorgt stets für vollständige Konkurrenz auf den Gütermärkten.
5. Durch die Fusionskontrolle schützt der Staat seine Bürger vor ökologischen Risiken.

52. AUFGABE

Im Rahmen der Wettbewerbspolitik greift der Staat gelegentlich in das Geschehen der sozialen Marktwirtschaft ein. Welcher der folgenden Gründe ist vor diesem Hintergrund zutreffend?

1. Der Staat greift ein, um jeglichen Wettbewerb zu verhindern.
2. Der Staat greift ein, um seine Steuereinnahmen zu erhöhen.
3. Der Staat greift ein, um sich Beteiligungen an erfolgsversprechenden Unternehmen zu sichern.
4. Der Staat greift ein, um jedwede Form der Kooperationen zwischen Unternehmen zu unterbinden.
5. Der Staat greift ein, um sozial unerwünschte Folgen des Marktgeschehens zu vermindern.

53. AUFGABE

Welches Merkmal unterscheidet die soziale Marktwirtschaft von der freien Marktwirtschaft?

1. Privateigentum an Produktionsmitteln
2. Angebot und Nachfrage bestimmen den Preis
3. Erwerbswirtschaftliches Prinzip
4. Wirtschaftspolitische Eingriffe des Staates
5. Nutzenmaximierung bei den Verbrauchern

54. AUFGABE

Um die soziale Lage von Familien mit Kindern zu verbessern, erwägt die Bundesregierung einige Maßnahmen. Prüfen Sie, welche Maßnahme nicht den Grundsätzen der sozialen Marktwirtschaft entspricht.

1. Erhöhung des Kindergeldes ab dem dritten Kind um 50,00 €
2. Befreiung einkommensschwacher Familien von den Kindergartenbeiträgen
3. Vergabe kostenloser Schulbücher
4. Steuervorteile für kinderreiche Familien
5. Festsetzen von Höchstpreisen für Babynahrung

55. AUFGABE

Welcher staatliche Eingriff in das Wirtschaftsgeschehen ist mit der sozialen Marktwirtschaft in der Bundesrepublik Deutschland unvereinbar?

1. Den Mineralölkonzernen werden Preisabsprachen verboten.
2. Verbrauchsarme Pkw erhalten eine vorübergehende Befreiung von der Kfz-Steuer.
3. Die Ökosteuer auf Benzin wird verdoppelt.
4. Der Kauf von Benzin für Pkw wird mengenmäßig beschränkt.
5. Elektroautos werden staatlich subventioniert.

56. AUFGABE

Die Auszubildende Julia Lauer hört anlässlich des Firmenjubiläums der Dialogfix GmbH die Ansprache eines Vertreters der IHK. Er verwendet darin den Begriff „strukturschwache Gegend":

> „Callcenter galten lange als Hoffnung für strukturschwache Gegenden. Die Ansiedlung wurde durch Subventionen attraktiv gemacht. Davon profitierten vor allem die neuen Bundesländer und das Ruhrgebiet. Viele Arbeitsplätze wurden geschaffen. Problematisch gestaltet sich die Ansiedlung in wirtschaftlichen Boomregionen wie Baden-Württemberg, da hier die Löhne vergleichsweise hoch sind. Solange die notwendigen Arbeitskräfte zur Verfügung stehen und die Telekommunikationsinfrastruktur stimmt, sind selbst ländlich geprägte Gebiete ein lohnender Standort!"

Welche Zeile erläutert die Aussage des IHK-Vertreters zutreffend?

1. Strukturschwache Gegenden gelten als besonders lohnende Standorte, an denen sich Betriebe ansiedeln wollen.
2. In strukturschwachen Gegenden ist nicht mit einer staatlichen Förderung zu rechnen.
3. Eine strukturschwache Gegend zeichnet sich durch eine geringe Arbeitslosigkeit aus.
4. Unter einer strukturschwachen Gegend versteht man zumeist ländliche Räume oder Gebiete, die stark durch eine nicht mehr wettbewerbsfähige Industrie geprägt sind.
5. Unter einer strukturschwachen Gegend versteht man Gebiete, in denen die Ansiedlung von Betrieben aufgrund der hohen Löhne erschwert wird.

57. AUFGABE

Die Bundesregierung möchte die Höhe der Arbeitslosigkeit reduzieren. Welche der folgenden Maßnahmen ist mit der Wirtschaftsordnung der Bundesrepublik Deutschland nicht vereinbar?

1. Gespräche mit Arbeitgebern und Gewerkschaften, um über Beschäftigungsanreize zu diskutieren
2. Gezielte staatliche Investitionen in die Erforschung von Zukunftstechnologien an Spitzenuniversitäten
3. Einführung eines Höchstlohns im Dienstleistungssektor, um die Kosten der Unternehmen dauerhaft zu senken
4. Die Qualität der Arbeitsvermittlung erhöhen durch Umorganisation der Beratung in den Arbeitsagenturen
5. Belebung strukturschwacher Regionen durch gezielte Infrastrukturmaßnahmen

Lösungen zu Kapitel **21**

1. 5	30. 4
2. 3	31. 1
3. 2	32. 3
4. 4	33. 4
5. 4	34. 4
6. 4	35. 1, 1, 2, 1, 2
7. 5	36. 3
8. 5 200 Sack	37. 2
9. 3 000 Sack	38. 3
10. 98,00 €	39. 5
11. 3	40. 1
12. 3	41. 4
13. 3	42. 3, 6
14. 5	43. 1
15. 2	44. 3
16. 2, 4, 5, 1, 3	45. 2
17. 2	46. 3
18. 30,00 €	47. 4
19. 1, 3, 5, 2, 4	48. 1
20. 3	49. 1, 6
21. 2	50. 3
22. 4	51. 2
23. 4 000 000,00 €	52. 5
24. 50 000,00 €	53. 4
25. 5	54. 5
26. 3	55. 4
27. 4	56. 4
28. 3	57. 3
29. 4	

22 Grundzüge der Wirtschaftspolitik in der sozialen Marktwirtschaft

> ***Hinweis: Dieses Kapitel enthält die Themen***
> - Ziele und Zielkonflikte der Wirtschaftspolitik (Aufgabe 1 bis 18),
> - Konjunkturpolitik (Aufgabe 19 bis 25).

1. AUFGABE

Welches der folgenden Ziele wird <u>nicht</u> in § 1 des Stabilitätsgesetzes (Gesetz zur Förderung der Stabilität und des Wachstums der Wirtschaft) aufgeführt?

1. Gerechte Lohnentwicklung
2. Hoher Beschäftigungsstand
3. Außenwirtschaftliches Gleichgewicht
4. Stetiges und angemessenes Wirtschaftswachstum
5. Preisniveaustabilität

2. AUFGABE

Das „magische Viereck" der wirtschaftspolitischen Ziele ist im Laufe der Zeit um einige Zielerweiterungen ergänzt worden. Welches Ziel ist erst nachträglich aufgenommen worden?

1. Preisniveaustabilität
2. Außenwirtschaftliches Gleichgewicht
3. Angemessener Haushaltsüberschuss
4. Umweltschutz
5. Einfaches und gerechtes Steuersystem

3. AUFGABE

Prüfen Sie, welche <u>zwei</u> Aussagen zu den wirtschaftspolitischen Zielen des „magischen Vierecks" zutreffend sind.

1. Die einzelnen wirtschaftspolitischen Ziele sind voneinander unabhängig.
2. Ein hohes Wirtschaftswachstum wirkt sich immer positiv auf die Preisniveaustabilität aus.
3. Von einem gesamtwirtschaftlichen Gleichgewicht spricht man, wenn das Wirtschaftswachstum bei genau 0 % liegt.
4. Die wirtschaftspolitischen Ziele können quantitativ nicht gemessen werden.
5. Das Erreichen eines wirtschaftspolitischen Zieles geht häufig zulasten eines oder mehrerer anderer Ziele.
6. Ein hoher Beschäftigungsstand wird durch ein starkes Wirtschaftswachstum unterstützt (Zielharmonie).

4.   AUFGABE

Ob die wirtschaftspolitischen Ziele erreicht wurden, lässt sich mit verschiedenen Maßgrößen überprüfen. Welche Größe ist geeignet, das Wirtschaftswachstum zu messen?

1. Veränderung des realen Bruttoinlandsprodukts
2. Zahl der neu geschaffenen Stellen
3. Handelsbilanz
4. Auftragseingänge
5. Zunahme der Lohnsumme

5.   AUFGABE

In welcher Zeile ist die jeweilige Maßgröße den Zielen der Wirtschaftspolitik korrekt zugeordnet?

1. Außenbeitrag – stetiges und angemessenes Wirtschaftswachstum
2. Veränderung des realen BIP – hoher Beschäftigungsstand
3. Verbraucherpreisindex – Preisniveaustabilität
4. Human Development Index – außenwirtschaftliches Gleichgewicht
5. Arbeitslosenquote – hoher Lebensstandard

6.   AUFGABE

In der Tageszeitung stoßen Sie immer wieder auf volkswirtschaftliche Fachbegriffe. Geben Sie an, welche Beziehung zwischen Lebenshaltungskosten, Realeinkommen und Nettoeinkommen zutrifft.

1. Wenn bei sinkenden Lebenshaltungskosten das Nettoeinkommen gleich bleibt, führt dies zu einem Rückgang des Realeinkommens.
2. Wenn bei steigenden Lebenshaltungskosten das Nettoeinkommen unverändert bleibt, bleibt auch das Realeinkommen unverändert.
3. Wenn bei unveränderten Lebenshaltungskosten das Nettoeinkommen sinkt, bleibt das Realeinkommen gleich.
4. Wenn bei unveränderten Lebenshaltungskosten das Nettoeinkommen konstant bleibt, steigt das Realeinkommen.
5. Wenn bei sinkenden Lebenshaltungskosten das Nettoeinkommen konstant bleibt, steigt das Realeinkommen.

7.   AUFGABE

In welchem Fall ist eine Steigerung des Beschäftigungsstandes zu erwarten?

1. Die Investitionsneigung der Unternehmen bleibt unverändert.
2. Die Preise für Importgüter erhöhen sich deutlich.
3. Zur Sanierung des Staatshaushaltes wird die Umsatzsteuer deutlich erhöht.
4. Das Wirtschaftswachstum liegt dauerhaft über 3 %.
5. Der Außenbeitrag schrumpft über einen längeren Zeitraum.

8. AUFGABE

Welche Aussage zum Begriff Wirtschaftswachstum ist zutreffend?

1. Wirtschaftswachstum liegt vor, wenn das BIP sinkt.
2. Wirtschaftswachstum tritt zeitgleich mit einer Verminderung der Arbeitslosigkeit ein.
3. Wirtschaftswachstum schont automatisch die Umwelt.
4. Wirtschaftswachstum zeichnet sich durch konstante Wachstumsraten aus.
5. Wirtschaftswachstum führt bei gleichbleibenden Steuersätzen zu höheren Staatseinnahmen.

9. AUFGABE

Welche der folgenden Aussagen gibt die wirtschaftlichen Zusammenhänge richtig wieder?

1. Stetiges Wirtschaftswachstum tritt immer gleichzeitig mit Preisniveaustabilität auf.
2. Die Gewinner einer Inflation sind die Schuldner.
3. Für Deutschland ist das außenwirtschaftliche Gleichgewicht unwichtig, da Deutschland exportunabhängig ist.
4. Die Ziele „gleiches Einkommen für alle" und „ökologisches Wirtschaften" ergänzen das magische Viereck zum magischen Sechseck.
5. Ein steigender Export hat zwingend ein Ansteigen der Arbeitslosigkeit zur Folge.

10. AUFGABE

Bei der Messung des außenwirtschaftlichen Gleichgewichts wird die Zahlungsbilanz betrachtet, die sich wiederum aus einigen anderen Teilbilanzen zusammensetzt. Welcher Vorgang beeinflusst dabei die Dienstleistungsbilanz?

1. Import von Spielwaren aus China
2. Ausgaben deutscher Urlauber in den USA
3. Kauf von spanischen Aktien durch deutsche Anleger
4. Überweisungen von ausländischen Erntehelfern in ihre Heimatländer
5. Export pharmazeutischer Erzeugnisse nach Algerien

11. AUFGABE

Der Staat greift auf vielfältige Weise in das Wirtschaftsgeschehen ein. Stellen Sie fest, in welchen zwei Fällen es sich um eine Transferzahlung handelt.

1. Ausbau der Förderung von Solarenergie
2. Bezug von Wohngeld
3. Erhöhung der Beamtenbezüge
4. Zahlung des Kindergeldes
5. Gewährung von Bürgschaften an Banken
6. Vergabe von Subventionen, um die Ansiedlung von Unternehmen zu unterstützen

12. AUFGABE

Ein vielbeachteter wirtschaftspolitischer Indikator ist die Lohnquote. Geben Sie an, was damit gemessen wird.

1. Grad der Verschuldung der privaten Haushalte
2. Anteil des Arbeitnehmereinkommens am Volkseinkommen
3. Entwicklung des Reallohns der Arbeitnehmer
4. Verhältnis von Einkommen und Ausgaben der privaten Haushalte
5. Anteil der Konsumausgaben am verfügbaren Einkommen der Arbeitnehmer

13. AUFGABE

In den Nachrichten hören Sie, dass die Lohnquote in Deutschland derzeit bei 68,3 % liegt. Ermitteln Sie die Höhe der Arbeitnehmerentgelte, wenn das gesamte Volkseinkommen bei 2 338 Mrd. Euro liegt, runden Sie auf volle Mrd. auf.

14. AUFGABE

Bei welchem wirtschaftspolitischen Ziel ist infolge eines langanhaltenden, überdurchschnittlichen Wirtschaftswachstums tendenziell eine unerwünschte Entwicklung zu erwarten?

1. Preisniveaustabilität
2. Außenwirtschaftliches Gleichgewicht
3. Hoher Beschäftigungsstand
4. Umweltschutz
5. Gerechte Einkommens- und Vermögensverteilung

15. AUFGABE

Stellen Sie fest, welche Maßnahme eine inflatorische Wirkung erwarten lässt.

1. Die Tarifabschlüsse liegen unter dem Produktivitätsfortschritt.
2. Die Sparneigung der privaten Haushalte steigt an.
3. Der Staat baut Subventionen ab.
4. Aufgrund negativer Erwartungen reduzieren Unternehmen ihre Investitionen.
5. Eine starke Zunahme der Staatsausgaben wird kreditfinanziert.

16. AUFGABE

Welche Aussage beschreibt das ökonomische Phänomen der Deflation zutreffend?

1. Löhne und Gehälter steigen über einen längeren Zeitraum kräftig an.
2. Deflation tritt vorrangig während des Aufschwungs und der Hochkonjunktur auf.
3. In einer Deflation ist die gesamtwirtschaftliche Nachfrage geringer als das Angebot.
4. Bei einem allgemein ansteigenden Preisniveau spricht man von Deflation.
5. Deflationäre Phasen sind von einer hohen Konsumfreudigkeit geprägt.

17. AUFGABE

In welcher Zeile sind die Maßnahmen gegen Inflation bzw. Deflation richtig zugeordnet?

	Maßnahmen gegen Inflation	Maßnahmen gegen Deflation
1	Staatliche Investitionen vorziehen	Staatsausgaben kürzen
2	Steuervergünstigungen für Arbeitnehmer streichen	Kindergeld kürzen
3	Staatliche Konsumgutscheine verteilen	Aktive Wirtschaftsförderung betreiben
4	Staatliche Infrastrukturprojekte zeitlich verschieben	Einkommensteuer senken
5	Sozialausgaben erhöhen	Zur Lohnzurückhaltung auffordern

18. AUFGABE

Die wirtschaftliche Entwicklung einer Volkswirtschaft lässt sich anhand der vier Konjunkturphasen Aufschwung, Hochkonjunktur, Abschwung und Depression beschreiben. Welche zwei Merkmale lassen sich der Phase Hochkonjunktur zuordnen?

1. Die Arbeitslosenquote steigt an.
2. Die Produktionskapazitäten der Volkswirtschaft sind nahezu ausgelastet.
3. Das Vertrauen der Unternehmen in die wirtschaftliche Entwicklung steigt langsam an.
4. Das Preisniveau steigt spürbar an.
5. Die Konsumneigung der privaten Haushalte ist gering ausgeprägt.
6. Das Zinsniveau ist sehr niedrig.

19. AUFGABE

In der Tageszeitung lesen Sie, dass sich die Wirtschaft in Deutschland derzeit im konjunkturellen Aufschwung befindet. Welche Entwicklungen können Sie demnach beobachten?

1. Wirtschaftswachstum sinkt, Inflationsrate steigt
2. Wirtschaftswachstum steigt, Arbeitslosigkeit sinkt
3. Inflationsrate sinkt, Wirtschaftswachstum stagniert
4. Arbeitslosigkeit steigt, Inflationsrate sinkt
5. Arbeitslosigkeit sinkt, Inflationsrate sinkt

20. AUFGABE

Prüfen Sie, wobei es sich um einen konjunkturellen Spätindikator handelt.

1. Arbeitslosigkeit
2. Industrielle Produktion
3. Kapazitätsauslastung
4. Zukunftserwartungen in der Wirtschaft
5. Aktienkurse

21. AUFGABE

Bei welchem Indikator handelt es sich um einen konjunkturellen Frühindikator?

1. Nachfrage nach Arbeitskräften
2. Veränderung der Verbraucherpreise
3. Auftragseingänge in der Industrie
4. Entwicklung von Löhnen und Gehältern
5. Mehrwertsteueraufkommen

22. AUFGABE

Der Staat möchte durch seine Wirtschaftspolitik die Konjunktur beleben. Stellen Sie fest, welche Maßnahme dazu nicht geeignet ist.

1. Investitionen in den Straßenbau
2. Erhöhung des Solidaritätszuschlags
3. Verbesserte Abschreibungsmöglichkeiten für Unternehmen
4. Förderung neuer Arbeitsplätze durch Steuervergünstigungen
5. Ausbau der Subventionen für Windkraftanlagen

23. AUFGABE

In einer Phase der Konjunkturüberhitzung will der Staat dämpfend eingreifen und zugleich der Inflation entgegentreten. Prüfen Sie, welches Maßnahmenbündel dazu geeignet ist.

1. Abschreibungsmöglichkeiten einschränken, Steuern senken
2. Abschreibungsmöglichkeiten einschränken, öffentliche Ausgaben erhöhen
3. Steuern erhöhen, Abschreibungsmöglichkeiten verbessern
4. Öffentliche Ausgaben senken, Steuern senken
5. Öffentliche Ausgaben senken, Steuern erhöhen

24. AUFGABE

Im Jahreswirtschaftsbericht der Bundesregierung lesen Sie, dass im vergangenen Jahr die Wirtschaft nominal um 3,6 % und real um 1,4 % gewachsen ist. Welche zutreffende Schlussfolgerung können Sie daraus ziehen?

1. Im vergangenen Jahr herrschte Rezession.
2. Im vergangenen Jahr lag der Außenbeitrag bei 2,2 %.
3. Im vergangenen Jahr sind die Preise um 2,2 % gefallen.
4. Im vergangenen Jahr sind die Preise um 2,2 % gestiegen.
5. Im vergangenen Jahr lag das staatliche Defizit bei 2,2 %.

Lösungen zu Kapitel 22

1. 1
2. 4
3. 5, 6
4. 1
5. 3
6. 5
7. 4
8. 5
9. 2
10. 2
11. 2, 4
12. 2

13. 1 597 Mrd. Euro
14. 1
15. 5
16. 3
17. 4
18. 2, 4
19. 2
20. 1
21. 3
22. 2
23. 5
24. 4

Anhang: Prüfungsraster

Die einzelnen Themengebiete finden sich wie folgt in den Prüfungen wieder:

	Themengebiet lt. Ausbildungsordnung	ZP	AP SFK	AP KDM
1	Dienstleistungsangebot	☐	✎	☐
2	Arbeitsorganisation, Kooperation, Teamarbeit	☐	✎	☐
3	Betriebliche Prozessorganisation, qualitätssichernde Maßnahmen	–	✎	☐
4	Sprachliche und schriftliche Kommunikation	☐	✎	☐
5	Kundenbetreuung	☐	✎	☐
6	Kundenbindung	☐	✎	☐
7	Kundengewinnung	–	✎	☐
8	Vertrieb und Marketing	–	–	☐
9	Informations- und Kommunikationssysteme	☐	☐	☐
10	Projektvorbereitung		☐	✎
11	Projektdurchführung	–	☐	✎
12	Projektcontrolling	–	☐	✎
13	Personal	–	–	✎
14	Kaufmännische Steuerung und Kontrolle, Qualitätssicherung der Auftragsdurchführung	–	–	✎
15	Sicherheit und Gesundheitsschutz bei der Arbeit	☐	✎	✎
16	Umweltschutz	☐	✎	✎
17	Notwendigkeit des Wirtschaftens	–	☐	☐
18	Rechtliche Rahmenbedingungen des Wirtschaftens	☐	☐	☐
19	Menschliche Arbeit im Betrieb	☐	☐	☐
20	Steuern	–	☐	☐
21	Markt und Preis/Wirtschaftsordnung	–	☐	☐
22	Grundzüge der Wirtschaftspolitik in der sozialen Marktwirtschaft	–	☐	☐

ZP: Zwischenprüfung (identisch für SFK/KDM)
AP SFK: Abschlussprüfung Servicefachkraft für Dialogmarketing
AP KDM: Abschlussprüfung Kaufmann/Kauffrau für Dialogmarketing
☐ : Programmierte (gebundene) Fragen
✎ : Offene (ungebundene) Fragen

Sachwortverzeichnis